PMP考试全程辅导

（第2版）

张啸杰◎主　编
罗福星　王　勇◎副主编

清华大学出版社
北　京

内 容 简 介

本书由希赛项目管理研究院组织编写，作为 PMP 考试培训的指定用书。在参考和分析历年考试试题的基础上，着重对《项目管理知识体系（PMBOK 指南）》（第六版）和《项目管理知识体系（PMBOK 指南）》（第七版）的内容有重点地进行了细化和深化。同时，本书还包括很多《项目管理知识体系（PMBOK 指南）》中没有涉及的内容，这些内容在 PMP 考试中又属于必考的知识点，而且分数比重较大。阅读本书，就相当于阅读了一本详细的、带有知识注释的《项目管理知识体系（PMBOK 指南）》，让考生能够迅速而透彻地理解和掌握 PMP 考试的全部内容。

本书融合了希赛项目管理研究院多年来的成功培训经验，对 PMP 考试的整体情况进行了分析，帮助考生厘清报考方法、考试流程、考试复习要点、考试经验与技巧、注意事项等问题，为 PMP 考生提供全面的指导。

版权所有，侵权必究。举报：010-62782989，beiqinquan@tup.tsinghua.edu.cn。

图书在版编目（CIP）数据

PMP 考试全程辅导 / 张啸杰主编 . -- 2 版 . -- 北京：清华大学出版社，2025.6.
ISBN 978-7-302-69392-5

Ⅰ. F224.5

中国国家版本馆 CIP 数据核字第 202507DD59 号

责任编辑：杨如林
封面设计：杨玉兰
版式设计：方加青
责任校对：徐俊伟
责任印制：刘　菲

出版发行：清华大学出版社
　　　　网　　址：https://www.tup.com.cn, https://www.wqxuetang.com
　　　　地　　址：北京清华大学学研大厦 A 座　　　　邮　　编：100084
　　　　社 总 机：010-83470000　　　　　　　　　　邮　　购：010-62786544
　　　　投稿与读者服务：010-62776969, c-service@tup.tsinghua.edu.cn
　　　　质 量 反 馈：010-62772015, zhiliang@tup.tsinghua.edu.cn
印 装 者：北京鑫海金澳胶印有限公司
经　　销：全国新华书店
开　　本：185mm×260mm　　印　　张：21.75　　字　　数：478 千字
版　　次：2019 年 11 月第 1 版　　2025 年 7 月第 2 版　　印　　次：2025 年 7 月第 1 次印刷
定　　价：89.00 元

产品编号：106306-01

前 言

随着项目规模越来越大，复杂程度也越来越高，项目失败的概率也随之增长。因此，项目管理工作日益受到重视。项目管理专业人员（Project Management Professional，PMP）认证是由美国项目管理学会（Project Management Institute，PMI）在全球范围内推出的针对项目经理的资格认证体系。自1984年以来，PMI就一直致力于全面发展，并保持一种严格的、以考试为依据的专家资质认证项目，以便推进项目管理行业和确认个人在项目管理方面所取得的成就。

一、写作目的

根据希赛网（www.xisaiwang.com）的调查，参加PMP认证的考生最渴望得到的就是一本既能全面反映考试内容，又比较精简、通俗易懂的备考书籍。遗憾的是，作为PMP考试的指定教材，《项目管理知识体系（PMBOK指南）》（以下简称《PMBOK指南》）内容繁杂，但落实到具体考点的知识又过于简洁，对很多概念和知识仅仅是点到为止，一般考生无法理解，更谈不上掌握。而且，在PMP考试中，很多试题的知识点在《PMBOK指南》中并没有提到，据粗略统计，PMP考试中的试题只有60%来自《PMBOK指南》。也就是说，PMP考试虽然以《PMBOK指南》为基础，但考试中会有40%的题目超出《PMBOK指南》的范围。

鉴于此，为了帮助广大考生顺利通过PMP考试，希赛项目管理研究院组织有关专家编写和出版了本书，作为希赛PMP考试培训的指定用书。

二、本书内容

本书在参考和分析历年考试试题的基础上，着重对《PMBOK指南》的内容有重点地进行了细化和深化。同时，本书还包括很多《PMBOK指南》中没有涉及的内容，而这些内容在PMP考试中又属于必考的知识点，且分数比重较大。阅读本书，就相当于阅读了一本详细的、带有知识注释的《PMBOK指南》，让考生能够迅速而透彻地理解和掌握PMP考试的全部内容。

本书融合了希赛项目管理研究院多年来的成功培训经验，对PMP考试的整体情况进行了分析，帮助考生厘清报考方法、考试流程、考试复习要点、考试经验与技巧、注意事项等问题，为PMP考生提供全面的指导。

三、学习方法

PMP 考试的范围包括但不限于《PMBOK 指南》中的八大绩效域、十二个项目管理原则和十大知识领域以及 49 个管理过程。这些管理过程又分为五大过程组，其中涉及的名词概念很多，例如，单是各管理过程使用的工具与技术就有 132 种，输入和输出的项目文件至少有 33 种；近 200 个概念多处重复出现，在不同的管理过程中有不同的解释和用途；同时，项目管理的 49 个过程不是简单的先后线性关系，而是重叠和迭代关系。近几年的考试中，敏捷项目管理占比达到 50%，但是鲜少出现在《PMBOK 指南》中。所以，在准备 PMP 考试时，我们建议考生先翻阅 PMP 思维导图，对项目管理相关知识有一个大致的了解，然后以本书为主进行学习。

在学习本书的过程中，建议按章节的自然顺序进行学习。前 2 章对项目管理和环境进行总括性介绍，前 11 章是预测型项目管理方法论，第 12、13 章作为总结和过渡，过渡到敏捷项目，第 14～17 章介绍敏捷项目管理，第 18 章对项目管理内容从绩效域维度再一次进行总结。

另外，我们建议读者每学完一章，就用希赛网的智能题库系统（网站的或 App 的均可）进行章节练习和知识点练习，以便掌握该章的核心考点，做到心中有数，考时不慌。如果配合希赛项目管理研究院专家讲解的视频课程或直播课程，则效果更佳。

四、关于作者

希赛网是专业的在线职业教育平台，其前身是软件工程专家网，创立于 2001 年 6 月 8 日。在二十多年的发展历程中，希赛网始终致力于提高用户学习效率，在培训模式上不断创新，基于人工智能和大数据技术，研发了开放式智能互动学习平台，为用户提供智适应学习方案；先后获得国家外专局优秀项目管理培训机构、网易教育金翼奖年度公众信赖职业教育品牌、新浪中国教育盛典年度口碑影响力职业培训机构、腾讯回响中国年度影响力在线教育品牌、腾讯教育口碑影响力职业教育品牌、京东教育最具人气品牌奖等荣誉。

希赛项目管理研究院是 PMP 考试的授权培训机构，拥有 20 余名资深 PMP 考试培训与辅导专家，拥有自主知识产权的直播和辅导平台，以及基于 AI 技术的智能题库。希赛项目管理研究院采用的"在线直播 + 录播回放 + 实时答疑 + 在线测试 + 贴心服务"的 PMP 培训模式颠覆了传统培训机构单一的面授培训模式，让学员能够随时随地进行学习。鉴于希赛网在项目管理培训方面所做出的贡献，国家外国专家局多次授予希赛网"年度优秀项目管理培训机构"荣誉。

本书由希赛项目管理研究院张啸杰担任主编，罗福星和王勇担任副主编，参加编写工作的还有陈新、李凤兰、李沛锜、陈玉琪、张阳丹、梁燕和周子裕（排名不分先后）。

五、诚挚致谢

在本书出版之际，要特别感谢 PMI 的专家们，本书以《PMBOK 指南》（第六版）和《PMBOK 指南》（第七版）为线索展开，书中引用了《PMBOK 指南》的部分定义和个别图表，以使本书能够尽量便于读者阅读。

感谢清华大学出版社在本书的策划、编辑和出版等方面所做的工作，给予了我们很多的支持和帮助。

感谢希赛项目管理研究院的 PMP 学员们，正是他们的想法成了编写本书的原动力，他们的意见使本书更加贴近读者。

感谢国家外国专家局培训中心，感谢国内 PMP 培训的同行们，正是他们的努力工作和宣传，才使得 PMP 考试认证在国内得以推广。

六、意见反馈

由于编者水平有限，且本书涉及的知识点较多，书中难免有不妥和错误之处。我们诚恳地期望各位专家和读者不吝指教和帮助，对此，我们将深为感激。

有关本书的反馈意见，读者可在希赛网与我们交流，我们会及时在线解答读者的疑问。

希赛项目管理研究院

2025 年 5 月

目 录

第 1 章　项目管理基础知识

- 1.1　什么是项目　// 2
  - 1.1.1　项目的特点　// 2
  - 1.1.2　项目的来源及目的　// 4
- 1.2　什么是项目管理　// 4
  - 1.2.1　管理困局与项目管理价值　// 4
  - 1.2.2　项目管理的发展历史　// 5
- 1.3　项目管理的基本方法论　// 5
  - 1.3.1　项目管理五大过程组　// 5
  - 1.3.2　项目管理十大知识领域　// 7
  - 1.3.3　项目管理过程图解　// 8
  - 1.3.4　裁剪　// 9
- 1.4　项目管理商业文件　// 10
  - 1.4.1　项目生命周期　// 10
  - 1.4.2　项目阶段与关口　// 11
  - 1.4.3　项目管理商业文件　// 11
- 1.5　项目成功标准　// 12

第 2 章　项目运行环境

- 2.1　影响项目的因素　// 14
  - 2.1.1　合规性　// 14
  - 2.1.2　事业环境因素　// 14
  - 2.1.3　组织过程资产　// 15
- 2.2　组织结构类型　// 17
  - 2.2.1　职能型组织　// 17
  - 2.2.2　项目型组织　// 19
  - 2.2.3　矩阵型组织　// 20
  - 2.2.4　组织结构的选择　// 23
- 2.3　治理框架与管理要素　// 24
  - 2.3.1　治理框架　// 24
  - 2.3.2　管理要素　// 25
  - 2.3.3　与项目有关的管理要素　// 25
- 2.4　项目管理办公室　// 28
  - 2.4.1　PMO 与项目经理　// 28
  - 2.4.2　PMO 的类型　// 29
  - 2.4.3　PMO 的职能　// 29
- 2.5　组织级项目管理　// 30
  - 2.5.1　项目集与项目组合　// 31
  - 2.5.2　组织级项目管理　// 32
- 2.6　价值交付系统　// 32
  - 2.6.1　价值交付组件　// 33
  - 2.6.2　信息流　// 34

第 3 章　人——项目经理与团队

- 3.1 项目经理的角色与职责　//36
  - 3.1.1 项目经理的影响力　//36
  - 3.1.2 项目经理的技能　//37
  - 3.1.3 项目经理应具备的素质　//39
  - 3.1.4 职业责任与道德　//41
- 3.2 项目团队　//43
  - 3.2.1 高绩效团队　//44
  - 3.2.2 团队发展的共同方面　//44
  - 3.2.3 项目团队文化　//45
  - 3.2.4 授权　//46
- 3.3 资源管理的过程　//47
- 3.4 规划资源管理　//47
  - 3.4.1 组织理论与规划项目资源　//47
  - 3.4.2 资源管理计划　//53
  - 3.4.3 团队章程　//53
- 3.5 估算活动资源　//54
- 3.6 获取资源　//55
  - 3.6.1 方法——决策（多标准决策分析）　//56
  - 3.6.2 方法——预分派　//57
  - 3.6.3 人际关系与团队技能——谈判　//57
  - 3.6.4 工件　//57
- 3.7 建设团队　//58
  - 3.7.1 团队的发展阶段　//59
  - 3.7.2 方法——集中办公和虚拟团队办公　//62
  - 3.7.3 方法——沟通技术　//63
  - 3.7.4 模型——激励理论　//63
  - 3.7.5 方法——人际管理与团队技能　//68
  - 3.7.6 模型——冲突管理　//73
  - 3.7.7 模型——情绪 ABC 理论　//77
  - 3.7.8 方法——培训　//78
  - 3.7.9 方法——团队绩效评价　//78
- 3.8 管理团队　//79
  - 3.8.1 管理团队的基本概念　//79
  - 3.8.2 鼓励（激励）团队　//80
  - 3.8.3 领导力技能——人际关系技能：决策　//80
- 3.9 控制资源　//81

第 4 章　人——干系人与沟通

- 4.1 干系人的概念　//83
  - 4.1.1 识别干系人的重要性　//83
  - 4.1.2 干系人的定义　//83
  - 4.1.3 干系人管理的过程　//84
- 4.2 识别干系人　//85
  - 4.2.1 干系人分析　//85
  - 4.2.2 数据表现——权力利益方格、权力影响方格、作用影响方格　//85

4.2.3 数据表现——凸显模型　//86
4.2.4 数据表现——影响方向　//87
4.2.5 工件——干系人登记册　//88

4.3 规划干系人参与　//88
4.3.1 方法——干系人参与评估矩阵　//89
4.3.2 优先级排序及参与　//90
4.3.3 工件——干系人参与计划　//90

4.4 项目沟通管理概述　//91
4.4.1 沟通活动的分类　//92
4.4.2 沟通管理的过程　//92

4.5 规划沟通管理　//93
4.5.1 沟通需求分析　//93
4.5.2 沟通渠道数量和沟通方法　//93
4.5.3 沟通渠道数量计算　//94
4.5.4 沟通方法的选择　//95

4.5.5 影响沟通技术的因素　//96
4.5.6 沟通模型　//97
4.5.7 工件——沟通管理计划　//98

4.6 沟通的管理与监督　//99

4.7 管理干系人参与　//100
4.7.1 确保干系人得到充分的培训和指导　//100
4.7.2 沟通技能　//100
4.7.3 人际关系与团队技能　//101
4.7.4 方法——会议　//101

4.8 监督干系人参与　//102
4.8.1 干系人满意度　//102
4.8.2 干系人参与计划、干系人登记册、沟通管理计划　//102

第5章　过程——范围与需求

5.1 范围管理的概述　//105
5.1.1 产品范围与项目范围　//105
5.1.2 范围管理的过程　//106

5.2 规划范围管理　//106
5.2.1 需求管理计划　//107
5.2.2 范围管理计划　//108

5.3 收集需求　//108
5.3.1 需求的分类　//109
5.3.2 收集需求的工具　//109
5.3.3 需求文件　//117
5.3.4 需求跟踪矩阵　//118

5.4 定义范围　//119

5.5 创建WBS　//121
5.5.1 WBS的作用　//121
5.5.2 WBS的层次　//122
5.5.3 分解和滚动式规划　//123
5.5.4 WBS词典　//124
5.5.5 范围基准　//125

5.6 确认范围　//125
5.6.1 几个术语的比较　//125
5.6.2 确认范围的依据　//126

5.7 控制范围　//127

第 6 章 过程——进度

- 6.1 进度管理的过程 // 129
- 6.2 规划进度管理 // 129
- 6.3 定义活动 // 130
  - 6.3.1 分解和滚动式规划 // 130
  - 6.3.2 活动的类型 // 131
- 6.4 排列活动顺序 // 131
  - 6.4.1 强制性依赖关系 // 132
  - 6.4.2 选择性依赖关系 // 132
  - 6.4.3 外部依赖关系 // 132
  - 6.4.4 内部依赖关系 // 132
  - 6.4.5 紧前关系绘图法 // 133
  - 6.4.6 提前量和滞后量 // 134
- 6.5 估算活动持续时间 // 135
- 6.6 制订进度计划 // 138
  - 6.6.1 项目进度计划类型 // 139
  - 6.6.2 关键路径法 // 141
- 6.7 控制进度 // 142
  - 6.7.1 进度压缩 // 142
  - 6.7.2 资源优化 // 143
  - 6.7.3 影响进度的主要因素 // 145
  - 6.7.4 项目进度更新 // 146

第 7 章 过程——成本

- 7.1 项目成本管理 // 150
  - 7.1.1 基本概念 // 150
  - 7.1.2 影响成本的因素 // 152
- 7.2 规划成本管理 // 153
- 7.3 估算成本 // 154
  - 7.3.1 估算成本的主要步骤 // 154
  - 7.3.2 估算成本的准确度 // 155
- 7.4 制定预算 // 156
  - 7.4.1 概述 // 157
  - 7.4.2 方法 // 158
- 7.5 控制成本 // 158
  - 7.5.1 挣值分析 // 159
  - 7.5.2 成本失控及纠正措施 // 162
  - 7.5.3 预测技术 // 163

第 8 章 过程——风险和不确定性

- 8.1 风险基本概念 // 167
  - 8.1.1 风险的三要素 // 167
  - 8.1.2 风险层次 // 168
  - 8.1.3 企业级风险管理与项目风险管理 // 169
- 8.2 风险的处理流程 // 170

8.2.1 规划风险管理 // 171	8.2.5 规划风险应对 // 179
8.2.2 识别风险 // 174	8.2.6 实施风险应对 // 182
8.2.3 定性风险分析 // 177	8.2.7 监督风险 // 183
8.2.4 定量风险分析 // 177	

第9章 过程——质量

9.1 质量管理概述 // 186	9.3.3 工件——质量测量指标 // 193
9.2 项目质量管理的核心概念 // 187	9.3.4 工件——核实的可交付成果 // 194
9.2.1 质量与等级（朱兰理论）// 187	9.4 质量管理的方法和技术 // 194
9.2.2 管理质量与质量保证 // 187	9.4.1 方法——标杆对照 // 194
9.2.3 预防与检查（克鲁斯比理论）// 187	9.4.2 方法——成本效益分析 // 195
9.2.4 精确与准确 // 189	9.4.3 方法——审计、检查与测试 // 195
9.2.5 属性抽样与变量抽样 // 189	9.4.4 方法——核对单与核查表（发现问题）// 196
9.2.6 质量成本 // 190	9.4.5 方法——根本原因分析（分析问题）// 197
9.2.7 五种质量管理水平的有效性 // 191	9.4.6 方法——因果图 // 198
9.3 质量管理流程和工件 // 192	9.4.7 方法——数据表现技术 // 199
9.3.1 质量管理流程 // 192	
9.3.2 工件——质量管理计划 // 193	

第10章 过程——采购

10.1 采购管理概述 // 204	10.3 实施采购 // 209
10.2 规划采购管理 // 204	10.3.1 发布招标广告（招标文件）// 210
10.2.1 方法——自制外购分析 // 205	10.3.2 确定合格卖方的短名单 // 210
10.2.2 工件——采购管理计划 // 206	10.3.3 举行投标人会议 // 210
10.2.3 采购策略——合同支付类型 // 206	10.3.4 卖方提交建议书（投标文件）// 210
10.2.4 工件——采购工作说明书（SOW）或工作大纲（TOR）// 208	10.3.5 买方评估建议书（供方选择分析）// 211
10.2.5 确定供方选择标准 // 208	10.3.6 选出中标建议书 // 211
10.2.6 方法——独立成本估算 // 209	

10.3.7	结束谈判、签订合同	//211	10.4.2	变更	//212
10.4	控制采购	//212	10.4.3	合同——索赔管理	//213
10.4.1	绩效审查、检查与审计	//212	10.4.4	采购关闭	//213

第 11 章 过程——规划、执行和整合

11.1	项目整合管理概述	//215	11.7	监控项目工作	//225
11.2	执行项目整合	//215	11.8	实施整体变更控制	//227
11.3	制定项目章程	//216	11.8.1	整体变更控制概述	//227
11.3.1	项目章程的编制与审核	//217	11.8.2	变更控制系统与配置管理系统	//228
11.3.2	项目章程的内容	//217	11.8.3	实施整体变更控制流程	//228
11.3.3	方法与工件	//218	11.9	结束项目或阶段	//229
11.4	制订项目管理计划	//219	11.9.1	通过最终产品、服务或成果验收	//230
11.4.1	项目管理计划	//219	11.9.2	产品移交	//230
11.4.2	开工会议	//221	11.9.3	项目文件（最终版）	//230
11.5	指导与管理项目工作	//221	11.9.4	关闭合同协议（供应商）	//230
11.5.1	问题日志	//222	11.9.5	项目最终报告	//231
11.5.2	变更请求	//223	11.9.6	提前终止	//231
11.6	管理项目知识	//223	11.9.7	释放资源	//231
11.6.1	管理项目知识的含义	//223			
11.6.2	管理项目知识的方法	//224			

第 12 章 项目管理原则

12.1	成为勤勉、尊重和关心他人的管家	//233	12.5	识别、评估和响应系统交互	//236
12.2	营造协作的项目团队环境	//234	12.6	展现领导力行为	//237
12.3	有效的干系人参与	//235	12.7	根据环境进行裁剪	//238
12.4	聚焦于价值	//236	12.8	将质量融入过程和可交付物中	//239

12.9 驾驭复杂性 // 240	12.12 为实现预期的未来状态而驱动变革 // 242
12.10 优化风险应对 // 241	
12.11 拥抱适应性和韧性 // 242	

第 13 章　项目管理生命周期

13.1 预测型 // 245	13.4 敏捷型 // 246
13.2 迭代型 // 245	13.5 混合型 // 246
13.3 增量型 // 245	13.6 开发方法的选择 // 247

第 14 章　敏捷宣言、原则及三大角色

14.1 为什么需要敏捷 // 249	14.2.3 敏捷实践的相互关系 // 253
14.2 什么是敏捷 // 251	14.2.4 敏捷思维 // 254
14.2.1 敏捷的发展史 // 251	14.2.5 敏捷宣言 // 254
14.2.2 敏捷三角形 // 252	14.2.6 敏捷十二原则 // 256

第 15 章　过程——敏捷 Scrum 实践

15.1 敏捷 Scrum 实践 // 260	15.4.3 可交付产品增量 // 266
15.2 三个支柱 // 260	15.5 Scrum 五个事件 // 266
15.3 三个角色 // 261	15.5.1 迭代 // 267
15.3.1 产品负责人 // 261	15.5.2 迭代规划会议 // 267
15.3.2 敏捷教练 // 262	15.5.3 每日站会 // 268
15.3.3 自组织团队 // 262	15.5.4 迭代评审会议 // 269
15.4 三个工件 // 263	15.5.5 迭代回顾会议 // 269
15.4.1 产品待办事项列表 // 263	15.6 Scrum 会议时间盒 // 270
15.4.2 迭代待办事项列表 // 265	15.7 Scrum 五大价值观 // 270

第16章 过程——敏捷项目管理阶段框架

- 16.1 构想阶段 // 273
  - 16.1.1 产品愿景 // 273
  - 16.1.2 产品愿景盒 // 274
  - 16.1.3 电梯测试 // 274
  - 16.1.4 敏捷项目章程 // 274
  - 16.1.5 敏捷团队章程 // 275
  - 16.1.6 精益画布 // 276
- 16.2 推测阶段 // 277
  - 16.2.1 敏捷洋葱圈 // 277
  - 16.2.2 用户故事 // 282
  - 16.2.3 敏捷发布规划 // 289
  - 16.2.4 风险 // 291
  - 16.2.5 刺探/探针（Spike） // 291
- 16.3 探索阶段 // 292
- 16.4 适应阶段 // 292
  - 16.4.1 敏捷中的挣值 // 292
  - 16.4.2 速度 // 292
  - 16.4.3 速度的展现 // 293
  - 16.4.4 速度的监控 // 293
  - 16.4.5 回顾 // 294
- 16.5 结束阶段 // 294

第17章 过程——其他敏捷实践

- 17.1 精益 // 296
- 17.2 看板实践 // 297
  - 17.2.1 看板六大核心实践 // 297
  - 17.2.2 信息发射源 // 298
- 17.3 极限编程 // 299
- 17.4 敏捷扩展框架 // 300
- 17.5 其他敏捷实践方法 // 301

第18章 八大绩效域

- 18.1 干系人绩效域 // 303
- 18.2 团队绩效域 // 303
  - 18.2.1 集中式/分布式管理及领导力 // 304
  - 18.2.2 领导力技能——批判性思维 // 304
  - 18.2.3 裁剪领导风格 // 305
- 18.3 开发方法和生命周期绩效域 // 305
  - 18.3.1 开发方法及影响因素 // 306
  - 18.3.2 生命周期 // 308
- 18.4 规划绩效域 // 309
  - 18.4.1 影响规划的变量概述 // 310
  - 18.4.2 规划重点考虑因素 // 310

18.5 项目工作绩效域 //313
- 18.5.1 优化项目过程 //313
- 18.5.2 平衡竞争性制约因素 //314
- 18.5.3 使项目团队保持专注 //314
- 18.5.4 项目沟通和参与 //315
- 18.5.5 管理实物资源 //315
- 18.5.6 处理采购事宜 //315
- 18.5.7 监督新工作和变更 //316

18.6 交付绩效域 //316
- 18.6.1 价值的交付 //317
- 18.6.2 可交付物 //318
- 18.6.3 次优的成果 //321

18.7 测量绩效域 //322
- 18.7.1 制定有效的测量指标 //322
- 18.7.2 测量内容 //323
- 18.7.3 展示信息 //326
- 18.7.4 测量陷阱 //327
- 18.7.5 对绩效问题进行故障诊断 //328
- 18.7.6 成长和改进 //328

18.8 不确定性绩效域 //328
- 18.8.1 不确定性 //330
- 18.8.2 模糊性 //330
- 18.8.3 复杂性 //331
- 18.8.4 易变性 //332

第 1 章
项目管理基础知识

在当今社会中，一切都是项目，一切也将成为项目。不管人们是否感觉到，是否认识到，项目总是存在于人们身边；无论人们是否有体会，是主动运作还是被动执行，项目管理总是作用于人们周围。简单地讲，项目管理就是将各种资源应用于项目，以实现项目的目标，满足各方面既定的需求。项目管理既是一门科学，也是一门艺术。

1.1 什么是项目

根据《PMBOK 指南》，项目是为创造独特的产品、服务或成果而进行的临时性工作。也就是说，项目是在特定条件下，具有特定目标的一次性任务，是在一定时间内，满足一系列特定目标的多项相关工作的总称。项目的定义包含三层含义：

第一，项目是一项有待完成的工作，且有特定的环境与要求；

第二，在一定的组织机构内，利用有限资源（人力、物力、财力等）在规定的时间内完成工作；

第三，工作要满足一定性能、质量、数量、技术指标等要求。

项目目标包括成果性目标和约束性目标（管理性目标），有时也将项目的成果性目标简称为项目目标。项目成果性目标指通过项目开发出的满足客户要求的产品、系统、服务或成果，例如：

- 建设一个视频监控系统是一个项目，建成后的视频监控系统就是该项目的产品。
- 建设一栋住房是一个项目，建成后的楼房就是该项目的产品。
- 修建一条高速公路是一个项目，建成后的公路是该项目的产品。
- 希赛 ERP 系统的实施是一个项目，完成后的 ERP 系统就是该项目的产品。
- 组织一次旅游是一个项目，订票、订旅馆、解说以及其他让旅游者身心愉悦的工作都是这个项目所提供的服务。
- 进行一场企业内部培训也是一个项目，项目目标是让受众享受到希赛项目管理研究院提供的高品质培训服务。

项目约束性目标是指完成项目成果性目标需要的时间、成本以及要满足的质量。例如，要在一年内建好一栋住房，同时还要满足验收标准（质量要求）。

不难看出，作为在特定的环境与限制下有待完成的工作，项目具有独特性、临时性和渐进明细性等特点。

1.1.1 项目的特点

根据项目的定义可知，项目具有独特性、临时性和渐进明细性等特点。这三点，跟运营管理对比区分，会更容易理解。所谓运营管理，是指对运营过程的计划、组织、实施和控制，是与产品生产和服务创造密切相关的各项管理工作的总称。

1. 独特性

项目大多带有某种创新的性质，不管有没有可以照搬的先例，每个项目都是独一无二的。

项目必定有确定的目标，项目的独特性可以表现在项目的目标、环境、条件、组织、过程等诸多方面。每个项目都有其特别的地方，没有两个项目是完全相同的。即使有些项目所提供的产品和服务是类似的，但项目的目标、环境、条件、组织、过程等不会完全相同。项目管理涉及"人机料法环"五个维度，也就是人员、机器、原料、方法、环境，做项目的过程，各个维度很难完全一模一样。

独特性是项目与其他重复性运营工作的最大区别。运营也称为日常业务或运作，它是一个组织内重复发生的（经常性的）事务，通常由组织内的一个业务部门来负责。例如，手机厂商为市场生产数以万计的手机、酒店为旅客提供住店服务，希望提供的产品和服务是标准化的、无差异的。

当然，强调项目的独特性，并不是说项目之间没有"重复"的地方。即使某些项目可交付成果和活动中存在重复的元素，也不会改变项目工作本质上的独特性。而重复的部分则会让结构化项目管理的价值更大化。例如，两栋住房的建设或者两条公路的修建等，它们之间肯定有不少相似的地方。在认真比较两个项目后，对于相似的部分，可以按照以前的经验进行处理。这样，风险就会较低。事实上，项目管理过程和各种方法恰恰针对的就是项目的相似性，是一些大多数时候适用于大多数项目的知识。

项目的独特性，导致其具有一定的不确定性，而不确定性会导致项目潜伏着各种风险。要有精心的规划、执行和控制，才能达到预期的目标。

说明：为了统一，本书将企业、公司、事业单位、政府或任何有项目开展的单位统称为"组织"。也就是说，在没有特殊情况的前提下，企业、公司、事业单位、政府、组织的含义是一样的。组织执行工作以完成一系列目标。工作通常可划分为项目或运营，尽管这两者有时候是相互重叠的。

2. 临时性

项目具有临时性。项目的临时性是指项目具有明确的起点和终点。临时性与项目工期的长短没有关系，一个持续时间只有1个星期的项目是临时的，一个持续时间长达十几年的项目也是临时的。正常结束的项目和特殊原因导致提前终止的项目，都具有临时性，因为其都有起止时间。运营则与之相反，运营希望可以生产无差异的产品或提供无差别的服务，源源不断，细水长流。

因为项目具有临时性，所以项目团队一般也具有临时性。项目执行过程中，项目团队的人数、成员和职能在不断地变化，甚至某些项目团队的成员是借调来的，项目结束时项目团队也要解散。

需要注意的是，临时性的项目所产生的成果却可能具有可持续的长期的生命力，也可能会对自然环境和社会环境产生长远的影响。例如，古人修筑的万里长城现在依然存在，三峡工程项目可以使人们长期使用其产出的电力。

3. 渐进明细性

渐进明细性指项目的成果性目标是逐步清晰的。很多具有创造性的项目，因为项目的产品、成果或服务事先不可见，在项目前期只能粗略进行项目定义，随着项目的进行才能逐渐完善和精确。越是大型、复杂项目，其渐进明细性越突出。

这意味着在项目逐渐明细的过程中一定会有修改，产生相应的变更。当项目计划定下来后，在执行过程中要对变更进行控制，以保证项目在各干系人（又称相关方、利益相关者、风险承担者）同意下顺利开展。当然，现在流行的 IT 互联网项目，变更极其频繁，用控制变更的方式会让甲乙双方都很难达到满意，所以产生了一种拥抱变化的方式来完成项目开发，这就是敏捷项目管理。

与项目的渐进明细不同，运营则期望可以提供一成不变的无差异产品或服务。

1.1.2 项目的来源及目的

从商业角度来看，项目旨在推动组织从一个状态转换到另一个状态，从而达成特定目标。组织启动一个项目，可能是为了满足客户需求、创造商业价值，也可能是为了驱动组织变革。美国项目管理协会 PMI 对商业价值的定义是：为从商业运作中获得的可量化净效益。收益可以是有形的，例如，货币资产、股东权益、公共事业、固定设施、工具和市场份额等；也可以是无形的，例如，商誉、品牌认知度、公共利益、商标、战略一致性和声誉；或两者兼而有之。

组织之所以启动项目，可能是基于多种不同的理由，例如，为了符合法律、法规或社会发展的要求而开展项目；为了满足客户或市场的要求或需求而开展项目；为了实现企业愿景、达成战略目标而开展项目，变更业务或技术战略；或者为了创造新产品、改进或修复已有的产品、过程或服务而开展项目。

1.2 什么是项目管理

项目管理就是将知识、技能、工具与技术应用于项目活动，以满足项目的要求。"万事皆可项目，项目皆可管理。"而项目管理，就是把事办成的方法论。项目管理通过合理运用与整合特定项目所需的项目管理过程得以实现。项目管理使组织能够有效且高效地开展项目。项目管理的主要要素有环境、资源、目标和组织。与传统的部门管理相比，项目管理的最大特点就是注重综合性管理，并且项目管理工作有严格的时间期限。

1.2.1 管理困局与项目管理价值

在项目推进过程中，若无良好的管理，项目容易陷入各种混乱和困难的窘境，包括（但不限于）沟通不畅、范围蔓延、进度延期、成本超支、质量粗制滥造、流程颠三倒四、团队成员相互掣肘、风险频出猝不及防等。这是因为没有系统的结构化项目管理思维，不能通观全局地考虑项目的进度、成本、质量、资源等维度。做好项目管理，要领会高层的"战略意图"，站在中层"谋划实施"。用被广泛实践验证过的结构化项目管理，通过整合资源、协调干系人，做好沟通管理，让项目管理工作按部就班、井然有序地开展，范围、进度、成本、质量管理都可以有条不紊地进行，节奏可控、风险可控。

有效和高效的项目管理是组织的一种战略能力，使组织能够将项目成果与业务目标联系起来，更有效地展开市场竞争，支持组织发展，通过适当调整项目管理计划，以应对商业环境改变给项目带来的影响。

1.2.2 项目管理的发展历史

项目管理自古就有，秦始皇修筑万里长城就已经用到了结构化项目管理思想，只是作为一个学科单独拿出来，是近现代才开始。从美国的曼哈顿计划到阿波罗登月计划，项目管理逐步完善，并且随着超大型复杂项目的成功，项目管理越来越受到重视。到20世纪60年代，美国项目管理协会成立，在全球推行项目管理知识体系指南（《PMBOK指南》），并与时俱进地对《PMBOK指南》进行改版升级，到目前已经是第七版。《PMBOK指南》从原来的五大过程组、十大知识领域，到第七版的项目管理十二原则和八大绩效域，内容也从适用于传统方式管理项目且关注结构化过程和工具技术，到现在适用于各行各业，更关注成果和价值。

随着时代的发展，现在进入了VUCA时代。VUCA是易变性（volatility）、不确定性（uncertainty）、复杂性（complexity）和模糊性（ambiguity）的缩写。VUCA这个术语源于军事用语，并在20世纪90年代开始被普遍使用。在VUCA时代管理项目，除了需要掌握传统的结构化项目管理思维，还需要克服易变性、不确定性、模糊性等导致的复杂性。这相当于项目目标在移动，而我们要打中一个移动的靶心，难度更大了。

1.3 项目管理的基本方法论

项目的实现是由一系列的项目阶段或项目工作过程构成的，任何项目都可以划分为多个不同的项目阶段或项目工作过程。所谓过程，就是一组为了完成一系列事先指定的产品、成果或服务而须执行的相互联系的行动和活动。传统的项目管理特别强调对于项目过程的管理。

1.3.1 项目管理五大过程组

项目管理除了生命周期中讲到的瀑布模型，还有一种是一开始目标或范围并不清晰，或者技术没有特别成熟，伴随着项目逐步开展而逐渐清晰，会考虑用迭代的方式开展工作。这就不得不提到PDCA循环（也叫戴明环，由戴明博士所推广），分为计划（Plan）、执行（Do）、检查（Check）和处理（Act）四个步骤。一轮循环结束，再调整计划，开启下一轮循环。PDCA 循环告诉人们，不需要很厉害才开始，开始了才会变得很厉害。先完成，再完美。项目管理过程组正好可以跟 PDCA 循环在一定程度上对应。

项目管理过程组是对项目管理过程进行逻辑分组，以达成项目的特定目标。项目管理过程组分为五个，分别是启动过程组、规划过程组、执行过程组、监控过程组和收尾过程组，如图 1-1 所示。过程组不同于项目阶段，每个项目阶段都可以完整包括项目管理五大过程组。

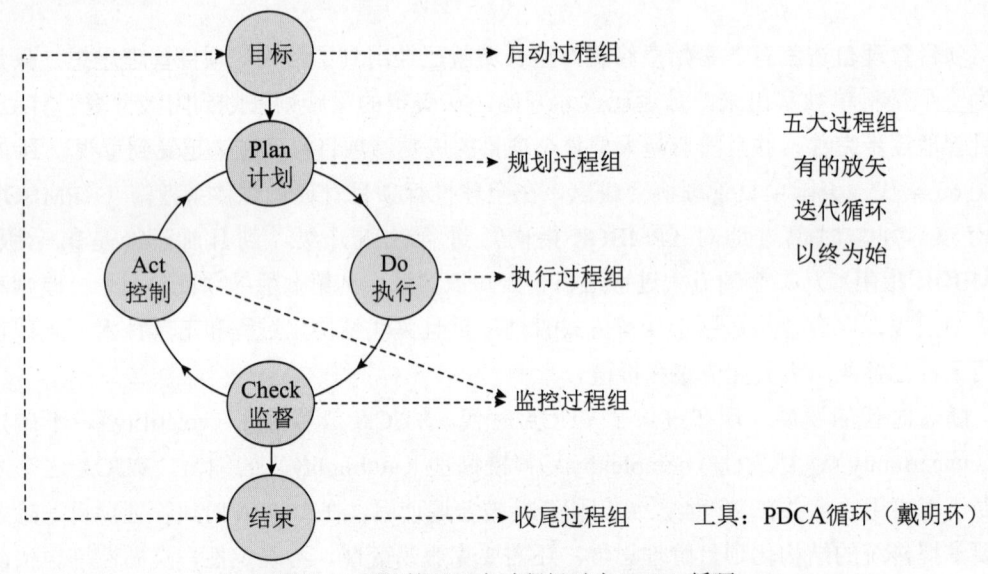

图 1-1　项目管理五大过程组对应 PDCA 循环

（1）启动过程组：定义一个新项目或现有项目的一个新阶段，授权开始该项目或阶段的一组过程。做事情要有的放矢，以终为始，项目启动过程组，就是定目标。通过协调干系人期望与项目目的，告知干系人项目范围和目标，并商讨他们对项目及相关阶段的参与将如何有助于实现其期望。

（2）规划过程组：明确项目全部范围、定义和优化目标，并为实现目标制定行动方案的一组过程。规划过程组所制订的项目管理计划，是执行项目的基础，也是对项目进展进行监控的参考依据。

（3）执行过程组：完成项目管理计划中确定的工作，以满足项目要求的一组过程。本过程组需要按照项目管理计划来协调资源，组织和协调各项任务与工作，激励项目团队完成既定的工作计划，管理干系人参与，以及整合并实施项目活动。通过执行过程组，实现规划的内容。

（4）监控过程组：包括监督与控制两类行为的一组过程。监督是收集项目绩效数据，计算绩效指标，并报告和发布绩效信息。控制是比较实际绩效与计划绩效，分析偏差与问题，评估趋势，分析根本原因，探讨和评估可选方案，并建议必要的纠正措施。通过监控，掌握项目健康情况，必要时进行纠偏。

（5）收尾过程组：包括为正式完成或关闭项目、阶段或合同而开展的过程。本过程组旨在核实为完成项目或阶段所需的所有过程组的全部过程均已完成，并正式宣告项目或阶段关闭。

1.3.2 项目管理十大知识领域

根据《PMBOK 指南》（第六版），将项目管理按知识领域进行分类，分为十大知识领域：整合管理、范围管理、进度管理、成本管理、质量管理、资源管理、沟通管理、风险管理、采购管理、干系人管理（也称相关方管理）。

项目整合管理包括为识别、定义、组合、统一和协调各项目管理过程组的各个过程和活动而开展的过程与活动。类似于穿衣搭配，需要整体协调，达到一种平衡。

项目范围管理包括确保项目做且只做所需的全部工作以成功完成项目的各个过程。

项目进度管理包括为管理项目按时完成所需的各个过程。

项目成本管理包括为使项目在批准的预算内完成而对成本进行规划、估算、预算、管理和控制的各个过程。

项目质量管理包括把组织的质量政策应用于规划、管理、控制项目和产品质量要求，以满足干系人期望的各个过程。

项目资源管理包括识别、获取和管理所需资源以成功完成项目的各个过程。

项目沟通管理包括为确保项目信息及时且恰当地规划、收集、生成、发布、存储、检索、管理、控制、监督和最终处置所需的各个过程。

项目风险管理包括规划风险管理、识别风险、开展风险分析、规划风险应对、实施风险应对和监督风险的各个过程。

项目采购管理包括从项目团队外部采购或获取所需产品、服务或成果的各个过程。

项目干系人管理包括用于开展下列工作的各个过程：识别影响或受项目影响的人员、团队或组织，分析干系人对项目的期望和影响，制定合适的管理策略来有效调动干系人参与项目决策和执行。

表 1-1 所示为项目管理过程组与知识领域。

表1-1 项目管理过程组与知识领域

知识领域	管理过程组				
^	启动过程组（2）	规划过程组（24）	执行过程组（10）	监控过程组（12）	收尾过程组（1）
项目整合管理（7）	• 制定项目章程	• 制订项目管理计划	• 指导与管理项目工作 • 管理项目知识	• 监控项目工作 • 实施整体变更控制	• 结束项目或阶段

续表

知识领域	管理过程组				
	启动过程组（2）	规划过程组（24）	执行过程组（10）	监控过程组（12）	收尾过程组（1）
项目范围管理（6）		• 规划范围管理 • 收集需求 • 定义范围 • 创建工作分解结构（Work breakdown structure，WBS）		• 确认范围 • 控制范围	
项目进度管理（6）		• 规划进度管理 • 定义活动 • 排列活动顺序 • 估算活动持续时间 • 制订进度计划		• 控制进度	
项目成本管理（4）		• 规划成本管理 • 估算成本 • 制定预算		• 控制成本	
项目质量管理（3）		• 规划质量管理	• 管理质量	• 控制质量	
项目资源管理（6）		• 规划资源管理 • 估算活动资源	• 获取资源 • 建设团队 • 管理团队	• 控制资源	
项目沟通管理（3）		• 规划沟通管理	• 管理沟通	• 监督沟通	
项目风险管理（7）		• 规划风险管理 • 识别风险 • 实施定性风险分析 • 实施定量风险分析 • 规划风险应对	• 实施风险应对	• 监督风险	
项目采购管理（3）		• 规划采购管理	• 实施采购	• 控制采购	
项目干系人管理（4）	• 识别干系人	• 规划干系人参与	• 管理干系人参与	• 监督干系人参与	

说明：括号中的数字表示属于该过程组（或知识领域）的过程数量。

1.3.3　项目管理过程图解

表 1-1 中有 49 个过程，每个过程都有输入（Input）、输出（Output）、工具（Tool）

与技术（Technology）。输入是执行本过程需要参考的要素，输出是执行本过程会产出的结果。需要通过工具与技术，把输入加工成输出。PMP 考试习惯将输入、工具与技术、输出的英文首字母合在一起，叫 ITTO。以往的 PMP 考试中，ITTO 是必背必考的内容。最近几年考试的试题发生了很多变化，更加注重理解和应用，而非记忆与背诵。

图 1-2 所示为 ITTO 示意图。

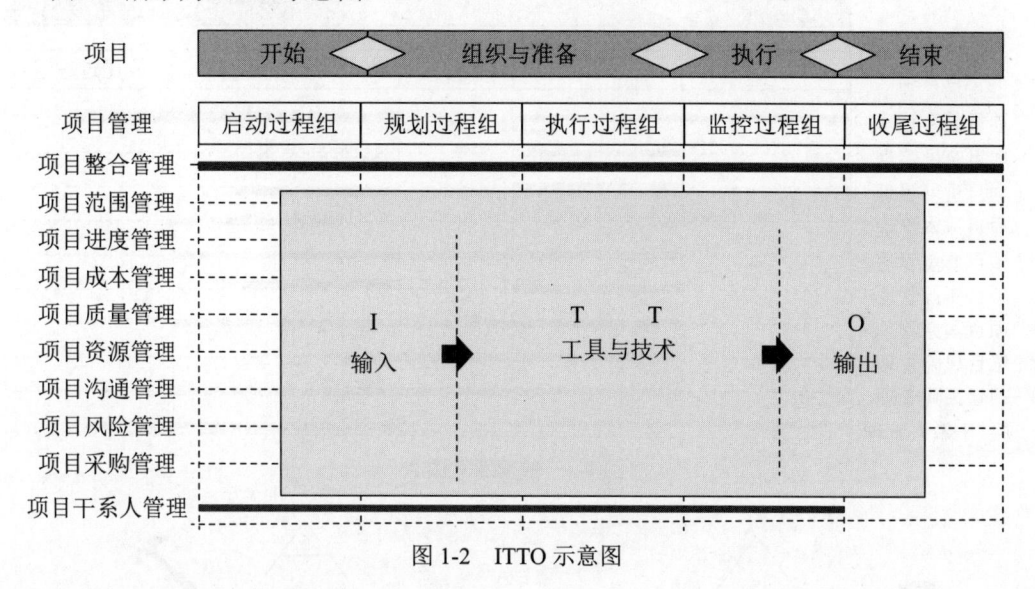

图 1-2　ITTO 示意图

过程与过程之间，常常有输入或输出作为纽带。某个过程的输出信息或文件，会作为下一个过程的输入信息或文件。比如项目章程文件，是制定项目章程过程的输出，同时它也是制订项目管理计划的输入。图 1-3 比较清晰地表达了过程之间借输入和输出关联起来的关系。

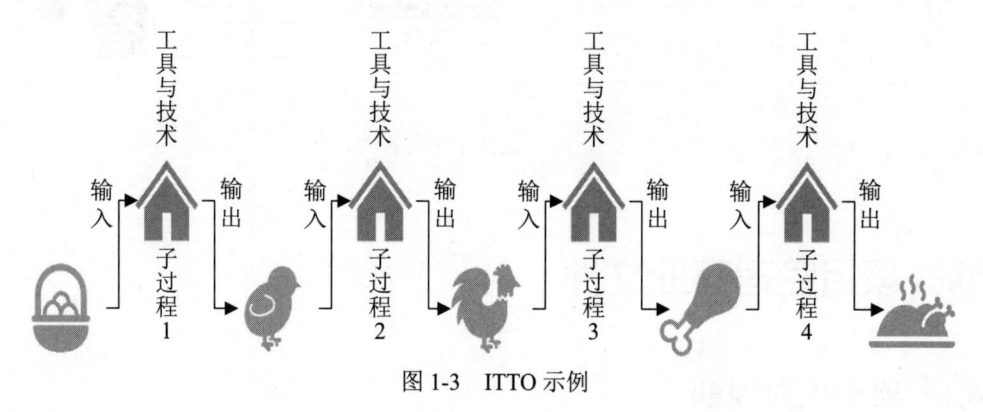

图 1-3　ITTO 示例

1.3.4　裁剪

按照《PMBOK 指南》，项目管理包括五大过程组，十大知识领域，49 个过程，100 多个输入、输出、工具与技术。并不是每个项目都需要这些完整的信息，可根据项目的特性，对其进行取舍和调整，也就是裁剪。裁剪是对有关项目管理方法、过程、工具与技术以及文件做出深思熟虑地调整，使之更适合特定环境和当前任务，是因地制宜，提高性价比的一种有效手段，图1-4和图1-5所示为裁剪示意图。《PMBOK指南》更像是一本工具操作指南，可以根据需要进行裁剪。

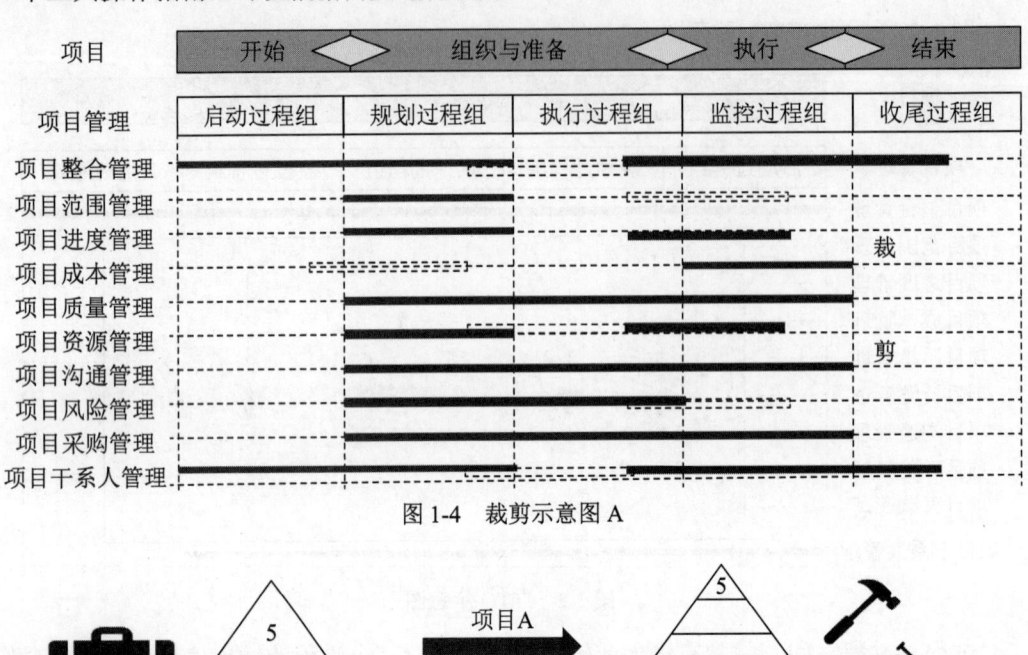

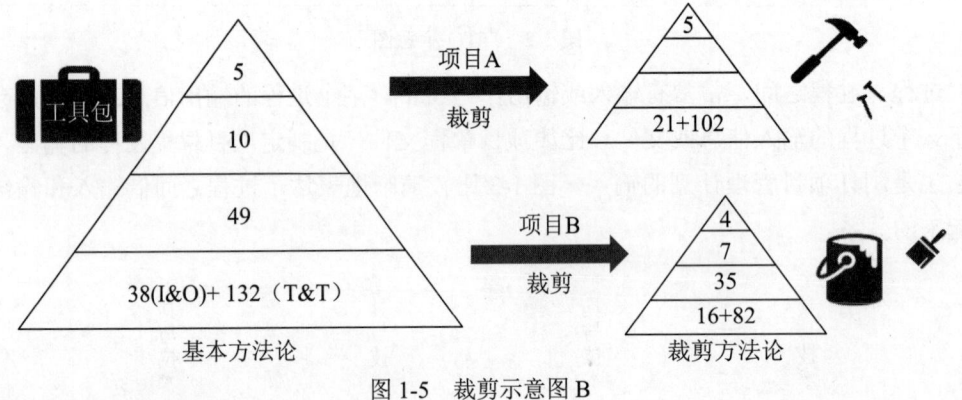

图 1-4 裁剪示意图 A

图 1-5 裁剪示意图 B

1.4 项目管理商业文件

1.4.1 项目生命周期

项目生命周期是指从项目开始到完成所经历的一系列过程。

典型的项目生命周期可以分为两种，分别是敏捷型和瀑布型。敏捷型生命周期，是一种低成本快速试错的方式，拥抱变化，价值驱动交付的项目开展方式，在本书后面章节展开介绍。瀑布型生命周期，是指从前到后顺序开展各环节工作的一种生命周期类型，也叫预测型生命周期。预测型生命周期从前期的创意生成和概念开发到可行性研究以敲定项目，再到收集需求、定义范围、设计框架与接口、开发与建造、测试，再由开发场景转换到实际使用场景，进行试运行，最后验收并投入运营使用。

1.4.2 项目阶段与关口

组织在执行项目时，通常会将每个项目分解为几个项目阶段，以便更好地管理和控制。

项目阶段是一组具有逻辑关系的项目活动的集合，通常以一个或多个可交付成果的完成为结束。关口设立在阶段结束点，在该时点，将项目的进展和绩效与各种项目文件和商业文件进行比较，这些文件包括（但不限于）项目商业论证、项目章程、项目管理计划、效益管理计划。根据比较结果做出决定，如进入下个阶段、整改后进入下个阶段、中止项目、停留在当前阶段、重复阶段或某个要素。

注意：在不同的组织、行业或工作类型中，阶段关口也可能被称为阶段审查、阶段门、关键决策点、阶段入口或阶段出口。另外，项目生命周期是项目从启动到完成所经历的一系列阶段，这些阶段不一定是简单的线性顺序关系或并行关系（重叠关系、交叠关系），也有可能是迭代关系。

1.4.3 项目管理商业文件

1. 需求评估

有痛点，有需求，通过需求评估，确定是否有项目立项的必要性。立项之后，做商业论证或可行性分析，才有后面的项目。

需求评估通常是在商业论证之前进行，包括了解业务目的和目标、问题及机会，并提出处理建议。需求评估结果可能会在商业论证文件中进行总结。

2. 商业论证

项目商业论证指文档化的经济可行性研究报告，用来对尚缺乏充分定义的所选方案的收益进行有效性论证，是启动后续项目管理活动的依据。通常从市场可行性、技术可行性、经济可行性、法律可行性、财务可行性等多个维度论证项目值得进行。商业论证文件通常由商业分析师或项目发起人负责制定和维护。项目经理负责提供建议和见解。

商业论证需持续进行：项目启动之前通过商业论证，可能会做出继续/终止项目的决策；在整个项目生命周期中，持续验证项目依然值得做；在项目结束时，根据商业论证中的项目目标衡量项目是否成功。

3. 效益管理计划

项目效益管理计划描述了项目实现效益的方式和时间以及应制定的效益衡量机制。项目效益指为发起组织和项目预期受益方创造价值的行动、行为、产品、服务或成果的结果。项目生命周期早期应确定目标效益，并据此制订效益管理计划。

制订效益管理计划需要使用商业论证和需求评估中的数据和信息，例如，成本效益分析数据。在成本效益分析中已经把成本估算与项目拟实现的效益进行了比较。项目效益管理计划的制订和维护是一项迭代活动。它是商业论证、项目章程和项目管理计划的补充性文件。

4. 项目章程

项目章程是由项目发起人发布的，正式批准项目成立，并授权项目经理动用组织资源开展项目活动的文件。这部分内容将在 11.3 节中介绍。

5. 项目管理计划

项目管理计划是描述如何执行、监督和控制项目的一份文件。这部分内容将在 11.4 节介绍。

商业论证、项目效益管理计划、项目章程和项目管理计划中的成功标准需一致，并与组织的战略目标保持一致。

1.5 项目成功标准

确定项目是否成功是项目管理中最常见的挑战之一。范围、进度、成本和质量等项目管理测量指标，历来被视为确定项目是否成功的最重要的因素。与此同时，也出现了一些管理指标完成得很好，但是项目成果没有发挥预期效益的项目案例，如铱星计划；也有项目严重逾期、成本严重超支，但是项目成果大受欢迎的项目案例，如澳大利亚的悉尼歌剧院项目。所以，关于项目成功的标准，除了围绕着进度、成本、范围、质量等测量指标外，还需要考虑项目成果所带来的收益和价值。现代项目管理科学越来越重视项目价值，而不只是关注在满足范围、进度、成本等基准的情况下完成项目。

第 2 章
项目运行环境

项目运行需要有一定的环境作为支撑。本章首先从影响项目的因素开始，然后介绍项目运行的组织系统、组织结构类型，再介绍项目管理办公室（PMO）、组织级项目管理（OPM），最后介绍《PMBOK 指南》（第七版）所描述的价值交付系统。

2.1 影响项目的因素

影响项目的因素很多,下面重点看看合规性、事业环境因素和组织过程资产。

2.1.1 合规性

关于合规性,我们可以将这个词拆分开看。先看"规"字,可以理解为法规、规范、规定、规则,"合"就是合乎、符合;那么合规性也就是合乎法规、符合规范和规则。不会踏破红线,不会越雷池半步,这就是所谓的合规性。做项目,第一重要的就是要合规。如果一个项目不合规,就不应该去做。那些写在刑法里面的项目,不要去触碰,那是违法的。

项目经理除了遵守国家的法律法规,还需要遵循各种行业规则和企业规定。不管是公司内部的,还是社会上的,各种法律法规、规则,都需要遵守。

项目经理需要在遵循规定的同时,还需要有管家精神,能够帮助大家成长,安排好各项事情,能够提供支撑,支持现在的项目往前推进。项目经理要带着大家去遵循各种各样的法律、法规、规则、意识。事实上,高绩效项目会寻求通过各种方法,将合规性更充分地融入项目文化,从而与可能相互冲突的各种准则更好地保持一致。管家须努力遵守那些旨在保护他们及其组织、干系人和广大公众的准则。

2.1.2 事业环境因素

事业环境因素是指项目团队不能控制的,将对项目产生影响、限制或指令作用的各种条件。这些条件可能来自组织的内部和(或)外部。事业环境因素是很多项目管理过程,尤其是大多数规划过程的输入。这些因素可能会提高或限制项目管理的灵活性,并可能对项目结果产生积极或消极的影响。

1. 组织外部的事业环境因素

组织外部的事业环境因素包括以下八个方面:

(1)社会和文化影响与问题。例如,政治氛围、行为规范、道德和观念。

(2)市场条件。例如,竞争对手、市场份额、品牌认知度和商标。

(3)物理环境要素。例如,工作环境、天气和制约因素。

(4)商业数据库。例如,标准化的成本估算数据、行业风险研究资料和风险数据库。

(5)政府或行业标准。例如,与产品、生产、环境、质量和工艺有关的监管机构条例和标准。

(6) 学术研究。例如，行业研究、出版物和标杆对照成果。

(7) 财务考虑因素。例如，货币汇率、利率、通货膨胀率、关税和地理位置。

(8) 法律限制。例如，与安全、数据保护、商业行为、雇佣和采购有关的国家或地方法律法规。

2. 组织内部的事业环境因素

组织内部的事业环境因素包括以下六个方面：

(1) 组织文化、结构和治理。例如，组织的愿景、使命、价值观、信念、文化规范、领导风格、等级制度和职权关系、组织风格、道德和行为规范。

(2) 设施和资源的地理分布。例如，工厂位置、虚拟团队、共享系统和云计算。

(3) 基础设施。例如，现有设施、设备、组织通信渠道和信息技术硬件的可用性与功能。

(4) 信息技术软件。例如，自动化工具（包括进度计划软件、配置管理系统、信息收集与发布系统、自动化测试工具等）、进入其他在线自动化系统的网络界面和工作授权系统。

(5) 资源可用性。例如，合同和采购制约因素、获得批准的供应商和分包商以及合作协议。

(6) 员工能力。例如，人员在设计、开发和采购等方面的技能、素质与知识。

2.1.3 组织过程资产

组织过程资产是执行组织所特有并使用的计划、过程、政策、程序和知识库，会影响对具体项目的管理。组织过程资产不仅包括来自任何（或所有）项目执行组织的，可用于执行或治理项目的任何工件、实践或知识，还包括来自组织以往项目的经验教训和历史信息。组织过程资产可能还包括完成的进度计划、风险数据和挣值数据。组织过程资产是许多项目管理过程的输入。由于组织过程资产存在于组织内部，在整个项目期间，项目团队成员可对组织过程资产进行必要的更新和增补。

1. 过程、政策和程序

这一类组织过程资产是组织用于执行项目工作的流程与程序，包括（但不限于）以下几个方面：

1) 启动和规划

- 指南和标准。用于裁剪组织标准流程和程序以满足项目的特定要求。
- 特定的组织标准。例如，政策（人力资源政策、健康与安全政策、安保与保密政策、质量政策、采购政策和环境政策等）。
- 产品和项目生命周期，以及方法和程序。例如，项目管理方法、评估指标、过程审计、改进目标、核对单、组织内使用的标准化的过程定义。
- 模板。例如，项目管理计划、项目文件、项目登记册、报告格式、合同模板、风险分类、风险描述模板、概率与影响的定义、概率和影响矩阵，以及相关方登记册模板。
- 预先批准的供应商清单和各种合同、协议类型。例如，总价合同、成本补偿合同和工料合同。

2）执行与监控

- 变更控制程序。变更控制程序包括修改组织标准、政策、计划和程序（或任何项目文件）所需遵循的步骤，以及如何批准和确认变更。
- 跟踪矩阵。
- 财务控制程序。例如，定期报告、必需的费用与支付审查、会计编码、标准合同条款等。
- 问题与缺陷管理程序。例如，定义问题和缺陷控制、识别与解决问题和缺陷，以及跟踪行动方案。
- 资源的可用性控制和分配管理。
- 组织对沟通的要求。例如，可用的沟通技术、许可的沟通媒介、记录保存政策、视频会议、协同工具和安全要求。
- 确定工作优先顺序、批准工作与签发工作授权的程序。
- 模板。例如，风险登记册、问题日志和变更日志。
- 标准化的指南、工作指示、建议书评价准则和绩效测量准则。
- 产品、服务或成果的核实和确认程序。

3）收尾

项目收尾指南或要求。例如，项目终期审计、项目评价、可交付成果验收、合同收尾、资源分配，以及向生产和（或）运营部门转移知识。

过程、政策和程序资产的更新通常不是项目工作的一部分，而是由 PMO 或项目以外的其他职能部门完成。更新工作仅需遵循与过程、政策和程序更新相关的组织政策。有些组织鼓励团队裁剪项目的模板、生命周期和核对单。在这种情况下，项目管理团队应根据项目需求裁剪这些资产。

2. 组织知识库

组织知识库是组织用来存取信息的知识库，主要包括以下六个方面：

（1）配置管理知识库：包括组织的标准、政策、程序和项目文件的各种版本与基准。

（2）财务数据库：包括人工时、实际成本、预算和成本超支等方面的信息。

（3）历史信息与经验教训知识库：包括项目记录与文件、完整的项目收尾信息与文件、关于以往项目选择决策的结果及以往项目绩效的信息，以及从风险管理活动中获取的信息。

（4）问题与缺陷管理数据库：包括问题与缺陷的状态、控制信息、解决方案以及相关行动的结果。

（5）测量指标数据库：用来收集与提供过程和产品的测量数据。

（6）项目档案：包括范围、成本、进度与绩效测量基准，项目日历，项目进度网络图，风险登记册，风险报告以及相关方登记册。

组织知识库是在整个项目期间结合项目信息来更新的。例如，整个项目期间会持续更新与财务绩效、经验教训、绩效指标和问题以及缺陷相关的信息。

2.2 组织结构类型

组织结构是组织的全体成员为实现组织目标，在管理工作中进行分工协作，在职务范围、责任、权利方面所形成的结构体系。

在项目管理领域中，组件是指项目或组织内的可识别要素，提供了某种特定功能或一组相关的功能。系统是各种组件的集合，可以实现单个组件无法实现的功能。组织是以人或法律所认可的法人为基本单位的团体。组织系统是指组织内所形成的一套可以相互分工配合从而自我运行的系统，通常由组织管理层负责。单个组织内多种因素的交互影响创造出一个独特的系统，会对在该系统内运行的项目造成影响。这种组织系统决定了组织系统内部人员的权力、影响力、利益、业务能力和政治能力。系统因素包括（但不限于）管理要素、治理框架和组织结构类型。

组织结构的形式或类型是多种多样的，包括职能型、项目型、矩阵型等。本节重点介绍这三种组织结构类型。

2.2.1 职能型组织

职能型组织是指组织按职能以及职能的相似性来划分部门，如图 2-1 所示。

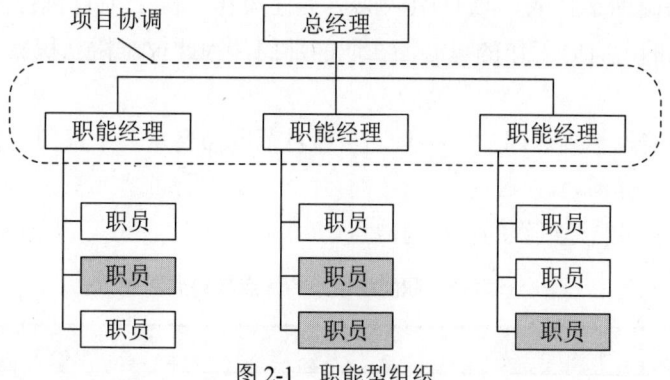

图 2-1 职能型组织

在图 2-1 中，带灰色背景的"职员"表示参与项目工作的职员（下同）。采用职能型项目组织结构的组织在进行项目工作时，各职能部门根据项目的需要承担本职能范围内的工作，也就是说，组织主管根据项目任务需要从各职能部门抽调人员及其他资源组成项目执行团队。

当项目在职能型组织中实施时,项目经理更像是一个协调员,被赋予沟通与协调的职责。项目团队成员直接向他们的上司(职能经理)汇报。

1. 职能型组织的优点

职能型组织的优点主要有以下几点:

(1)有利于组织技术水平的提升。由于职能型组织是以职能的相似性来划分部门的,项目团队成员有"家",他们在部门中工作,部门给予相应的技术支持。同一部门人员可以交流经验及共同研究,有利于专业人才专心致志钻研本专业领域的理论知识,有利于积累经验与提高业务水平。同时,这种结构为项目执行提供了强大的技术支持,当项目遇到困难之时,问题所属职能部门可以联合攻关。

(2)资源利用的灵活性与低成本。由于职能型组织形式的项目执行组织中的人员或其他资源仍归职能部门领导,因此职能部门可以根据需要分配所需资源,而当某人从某项目退出或闲置时,部门主管可以安排他到另一个项目去工作,以降低人员及资源的闲置成本。

(3)有利于整体协调组织的活动。由于每个部门或部门主管只承担项目中本职能范围的责任,并不承担最终成果的责任,然而每个部门主管都直接向组织的主管负责,因此要求组织的主管要从组织全局出发进行协调与控制。

2. 职能型组织的缺点

职能型组织的缺点主要有以下几点:

(1)协调难度大。项目执行组织没有明确的项目经理(即使有项目经理,也没有足够的权力),而每个职能部门由于职能的差异性及本部门的局部利益,容易从本部门的角度去考虑问题,因此当发生部门间的冲突时,各部门经理之间很难进行协调。这会影响组织整体目标的实现。

(2)没有明确的责任人,项目团队成员责任淡化。由于项目执行团队是临时从职能部门抽调出来的,有时工作的重心还在职能部门,因此很难树立积极承担项目责任的意识。

(3)客户可能找不到专门的联络点,当项目范围需要从一个部门转移到另一个部门时,整合管理不太容易。

表 2-1 列出了职能型组织的优点与缺点。

表2-1 职能型组织的优点与缺点

优点	缺点
便于对专家进行管理	职能工作容易优先于项目工作
团队成员只有一个上级	与其他职能部门之间没有沟通
同专业者在一起,有利于专业技术的提高	忽视其他职能部门在项目上的利益

续表

优点	缺点
职能部门可以为员工提供一个职业发展的良好平台，员工的职业路径清楚	没有全职的项目经理，项目经理没有权力
项目团队成员可以同时从事项目工作和日常工作，具有在两者之间协调上的灵活性	没有项目管理的职业发展前景
同一职能部门内的协调和沟通比较容易	
同一职能部门内可以对自己专业范围内的问题作出迅速有效的反应	

2.2.2 项目型组织

项目型组织的形式是按项目来划归所有资源，即每个项目有完成项目任务所必需的所有资源。每个项目有明确的项目经理，是项目的负责人。每个项目组之间相对独立，如图 2-2 所示。

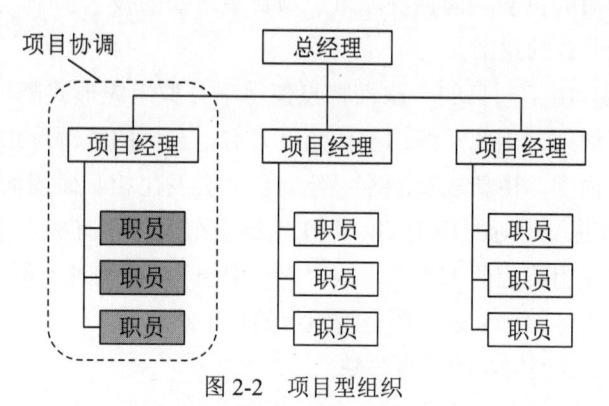

图 2-2 项目型组织

例如，希赛公司有 A、B、C 三个项目，则按项目 A、B、C 的需要获取并分配人员及其他资源，形成三个独立的项目组，项目组 A、项目组 B、项目组 C，项目结束以后项目组随之解散。这种组织形式适用于规模大、项目多的公司。

1. 项目型组织的优点

项目型组织的优点主要体现在以下几个方面：

（1）目标明确及统一指挥。项目型组织是基于某项目而组建的，圆满完成项目任务是项目组织的首要目标，而每个项目团队成员的责任及目标也是通过对项目总目标的分解而获得的。同时，项目团队成员只受项目经理领导，所有项目团队成员直接向项目经理汇报，不会出现多头领导的现象。

（2）有利于项目控制，有利于快速决策。由于项目型组织按项目划分资源，项目经理在项目范围内具有绝对的控制权，因此，从项目角度来讲，是有利于项目进度、成本、质量等方面的控制与协调的。

（3）有利于全面型人才的成长。由于项目执行涉及计划、组织、用人、指挥与控制等多种职能，因此项目型组织提供了全面型管理人才的成长之路，从管理小项目的小项目经理，经过管理大中型项目的项目经理，成长为管理多项目的项目集经理，直至最后成长为组织的主管。另一方面，项目中拥有不同才能的人员，人员之间的相互交流学习也为员工的能力开发提供了良好的场所。

（4）项目团队成员容易被激励，对项目忠诚，有责任心。

2. 项目型组织的缺点

项目型组织的缺点主要体现在以下几个方面：

（1）机构重复及资源的闲置。项目型组织按项目所需来设置机构及获取相应的资源，这样一来就会使每个项目有自己的一套机构，一方面是完成项目任务所必需，另一方面是组织从整体上进行项目管理之必要，这就造成了机构的重复设置。而在包括人在内的资源使用方面，不论哪种资源的使用频率都会有，当这些资源闲置时，其他项目也很难利用这些资源，造成闲置成本很大。

（2）不利于组织专业技术水平的提高。由于项目型组织并没有给专业技术人员提供同行交流与互相学习的机会，而往往注重于项目中所需的技术水平，因此不利于形成专业人员钻研本专业业务的氛围。

（3）不稳定性。由于项目的一次性特点使得项目型组织形式随项目的产生而建立，也随项目的结束而解体，因此从组织整体角度来看，组织的资源及结构会不停地发生变化。而在项目组织内部，由新成员刚刚组建的团队会发生相互碰撞而不稳定，虽然随着项目进程的进展会进入相对的稳定期，但在项目快结束时所有成员预见到项目的结束，都会为自己的未来做出相应的考虑，造成"人心惶惶"，而又进入不稳定期。在 PMP 考试中，通常用"无家可归"来表示项目型组织的这个缺点。

表 2-2 列出了项目型组织的优点与缺点。

表2-2 项目型组织的优点与缺点

优点	缺点
项目组织简单、有效	项目结束后，成员"无家可归"
项目经理的权力充分，有利于统一指挥	不利于成员的专业技术发展
项目成员忠诚于项目	重复配置设备和人员
沟通更有效	资源利用率低
决策速度快	职能部门对项目无动于衷
便于项目团队建设	

2.2.3 矩阵型组织

矩阵型组织的特点是将按照职能划分的纵向部门与按照项目划分的横向部门结合起

来，以构成类似矩阵的管理系统。当很多项目对有限资源的竞争引起对职能部门的资源的广泛需求时，矩阵管理就是一个有效的组织形式。

在矩阵型组织中，项目经理在项目活动的"什么"和"何时"方面，即内容和时间方面有一定权力；职能经理决定"如何"支持。每个项目经理要直接向最高管理层负责，并由最高管理层授权；而职能部门则从另一方面来控制，对各种资源做出合理的分配和有效的控制调度。职能经理既要对他们的直接上司负责，也要对项目经理负责。

根据项目经理权力的大小，矩阵型组织可以分为弱矩阵、强矩阵和平衡矩阵三种形式。

1. 弱矩阵型组织

弱矩阵型组织保留了职能型组织的大部分特征，其项目经理的角色更像是协调员或联络员，而非真正的项目经理。弱矩阵型组织结构如图 2-3 所示。

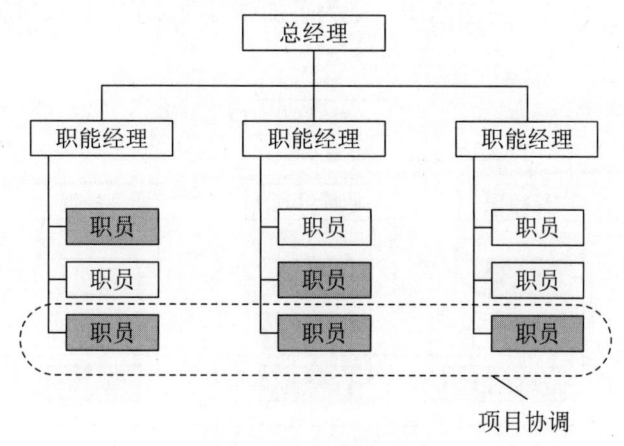

图 2-3　弱矩阵型组织

与职能型组织结构相比，在弱矩阵型组织结构中，为了更好地实施项目，建立了相对明确的项目团队，这样的项目团队由各职能部门下的职能人员所组成，但并未明确对项目目标负责的项目经理，即使有项目负责人，他的角色也只不过是一个项目协调者或项目监督者，而不是真正意义上的项目管理人员。

在矩阵型组织结构中，项目联络员（project expeditor）是一个与项目协调员相似的角色，不同的是，项目联络员没有指派工作和分配资源的权力，也没有决策权。项目联络员只起到沟通和协调的作用，其层次一般比较低，介于项目团队成员与职能经理之间。

2. 强矩阵型组织

在强矩阵型组织结构中，资源均由职能部门所有和控制，每个项目经理根据项目需要向职能部门借用资源，其结构如图 2-4 所示。

在强矩阵型组织结构中，各项目组织是临时性组织，一旦项目任务完成后就解散，各专业人员又回到各职能部门再执行别的任务。

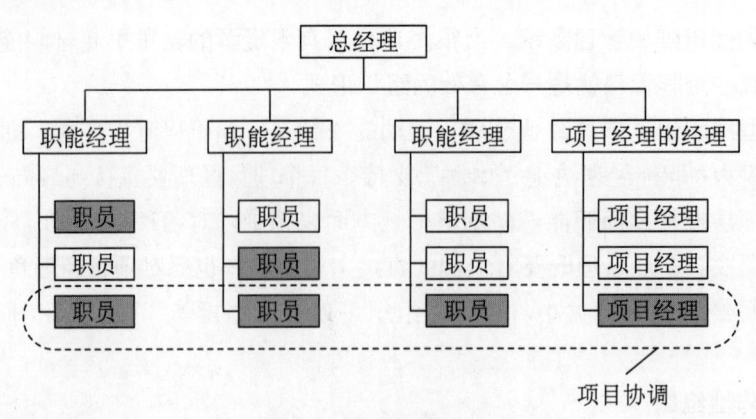

图 2-4　强矩阵型组织

3. 平衡矩阵型组织

平衡矩阵型组织（中矩阵型组织）是为了加强对项目的管理而对弱矩阵型组织形式的改进，如图 2-5 所示。

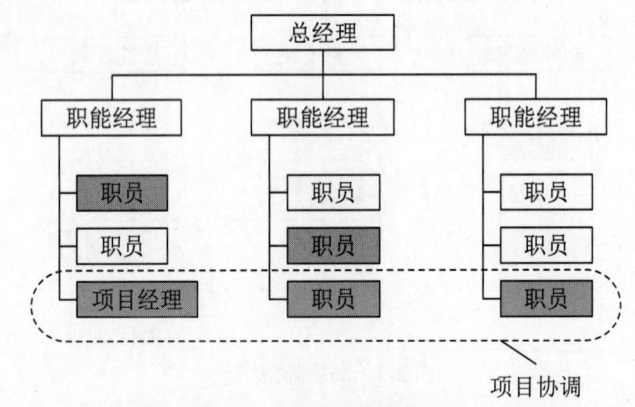

图 2-5　平衡矩阵型组织

平衡矩阵型组织与弱矩阵型组织的区别是在项目团队中任命一名对项目负责的管理者，即项目经理。为此，项目经理被赋予完成项目任务所应有的职权和责任。

4. 矩阵型组织的优点

矩阵型组织有许多优点，例如：

（1）强调了项目组织是所有有关项目活动的焦点，具有非常清晰的项目目标，责任单一。

（2）职能组织中专家的储备提供了人力利用的灵活性，对所有计划可按需要的相对重要性使用专门人才。

（3）由于交流渠道的建立和决策点的集中，对环境的变化和项目的需要能迅速地做出反应，信息流较通畅。

（4）当指定的项目不再需要时，项目人员有其职能归宿（有家可归），大都返回原来的职能部门。他们对于项目完成后的奖励与鉴定有较高的敏感，为个人指出了职业的努力方向，也有利于组织知识库的建立。

（5）由于关键技术人员能够为各个项目所共用，充分利用了人才资源，使项目费用降低，又有利于项目人员的成长和提高。

（6）职能部门能给予更多的支持，更好地协调，能集思广益，有利于解决问题。

（7）通过内部的检查和平衡，以及项目组织与职能组织间的经常性的协商，可以得到时间、费用，以及运行的较好平衡。

5. 矩阵型组织的缺点

矩阵型组织也有一些缺点，例如：

（1）结构比较复杂，比职能型或项目型更难以理解。项目团队成员将会有"两个老板"，需要同时向项目经理和职能经理汇报。

（2）职能型组织与项目型组织间的平衡需要持续进行监视，以防止双方互相削弱对方。职能经理不可能为了项目而放弃最好的资源，当同时有多个项目在实施时，分享稀缺资源会导致部门间出现问题。

（3）在开始制定政策和方法时，需要花费较多的时间和劳动量。当问题涉及的人比较多时，会延长决策时间。

（4）每个项目是独立进行的，容易产生重复性劳动。即使有奖励机制，员工也不愿意在一个项目中工作很长时间。

（5）对时间、成本、质量的平衡必须加以监控，以保证不因时间和成本而忽视质量。

（6）运作矩阵型组织的成本更高，需要的程序更多，更多管理人员牵扯到决策过程中。重复汇报和多重管理将增加成本。

（7）容易出现信息混乱，良好的信息流只有在完好的流程体系及拥有优秀的协调者的情况下才能实现。矩阵型组织的这个缺点，在国内显得更加突出。

表 2-3 列出了矩阵型组织的优点与缺点。

表2-3 矩阵型组织的优点与缺点

优点	缺点
有专职项目经理	结构复杂，沟通复杂，管理难度大
项目经理对资源有一定程度的控制	项目成员有一个以上的"老板"
能取得职能部门的支持	项目经理与职能经理之间的权力斗争
资源使用率高	项目工作与职能工作对资源的争夺
促进跨部门的协调	职能部门之间的斗争（为争夺项目利益）
有利于横向信息流通	需要大量的规章制度和程序
项目团队成员有"家"（与项目型组织比较）	项目经理对项目成员没有足够权力

2.2.4 组织结构的选择

项目的组织结构对项目的管理实施具有一定的影响，然而任何一种组织结构都有它的优点和缺点，没有一种组织结构能适用于一切场合，甚至是在同一个项目的生命周期内。所以，项目管理组织在项目生命周期内为适应不同发展阶段的不同突出要求而加以改变也是很自然的。

项目应围绕工作本身来进行组织，工作变了，项目组织的范围也应跟着改变。在实际工作中，必须注意到这一点。一般来说，职能型组织结构比较适用于规模较小、偏重技术的项目，而不适用于项目环境变化较大的项目。当一个组织中包括许多项目或项目的规模比较大、技术复杂时，则应选择项目型的组织结构。与职能型组织相比，在面对不稳定的环境时，项目型组织显示了自己潜在的优势，这来自项目团队的整体性和各类人才的紧密合作。与前两种组织结构相比，矩阵型组织形式无疑在充分利用组织资源上显示出巨大的优越性，由于其融合了两种结构的优点，这种组织形式在进行技术复杂、规模巨大的项目管理时呈现出明显的优势。

如果是简单、单一的项目，则选择职能型组织；如果是跨专业且需要多个部门合作的项目，则选择矩阵型组织；如果项目经理需要最大限度地控制资源，则选择项目型组织。

需要注意的是，在PMP考试中某些默认情况，列举如下：
- 如果没有明确规定是什么组织形式，默认就是平衡矩阵型组织；
- 如果没有明确规定考生的角色，默认就是项目经理。

2.3 治理框架与管理要素

如前文所述，组织系统因素包括（但不限于）治理框架、管理要素和组织结构类型。

2.3.1 治理框架

治理，可以理解为"搭台子、定规则"。根据《PMBOK指南》的定义，治理是在组织各个层级上的组织性或结构性安排，旨在决定和影响组织成员的行为。治理是一个多方面的概念，并且包括考虑人员、角色、结构和政策，要求通过数据和反馈提供指导和监督。

治理框架是在组织内行使职权的框架，其内容包括（但不限于）规则、政策、程序、规范、关系、系统、过程。这个框架会影响组织目标的设定和实现方式、风险监控和评估方式、绩效优化方式。

项目治理是指用于指导项目管理活动的框架、功能和过程，从而创造独特的产品、服务或结果以满足组织、战略和运营目标。常言道，一把钥匙开一把锁，不存在一种治理框架适用于所有组织的情况。组织应根据文化、项目类型和组织需求裁剪治理框架，才能发挥其作用。

2.3.2 管理要素

管理要素即给某个职能部门安排什么职责或工作，一般理解为职能部门的职能。根据《PMBOK 指南》的定义，管理要素是组织中的关键职能或一般管理原则。组织根据其选择的治理框架和组织结构类型分配一般的管理要素。关键职能或管理原则包括（但不限于）以下几个方面：

- 基于专业技能及其可用性的工作分工。
- 组织授予的工作职权。
- 工作职责。开展由组织根据技能和经验等属性合理分派的工作任务。
- 行动纪律。例如，尊重领导、员工和规则。
- 统一命令。例如，对于一项行动或活动，仅由一个人向另一个人发布指示。
- 统一方向。例如，对服务于同一目的的一组活动，只能有一份计划及一个领导人。
- 组织的总体目标优先于个人目标。
- 支付合理的薪酬。
- 资源的优化使用。
- 畅通的沟通渠道。
- 在正确的时间让正确的人使用正确的材料做正确的事情。
- 公正、平等地对待所有员工。
- 明确的工作职位保障。
- 员工在工作场所的安全。
- 允许任何员工参与计划和实施。
- 保持员工士气。

组织会将这些管理要素分配给相应的员工负责落实，他们可以在不同的组织结构中落实这些管理要素。例如，在层次式组织结构中，员工之间存在横向关系和纵向关系。

2.3.3 与项目有关的管理要素

项目交付是靠人推动的，与项目有关的职能由人履行。大家得有效率、有效果地完成项目里该做的事。这个事情可以由一个人或者一组人来完成，也可能包含在规定好的角色里。要成功完成项目，就得协调好大家的工作。不同的协调方式适用于不同的情况，有些项目适合大家自己组织并管理，这就是去中心化的协调；有一些项目需要指定一个项目经理来领导和指导，这就是集中化协调；还有一些项目，可以让自组织的团队参与进来，协助完成一部分工作。不管是哪种协调方式，项目团队可能还需要其他职能团队的支持。图 2-6 列出了一些项目中常见的职能，但不一定全面，也可能有其他职能来赋能项目。

```
                    ┌── 提供监督和协调（领导）
                    ├── 提供目标和反馈（客户）
                    ├── 引导和支持（敏捷教练）
                    ├── 开展工作并贡献洞察（团队）
        项目相关职能 ──┼── 运用专业知识（主题专家）
                    ├── 提供业务方向和洞察（商业分析师）
                    ├── 提供资源和方向（发起人、倡导者）
                    └── 维持治理（高层领导）
```

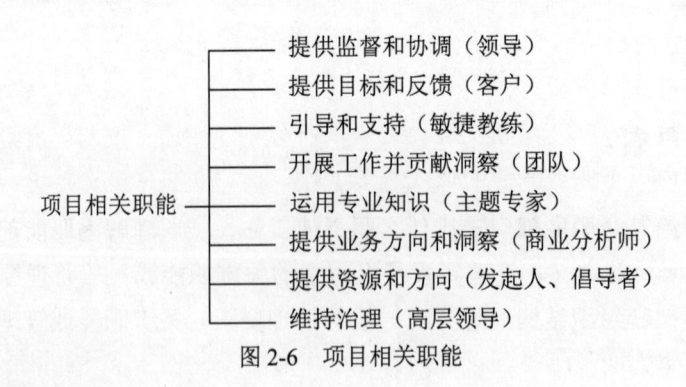

图 2-6　项目相关职能

1. 提供监督和协调

承担此职能的人员通常通过精心安排项目工作，协助项目团队实现项目目标。该职能的具体执行情况可能因组织而异，但通常涉及领导规划、监督和控制活动。在某些组织中，此职能在项目前期可能涉及评估和分析活动。此外，还包括监督和开展工作以改善项目团队成员的健康、安全和整体福祉。

协调包括征求管理层和业务单元领导的想法，以推动目标的实现、提高项目绩效或满足客户需求。它还包括协助进行商业分析、招标和合同谈判以及商业论证开发。在项目可交付物最终确定后、项目正式结束前，监督可以参与有关收益实现和维持的后继活动。此职能还可以为项目启动所在的项目组合和项目集提供支持。最后，需要对此职能进行裁剪以适应组织。

2. 提供目标和反馈

承担此职责的人员负责提供客户和最终用户的观点、见解及明确的指导。需要明确的是，客户和最终用户并不总是同一群体。在本书中，客户的定义是提出项目申请或提供项目资金的个人或群体。最终用户则是直接使用项目交付物的个人或群体。

项目需要客户和最终用户明确项目需求、成果和期望。在敏捷型和混合型项目环境中，由于项目团队正在探索和开发特定的增量产品要素，因此更需要持续的反馈。在某些项目环境中，客户或最终用户会参与到项目团队中，进行定期审查和反馈。在某些项目中，客户代表会加入项目团队的工作。对客户和最终用户意见和反馈的需求取决于项目的性质以及所需的指导或指引。

3. 引导和支持

在项目管理中，引导和支持的职能与监督和协调密切相关，其具体关联程度取决于项目的性质。这项工作的核心是鼓励项目团队成员积极参与、相互协作，并共同承担工作输出的责任。引导这一职能的主要作用是帮助项目团队就解决方案达成共识，有效解决冲突，并在充分讨论的基础上做出决策。此外，项目团队还应当通过引导这一职能来协调会议，确保会议公正进行，推动项目目标的实现。为了确保项目的成功，团队需要不断调整工作模式，优化工作流程，创新工作方法。

因此，为员工提供支持并帮助他们成功克服阻碍显得尤为重要。这可以包括评估员工绩效，向个人和项目团队提供及时、具体的反馈，帮助他们不断提高自己的能力，适应不断变化的工作环境，进而实现个人和团队的持续改进与提升。

4. 开展工作并贡献洞察

项目团队将具备生产产品和实现项目成果所必需的知识、技能与经验，并将在项目期间或有限时间内以全职或兼职的形式开展工作。项目团队可以选择集中式办公或虚拟方式进行工作，具体取决于环境因素。某些工作可能具有高度的专业性，而其他工作则可以由具备多种技能的项目团队成员完成。通过获取来自代表组织不同部门的跨职能项目团队的洞察，可以提供多种内部观点，与关键业务部门建立联盟，并鼓励项目团队成员成为其职能领域内的变革推动者。随着项目可交付物的实施或移交给运营部门，此项工作可以扩展到支持职能（在项目开展期间或结束之后）。此外，他们还可以利用组织内的现有资源来制定高效的工作流程，以减少资源浪费和提高项目效率。同时，他们还可以建立和维护与外部利益相关者的关系，以促进项目的成功实施。

5. 运用专业知识

履行此职能的人员会给大家提供与项目相关的知识、想法和专业知识。他们会在整个公司里给大家提供建议和支持，帮助项目团队更好地学习和保证工作准确性。这些人员可以是公司外部的人，也可以是公司内部的项目团队成员。在整个项目期间或者某个特定时间段里，都可能需要他们的帮助。

他们就像是项目的智囊团，给项目带来新的想法和创新的思维。他们的专业知识可以帮助解决项目中遇到的问题，并提供实用的解决方案。他们的建议和支持可以帮助项目团队更好地理解项目，提高工作效率和准确性。这些人员可能是公司内部的专家，也可能是领域内的权威人士。在项目的不同阶段，都可能需要他们的专业知识和帮助。

6. 提供业务方向和洞察

履行该职能的人员负责指导并明确项目或产品的预期成果。他们根据商业价值、相互依存关系以及技术或运营风险来决定需求或待办事项的优先次序。他们向项目团队提供反馈，并为下一个需要开发或交付的增量或要素设定明确的方向。该职能涉及与其他相关人员、客户及其项目团队进行互动，以确立产品的目标方向。他们的目标是使项目的可交付成果的价值最大化。

在敏捷型和混合型环境中，他们可以按照特定的节奏提供方向和见解。在可预测的环境中，他们可以设立特定的检查点来评估项目的进展并提供有关项目进展的反馈。有时候，业务方向可能会受到资金提供和资源提供职能的影响。

7. 提供资源和方向

履行此职能的人员负责推动项目实施，并负责与项目团队及更广泛的利益相关者群体沟通组织愿景、目标和期望。他们是项目和项目团队的积极倡导者，为项目活动提供所需的决策、资源和职权支持，推动项目进展。同时，他们作为高级管理层和项目团队之间的联络人，在确保项目与商业目标一致方面发挥重要作用，及时排除障碍，解决项目团队权限之外的问题。另外，具备此职能的人员需要为项目团队无法自行解决或管理的问题或风险（例如，资金短缺或其他资源不足或无法实现的截止日期）提供上报路径。

履行此职能的人员须具备识别项目中出现的机会并将这些机会传达给高级管理层的能力，从而促进创新。他们可以在项目结束后监督项目成果，以确保实现预期的商业收益。他们需要具备敏锐的商业洞察力和判断力，以便在项目实施过程中及时发现和抓住商业机会。同时，他们还需要与高级管理层保持良好的沟通渠道，以确保项目的战略方向和商业目标得到充分理解与实现。

在项目实施过程中，履行此职能的人员还需要关注项目团队的绩效和进展情况，及时发现和解决潜在的问题或风险。他们需要为项目团队提供必要的培训和支持，以提高团队能力和效率。此外，他们还需要对项目的商业收益进行跟踪和分析，以确保实现预期的商业目标。

总之，具备此职能的人员在项目中扮演着至关重要的角色，他们需要具备全面的商业洞察力和领导能力，以推动项目的成功实施并实现预期的商业收益。

8. 维持治理

履行治理职能的人员负责批准并支持项目团队提出的建议，以确保项目符合预期目标并取得进展。他们还承担监督项目进展的职责，确保项目在实现预期成果方面按照计划进行。治理人员还需要保持项目团队与战略或商业目标之间的紧密联系，并确保这些目标在项目过程中得到不断更新和调整。通过这种方式，治理人员能够确保项目与组织的目标保持一致，并取得成功。

2.4 项目管理办公室

项目管理办公室（Project Management Office，PMO）也称为项目办公室、大型项目管理办公室或大型项目办公室，它是在所辖范围内集中、协调地管理项目的组织单元。根据需要，可以为一个项目设立一个PMO，可以为一个部门设立一个PMO，也可以为一个组织设立一个PMO。这三级PMO在一个组织内可以同时存在。

PMO的一个主要职能是通过各种方式向项目经理提供支持：对PMO所辖的全部项目的共享资源进行管理；识别和制定项目管理方法、最佳实践和标准；指导、辅导、培训和监督；通过项目审计，监督对项目管理标准、政策、程序和模板的遵守程度；制定和管理项目政策、程序、模板和其他共享的文件（组织过程资产）；对跨项目的沟通进行协调。

2.4.1 PMO与项目经理

到目前为止，业内对于PMO应承担的工作还没有形成一致的意见。在实际工作中，PMO的任务从培训、部署项目管理工具软件、发布标准政策和流程、发布模板到实际直接的管理项目和项目的结果，根据需要，PMO执行其中一部分工作或全部工作。特定的PMO可以经授权成为项目干系人的代表和每个项目初始阶段的关键决策者，有权力就项目的进展（包括中止项目）提出建议。另外，PMO 也可参与对共享的项目人员进行选择、管理和必要时重新部署。

项目经理和 PMO 的区别主要体现在以下五个方面：

（1）项目经理和 PMO 追求不同的目标，同样，受不同的需求所驱使。

（2）项目经理负责在项目约束条件下完成特定的项目成果性目标，而 PMO 是具有特殊授权的组织机构，其工作目标包含组织级的观点。

（3）项目经理关注于特定的项目目标，而 PMO 管理重要的大型项目范围的变化，以更好地达到组织战略目标。

（4）项目经理控制赋予项目的资源以最好地实现项目目标，而 PMO 对所有项目之间的共享资源进行优化使用。

（5）项目经理管理中间产品的范围、进度、费用和质量，而 PMO 管理整体的风险、整体的机会和所有项目的依赖关系。

2.4.2 PMO 的类型

PMO 是对与项目相关的治理过程进行标准化，并促进资源、方法论、工具和技术共享的一个组织结构。PMO 的职责范围可大可小，从提供项目管理支持服务，到直接管理一个或多个项目。PMO 有几种不同类型，它们对项目的控制和影响程度各不相同。

（1）支持型：担当顾问的角色，向项目提供模板、最佳实践、培训，以及来自其他项目的信息和经验教训。这种类型的 PMO 其实就是一个项目资源库，对项目的控制程度很低。

（2）控制型：不仅为项目提供支持，而且通过各种手段要求项目服从（采用项目管理框架或方法论；使用特定的模板、格式和工具；遵从治理框架），这种类型的 PMO 对项目的控制程度属于中等。

（3）指令型：直接管理和控制项目。项目经理由 PMO 指定并向其报告。这种类型的 PMO 对项目的控制程度很高。

除了被集中管理以外，PMO 所支持和管理的项目不一定彼此关联。PMO 的具体形式、职能和结构取决于所在组织的需要。

2.4.3 PMO 的职能

PMO 监控项目、大型项目或各类项目组合的管理。PMO 关注于其内部的项目或子项目之间的协调计划、优先级和执行情况。

PMO 在组织中的职能涵盖范围很广，可能从顾问到仅限于对单个的项目建议使用特定的方针和流程，直至正式的行政管理职权之间。

组织级 PMO 的主要功能和作用可以分为两大类，分别是日常性职能和战略性职能。

组织级的 PMO 的日常性职能主要包括以下几个方面：

（1）建立组织内项目管理的支撑环境：包括统一的项目执行流程、项目过程实施指南和文档模板、项目管理工具和项目管理信息系统。

（2）培养项目管理人员：在组织内提供项目管理相关技能的培训。

（3）提供项目管理的指导和咨询：最大限度地集中项目管理专家，提供项目管理的咨询与顾问服务。

（4）组织内的多项目管理与监控：统一收集与汇总所有项目的信息和绩效，并对组织高层或其他需要这些信息的部门或组织进行报告。

组织级的 PMO 的战略性职能主要包括项目组合管理和提高组织项目管理能力两个方面：

（1）项目组合管理：包括将组织战略和项目关联，项目选择和优先级排序。组合管理所关心的是适配、效用（用途和价值）和平衡。

（2）提高组织项目管理能力：一方面通过 PMO 所承担的日常性职能来贯彻和体现；另一方面将项目管理能力变成一种可持久体现的，不依赖于个人行为的组织行为。将组织的项目管理实践和专家知识整理成适合于本组织的一套方法论，提供在组织内传播和重用。

要注意的是，并不是每个 PMO 都执行同样的职能。简单的 PMO 的功能可能很少，例如，只提供项目管理培训或项目管理软件维护；而复杂的 PMO 的功能可以很多，例如，包括大多数甚至全部日常性和战略性职能。随着组织结构从职能型向项目型的转变，即项目化程度的提高，组织就更需要，也更容易设立 PMO，此时，PMO 的职能与作用也就更强大。

2.5 组织级项目管理

从大处着眼，从小处着手。了解项目在组织级项目管理中的位置，会更有利于项目顺利开展工作。

根据 PMI 的定义，组织级项目管理（OPM）是一种包括项目管理、项目集管理、运营管理和项目组合管理的系统管理体系，以及建立组织级的项目管理能力。图 2-7 描述了组织战略和日常运营、项目管理之间的关系，这种关系适用于所有类型的组织。

组织战略通过两个途径得以实现，一个是日常运营，另一个是项目。日常运营保证组织的持续稳定，而项目则推动组织的持续发展。追求持续发展的组织至少关注以下三种类型的项目：

（1）新产品、新业务的研发项目。这些项目为组织将来的生存做准备。

（2）客户价值项目。组织通过提供产品或服务来满足客户需求，为客户提供价值，组织也从中得到应有的收益。

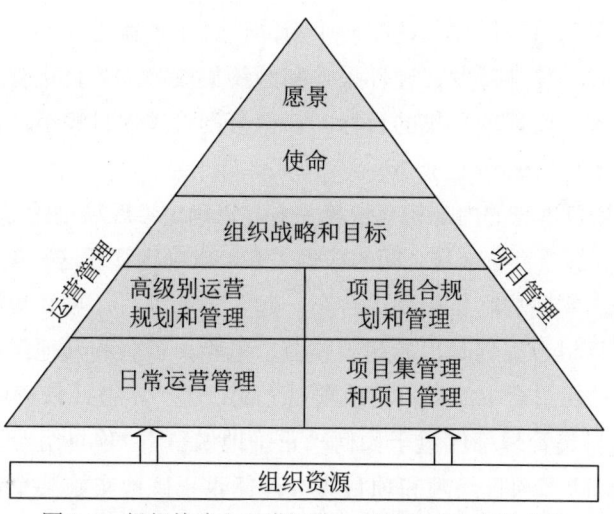

图 2-7　组织战略和日常运营、项目管理之间的关系

（3）运营优化项目。这些项目着眼于降低组织的运营成本，提高工作效率。

由此可知，项目是组织实现其战略的重要手段，在组织中有不可或缺的重要地位。而项目在组织中存在的形态可以分为三种，分别是项目组合、项目集和项目，它们之间的关系如图 2-8 所示。

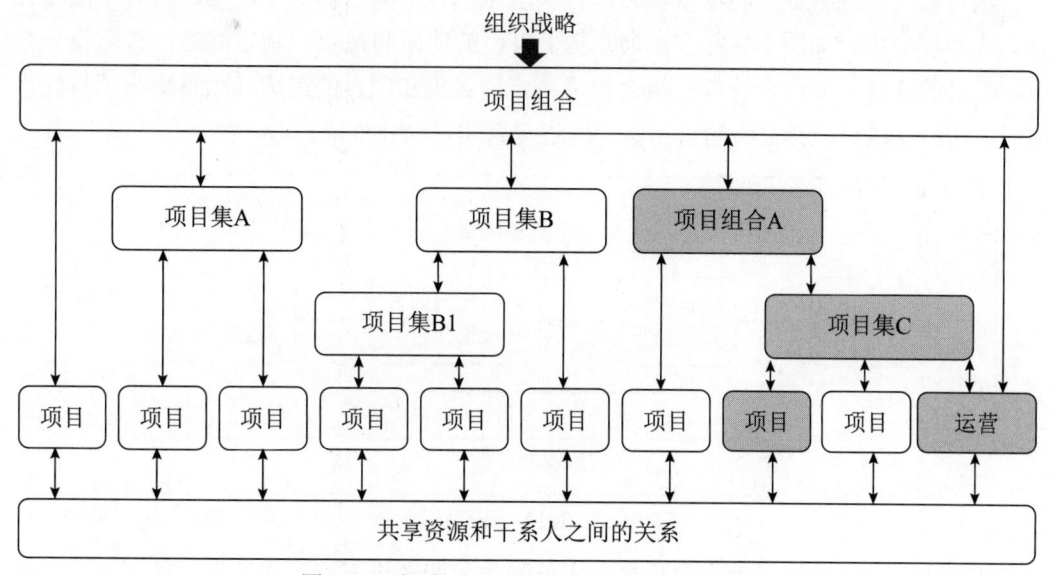

图 2-8　项目组合、项目集和项目之间的关系

一个项目可以采用三种不同的模式进行管理：作为一个独立项目（不包括在项目组合或项目集中）、在项目集内和在项目组合内。

2.5.1　项目集与项目组合

项目集是一组相互关联且被协调管理的项目、子项目集和项目集活动，以便获得分别管理所无法获得的利益。例如，建立一个新的信息系统就是项目集的一个实例，其所辖项目包括机房建设、软件开发、硬件采购和系统集成等。项目集管理指在项目集中应用知识、技能与原则来实现项目集的目标，获得分别管理项目集组成部分所无法实现的利益和控制，即希望可以做到 1+1>2。

项目管理注重项目本身的内部相互依赖关系，以确定管理项目的最佳方法。项目集管理注重作为组成部分的项目与项目之间的依赖关系，以确定管理这些项目的最佳方法。

项目组合是指为实现战略目标而组合在一起管理的项目、项目集、子项目组合和运营工作。在开展项目组合规划时，要基于收益、风险、资金和其他考虑因素对项目组合组件排列优先级。项目组合中的项目集或项目之间，不一定彼此依赖或直接相关。

项目管理与项目集管理都侧重于如何"正确地做事"，项目组合管理的目标是确保组织在"做正确的事"。项目经理和项目集经理侧重正确地实施某个具体的项目或项目集，从而实现具体项目或项目集的目标，项目组合经理的使命则是通过运作一系列的项目来实现组织的战略目标。

2.5.2 组织级项目管理

项目集或项目组合中的项目作为一种实现组织目的与目标的手段，通常处于战略计划的大环境之中，如图 2-9 所示。企业基于自己的使命和愿景，制定战略；战略指导企业对项目的选择，即组合管理；组合管理决定项目集和项目的组成；项目集与项目注重交付。项目完成后，移交给运营团队，通过运营实现商业价值。

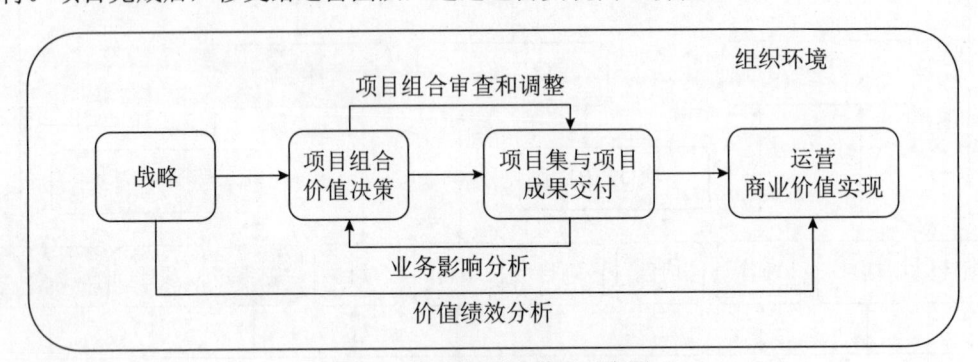

图 2-9 组织级项目管理示意图

职场中，建议项目经理越位思考、本位操作，即在将本职工作做好的前提下，站在组织级项目管理的大视野上去思考项目和企业发展。你做得越多，被允许做的就越多。替领导分忧解难，项目经理可能会拥有更多发展机会。

2.6 价值交付系统

想要了解价值交付系统，首先要回顾一下为什么要有项目，以及项目所在的环境。

一般所说的组织是一个更大的系统,比如政府机构、企业或者多个外部团队组成的更大的团体。这个更大的系统会根据需求建立自己的战略目标,为了实现这个战略目标,就需要通过项目来进行运作。为了实现战略目标才有项目,换个角度来理解,项目是为了实现组织的战略目标而存在的,是为了创造价值而存在的。

项目创造价值有多种方式,每个项目都有不同的环境,可以通过以下几种方式来创造价值:

(1)通过项目的产出来满足客户的需求;
(2)为社会和环境作出贡献;
(3)提高组织的效率、效果、生产力、响应能力;
(4)维持以前项目、项目集、项目组合所带来的收益。

2.6.1 价值交付组件

价值交付是通过一个个组件(在系统中可独立使用的模块)来实现的,组件包括项目、项目集、项目组合、运营等。而组件之间有的会产生特定的联系,有的则相对独立。这些组件共同组成了一个符合组织战略的价值交付系统,可以通过图 2-10 来理解。

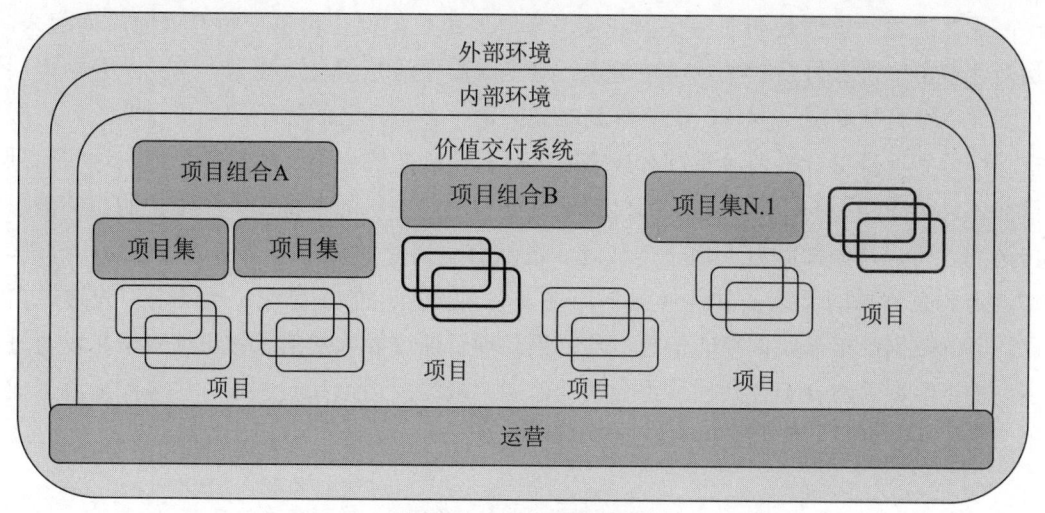

图 2-10 价值交付系统

价值交付系统包括项目、项目集、项目组合和运营。它们之间相互关联,项目组合可能包含多个项目与项目集,项目集内有多个相关项目,它们依次有隶属关系。当然,价值交付系统也可能包括多个独立的项目,它们之间没有必然联系。

项目或项目集等组件,存在于内部和外部环境中,这些环境对价值交付产生不同程度的影响。组织的内部环境因素可能来自组织自身、项目组合、项目集、其他项目或这些来源的组合。它们包括工件、实践或内部知识。知识包括从先前项目吸取的经验教训和已完成的工件。组织的外部因素可能会增强、限制项目成果或对项目成果产生中性影响。

这些环境可能对项目的规划和其他活动产生影响，从而对项目的特性、干系人或项目团队产生正面、负面或中性的影响。为了确保项目的成功，我们需要对项目进行全面的分析，了解这些环境对项目的影响，并采取相应的措施来应对这些影响。这些环境因素可以归纳为事业环境因素（见 2.1.2 节）和组织过程资产（见 2.1.3 节）。

2.6.2　信息流

价值交付系统通过项目、项目集、项目组合等组件生产出了可交付物（产品），这些可交付物交给运营、客户等后续团队使用就会产生成果，这些成果可以进行测量的部分就是收益，有收益就带来了价值，它们之间有很强的逻辑关系，如图 2-11 所示。举个例子：项目的产品是一款销售软件，后期公司使用销售软件提升了公司销售部的工作效率，这就是成果，经过数据整理发现工作效率比未使用软件之前提升了 20%，订单量增加了 15%，这就是收益，而这些收益为公司准备上市提供了价值。

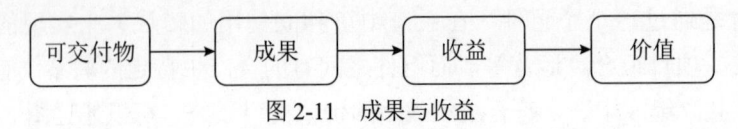

可交付物 → 成果 → 收益 → 价值

图 2-11　成果与收益

既然清楚了价值是如何实现的，接下来就要考虑如何让价值交付有效地流动起来，从而让整个价值交付系统高效运转起来。这里就需要清楚信息流模型，首先从公司高层自上而下地将战略层层拆解，最终落到实处，每一个组件之间有不同的信息要求，高层把战略分到项目组合级别，通过对战略的拆解获得期望的成果、收益和价值，这些信息目前还只是高层级的，需要继续细化到项目集和项目中，同时将支持和维护的相关信息传送到运营，从而做到自上而下地传递。既然有了信息的传递，如何进行更新和改进，那就需要有信息的反馈，也就是图 2-12 中灰色部分所示的信息流：运营端口先通过自己运营的数据给出需要调整的信息，项目集和项目通过导入的信息做出绩效信息以及进展，输出给项目组合整合到项目组合的绩效中，最终反馈给高层领导。这样一来就形成了信息闭环，以提高价值交付系统的效率和效果。

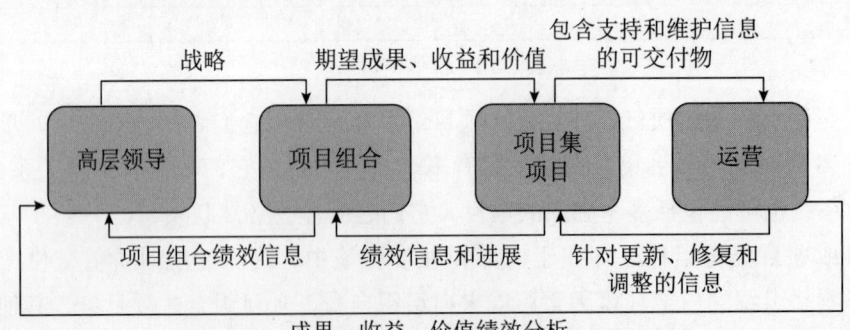

图 2-12　信息流图

第 3 章
人——项目经理与团队

团队是项目中不可或缺的一部分。在预测型项目中，项目团队一般包括项目团队成员、项目经理和项目管理团队；而在敏捷型（以 Scrum 为例）项目中，往往具备三个角色——产品负责人、敏捷教练、自组织团队。本章主要介绍预测型项目，敏捷团队相关知识将在第 16 章详细介绍。

项目团队由承担特定角色和职责的个人组成，他们为实现项目目标而共同努力，可能具备不同的技能，可能是全职或兼职的，还可能随项目进展而增加或减少。

项目经理既是项目团队的领导者，又是项目团队的管理者。除了项目管理活动（例如，启动、规划、执行、监控和收尾各个项目阶段），项目经理还负责建设高效的团队。作为领导者，项目经理应积极培养团队技能和能力，提高并保持团队的满意度和积极性，还应留意并支持职业与道德行为，确保所有团队成员都遵守这些行为。

项目管理团队也称为核心团队、执行团队或领导团队，是项目团队的一部分，在《PMBOK 指南》中被定义为直接参与项目管理活动的项目团队成员。对于小型项目，项目管理职责可由整个项目团队分担，或者由项目经理独自承担。

3.1 项目经理的角色与职责

一个项目的成败，项目经理起着非常重要的作用。不同组织对项目经理的角色有不同的定义，有些项目经理从项目启动时参与项目，直到项目结束；有些项目经理可能会在项目启动之前就参与评估和分析活动，包括了解管理层和业务部门的想法，以推进战略目标的实现、提高组织绩效，或满足客户需求；有些组织可能还要求项目经理管理或协助项目的商业分析、商业论证的制定以及项目组合管理事宜；项目经理还可能参与后续跟进活动，以实现项目的商业效益。

根据 PMI 的定义，项目经理是由执行组织委派，领导团队实现项目目标的个人。项目经理的角色不同于职能经理或运营经理。一般而言，职能经理专注于对某个职能领域或业务部门的管理监督，运营经理负责保证业务运营的高效性。

3.1.1 项目经理的影响力

一个大型项目可能包括由一位项目经理领导的上百位项目成员。这些团队成员需要承担各种不同的角色，例如，设计、开发、集成和测试等。项目团队成员组成多个业务部门或小组。项目经理需要为团队的成果负责，需要从整体的角度来看待团队产品，以便进行规划、协调和完成。首先，应审查组织的愿景、使命和目标，确保与产品保持一致；然后，解释与成功完成产品相关的愿景、使命和目标；最后，与团队沟通自己的想法，激励团队成功完成目标。

1. 对项目的影响

项目经理领导项目团队实现项目目标和相关方的期望，利用可用资源，以平衡相互竞争的制约因素。项目经理无须承担项目中的每个角色，但应通过沟通的方式领导项目团队进行规划和协调，充当项目发起人、团队成员与其他相关方之间的沟通者，包括提供指导和展示项目成功的愿景。项目经理使用软技能（例如，人际关系技能和人员管理技能）来平衡项目相关方之间相互冲突和竞争的目标，以达成共识。

2. 对组织的影响

由于任何组织的资源都是有限的，多个项目之间可能存在对资源的竞争，从而在项目之间造成影响。例如，对相同资源的需求、资金分配的优先顺序、可交付成果的接受或发布、项目与组织的目的和目标的一致性。因此，项目经理需要积极与其他项目（独立项目或同一项目集的其他项目）经理沟通与协调，以满足项目的各种需求。项目经理需要寻求各种方法来培养人际关系，从而帮助团队实现项目目标。

为了实现项目目标，项目经理需要与项目发起人及所有相关经理紧密合作，以确保项目管理计划符合所在项目组合或项目集的计划。项目经理还需与其他角色紧密协作，例如，组织经理、主题专家、业务人员。

3.1.2 项目经理的技能

PMI 指出项目经理需要具备《项目经理能力发展框架》中规定的技能，即 PMI 人才三角：技术项目管理、领导力、战略和商务管理。

（1）技术项目管理：与项目、项目集和项目组合管理特定领域相关的知识、技能和行为，即角色履行的技术方面。例如，《PMBOK 指南》本身就介绍了很多必要的项目管理技能。

（2）领导力：指导、激励和带领团队所需的知识、技能和行为，可帮助组织达成业务目标。这些技能包括协商、抗压、沟通、解决问题、批判性思考和人际关系技能等基本能力。

（3）战略和商务管理：关于行业和组织的知识和专业技能，有助于提高绩效并取得更好的业务成果。战略和商务管理技能包括纵览组织概况并有效协商和执行有利于战略调整和创新的决策和行动的能力。这项能力可能涉及其他职能部门的工作知识，例如，财务部、市场部和运营部等。战略和商务管理技能可能还包括研发和使用相关产品和行业的专业知识，这种专业知识通常被称为领域知识。

项目经理是项目团队的领导者，他们所肩负的责任就是领导项目团队准时、优质地完成全部工作，在不超出预算的情况下按期实现项目目标。项目经理的工作就是对项目进行规划、组织和控制，从而为项目团队完成项目目标提供领导作用。为了完成这些工作，项目经理必须具备的技能，如图 3-1 所示。

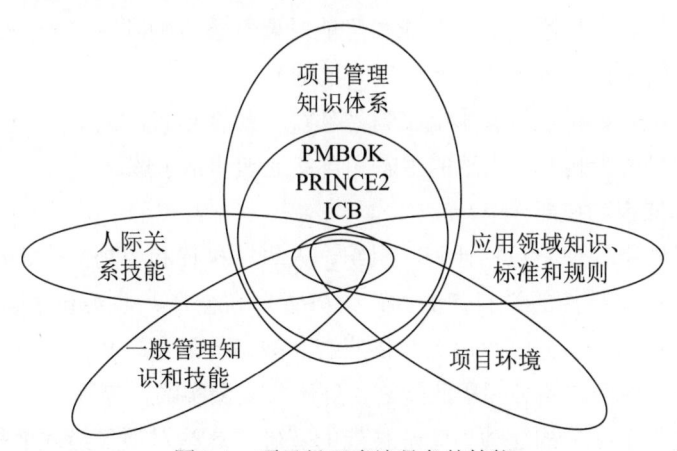

图 3-1 项目经理应该具备的技能

在图 3-1 中，可控环境下的项目（PRojects IN Control Environments，PRINCE2）是由英国政府商务部（Office of Government Commerce，OGC）所提出的一个项目管理体系，而 IPMA 能力基准（IPMA Competency Baseline，ICB）是由国际项目管理协会（International Project Management Association，IPMA）所提出的一个项目管理体系。由

于本书所讨论的内容是 PMI 所提出的 PMBOK 体系，因此，对前两者不作介绍。

1. 应用领域知识、标准和规则

项目按应用领域进行分类，同一应用领域的项目具有一些公共的元素，这些公共元素对于某些项目来说是重要的因素，但对于所有项目来说不是必须的。应用领域通常根据如下几个方面来进行定义：

- 职能部门和支持领域。例如，法律、产品和库存管理、市场营销、后勤和人事等。
- 技术因素。例如，软件开发、水利工程、卫生工程和建筑工程等。
- 管理专业领域。例如，政府合同、地区开发和新产品开发等。
- 工业组织。例如，汽车、化工、农业和金融服务等。

每个应用领域通常都有一系列公认的标准和实践，经常以规则的形式成文。标准和规则之间有很大的一块灰色区域。例如，标准通常以描述一项为多数人选用的最佳方案的准则形式开始，随着其得到广泛的采用，变成了实际的规则，可以在不同的组织层次上规定要强制遵守。例如，由政府机构、执行组织的管理层或项目管理团队建立的特定政策和规程。

2. 项目环境

项目管理团队应该在项目的社会、政治和自然环境背景下来考虑该项目。

（1）社会环境。项目团队成员需要理解项目如何影响人，以及人们如何影响项目。这要求对项目所影响的人或对项目感兴趣的人的经济、人口、教育、道德、种族、宗教和其他特征有所理解。项目经理应该调查组织文化，并确定项目管理在本组织中是否被认为是一项正式的行为。

（2）政治环境。项目团队的一些成员可能需要熟悉影响项目的一些适用的国际、国家、地区和本地的法律、风俗和政治风气（氛围）。

（3）自然环境。如果项目会影响到自然环境，那么项目团队的一些成员就应该对影响项目（或被项目所影响）的当地的生态和自然地理非常了解。

3. 一般管理知识和技能

一般管理（通用管理）包括计划、组织、人事、执行和控制一个正在运行的组织的运营，它包括一些支持性的学科，例如，财务管理和会计、购买和采购、销售和营销、合同和商业法律、制造和分配、后勤和供应链、战略计划和运营计划、组织结构、组织行为、人事管理、薪资、福利和职业规划、健康和安全实践，等等。

一般管理提供了很多构建项目管理技能的基础，这些对项目经理都是很重要的。对于任何一个特定的项目来说，许多一般管理领域的技能都是必须的。

4. 人际关系技能

归根结底，项目工作都是由人完成的，因此，如何处理人与人之间的关系，是项目经理必须具备的技能。人际关系技能是指通过项目经理的影响力范围拓展广泛的人际网络，包括正式的人际网络（例如，组织架构图）和非正式的人际网络。非正式的人际网络包括与主题专家和具有影响力的领导者建立的个人人际关系。通过这些正式和非正式的人际网络，项目经理可以让很多人参与解决问题并探询项目中遇到的官僚主义障碍。

3.1.3 项目经理应具备的素质

项目经理是大多数组织中最难选拔的人才。这是因为有实践经验又有理论知识的项目经理少之又少，而且即使有身价也比较高，所以在很多组织中真正合格的项目经理寥寥无几。因为项目经理不仅是项目的执行者，更应该是项目的管理者，负责从项目启动到项目结束的整个过程。因此，项目经理应同时具备管理和专业技术，包括广博的知识、丰富的经历与经验、良好的职业道德、良好的沟通与协调能力、良好的领导能力。

1. 广博的知识

知识通常是指通过书本、学校、实践等学到的关于特定主题的信息，例如，PMP认证的目的之一就是证明考生对项目管理知识的掌握程度。一般来说，项目经理所需要的知识主要包括以下两个部分：

（1）项目管理知识，包括项目管理的理论、方法和相关工具。

（2）客户行业领域知识，例如，时下的IT项目只和单个操作人员有关的非常少，基本都是覆盖部门或组织范围的项目，因此，项目经理必须掌握相关客户行业的知识，这样才能找准IT系统和业务运营的结合点，使得项目投入能够支持组织效益的提升。

显然，针对不同类型的项目，需要的项目管理知识会不一样，有的项目比较简单，所要求的知识就会少一些，比如普通的加减乘除算术题只要小学生就可以做，而积分之类的问题就必须要大学生才可以。同样，对客户行业领域知识的要求也是类似的，有的项目是比较纯粹的基础平台类的项目，并不直接和业务效益提升有关，对客户行业领域知识的要求就比较少。

需要注意的是，知识的来源不仅限于学校。和项目团队中的其他角色相比，对项目经理所要求的行业知识更侧重于全面了解，而非纯技术人员的细节掌握。知识掌握是否扎实，是否全面，是否应用自如，决定了项目经理的水平。

2. 丰富的经历与经验

经历强调的是已经做过的事情，或者更直接说就是使用知识的过程。因此，它同样包括两个方面：项目管理和客户行业。

对于组织来说，寻找合适的项目经理，如果以上两个方面的经历都具备，那是再好不过；如果无法全部满足，首先可以降低的要求应该是同一客户行业经历，但最好能够具有其他类似行业的经历；其次是项目管理方面的经历，至少应该有项目经理助理或者项目组织中层骨干人员的经历。

要从事项目经理这个职业，需要注意提高自己的学习能力，以在不同经历中丰富与项目管理有关的知识，注意强化弱项的锻炼，从而提高项目管理水准，保证自己能够在新项目中很快进入工作状态，因为很多项目只是表面上不同，在项目管理本质上却存在着很多相通的内容。

3. 良好的职业道德

项目管理是一种职业，需要从业者有良好的职业道德。根据 PMI 的要求，凡是 PMP 证书持有者必须遵守《PMI 道德与专业行为准则》。本书 3.1.4 节将详细介绍项目经理应具有的职业道德。

4. 良好的沟通与协调能力

项目经理要和方方面面的人员沟通，包括项目组内的人员、市场人员、用户、上级主管，也要和各个层次的人员打交道。为了项目的成功，要通过沟通和交流来消除来自各方面的阻力。这就要求项目经理能够：

- 允许别人发表意见，能够仔细聆听他人的意见；
- 能够正确传播各种信息；
- 能说服别人并能获得理解；
- 项目经理所做的工作要能被整个队伍和环境接受；
- 以友好、恰当的方式待人，平易近人；
- 欣赏、鼓励他人的有效劳动。

同时，一个项目涉及多个组织和人员，项目经理必须在这些组织或人员中进行协调，这就要求项目经理必须：

- 要公正无私，能够虚心接受他人建议；
- 能够机智地讨论他人的失误，并提出建设性的批评意见，主动帮助纠正失误，同时还应能够接受别人的批评意见；
- 能够在团队中讨论、调解争议；
- 接受团队合作原则，支持团队决策；
- 能促进团队进步；
- 有能力影响团队过程，与他人寻找一致方案，以达到共同的利益目标。

5. 良好的领导能力

项目经理是通过领导项目团队，按照项目管理的方法来管理项目的。因此，需要项目经理有一定的领导能力，包括为项目团队明确共同目标、决策、激励、博采众长、解决问题、化解冲突，以及能综合不同利益并平衡冲突的项目目标。

对于技术出身的项目经理而言，在独立管理一个项目之前，要完成从技术人员到管理人员的观点转变。

从理论上来讲，项目经理最好既是行业专家，又是管理专家。那么，对于那些对行业技术知识掌握较少的管理人员（例如，通过 PMP 认证的专职项目经理）应当如何使用呢？对于不懂技术的项目经理，可以让他们主要对项目的进度等行政事务负责，进行项目组内外的协调，但是为了弥补其不足，必须还要给他们配一个助手专门负责技术（技术副经理）。对于大的项目这种方式是可以的，而对于小的项目则不能这样做，否则，就会出现资源浪费，项目经理的工作量不饱满。

3.1.4　职业责任与道德

由于中国文化背景和目前的职业道德现状，考生在回答 PMP 考试中有关职业道德和职业责任的问题时，出错的可能性比较大。对于中国考生来说，有一个简单却行之有效的办法，即在回答职业道德和职业责任的问题时，尽量按严格的标准去要求项目经理和项目管理人员。即回答关于职业道德与职业责任的题目时，如果不知道该怎么选，一般应选择最严格的答案。

1. 职业责任

在《PMBOK 指南》中，项目经理的职业责任包括对自身的责任、对项目及相关方的责任、对项目管理职业的责任、对社会和环境的责任等。

（1）项目经理应保持高标准的个人和专业操行，包括：
- 对自己的行动负责；
- 只有在培训合格或有经验的情况下，或对其雇主或客户坦陈其相关的资格后才能承担项目和责任；
- 保持专业技能具备先进的水平，认识到继续发展和教育的重要性；
- 通过令人尊敬的行为提高此职业的诚实性和声望；
- 拥护《PMI 道德与专业行为准则》，鼓励同事和合作者遵循此准则；
- 通过积极参与和鼓励同事、合作者来支持 PMI；
- 遵守工作发生地国家的法律。

（2）在工作中，项目经理应该：
- 发挥必要的项目领导作用，促进最大生产率，为最低成本而奋斗；
- 应用先进的项目管理工具和技术保证达到项目管理计划所设定的目标；
- 公平对待所在项目团队成员、同事和合作者，不管其种族、信仰、性别、年龄或国籍；
- 保护项目团队成员不受身体或精神上的损害；
- 为项目团队成员提供合适的工作条件和机会；
- 寻求、接受和提出对工作的公正性批评，适当地赞扬别人的贡献；
- 帮助项目团队成员、同事和合作者在其职业上的发展。

（3）在与雇主和客户的关系中，项目经理应该：
- 在专业业务工作中，作为其雇主和客户的忠实的代理人和受托人；
- 在雇佣期间和以后，对雇主或客户的业务和技术工艺信息保密，直到这些信息公布于众为止；
- 将任何可能的利益冲突情况告知雇主、客户、专业团体或相关的公共代理；
- 不要直接或间接地从与雇主或客户有业务关系的个人或组织处接受或给予任何超出额定价值的礼物、款项或服务；
- 在报告项目质量、成本和时间时必须诚实和现实。

（4）在履行对社区的职责时，项目经理应该：

- 保护公众的安全、健康和福利，揭露在这些方面危害公众的行为；
- 寻求和扩大公众对项目管理专业和成就的认知和赞赏。

2. 职业道德

在《PMBOK 指南》中，提到了项目管理十二原则，这十二原则与《PMI 道德与专业行为准则》中确定的价值观一致。《PMI 道德与专业行为准则》的主要内容是项目管理职业所要求的四种最重要的价值观及其相应的行为标准：责任、尊重、公正和诚实。在每种价值观下，都列出了一些期望性标准和强制性标准。期望性标准是比较笼统的，人们对其的遵守程度不太容易测量。尽管如此，项目经理也必须遵守期望性标准，他们无权选择不遵守这些标准。强制性标准则是很具体的，旨在建立一些严格要求，甚至限制或禁止某些行为。如果不遵守强制性标准，项目经理将面临 PMI 道德审查委员会的纪律审查。期望性标准和强制性标准并不相互排斥，即某种特定的行为可能同时违反期望性标准和强制性标准。

（1）责任。责任是指项目经理有义务对自己所做的决策或未做决策、所采取的行为或未采取行为，以及相应的后果承担责任。责任的期望性标准如下：

- 基于社会、公共安全和环境的最佳利益来制定决策并采取行动；
- 只接受与自身背景、经验、技能和资格相符的任务；
- 履行自己做出的承诺；
- 出现错误或遗漏时，承担责任并及时纠正；
- 保护委托给我们的专有或机密信息；
- 维护《PMI 道德与专业行为准则》，并且与他人相互支持，共同维护该准则。

责任的强制性标准如下：

- 了解并遵守与自己的工作、职业和志愿者活动有关的所有政策、规则、法规和法律；
- 向有关管理机构报告不道德或违法行为。如果必要，也向受这些行为影响者报告；
- 将违反《PMI 道德与专业行为准则》的行为报告给有关机构来解决；
- 只在有事实证明的前提下才提出道德投诉；
- 对那些报复举报者的人采取纪律行动。

（2）尊重。尊重是指项目经理有义务对自己、他人和委托给自己的资源表现出高度重视，委托的资源可能包括人员、资金、声望、他人安全，以及自然和环境资源。尊重的期望性标准如下：

- 了解他人的规范和习俗，并避免做出在他人看来可能是失礼的行为；
- 倾听他人的观点，设法理解他们；
- 直面那些与自己有冲突或不同意见的人；
- 以专业的方式行事，即使没有回报。

尊重的强制性标准如下：

- 以诚信的态度进行谈判；

- 不以自己的专业权力或地位来影响他人的决策或行为，以便牺牲他人利益使自己受益；
- 不以虐待方式对待他人。虐待是指导致他人人身伤害或给他人带来恐惧、羞辱、被操纵或被剥削等强烈感受的行为；
- 尊重他人的财产权利。

（3）公正。公正是指项目经理有义务客观而无偏见地做出决策和行动。公正的期望性标准如下：

- 在决策制定过程中体现透明度；
- 经常检查自己的公正性和客观性，并采取合理纠正措施；
- 给有知情权的人提供了解信息的同等途径；
- 给合格候选人提供平等的机会。

公正的强制性标准如下：

- 主动、完整地向有关相关方披露任何真实或潜在的利益冲突；
- 在意识到自己有真实或潜在的利益冲突时，不参与决策制定过程或试图影响结果，除非（或直到）已向受影响的相关方完全披露信息，自己拥有已获批准的缓解计划，并且那些相关方已同意自己参与决策或施加影响；
- 不基于个人考虑，包括（但不限于）偏好、裙带关系或贿赂，来雇佣或解雇员工、奖励或惩罚员工，或者授予或拒授合同；
- 不基于诸如（但不限于）性别、种族、年龄、宗教、残疾、国籍或性取向，来歧视他人。

（4）诚实。诚实是指项目经理有义务了解真相，并且在沟通和行为中以诚实的方式行事。诚实的期望性标准如下：

- 努力寻求真相，以保证决策所依据的信息是准确、可靠和及时的；
- 在沟通行为中保持诚实。对消极的结果，不隐瞒信息或向他人推卸责任；对积极的结果，不抢功自居；
- 及时给他人提供准确、可靠的信息；
- 诚信地做出明示或暗示承诺；
- 努力创造一种环境，使他人能放心说真话。

诚实的强制性标准如下：

- 不参与或纵容那些用来欺骗他人的行为，包括（但不限于）：做出误导或错误的陈述，只披露部分真相，断章取义地提供信息，或者滞留信息；
- 不参与意图获得个人利益或牺牲他人利益的不诚实行为。

3.2 项目团队

项目团队是执行项目工作，以实现项目目标的一组人员。本节将介绍与项目团队相关的一些概念。

3.2.1 高绩效团队

高绩效团队是指在项目管理中，由具有不同技能和经验的成员组成的团队。他们在工作中具备战略一致性，参与各项项目工作并被授权，彼此信任，相互协作，适应不断变化的情况，并在面对挑战时有韧性，取得卓越的绩效和成果，如图 3-2 所示。

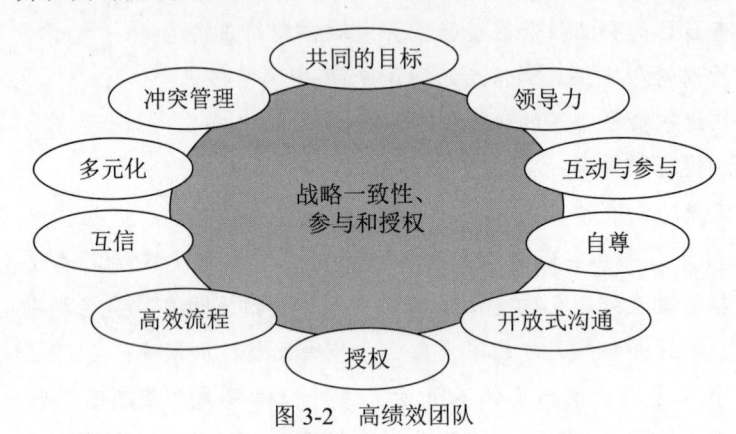

图 3-2　高绩效团队

有许多因素有助于打造高绩效的项目团队，包括（但不限于）：

- 开诚布公的沟通。在令团队成员感到安全稳定的环境中，可以通过开诚布公的沟通来使会议富有成效，有助于充分解决问题，开展头脑风暴等活动。它也是共识、信任和协作等其他因素的基石。
- 共识。项目团队成员应对项目的目标达成一致，并充分理解其将带来的收益。
- 共享责任。项目团队成员对成果的主人翁意识越强，他们表现得就越好。
- 信任。成员相互信任的项目团队愿意付出额外的努力来取得成功，并能够信任其他团队成员的工作成果。
- 协作。在信任的基础上，项目团队相互协作，而非单打独斗或彼此竞争，会产生更加多样化的想法，彼此促进共同提升，最终会获得更好的成果。
- 适应性。根据环境和情况适时调整工作方式，会使工作更加有效。
- 韧性。出现问题或故障时，高绩效项目团队可以快速恢复。
- 赋能。觉得自己有权就工作方式做出决策的项目团队成员，其绩效往往优于那些受到事无巨细管理的项目团队成员。
- 认可。项目团队因开展的工作和所取得的绩效而获得认可时，更有可能继续保持出色绩效。即使是表达赞赏这样的简单举动也能强化积极的团队行为。

3.2.2 团队发展的共同方面

在致力于让团队共同成长发展的过程中，无论管理活动如何安排，总有一些共同的方面会出现在大多数项目团队中。这些共同方面包括：
- 愿景和目标：在整个项目期间应与团队成员沟通项目的愿景和目标，确保大家有一致的理解。
- 角色和职责：确保项目团队成员了解并履行其角色和职责，通过培训、辅导或教练解决知识和技能方面的差距。
- 项目团队运作：促进项目团队沟通、解决问题和达成共识的过程，可能包括与团队共同制定团队章程或行动指南。
- 指导：可以向整个项目团队提供指导，让每个人都朝着正确的方向前进。项目团队个体成员也可以就特定任务或可交付物提供指导。
- 成长：确定项目团队表现良好的领域并指出项目团队可以改进的领域，有助于项目团队成长。个人可能希望提高自己在某些领域的技能和经验，项目经理可以为此提供帮助。

3.2.3 项目团队文化

为了促进团队共同发展，打造高绩效团队，需要形成和维护一个安全、尊重、无偏见的团队环境，项目团队在这样的环境中能够坦诚沟通，而项目经理是打造这一环境的关键。实现这一目标的一种方法是把所期望的行为树为典范，例如：
- 透明。在思考、做出选择和处理信息的方式上保持透明有助于他人识别和分享自己的过程。
- 诚信。诚信由职业道德行为和诚实组成，职业道德行为可以包括在产品设计中揭示潜在缺陷或负面影响、披露潜在利益冲突、确保公平等；而诚实通过揭示风险、说明自己的假设和估算依据、确保状态报告准确描述项目状态等许多其他方式来表现。
- 尊重。要尊重每个人及其思维方式、技能以及他们为项目团队带来的观点和专业知识，这可为所有项目团队成员采取这种行为奠定基础。
- 积极的讨论。在整个项目期间，往往会出现各种各样的意见、应对情况的不同方式以及误解，这些是开展项目的正常组成部分。对于这些情况，应促进有针对性的积极讨论而非争吵，以达成一项各方都能接受的决议。
- 支持。项目经理可以通过解决问题和消除障碍因素来向项目团队成员提供支持，也可以鼓励团队成员间互相提供帮助和支持，这样可以建立一种支持性的文化，并形成一个信任和协作的环境。
- 勇气。勇于提出建议、表达异议或尝试新事物有助于形成一种实验文化，并可向他人传递出勇气与尝试新方法是安全的信息。
- 庆祝成功。实时认可团队对项目成功做出的贡献和进步可以持续激励项目团队整体和个人。

3.2.4 授权

授权指的是将项目管理工作分配给团队成员或其他方面的过程。授权是项目管理中非常重要的一个环节,它可以帮助项目经理有效地管理团队和推动项目的成功。以下是几种常见的授权类型:

- 管理授权。指项目经理向团队成员授权管理任务和活动,例如,分配任务、指导团队成员、监督工作进度等。
- 工作授权。指项目经理向团队成员授权执行特定的工作任务或活动,例如,完成某个阶段的工作、制订计划、编写报告等。
- 支持授权。指项目经理向团队成员授权提供支持或资源,例如,提供培训、技术支持、资金支持等。
- 决策授权。指项目经理向团队成员授权做出决策,例如,制订变更管理计划、批准变更请求、选择供应商等。
- 财务授权。指项目经理向团队成员授权管理项目的财务方面,例如,预算管理、成本控制、费用核算等。

授权是一项非常重要的管理工作,需要项目经理在授权过程中清晰地定义授权类型、范围和责任,以确保团队成员具备必要的资源和支持,从而推动项目的成功。

团队授权的作用主要有以下几个方面:

- 提高团队成员的责任感和自主性,促进团队成员的积极性和创造性。
- 释放项目经理的时间和精力,让他们能够更专注于项目的战略规划和风险管理等方面的工作。
- 提高团队成员的参与度和归属感,增强团队成员的凝聚力和合作精神。
- 降低项目管理的成本和风险,提高项目的效率和成果。

团队授权时通常应考虑以下几个方面:

- 确定授权范围和授权类型。项目经理需要确定授权的范围和类型,明确授权的目的和责任。
- 选择合适的团队成员。项目经理需要选择具备必要技能和知识的团队成员,确保他们能够胜任授权工作。
- 提供必要的资源和支持。项目经理需要提供必要的资源和支持,例如,培训、技术支持、工具等,确保团队成员能够顺利完成任务。
- 确定授权时间和监督方式。项目经理需要确定授权的时间和监督方式,监督团队成员的工作进度和质量,以确保项目的成功。
- 提供反馈和奖励。项目经理需要提供反馈和奖励,对团队成员的优秀表现给予肯定和奖励,提高团队成员的参与度和积极性。

3.3 资源管理的过程

项目团队属于项目资源中的人力资源，所以项目团队的管理也可称为项目资源管理的一部分，除了人力资源外，项目资源还包括设备、材料等实物资源。项目资源管理的过程包括规划资源管理、估算活动资源、获取资源、建设团队、管理团队、控制资源。项目资源管理的过程如表 3-1 所示。

表3-1 项目资源管理的过程

管理过程	解释
规划资源管理	定义如何估算、获取、管理和利用实物以及团队项目资源的过程
估算活动资源	估算执行项目所需的团队资源，以及材料、设备和用品的类型和数量的过程
获取资源	获取项目所需的团队成员、设施、设备、材料、用品和其他资源的过程
建设团队	提高工作能力，促进团队成员互动，改善团队整体氛围，以提高项目绩效的过程
管理团队	跟踪团队成员工作表现，提供反馈，解决问题并管理团队变更，以优化项目绩效的过程
控制资源	确保按计划为项目分配实物资源，以及根据资源使用计划监督资源实际使用情况，并采取必要纠正措施的过程

3.4 规划资源管理

规划资源管理是定义如何估算、获取、管理和利用团队以及实物资源的过程，其主要作用是根据项目类型和复杂程度确定适用于项目资源的管理方法和管理程度。

资源规划用于确定和识别一种方法，以确保项目的成功完成有足够的可用资源。有效的资源规划需要考虑稀缺资源的可用性和竞争力，并编制相应的计划。

项目需要的资源可以从组织内部资产获得，或者通过采购过程从组织外部获取。其他项目可能在同一时间和地点竞争项目所需的相同资源，从而对项目成本、进度、风险、质量和其他项目领域造成显著影响。

3.4.1 组织理论与规划项目资源

组织理论是管理理论的核心内容，是研究组织结构、职能和运转，以及组织中管理主体的行为，并揭示其规律性的逻辑知识体系。有效利用组织理论，可以缩减和节约资源计划的时间、成本和人力投入，并提高资源规划工作的效率。

在组织理论的基础上，可以使用多种形式来记录和阐明团队成员的角色与职责。大多数形式属于层级型、矩阵型或文本型,如图 3-3 所示。本节将详细介绍这三种形式类型及其常用的具体方法。

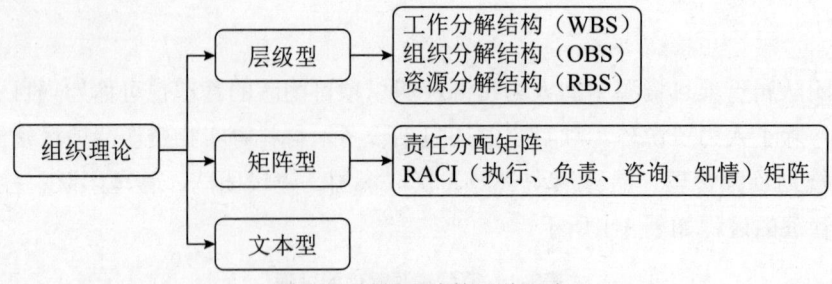

```
                   ┌─ 层级型 ── 工作分解结构(WBS)
                   │           组织分解结构(OBS)
                   │           资源分解结构(RBS)
                   │
组织理论 ──────────┼─ 矩阵型 ── 责任分配矩阵
                   │           RACI(执行、负责、咨询、知情)矩阵
                   │
                   └─ 文本型
```

图 3-3　组织理论的三种形式

无论使用什么方法来记录团队成员的角色,目的都是要确保每个工作包(Work Package)都有且只有一个明确的责任人,确保全体团队成员都清楚地理解其角色和职责。

此外,可以根据相关的组织理论灵活运用领导风格,以适应项目生命周期中团队成熟度的变化。重要的是,项目经理要认识到,组织的结构和文化会影响项目组织结构。在不同的组织结构中,人们可能有不同的表现和业绩,也可能展现出不同的交际特点。

1. 层级型

层级型可用于表示高层级角色,是一种从上到下的展现形式,也是通常见得最多的,例如公司的组织架构图。层级型的表现形式看上去比较清晰,是一种树状结构,包括工作分解结构(Work Breakdown Structure,WBS)、组织分解结构(Organizational Breakdown Structure,OBS)和资源分解结构(Resource Breakdown Structure,RBS)。

接下来以案例形式来说明,图 3-4 是一个层级型的表现形式。例如,要建一个中学校区,就要有一个如图 3-4 中所示的工作分解结构,它包括了生活区、教学区、运动区,这些区域又可以分为更小的区域,这就是整个学校的一个大的框架。有了这样一个框架以后,就要有人去做这些工作。对这个中学校区,会有一个专门的项目部,其下是专门负责各个区域的部门,再细分到小部门。像这样把最开始的工作分解为结构化的内容,指派给一些人员去做,这样的人员分配就是组织分解结构。

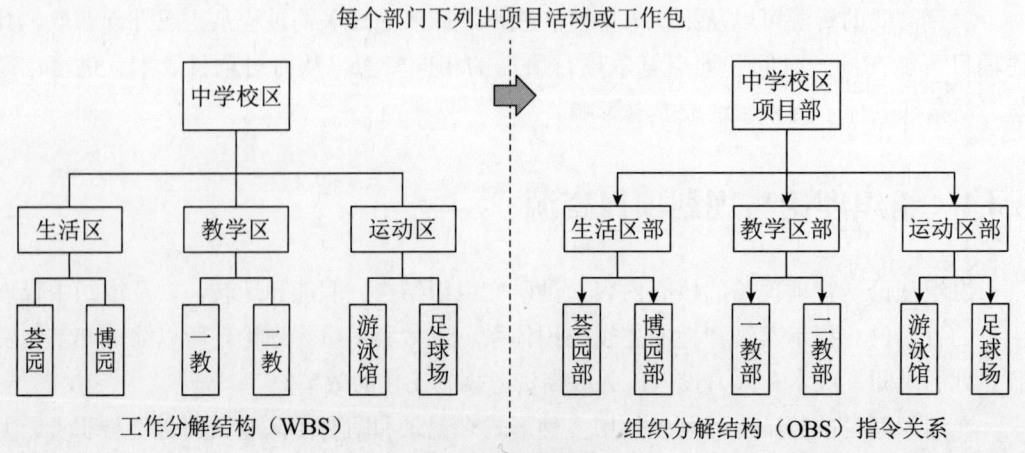

每个部门下列出项目活动或工作包

```
        中学校区                          中学校区
                                          项目部
   ┌──────┼──────┐                  ┌──────┼──────┐
 生活区  教学区  运动区            生活区部 教学区部 运动区部
  ┌┴┐    ┌┴┐    ┌┴┐               ┌┴┐      ┌┴┐      ┌┴┐
 荟 博   一 二   游 足             荟 博    一 二    游 足
 园 园   教 教   泳 球             园 园    教 教    泳 球
              馆 场             部 部    部 部    馆 场

   工作分解结构(WBS)              组织分解结构(OBS)指令关系
```

图 3-4　层级型示例

组织分解结构建立在一般的组织结构图的基础上，根据组织各部门的具体单元将一般组织结构图进行更详细的分解。

组织分解结构与工作分解结构类似，都是层级型结构，区别在于组织分解结构不是按照项目可交付成果进行分解，而是按照组织所设置的部门、单位和团队来分解，将项目的活动和工作包列在所负责的部门下面。通过这种方式，某个运营部门（例如测试部门等）只要找到自己在组织分解结构中的位置，就可以了解所有该做的事情。

资源分解结构是资源依类别和类型的层级展现。信息细到可以与工作分解结构相结合。资源类别包括（但不限于）人力、材料、设备和用品，资源类型则包括技能水平、等级水平和适用于项目的其他类型。资源分解结构有助于结合资源使用情况、组织与报告项目的进度数据。在规划资源管理过程中，资源分解结构用于指导项目的分类活动。在获取资源过程中，资源分解结构是一份完整的文件，用于获取和监督资源。

例如，图3-5中列出的人员有技术人员、劳务人员，材料有钢筋、水泥，机械有挖掘机、塔吊，把这些资源按类别来排列分组。分组之后的好处是不容易遗漏，需要什么人或物，一目了然，发现有缺漏就可以相应去补上缺漏。

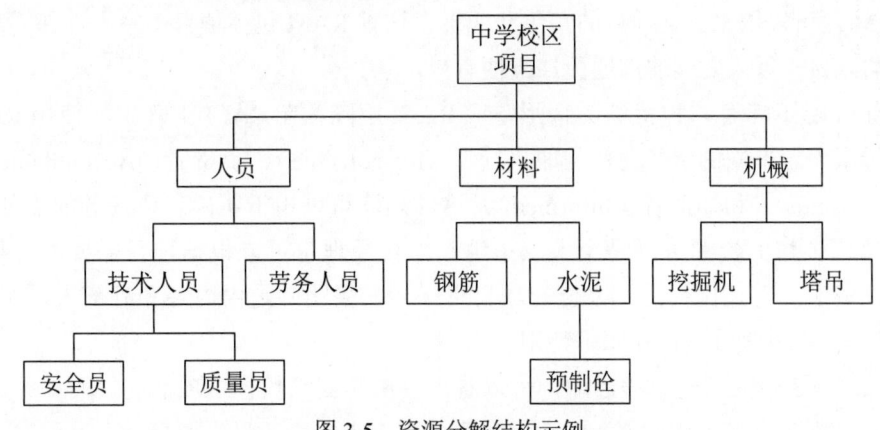

图3-5 资源分解结构示例

2. 矩阵型

矩阵型是用一种特别的表格形式来展现，叫责任分配矩阵（Responsibility Assignment Matrix，RAM）。责任分配矩阵就是把工作内容和相对应的责任人关联起来，以表格的形式对工作和人员进行分配。它还有一个特殊的表现形式，叫RACI矩阵。

在制作完OBS之后，项目管理团队就可以制作责任分配矩阵了，RAM为项目工作（用WBS表示）和负责完成工作的组织（用OBS表示）建立一个映射关系，即将WBS中的每项工作指派给OBS中的执行人员，将任务和资源用表格的形式加以对应，从而形成的一个矩阵。矩阵图能反映与每个人相关的所有活动，以及与每项活动相关的所有人员，它也可以确保任何一项任务都只由一个人负责，从而避免职权不清。

通常，一个比较大的公司，可能会有很多个不同层级的责任分配矩阵。在大型项目中，也可以将具体工作分配给部门或团队，制定多个层次的 RAM；而对于小型的项目而言，将 WBS 中的每项工作分配给个人会是更好的方式。

以唐僧师徒为例，他们在取经路上的任务可以在表 3-2 中与负责人清晰地对应起来，若是哪天没及时供应上斋饭，便可以根据表格找孙悟空了解情况。

表3-2 责任分配矩阵示例

WBS		唐僧	孙悟空	猪八戒	沙和尚
整合管理	计划	★			
	监督	★			
	管理	★			
采购	衣				★
	食		★		
安全	海		★		
	陆			★	
	空		★		

RAM 还可以用来定义项目的角色和职责，这种 RAM 包括项目干系人，使得项目管理团队与项目干系人之间的沟通更加方便有效。

责任分配矩阵有一种特殊的情形，叫 RACI 矩阵。在 RACI 矩阵中，使用 RACI 这四个字母来表示不同的责任角色，即执行者（Responsible）、负责者（Accountable）、咨询者（Consulted）和知情者（Informed）。这种矩阵可以用于明确工作任务的责任分配。分配给每项工作的资源可以是个人或小组，项目经理也可以根据项目需要，选择"领导"或"资源"等适用词汇，来分配项目责任。如果团队是由内部和外部人员组成的，RACI 矩阵对明确划分角色和职责特别有用。

例如表 3-3 中的创建章程活动，可以看出，由李四来执行这项活动，而如果章程有问题，可以找张三来问责，因为张三是负责的那个人，李四只是做事的人；同时，对于章程的创建活动，王五、陈一和赵六都是知情方。

表3-3 RACI（执行、负责、咨询和知情）矩阵示例

RACI 矩阵	人员				
活动	张三	李四	王五	陈一	赵六
创建章程	A	R	I	I	I
收集需求	I	A	R	C	C
提交变更	I	A	R	R	C
制订计划	A	C	I	I	R

3. 文本型

文本型，则更适合用于记录详细职责。如果需要详细描述团队成员的职责，就可以

采用文本型，如图 3-6 所示。

职位说明书

一、基本资料

职位编号			职位名称	审计经理	职级	
所属部门	财务部		编写人	周乔	部门审核人	熊玲瑶
人力资源部审核人			批准人		批准日期	

二、职位关系

直属上司职位	财务副部长
直接和间接下属职位数	无
直接和间接下属职位类别	无
主要内部客户	各部门、下属单位
主要外部客户	会计师事务所等

三、职位概述

负责公司的内部审计工作，通过对公司内部控制制度健全、严密、有效及执行情况进行监督检查，确保公司财产的安全完整，促进资金使用效益的提高。

四、职位职责

主要职责	独立性	频率
1、按照国家有关法律、法规和董事会要求，起草公司内部审计制度和办法，并参与公司有关经济、财务管理等方面规章制度的研究制定。	部分责任	偶然
2、对公司各部门及所属单位进行定期的经济效益审计，确定各单位的当期经营成果。	全部责任	偶然
3、对公司本部及所属单位的财务收支进行定期或不定期的专项审计。	主要责任	偶然
4、对公司本部及所属单位负责人进行经济责任审计。	全部责任	偶然
5、对公司各部门及所属单位内部控制制度的健全、严密、有效及执行情况进行监督检查。	部分责任	时常
6、对公司本部及所属单位的财产安全与完整和各种资金的周转、运用进行审计监督，并考核其使用效果，以提高资金使用效益。	部分责任	时常
7、检查会计凭证、账簿、报表等会计核算资料，审计监督其真实性、合理性和完整性。	部分责任	时常
8、协助上级审计机关和会计师事务所对公司的审计工作。	部分责任	偶然
9、完成上级领导临时交办的其他工作。		偶然

五、职位权限

1、对公司本部及下属单位的财务收支及公司管理制度的执行情况有调查权。
2、对下属单位的经营情况有考核权。

图 3-6　文本型示例

职位名称	挂车设计组长		隶属部门	技术部	编制人数		1	任职者	张君庄
工作关系	直接上级		直接下级				联系部门（或岗位）		对外联络
	技术部部长		挂车设计工程师				挂车车间、工艺部、质量部、销售部、售后服务部		客户
工作目标	组人员稳定创新有活力；定型产品结构合理、工艺优化便于生产；新产品有竞争力，满足市场需求。								
岗位职责	序号	主要职责描述(对以下工作及其结果负责)				关键业绩指标(KPI)			权限
	1	负责组织挂车组日常订单设计、产品改进和新产品开发				安排及时、全面、合理			对下属安排、考核建议权
	2	负责设计复杂挂车产品和解决生产中技术疑难问题				可行、及时			设计、解决
	3	负责对公司及直接上级反馈、报告				及时、真实、完整			报告
	4	负责对技术文件的审核				准确、完整			审核
	5	对挂车产品工艺装备和流程提出建议				改善、可行			建议
任职资格	项目	任职资格规定(基本要求)							
	生理方面	①性别	不限		②年龄要求	25-60岁	③身体状况	良好	
	教育情况	①专业	机械或车辆类		②学历层次	专科以上	③在职培训		
	知识/技能	①外语	四级或相当水平		②计算机	办公绘图软件	③知识/技能资格	熟悉专用车结构和生产工艺，中级(工程师)或以上职称	
	工作经验	三年以上汽车或专用车技术工作经验，一年以上基层小组管理经验							
	基本素质/能力	基本素质	原则性强，为人正直，有良好的职业道德					
		能力要求	一定的组织协调能力，很强的判断解决问题能力和技术创新能力					
岗位发展	①岗位发展方向	技术部长、工艺部长				②可互换岗位	其他类产品设计组长、同类产品工艺组长		
工作条件	办公设备：办公桌一张、椅一张，电脑一部，其他日常办公用品								

图 3-6 续图

文本型文件通常以概述的文字形式提供诸如职责、职权、能力和资格等方面的信息。这种文件有多种名称，例如，职位描述、角色/职责/职权表等，描述得特别详细和具体，甚至一个岗位的岗位说明书，也可以从中获取。这种文件可作为未来项目的模板，特别是在根据当前项目的经验教训对其内容进行更新之后。

文本型的好处就在于有详细的文本资料可以参考，例如，发布招聘公告时，可直接从文本中取一段描述信息。

此外，与管理项目有关的某些职责可以在项目管理计划的其他部分列出并解释。例如，在风险登记册中列出风险责任人，在沟通管理计划中列出沟通活动的负责人，在质量管理计划中指定实施质量保证和控制质量活动的负责人。

对比三种格式，层级型一目了然，可以看得非常清晰但并不具体，只是列出大概的职位；而矩阵型相对更具体，能够展现人与工作的关系；文本型则是最具体的，以详细细致的方法来记录信息。

3.4.2 资源管理计划

作为项目管理计划的一部分，资源管理计划是关于如何分类、分配、管理和释放项目资源的指南。资源管理计划可以根据项目的具体情况分为团队管理计划和实物资源管理计划。一般来说，资源管理计划应该包括以下内容：

（1）识别资源：用于识别和量化项目所需的团队和实物资源的方法。

（2）获取资源：关于如何获取项目所需的团队和实物资源的指南。

（3）角色与职责：包括角色、职权、职责和能力。

（4）项目组织图：基于项目的需要，项目组织图可以是正式或非正式的，非常详细或高度概括的。例如，一个1000人的灾害应急团队的项目组织图，要比仅有100人的内部项目的组织图详尽得多。

（5）项目团队资源管理：关于如何定义、配备、管理和最终遣散项目团队资源的指南。

（6）培训：针对项目成员的培训策略。

（7）团队建设：建设团队的方法。

（8）资源控制：依据需要确保实物资源充足可用，并为项目需求优化实物资源采购而采用的方法，包括有关整个项目生命周期期间的库存、设备和用品管理的信息。

（9）认可计划：将给予团队成员哪些认可和奖励，以及何时给予。

3.4.3 团队章程

没有规矩不成方圆。团队章程就是一个规矩，明确哪些行为是可以接受的，哪些行为是不能接受的，成员们又该如何相处。

团队章程是为团队创建团队价值观、共识和工作指南的文件。团队章程对项目团队成员的可接受行为做出了明确的期望，包括（但不限于）团队价值观、沟通指南、决策标准和过程、冲突处理过程、会议指南、团队共识。

尽早认可并遵守明确的规则，有助于减少误解，提高生产力；讨论诸如行为规范、沟通、决策、会议礼仪等领域，团队成员可以了解彼此重要的价值观，进行思想行为上的磨合，提升默契。由团队共同制定或参与制定的团队章程可发挥最佳效果。

3.5 估算活动资源

估算活动资源是估算执行项目所需的团队资源以及材料、设备和用品的类型和数量的过程，既包括实物资源，也包括人力资源，同时决定还需要什么资源及每种资源的数量，以及什么时候使用资源来有效地执行项目活动。其主要作用是明确完成活动所需要的资源种类、数量和特性，以便做出更准确的成本和持续时间估算。

估算活动资源一般来讲是在早期进行，但过程中也会有调整，必须与估算成本相结合。

在估算活动资源中的人力资源时，需要考虑到人力资源的可用时间段，也就是团队成员的可用工作时间段，为了能够将此信息清晰显示出来，可以采用日历的形式。

项目日历是指表明进度活动的可用工作日和工作班次的日历，把可用于开展进度活动的时间段（按天或更小的时间单位）与不可用的时间段区分开来，如表3-4所示。简单来讲，项目日历就是一个排班计划，它确定了团队成员在项目周期中哪些时间需要参与项目工作，哪些时间有其他安排。

表3-4　项目日历

可排课时间项目日历							
周一	周二	周三	周四	周五	周六	周日
			10月1日	10月2日	10月3日	10月4日
10月5日	10月6日	10月7日	10月8日	10月9日	10月10日	10月11日
10月12日	10月13日	10月14日	10月15日	10月16日	10月17日	10月18日
10月19日	10月20日	10月21日	10月22日	10月23日	10月24日	10月25日
10月26日	10月27日	10月28日	10月29日	10月30日		

在一个进度模型中，可能需要采用不止一个项目日历来编制项目进度计划，因为有些活动需要不同的工作时段。

资源日历是表明每种具体资源的可用工作日或工作班次的日历。针对某种资源，能够识别工作日、班次、正常营业的上下班时间、周末和公共假期，如表3-5所示。资源日历规定了在项目期间确定的团队和实物资源何时可用、可用多久。

表3-5 资源日历

| 希赛罗老师资源日历 ||||||||
周一	周二	周三	周四	周五	周六	周日
			10月1日 休	10月2日 休	10月3日 休	10月4日 休
10月5日 休	10月6日 休	10月7日 休	10月8日 休	10月9日	10月10日 班	10月11日 CSPM
10月12日 ACP	10月13日 PMP	10月14日 Prince2	10月15日 NPDP	10月16日 PMP	10月17日 休	10月18日 CSPM
10月19日 ACP	10月20日 PMP	10月21日	10月22日 NPDP	10月23日 PMP	10月24日 休	10月25日 CSPM
10月26日 ACP	10月27日 PMP	10月28日 Prince2	10月29日 NPDP	10月30日 PMP		

在项目管理领域中，有三种日历，分别为自然日历、资源日历和项目日历。

- 自然日历也称为流逝的时间，是指包含所有工作日、假日的日历。
- 资源日历是每种具体资源的可用工作日或工作班次的日历，可以在活动或项目层面建立资源日历，还要考虑更多的资源属性，包括经验、技能水平、来源等。
- 项目日历是进度活动的可用工作日和工作班次的日历，是指计划开展项目活动的时间，一般不包括假日。

例如，某个项目团队一共有10个人，其中2位是女性人员，则在她们的资源日历中，3月8日是不可用的，因为三八妇女节放假。但在整个项目的项目日历中，3月8日是可用的，因为除了女性成员外，还有8位男性成员，男性在3月8日是不放假的。

3.6 获取资源

获取资源是获取项目所需的团队成员、设施、设备、材料、用品和其他资源的过程，其主要作用是概述和指导资源的选择，并将其分配给相应的活动。

项目所需资源可能来自项目执行组织的内部或外部。内部资源由职能经理或资源经理负责获取（分配），外部资源则是通过采购过程获得。因为集体劳资协议、分包商人员使用、矩阵型项目环境、内外部报告关系或其他原因，项目管理团队可能对资源选择没有直接控制权。重要的是，在获取项目资源过程中应注意下列事项：

（1）项目经理或项目团队应该进行有效谈判，并影响那些能为项目提供所需团队和实物资源的人员。

（2）不能获得项目所需的资源时，可能会影响项目进度、预算、客户满意度、质量和风险；资源或人员能力不足会降低项目成功的概率，最坏的情况是可能导致项目被取消。

（3）如因制约因素（如经济因素或其他项目对资源的占用）而无法获得所需团队资源，项目经理或项目团队可能不得不使用能力和成本不同的替代资源。在不违反法律、规章、强制性规定或其他具体标准的前提下可以使用替代资源。

在项目规划阶段，应该对上述因素加以考虑并做出适当安排。项目经理或项目管理团队应该在项目进度计划、项目预算、项目风险计划、项目质量计划、培训计划及其他相关项目管理计划中，说明缺少所需资源的后果。

3.6.1 方法——决策（多标准决策分析）

多标准决策分析是一种加权计算方法，根据标准的相对重要性对标准的得分进行加权，加权值可能因资源类型的不同而发生变化。使用多标准决策分析工具制定出标准，用于对潜在资源进行评级或打分（例如，在内部和外部团队资源之间进行选择）。可使用的选择标准包括（但不限于）：

（1）可用性：确认资源能否在项目所需时段内为项目所用。

（2）成本：确认增加资源的成本是否在规定的预算内。

（3）能力：确认团队成员是否提供了项目所需的能力。

有些选择标准对团队资源来说是独特的，例如：

（1）经验：确认团队成员具备项目成功所需的相关经验。

（2）知识：团队成员是否掌握关于客户、执行过的类似项目和项目环境的相关知识。

（3）技能：确认团队成员拥有使用项目工具的相关技能。

（4）态度：团队成员能否与他人协同工作，以形成有凝聚力的团队。

（5）国际因素：团队成员的位置、时区和沟通能力。

多标准决策分析示例如表3-6所示。

表3-6 多标准决策分析示例

标准		权重	得分	加权得分
基本要求	可用性	0.1	80	8
	成本	0.2	75	15
	能力	0.1	87	8.7
独特要求	经验	0.1	95	9.5
	知识	0.1	75	7.5
	技能	0.1	80	8
	态度	0.1	60	6
	国际因素	0.2	95	19
合计		1	647	81.7

决策矩阵又称为决策表、益损矩阵、益损表、风险矩阵，是表示决策方案与有关因素之间相互关系的矩阵，常用来进行定量决策分析。首先设计相应的评价标准，然后按

照标准对每个选择进行评价。

多标准决策分析技术借助决策矩阵，用系统分析方法建立诸如风险水平、不确定性和价值收益等多种标准，以对众多方案进行评估和排序。

多标准决策分析可用于识别关键事项和合适的备选方案，并通过一系列决策排列出备选方案的优先顺序。先对标准排序和加权，再应用于所有备选方案，计算出各个备选方案的数学得分，然后根据得分对备选方案排序。

3.6.2 方法——预分派

预分派指事先确定项目的实物或团队资源，例如以下情况：
- 在竞标过程中承诺分派特定人员进行项目工作，如施工单位签署的合同中明确规定要求项目方派出指定的项目经理来负责管理；
- 项目的完成取决于特定人员的专有技能，为了完成项目必须有特定人员的参与；
- 在完成资源管理计划的前期工作之前，制定项目章程过程或其他过程已经指定了某些团队成员的工作分派，可能是组织安排，也可能是客户指定。

3.6.3 人际关系与团队技能——谈判

很多项目在资源的分配方面需要进行谈判，即与其他人合作，以便项目能够分配到或得到合适的资源。项目管理团队往往需要与下列各方谈判：
- 职能经理：协商以保证项目在规定期限内获得最佳资源，直到完成其职责。
- 执行组织中的其他项目管理团队：以争取稀缺或特殊资源，例如多项目团队的共享资源得到合理分派。
- 外部组织和供应商：获取合适的、稀缺的、特殊的、合格的、经认证的或其他诸如此类特殊资源。在谈判过程中，项目经理要特别注意与外部谈判有关的政策、惯例、流程、指南、法律和其他标准。

对于内部招收的人员，除了满足人员配备管理计划的要求外，至少还要考虑以前的经验、个人的兴趣、个人性格和爱好等因素。

在资源分配谈判中，项目管理团队影响他人的能力是很重要的，如同在组织中的政治能力一样重要。例如，职能经理在决定把杰出人才分派给哪个项目时，将会权衡各竞争项目的优势和知名度，也会考虑项目间的优先级重要性顺序。

3.6.4 工件

1. 实物资源分配单

实物资源分配单记录了项目将使用的材料、设备、用品、地点和其他实物资源。实物资源分配单的内容是动态的，会因可用性、项目、组织、环境或其他因素而发生变更。

2. 项目团队派工单

项目团队派工单记录了团队成员及其在项目中的角色和职责，可包括项目团队名录，还需要把人员姓名插入项目管理计划的其他部分（例如，项目组织图、进度计划）。项目团队派工单明确了分配到每个活动的资源，说明了项目已具有的能力和经验以及可能缺乏的知识。

3.7 建设团队

团队协作是项目成功的关键因素。项目团队需要被定义、建立、维护、激励、领导和鼓舞，使其高效运行，减少顾虑，排除外界干扰和障碍，成为一个高绩效的团队，而完成这些工作，就是项目经理的任务。建设高效的项目团队是项目经理的主要职责之一。

建设项目团队的目标包括（但不限于）：

- 提高团队成员的知识和技能，以提高他们完成项目可交付成果的能力，并降低成本、缩短工期和提高质量。
- 提高团队成员之间的信任和认同感，以提高士气、减少冲突和增进团队协作。
- 创建富有生气、凝聚力和协作性的团队文化，有助于：①提高个人和团队生产效率，振奋团队精神，促进团队合作；②促进团队成员之间的交叉培训和辅导，以分享知识和经验。
- 提高团队参与决策的能力，使他们承担起对解决方案的责任，从而提高团队的生产效率，获得更有效和高效的成果。

通过营造相互信任的氛围，还能够有利于把隐性知识转变为显性知识，然后整理成组织过程资产，所以信任与协作的氛围对团队获取知识、传递知识也是很有帮助的。

通过以下行为可以实现团队的高效运行：

- 使用开放与有效的沟通；
- 创造团队建设机遇；
- 建立团队成员间的信任；
- 以建设性方式管理冲突；
- 鼓励合作型的问题解决方法；
- 鼓励合作型的决策方法。

J. 理查德·哈克曼（J. Richard Hackman）是著名的组织心理学家，他在项目管理领域提出了权力矩阵（Power Matrix）的概念，该矩阵用于帮助项目团队成员理解他们在项目中的角色和责任。

权力矩阵是一个二维矩阵，横轴代表团队成员对任务的掌控程度，纵轴代表团队成员对资源的掌控程度，如图 3-7 所示。根据这两个维度，可以区分团队管理模式的四个层次。

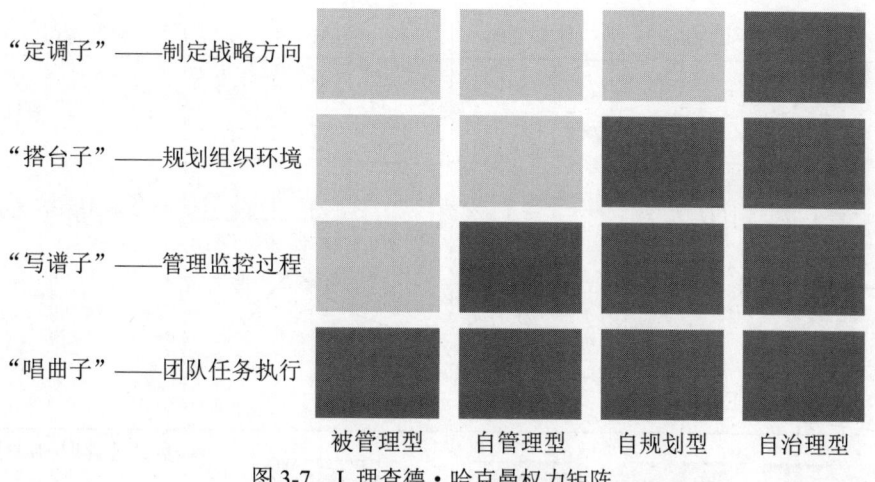

图 3-7　J. 理查德·哈克曼权力矩阵

（1）被管理型：团队成员仅执行任务，管理者负责监控工作流程，规划环境和设定方向。

（2）自管理型：团队成员不仅要对自己执行的任务负责，还可以管理监控自己的流程。

（3）自规划型：团队成员被授权规划团队和与自身相关的组织环境。

（4）自治理型：团队成员可以参与制定团队工作的战略方向。

今天，项目经理在全球化的环境和富有文化多样性的项目中工作。团队成员经常来自不同的行业，讲不同的语言；有时甚至会在工作中使用一种特别的"团队语言"，而不使用他们的母语。项目管理团队应该利用文化差异，在整个项目生命周期中致力于发展并维护项目团队，并促进在相互信任的氛围中充分协同工作。在整个项目生命周期中，项目经理都需要致力于持续的建设团队，让团队成员之间能够保持明确、及时、有效（包括效果和效率两个方面）的沟通。

通常管理团队要做两件事情：一件是"让他想做"。另一件是"让他能做"。"让他想做"就是想办法去激励他，让他有这种欲望和动力去做那些事情；"让他能做"则是想办法让他达到需要的水平，比方说用培训的方式来让他能做。

而不管是想做还是能做，都需要付出很多努力来管理团队。但是在做这些事情的时候，最好是了解更多的信息，包括各种理论，理解这些有用的信息，对管理团队有很大帮助。

同时项目经理还需要具备领导力，以领导和带领团队前进，同时应具备管理冲突、协调外部资源和营造互信氛围的协调能力。

3.7.1　团队的发展阶段

关于团队的发展，美国心理学家布鲁斯·塔克曼在 1965 年提出的一种团队发展理论，被官方使用在项目管理中，也称塔克曼阶梯理论（Tuckman's laddermodel of team development）。该理论认为，一个团队从开始到终止，是一个不断成长和变化的过程，如图 3-8 所示。塔克曼阶梯理论将这个发展过程描述为五个阶段，分别是形成阶段（Forming）、震荡阶段（Storming）、规范阶段（Norming）、成熟阶段（Performing）和解散阶段（Adjourning）。

图 3-8　塔克曼阶梯理论

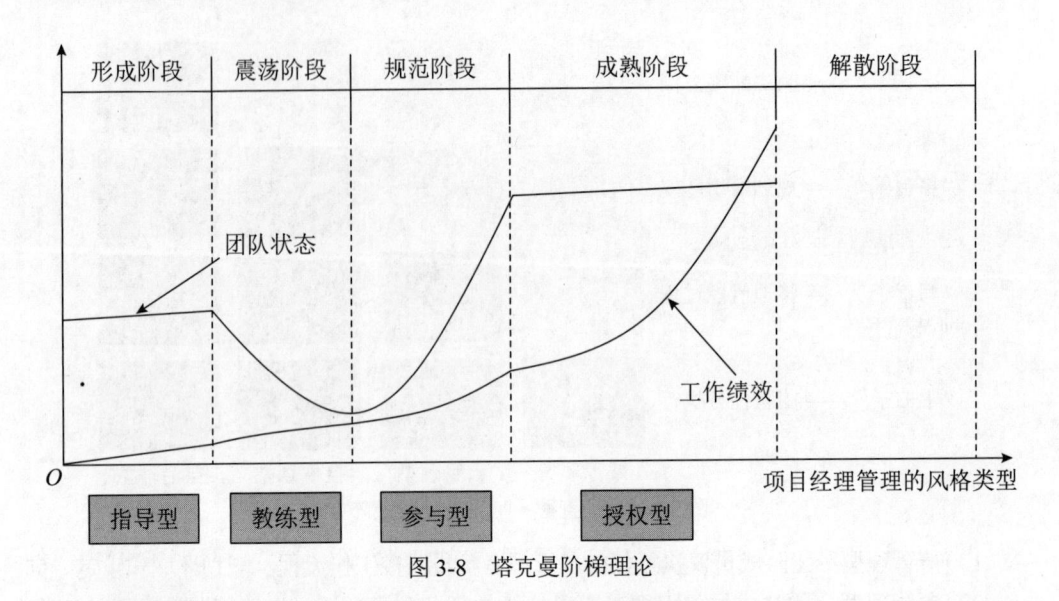

1. 形成阶段

在形成阶段（形成期），团队成员从原来不同的组织调集在一起，大家开始互相认识，目标不明确，彼此陌生，还没有建立起明确的角色和责任分工。这个阶段成员的状态是比较好的，会积极表现自己，但因为项目工作的信息还有很多不清晰不了解，所以表现出来的工作效率往往较差，在一个逐渐提高的阶段。

这一阶段的特征是成员既兴奋又焦虑，而且还有一种主人翁感，他们必须在承担风险前相互熟悉。一方面，团队成员收集有关项目的信息，试图弄清项目是干什么的和自己应该做些什么。另一方面，团队成员谨慎地研究和学习适宜的举止行为。他们从项目经理处寻找或相互了解，以期找到属于自己的角色。

当成员了解并认识到有关团队的基本情况后，会为自己找到一个合适的角色定位，并且有了自己是团队不可缺少的一部分的意识。当团队成员感到他们已成为团队的一份子时，他们就会承担起团队的任务，并确定自己在完成这一任务中的参与程度。当解决了定位问题后，团队成员就不会感到茫然而不知所措，从而有助于其他各种关系的建立。

2. 震荡阶段

团队形成之后，团队成员已经明确了项目的工作以及各自的职责，于是开始执行分配到的任务。在实际工作中，各方面的问题逐渐显露出来，这预示着震荡阶段（磨合期）的来临，震荡也可理解为摩擦，是因矛盾而产生一些冲突和摩擦的情况。由于现实可能与当初的期望发生较大的偏离，因此团队成员可能会消极地对待项目工作和项目经理。在此阶段，工作气氛趋于紧张，问题逐渐暴露，团队士气较形成期明显下降。

团队的冲突和不和谐是这个阶段的一个显著特点。成员之间由于立场、观念、方法、行为等方面的差异而产生各种冲突，人际关系陷入紧张局面，甚至出现敌视、强烈情绪以及向领导者挑战的情形。冲突可能发生在领导与个别成员之间、领导与整个团队之间以及团队成员相互之间。不管怎样，项目经理应当力图采用理性的、无偏见的态度来解决团队成员之间的争端，而不应当采用情感化的态度。

在这一阶段，团队成员与周围的环境之间也会产生不和谐。例如，团队成员与项目技术之间的不协调，团队成员可能对项目采用的技术不熟悉，经常出差错等。另外，项目在执行过程中，与项目外其他部门要发生各种各样的关系，也会产生各种各样的矛盾冲突，这需要进行很好的协调。

这个阶段是团队发展中最艰难的阶段，需要多加关注和适当的管理。

3. 规范阶段

经受了磨合期的考验，团队成员之间、团队与项目经理之间的关系已经确立好。绝大部分个人矛盾已得到解决。总的来说，这一阶段的矛盾程度要低于震荡阶段。同时，随着个人期望与现实情形，即要做的工作、可用的资源、限制条件、其他参与的人员相统一，团队成员的不满情绪也就减少了。项目团队接受了这个工作环境，项目章程得以改进和规范化。控制与决策权从项目经理移交给了项目团队，凝聚力开始形成，有了团队的感觉，每个人都认同自己是团队的一员，他们也接受其他成员作为团队的一部分。每个成员为取得项目目标所做的贡献得到认同和赞赏。

在这一阶段，随着团队成员之间开始相互信任，团队的信任得以发展。团队成员大量地交流信息、观点和感情，合作意识增强，他们互相交换看法，并感觉到可以自由地、建设性地表达他们的情绪及评论意见。团队经过这个阶段后，建立了忠诚和友谊，也有可能建立超出工作范围的友谊。

4. 成熟阶段

经过前一个阶段，团队确立了行为规范和工作方式。项目团队积极工作，急于实现项目目标。这一阶段的工作绩效很高，团队有集体感和荣誉感，信心十足。项目团队能开放、坦诚、及时地进行沟通。在这一阶段，团队根据实际需要，以团队、个人或临时小组的方式进行工作，团队相互依赖度高。他们经常合作，并在自己的工作任务外尽力相互帮助。团队能感觉到高度授权，如果出现问题，就由适当的团队成员组成临时小组，解决问题并决定如何实施方案。随着工作的进展并得到表扬，团队获得满足感。团队成员会意识到为项目工作的结果使他们正获得职业上的发展。

相互的理解、高效的沟通、密切的配合、充分的授权，这些宽松的环境加上团队成员的工作激情使得这一阶段容易取得较大成绩，实现项目的创新。团队将会达到最佳的工作状态，成员之间的信任和团队凝聚力也将达到最高点。

团队精神和集体的合力在这一阶段得到了充分的体现，每位成员在这一阶段的工作和学习中都取得了显著的进步和巨大的发展，这是一个 1+1>2 的阶段。

5. 解散阶段

在解散阶段，团队完成所有工作，成员们会开始回顾整个团队发展过程，总结经验教训，为下一个团队的建设和发展提供参考和借鉴。之后，团队成员将离开项目。通常在项目可交付成果完成之后，再释放人员，解散团队。或者，在结束项目或阶段过程中解散团队。

虽然并不是每个团队都会经历完整的五个阶段，但往往可以在这些阶段的理论中找到和团队当前相匹配的状态。在项目团队的五个阶段中，某个阶段持续时间的长短，取决于团队活力、团队规模和团队领导力。项目经理应该对团队活力有较好的理解，以便有效地带领团队经历对应的阶段。

然而，团队停滞在某个阶段或退回到前一阶段的情况，也并非罕见。需要注意的是，这些阶段的顺序也不是一成不变的。例如，一个团队的成员从一开始就相处融洽，很快就能培养起默契，或团队成员曾经共事过，就可能直接从形成阶段跳到成熟阶段；而如果一个团队原本已经度过震荡阶段，到达了规范阶段，这时又加入了一个或几个新成员，就可能再次回到形成或震荡阶段，需要重新磨合一遍。

所以，现实中不应直接套用这个理论，而是根据实际情况进行裁剪和调整，以更加适配团队。

3.7.2　方法——集中办公和虚拟团队办公

集中办公也称为紧密矩阵，是为改善沟通和工作关系，提高工作效率，而让项目团队成员的工作地点彼此靠近的一种组织布局策略。集中办公既可以是临时的（例如，仅在项目特别重要的时期），也可以贯穿整个项目。实施集中办公策略，可借助团队会议室（作战室）、张贴进度计划的场所，以及其他能增进沟通和集体感的设施。

尽管集中办公是一种良好的团队建设策略，但虚拟团队的使用有时也不可避免。

例如，为了使用更多身处不同地区的熟练资源，降低成本，减少出差，减少搬迁费用，拉近团队成员与供应商、客户或其他重要干系人的距离等，这些情况下，使用虚拟团队会起到比集中办公更好的效果。

虚拟团队是一群拥有共同目标、履行各自职责但是很少有时间或者没有时间能面对面工作的人员。虚拟团队的形式可以多种多样，通过虚拟团队的组建，使人们有可能：

- 在组织内部建立一个由不同地域的员工组成的团队；
- 为项目团队增加特殊技能，即使相应的专家不在同一地理区域；
- 将在家办公的员工纳入团队；
- 在工作班次、工作小时或工作日不同的员工之间组建团队；
- 将行动不便者或残疾人纳入团队；
- 执行那些原本会因差旅费用过高而被搁置或取消的项目；
- 节省员工所需的办公室和所有实物设备的开支。

与传统的项目团队相比，虚拟项目团队拓宽了成员的工作空间，能够适应激烈变化的项目外部环境的要求。虚拟项目团队基于互联网和通信技术，它不依赖于某个具体的办公场所，其成员可能来自分布在全国乃至全球的各个地区和组织，这使得项目团队成员的核心优势互补成为可能，从某种程度上可以加速项目的进程，节约项目成本，提高项目质量。这种基于网络进行工作和沟通的项目团队日渐流行，并且使得传统的项目组织形式和管理方式面临新的挑战和变革需求。在虚拟团队的环境中，沟通规划变得日益重要。可能需要花更多时间来设定明确的期望、促进沟通、制定冲突解决方法、召集人员参与决策、理解文化差异，以及共享成功喜悦。

但是，任何事物都是一分为二的，虚拟项目团队这种新生的组织形式也不例外。虚拟项目团队的主要缺点体现在以下五个方面。

（1）缺乏统一的利益诉求，团队结构松散。
（2）缺乏有效的沟通模式，团队凝聚力不强。
（3）缺乏合适的监控机制，工作绩效难以考核。
（4）缺乏有效的冲突解决机制，影响团队士气。
（5）缺乏组织资源的支持，危及项目成败。

表 3-7 列出了集中办公和虚拟团队优缺点。

表3-7 集中办公和虚拟团队优缺点

团队形式	优点	缺点
集中办公（作战室）	改善沟通和工作关系 提高工作效率 便于管理和监控	可能增加成本 受制于工作场地
虚拟团队	更多技术熟练的资源 降低成本、减少出差及搬迁费用 拉近团队成员与供应商、客户的距离	沟通、时差 文化差异 缺乏监控手段

3.7.3 方法——沟通技术

在解决集中办公或虚拟办公的团队建设问题方面，沟通技术至关重要。它有助于为集中办公团队营造一个融洽的环境，也有助于促进虚拟团队（尤其是团队成员分散在不同时区的团队）更好地相互理解。

可采用的沟通技术包括共享门户、视频会议、音频会议、电子邮件、聊天软件等。有关沟通的更多知识详见第 4 章。

3.7.4 模型——激励理论

激励为某人采取行动提供了理由。激励用于项目资源管理中，有助于提高团队参与决策的能力并鼓励他们独立工作。

在项目工作中，需要对成员的优良行为给予认可与奖励。只有能满足被奖励者的某个重要需求的奖励，才是有效的奖励。金钱是奖励制度中的有形奖励，然而也存在各种同样有效甚至更加有效的无形奖励，比如，大多数项目团队成员会因得到成长机会、获得成就感、得到赞赏以及用专业技能迎接新挑战而受到激励。

管理学家指出，影响人们工作和学习的心理因素包括动机、影响和能力、有效性等。围绕这些因素，在项目管理实践中，专家们提出了各自的团队建设理论，其中著名的有马斯洛（Maslow）的需求层次理论、麦格雷戈（McGregor）的X理论和Y理论、麦克利兰（McClelland）的成就动机理论、赫茨伯格（HertzBerg）的双因素理论、弗鲁姆（Vroom）的期望理论等，如图3-9所示。

（1）马斯洛的需求层次理论　（2）麦格雷戈的X理论和Y理论　（3）麦克利兰的成就动机理论

（4）赫茨伯格的双因素理论　（5）弗鲁姆的期望理论

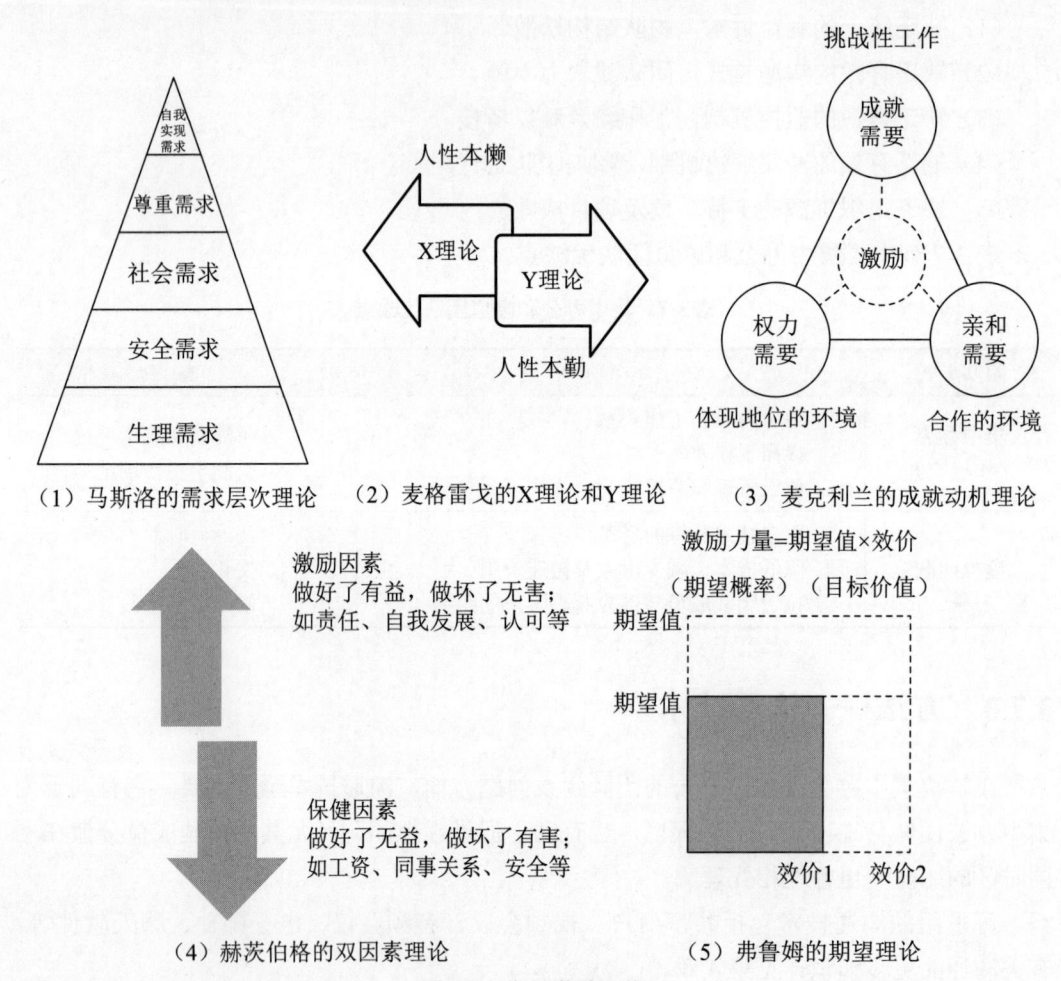

图3-9　常见激励理论

1. 马斯洛的需求层次理论

马斯洛首创了需求层次理论，该理论将人的需求分为五个层次，分别是生理需求、安全需求、社会需求、尊重需求和自我实现需求。

人们一般只有在较低层次上的需求得到满足后，才能追求较高层次的需求。

生理上的需求是人们最原始、最基本的需求，例如，吃饭、穿衣、住宅和医疗等。如果得不到满足，则可能有生命危险。这就是说，它是最强烈的、不可避免的最底层需求，也是推动人们行动的强大动力。当一个人为生理需求所控制时，其他一切需求都会被推到幕后。

安全的需求要求劳动安全、职业安全、生活稳定、希望免于灾难、希望未来有保障等，具体表现在物质上的、经济上的以及心理上的。安全需求比生理需求高一级，当生理需求得到满足以后就要保障这种需求。每一个在现实中生活的人，都会产生安全感的欲望、自由的欲望、防御实力的欲望。

社会的需求（归属与爱的需求）是指个人渴望得到家庭、团体、朋友、同事的关怀、爱护与理解，是对友情、信任、温暖和爱情的需求。社会的需求比生理和安全需求更细微和难以捉摸，包括社交欲、归属感和爱。社会的需求与个人性格、经历、生活区域、民族、生活习惯和宗教信仰等都有关系，这种需求是难以察悟、无法度量的。

尊重的需求包括对自我的尊重和他人对自己的尊重。尊重的需求可以具象化为渴望实力、成就、适应性和面向世界的自信心，渴望独立与自由以及渴望名誉与声望。基于这种需求，人们愿意将工作做得更好，希望受到别人重视，期望有成长的机会、有出头的可能。显然，尊重的需求很少能够得到完全的满足，但基本的满足就可以产生推动力。这种需求一旦成为推动力，将会令人具有持久的干劲。

自我实现的需求是最高级的需求。满足这种需求就要求完成与自己能力相称的工作，最充分地发挥自己的潜在能力，成为所期望的人物。这是一种创造的需求。有自我实现需求的人，似乎在竭尽所能使自己趋于完美。成就感与成长欲不同，成就感追求一定的理想，往往废寝忘食地工作，将工作当成是一种创作活动，希望为人们解决重大课题，从而完全实现自己的抱负。

作为一个项目经理，需要知道每个人在不同阶段的需求是不一样的。在面对团队成员时，可以通过了解对方处在哪个阶段，选择与其沟通的方法、激励的角度，以期达到想要的效果。

2. 麦格雷戈的 X 理论和 Y 理论

麦格雷戈提出的 X 理论和 Y 理论是管理学中关于人们工作原动力的理论。这是一对基于两种完全相反假设的理论，X 理论认为人是消极的、懒惰的，设法逃避工作，缺乏进取心，逃避责任；Y 理论认为人是积极的，愿意工作，愿意进步，愿意承担责任等。

传统的管理比较偏向于 X 理论，现代管理则越来越偏向于 Y 理论。X 理论一般应对蓝领工人这种工作内容重复性很高，本身从工作中得不到多少乐趣和成就感的情况，于是普遍认为他们会更倾向于偷懒，需要用严苛的制度来监管；而 Y 理论往往应用于受过高等教育的知识分子，工作内容能够在一定程度上满足其精神追求，具备向上的原动力，不需要太多监督，他们就会主动去争取机会并创造价值。

基于以上理论，持 Y 理论的管理者会趋向于对团队成员授予更大的权力，让团队成员有更大的发挥机会，以激发团队成员对工作的积极性。

按照马斯洛需求层次理论，麦格雷戈认为 X 理论管理方式对具有低层次需求的团队成员来说是有效的。例如，如果团队成员需要工作并担心失去它，他们就可能被强制激励。然而，麦格雷戈认为，只有 Y 理论模式的管理方式才能在高层次需求上激励团队成员。

尽管麦格雷戈知道管理者并不能真正地给团队成员自我实现需求和尊重需求，但他确信他们能提供一个可能满足团队成员这些需求的环境。Y 理论认为，整个项目的绩效会受到团队成员需求的影响。当项目经理表明团队成员对实现项目绩效是多么重要的时候，他们能帮助团队成员实现其社会需求和自我实现需求。

3. 麦克利兰的成就动机理论

麦克利兰的成就动机理论又称作三种需要理论：成就需要、权力需要和亲和需要。

该理论认为，管理者应该根据个人更重视的需要来制定激励措施，例如，为成就需要者设立具有挑战性但可实现的目标，为权力需要者提供较能体现地位的工作环境，为亲和需要者提供合作而非竞争的工作环境。

（1）成就需要。成就需要是争取成功、希望做得最好的需要。麦克利兰认为，具有强烈成就需要的人渴望将事情做得更为完美，提高工作效率，获得更大的成功，他们追求的是在争取成功的过程中克服困难、解决难题、努力奋斗的乐趣，以及成功之后的个人成就感，他们并不看重成功所带来的物质奖励。人们的成就需要与他们所处的经济、文化、社会、政府的发展程度有关，社会风气也制约着人们的成就需要。

（2）权力需要。权力需要是影响或控制他人且不受他人控制的需要。不同的人对权力的渴望程度也有所不同。权力需要较高的人对影响和控制别人表现出很大的兴趣，喜欢对别人发号施令，注重争取地位和影响力。他们喜欢具有竞争性和能体现较高地位的场合或情境，他们也会追求出色的成绩，但他们这样做并不像成就需要的人那样是为了个人的成就感，而是为了获得地位和权力或与自己已具有的权力和地位相称。权力需要是管理成功的基本要素之一。

（3）亲和需要。亲和需要是建立友好亲密的人际关系的需要。高亲和动机的人更倾向于与他人进行交往，至少是为他人着想，这种交往会给他带来愉快。高亲和需要者渴望亲和，喜欢合作而不是竞争的工作环境，希望彼此之间沟通与理解，他们对环境中的人际关系更为敏感。有时，亲和需要也表现为对失去某些亲密关系的恐惧和对人际冲突的回避。亲和需要是保持社会交往和人际关系和谐的重要条件。麦克利兰指出，注重亲和需要的管理者容易因为讲究交情和义气而违背或不重视管理工作原则，从而会导致组织效率下降。

4. 赫茨伯格的双因素理论

赫茨伯格的双因素理论是指保健因素和激励因素。保健因素是导致不满足感的因素，做得不好会损害激励，做得好却不会提高激励，如工作条件、工资、同事之间的关系、安全、职位等，相当于马斯洛需求层次理论中的较低层次的需求；激励因素是导致满足感的因素，是能够真正起激励作用的，如责任、自我实现、职业发展、得到承认等，相当于马斯洛需求层次理论中的较高层次的需求。

激励因素包括工作富有成就感、工作成绩能得到社会承认、工作本身具有挑战性、负有重大责任、在职业上能得到发展和成长。这类因素的改善能在很大程度上激励员工，使之产生满足感。保健因素包括组织的政策与行政管理、技术管理、工资福利、工作条件、安全设施和人际关系等，是保持员工达到合理满意水平所必需的因素，但是保健因素对员工不构成激励，如同保健品可以强身健体，但不能治疗疾病一样。

赫茨伯格认为在这两个因素中，保健因素的扩大会降低一个人从工作中得到的内在满足，而外部动机的扩大会导致内部动机的萎缩，因此，应该尽量扩大个人努力工作的内在动机的积极作用。

作为项目经理，必须了解哪些因素可以使团队成员满意，并且利用这些因素调动大家的积极性，而将那些可能导致成员不满的因素限制到最低程度。也就是说，既要认识到保健因素的重要性，又要注意更多地采用激励因素来提高成员的满意度。

5. 弗鲁姆的期望理论

弗鲁姆提出的期望理论指出，一种行为倾向的强度取决于个人对于这种行为可能带来的结果的期望度，以及这种结果对个人的吸引力。如果一个人认为努力工作会带来成功的结果，而这种成功又会带来相应的回报，他就会因受到激励而努力工作。

期望理论是以三个因素反映需要与目标之间的关系的，要激励团队成员就必须让他们明确：

- 工作能提供给他们真正需要的东西；
- 他们欲求的东西是和绩效联系在一起的；
- 只要努力工作就能提高他们的绩效。

弗鲁姆认为，期望的东西不等于现实，期望与现实之间一般有三种可能性，即期望小于现实、期望大于现实、期望等于现实。这三种情况对人的积极性的影响是不同的。

（1）期望小于现实，即实际结果大于期望值。一般而言，在正强化的情况下，例如，奖励、提职、提薪、分房子等，当现实大于期望值的时候，有助于提高人们的积极性。在这种情况下，能够增强信心，增加激发力量。而在负强化的情况下，例如，惩罚、灾害、祸患等，期望值小于现实，就会使人感到失望，因而产生消极情绪。

（2）期望大于现实，即实际结果小于期望值。一般而言，在正强化的情况下，便会产生挫折感，对激发力量产生削弱作用。如果在负强化的情况下，期望值大于现实，则会有利于调动人们的积极性，因为这时人们作了最坏的打算和准备，而结果却比预想的好得多，这自然对人的积极性是一个很大的激发。

（3）期望等于现实，即人们的期望变为现实。所谓期望的结果，是人们预料之中的事。在这种情况下，一般而言，也有助于提高人的积极性。如果从此以后，没有继续给予激励，积极性则只能维持在期望值的水平上。

因此，设计与选择适当的目标，使其既给人以成功的希望，又使人觉得值得为此而奋斗，就成了激励过程中的关键问题。

项目工作中使用这个理论可以给团队成员设定既符合他们个人愿望，值得为此奋斗，又具备一定成功概率的期望，来激励他们更努力地去达成所设定的目标。

6. 建立和维护愿景

项目愿景简明扼要地总结了项目的目的。它以现实且有吸引力的观点描述了未来的项目成果，是一个强大的激励工具，有助于让人们朝着相同的方向前行。

制定的愿景应该能够回答以下问题：
- 项目的目的是什么？
- 项目工作成功的定义是什么？
- 项目成果交付后，未来将如何才能变得更好？
- 项目团队如何知道自己偏离了愿景？

良好的愿景应该清晰、简明和可行：
- 用强有力的词句或简短的描述对项目做出概括；
- 描述可实现的最佳成果；
- 在项目团队成员脑海中形成一幅共同的、有凝聚力的画面；
- 激发人们对实现成果的热情。

3.7.5 方法——人际管理与团队技能

1. 影响力

影响力是用一种他人乐于接受的方式，改变他人的思想和行动的能力。构成影响力的基础有两大方面，分别是权力性影响力和非权力性影响力。

（1）权力性影响力。又称为强制性影响力，它主要源于法律、职位、习惯和武力等。权力性影响力对人的影响带有强迫性、不可抗拒性，它是通过外推力的方式发挥其作用。在这种方式作用下，权力性影响力对人的心理和行为的激励是有限的。

（2）非权力性影响力。又称为非强制性影响力，它主要来源于领导者个人的人格魅力、品格、才能、知识和情感，来源于领导者与被领导者之间的相互感召和相互信赖。

在项目管理领域中，项目经理的影响力主要体现在以下五个方面：说服他人；清晰地表达观点和立场；积极且有效地倾听；了解并综合考虑各种观点；收集相关信息，在维护相互信任的关系下，解决问题并达成一致意见。

不同组织环境中，项目经理对团队成员的命令职权不同，适时施展影响力，对保证项目成功非常关键。

2. 领导力

管理项目团队是一种聚焦于实现项目目标的手段，例如，制定有效的程序、规划、协调、测量和监督工作等。而管理项目团队时的领导力活动，包括影响、激励、倾听、促使，以及与项目团队相关的其他发挥领导力的活动。

团队领导者为朝着特定目标努力的团队成员提供方向、指导和支持。高效的领导者了解团队成员的优缺点和动机。团队领导者的角色包括：

（1）提供目标，即团队应达到什么目的。

（2）打造星级团队，而不是全明星队。

（3）为结果建立共享所有权。

（4）开发团队成员的全部潜能。
（5）让工作变得有趣并吸引成员参与。
（6）鼓舞并激励团队成员。
（7）领导和促进建设性的沟通交流。
（8）监管但不要微管理。

领导力包括指导、激励和用于带领团队的知识、技能与行为，可帮助组织达成业务目标。这些技能可能包括协商、抗压、沟通、解决问题、批判性思考和人际关系技能等基本能力。

成功的项目需要强有力的领导技能，以传递愿景并激励干系人支持项目工作和成果。项目经理应研究人的行为和动机，尽力成为一个好的领导者，因为领导力对组织项目是否成功至关重要。项目经理需要运用领导力技能与所有项目干系人合作，包括项目团队、团队指导者和项目发起人。

传统观念认为领导是指一个人被组织赋予职位和权力，以率领其下属实现组织目标。现代观念认为领导是一种影响力，是对人们施加影响，从而使人们心甘情愿地为实现组织目标而努力的艺术过程。领导者有责任洞察过程的不确定性，为其负责的组织指引正确的方向，并在必要时引导变革。

项目经理带领团队管理项目的过程中，具有领导者和管理者双重身份。越是基层的项目经理，需要的管理能力越强，需要的领导力相对于管理能力而言不高。越是高层的项目经理（例如，特大型项目的项目经理），需要的领导力越高，需要的管理能力相对于领导力而言不高。

领导力包括各种不同的技巧、能力和行动，且领导力在项目生命周期中的所有阶段都很重要。

PMP 中的情境领导力模型是一个重要的领导力理论模型，它被广泛地应用于项目管理中。情境领导力模型认为，领导力的行使是受到领导者的个人特质和环境情境的影响的，因此领导者需要在不同的情境下采用不同的领导方式。

情境领导力模型主要展现领导者行为随成员的成熟度而适应性改变的过程，成员的成熟度分为初学者、学习者、贡献者、目标达成者四个发展阶段；领导者行为包括指导、教练、参与和授权四种不同的行为方式，如图 3-10 所示。在不同的情境下，领导者需要根据成员的成熟程度选择合适的行为，以达到更好的管理效果。

情境领导力模型的优势在于能够帮助领导者根据任务特征的不同，灵活选择领导行为，达到更好的管理效果。同时，它也能够帮助领导者了解个人的领导风格，以及如何在不同的情境下做出更加合适的领导决策。

3. 倾听

作为项目经理，在工作中会有很多需要倾听的场景。例如，倾听客户的需求、团队成员的报告、合作部门负责人的反馈……为了使沟通的双方都从交流中获得需要的信息和满意的反馈，掌握高效倾听模型是一种很有用的方法。

图 3-10 情境领导力模型

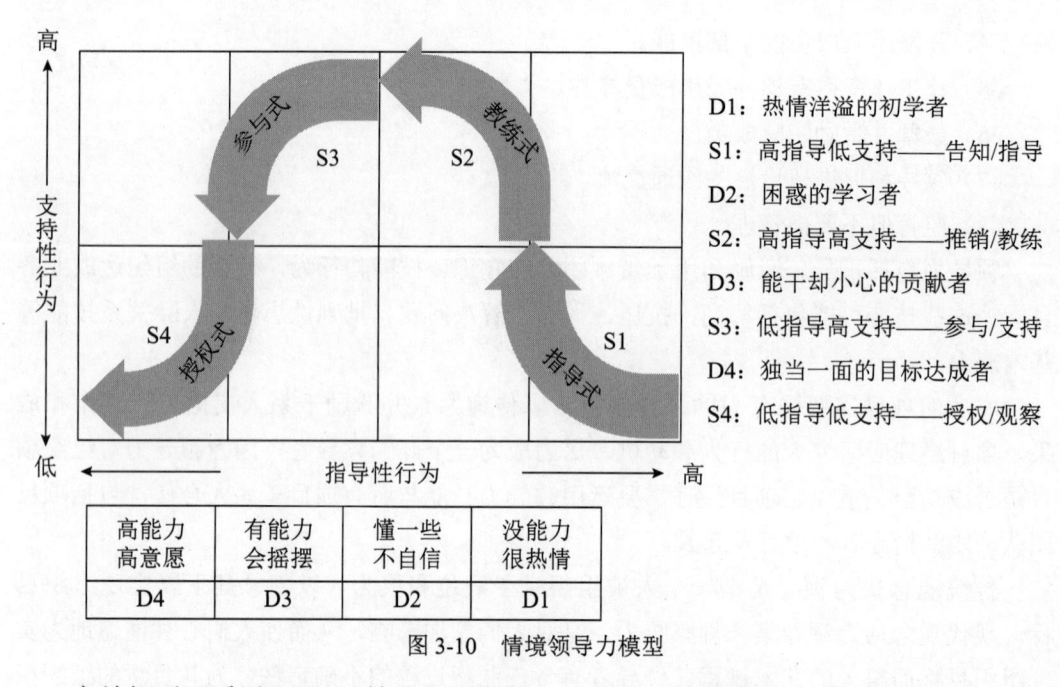

高效倾听可采用 SOFEN 技巧，即微笑（Smile）、开放姿态（Open Posture）、前倾（Forward Lean）、眼神交流（Eye Communication）、点头（Nod）。实际使用时的顺序可采用：

（1）放下手头的事情，微笑，准备聆听；
（2）摆出开放姿态，浅坐，身体前倾，发出准备聆听的信息；
（3）在沟通过程中采取积极的行动，注意微笑的表情、不时点头附和与眼神交流；
（4）准备理解对方全部的信息，并给出反馈。

当别人向你诉说时，注意使用 SOFEN 技巧，可以让对方感受到你在认真倾听。

听并非听声入耳即可，而是存在五个层次，从低到高依次是：听而不闻（Ignoring）、假装听（Pretend Listening）、选择性倾听（Selective Listening）、专注地听（Attentive Listening）、同理心倾听（Empathic Listening）。最有效的倾听需具备同理心，设身处地地边听边理解对方传达出来的信息和情绪。

4. 谈判

谈判有助于在团队成员之间建立融洽的相互信任的关系，谈判的重点在于选对论点。

例如，一个销售团队，某天销售主管要求所有销售人员向客户群发一轮消息，但是有一个销售人员没有群发，而是去单独私聊他觉得很有希望成单的客户，最终也的确成单了。这时候如果销售主管因为销售人员没有按他的要求做事而不满，销售人员就可以去与他谈判。群发消息或私聊都是为了达成销售额，无论采用什么方法，最终的共同愿景是一样的，销售人员就可以以此作为论点，让销售主管接受自己的做法是合理的、可接受的，如图 3-11 所示。

图 3-11　谈判

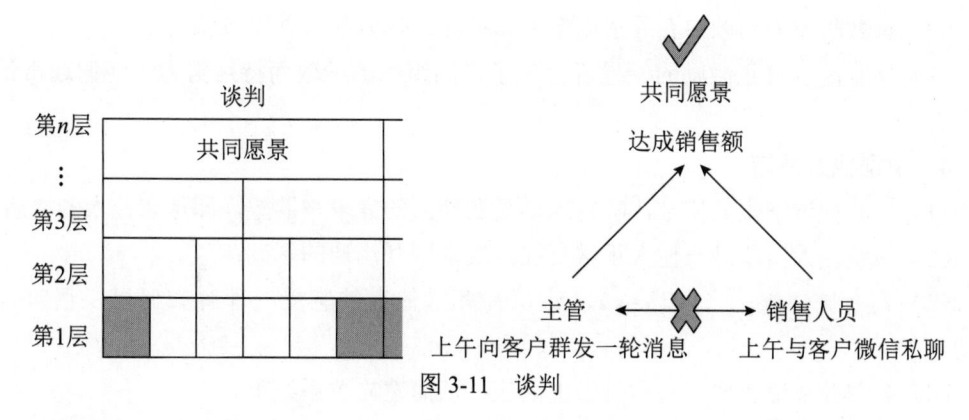

5. 情商

情商是指识别、评估和管理个人情绪、他人情绪及团组群体情绪的能力。

在项目资源管理中，项目管理团队能用情商来了解、评估及控制项目团队成员的情绪，预测团队成员的行为，确认团队成员的关注点及跟踪团队成员的问题来达到减轻压力、加强合作的目的。项目经理应提升内在（例如，自我管理和自我意识）和外在（例如，关系管理）能力，从而提高个人情商。

研究表明，提高项目团队的情商或情绪能力可以提高团队效率，还可以降低团队成员离职率。

戈尔曼和其他研究者认为，情商由自我意识、自我调节、自我激励、识别他人情绪和处理人际关系这五种特征组成。

1）自我意识

（1）监视自我情绪的变化，能够察觉某种情绪的出现，观察和审视自己的内心世界体验；

（2）只有认识自己，才能成为自己生活的主宰；

（3）具备高度自我认知的领导通常很自信，对自己的情绪、长处、短处和需求有深刻的理解；

（4）他们的决策与其价值体系相吻合，并能在坦诚和现实之间进行调整，最终找到平衡点。

2）自我调节

（1）自我调节是控制情绪冲动并将不良情绪转化为正能量的能力；

（2）调控自己的情绪，使之适时适度地表现出来，即能调控自己；

（3）有良好自我调节能力的领导者能够更好地应对变化，并用信任、尊重和公平来营造团队氛围；

（4）这样的领导者通过反省和深思来提高自己的人格修养。

3）自我激励

（1）能够依据活动的某种目标，调动、指挥情绪的能力，它能够使人走出生命中的低潮，重新出发；

（2）有激励能力的领导者寻求创造性和挑战，热爱学习并以成就为荣；

（3）具有高度自我激励的领导者会为了提高组织的绩效而持续努力，他们通常都是乐观者。

4）识别他人情绪

（1）能够通过细微的信号，敏感地感受到他人的需求与欲望，即认知他人的情绪；

（2）识别他人情绪是与他人正常交往，实现顺利沟通的基础；

（3）具有共情能力（同理心），认识并尊重他人的感受，理解如何以及何时提供反馈；

（4）会用肢体语言和口头语言做出回应，从而建立关系纽带。

5）处理人际关系

（1）处理人际关系，调控自己与他人情绪反应的技巧；

（2）情商高的领导具备出色的社交技能，如激励和领导团队的能力；

（3）在与人建立融洽关系时，具有高超社交技能的领导者可以依靠广泛的人际交往获得成功；

（4）能通过辅导和指导来增加对团队成员的理解，进而提高工作满意度，改善绩效并降低离职率；

（5）表现出较高自我管理水平的人通常也擅长社交。

总体而言，情商可以从两个维度进行划分，如图3-12所示，一个是关于意识层面与行为层面（管理和技能），另一个是与自我有关的方面和与社交有关的方面。

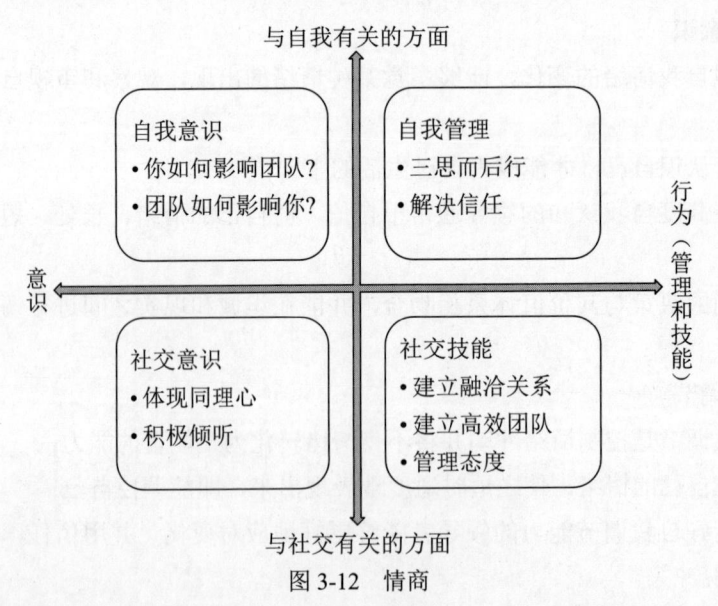

图 3-12　情商

培养情商时可以参考《高效能人士的七个习惯——双赢思维》中的一句话：世界上有两类人，一类人"想赢"，而另一类人"想赢得争吵"。我们应控制自己的情绪，将有限的精力和成本投入到最终的成功上，而不是过程中无意义的争论。

6. 团队建设

团队建设是通过举办各种活动，强化团队的社交关系，打造积极合作的工作环境。团队建设活动既可以是状态审查会上的五分钟议程，也可以是为改善人际关系而设计的、在非工作场所专门举办的专业提升活动。

非正式的沟通和活动有助于建立信任和良好的工作关系。团队建设在项目前期必不可少，但它更是个持续的过程。

建设团队环境最重要的技能之一是将项目团队问题当作"团队的问题"加以讨论和处理，应该鼓励整个团队协作解决这些问题。要建设高效的项目团队，项目经理需要获得高层管理者的支持，获得团队成员的承诺，采用适当的奖励和认可机制，创建团队认同感，有效管理冲突，以及在团队成员间增进信任和开放式沟通，特别是要有良好的团队领导力。

团队建设是一个持续性的过程，对项目成功至关重要。项目环境的变化不可避免，要有效应对这些变化，就需要持续不断地开展团队建设。项目经理应该持续地监督团队绩效，确定是否需要采取措施来预防或纠正各种团队问题。

3.7.6 模型——冲突管理

冲突管理在 PMI 体系中也归属人际关系与团队技能。所有项目都存在冲突，项目在动态环境中运行，面临着许多相互排斥的制约因素，包括预算、范围、进度和质量，这些都可能会导致冲突，冲突是项目组织的必然产物。项目冲突是组织冲突的一种特定表现形态，是项目内部或外部某些关系难以协调而导致的矛盾激化和行为对抗。

通常，人们都希望避免冲突，但并非所有冲突都是负面的。根据处理冲突的不同方式，既可能导致更多的冲突，也可能导致更好的决策和更出色的解决方案。应在冲突已超出有益辩论的范畴而升级之前加以解决，这可带来更好的成果，避免引发更糟糕的事态。在冲突管理中，以下方法可能会有所帮助：

- 沟通时要开诚布公且对人要表现出尊重。
- 聚焦于问题，而不是针对人。
- 聚焦于当前和未来，而不是过去。
- 一起寻找备选方案。

项目冲突管理是从管理的角度运用相关理论来面对项目中的冲突事件，引导冲突朝积极的方向发展，避免其负面影响，保证项目目标的实现。在项目的实施过程中，一般都会出现冲突。如果冲突得到了很好的解决，它的出现对项目是有利的，但如果冲突没有很好地解决甚至出现激化，就可能会导致糟糕的项目决策，延误项目问题的解决。

1. 冲突的根源

在项目管理环境中，冲突是不可完全避免的。冲突的根源包括：对稀缺资源的争抢、进度优先级的不同以及每个人不同的工作方式与风格。除此之外，冲突的根源还有如下因素：

（1）项目的高压环境。项目有明确的开始时间和结束时间、有限的预算、严格的质量标准等。这些目标相互约束甚至冲突，都会造成项目的紧张和高压环境。

（2）责任模糊。在多数项目尤其是弱矩阵结构中，项目经理以很小的权力承担着很大的责任。责任不清或权力责任失衡都会产生冲突。

（3）存在多个上级。矩阵型结构或职能型结构中的项目团队成员来源于职能部门，项目经理在获取人员的时候要和职能经理或者其他项目团队谈判协商以获得内部资源，这样就存在项目中的多重汇报关系，一个成员向多个上级负责，往往会引发冲突。

（4）新技术的使用。当出现比项目现行使用技术更新的技术时，会造成项目团队成员对各种技术的不同态度和观点，进而引起冲突。

在实际工作中，按照原因是否常见的程度，引起冲突的原因可以归纳如下（按原因常见的程度排序，最常见的原因排在第一位，最不常见的原因排在最后）。

①资源稀缺：资源稀缺导致人们对资源分配有不同的意见。
②活动进度安排：在项目工作任务的时间安排方面存在不一致的意见。
③工作优先级排序：对项目各工作的优先顺序意见不一致。
④技术观点不同：对有关技术问题意见不一致。
⑤工作风格和管理程序：团队成员的工作风格和喜好的管理程序不同。
⑥成本：对应该花多大代价做一件事情有不同意见。
⑦个性：人与人个体之间的差异。

2. 冲突的避免

采用团队基本规则、团队规范及成熟的项目管理实践（例如，沟通规划和角色定义），可以减少冲突的数量。项目经理可以通过以下几种办法来避免不良冲突：

- 充分的沟通。许多冲突是由于沟通不充分引起的。
- 为项目分配合理的时间和预算，提出合理的范围和质量要求。
- 工作的权责清楚、不相互交叉。

使工作任务充满趣味性和挑战性。如果一个人在从事工作时有乐趣，就不会计较做多做少，就可以避免与其他人的不必要冲突。

3. 冲突的分类

从冲突对项目的影响来看，可以分为建设性冲突和破坏性冲突。

建设性冲突也称为良性冲突，即指冲突双方的目标一致，在一定范围内所引发的争执。建设性冲突的主要特点是，双方有共同的奋斗目标，通过一致的途径及场合了解对方的观点、意见，大家以争论的问题为中心，在冲突中互相交换信息，最终达成一致。这类冲突对于组织目标的实现是有利的，应当加以鼓励和适当引导。

破坏性冲突也称为恶性冲突，主要是冲突双方的目的和途径不一致所导致的。此类冲突所带来的后果往往是具有破坏性的，持不同意见的双方缺乏统一的既定目标，过多地纠缠于细枝末节,在冲突的过程中不分场合和途径,是团队内耗的主要原因,严重时还可能会导致团队的分裂甚至解体,这类冲突是管理层所应当尽量避免的。

项目经理应该适当地利用建设性冲突,避免破坏性冲突。在项目中,项目经理通常从项目一开始就为解决项目的冲突而不停地奔波。但是项目的冲突并非一无是处,冲突在项目管理过程中也有其有利的一面:将问题及早暴露出来,便能以较低的代价解决项目进展中存在的障碍;冲突迫使项目团队去寻找新的方法,激发项目团队成员的积极性和创造性;冲突能够激起大家对问题的讨论和思考,形成良好的工作方法和气氛。

4. 冲突的解决

冲突对项目所带来的负面影响应该引起项目管理团队足够的重视。项目团队成员通常是冲突的起源,如果处理不当,它能破坏团队的沟通,造成项目团队成员的相互猜疑和误解;严重时,冲突还能破坏团队的团结,削减项目集体的战斗力,给项目和人员造成极大的伤害。

在管理团队时,项目经理的成功主要依靠他们解决冲突的能力,不同的项目经理在解决冲突时有不同的风格。人们在长期的实践中总结出解决项目冲突的基本策略,如图3-13所示,从面向解决问题维度和面向人际关系维度,可以将冲突解决方法分为:撤退/回避(withdrawing/avoiding)、缓和/包容(smoothing/accommodating)、妥协/调解(compromising)、强迫/命令(forcing)与合作/解决问题(collaborating/problem solving)。掌握这些策略对改善项目的沟通,解决项目的冲突很有帮助。

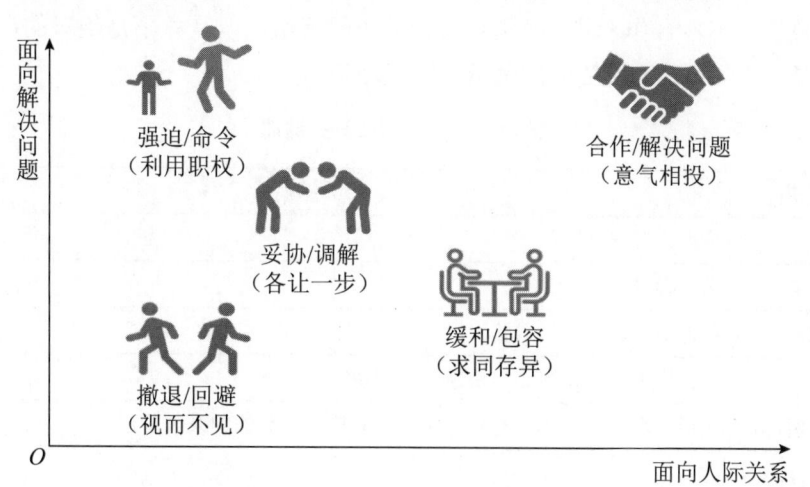

图 3-13 冲突管理常见策略

(1)撤退/回避:是指卷入冲突的某方从一个实际的或可能的不同意见中撤退或让步,将问题推迟到准备充分的时候,或者将问题推给其他人员去解决。这是一种"双输"的方法,是最不令人满意的冲突处理模式。

(2)缓和/包容:也有文献翻译为圆滑、调和、缓解或安抚,求同存异是该策略的本质,即尽力在冲突中强调意见一致的方面,最大可能地忽视差异。为维持和谐与关系而退让一步，考虑其他方的需要。作为一种缓和或调停冲突的方式，该策略并不利于问题的彻底解决。强调双方的共同点而不是差异点，以便解决问题（但只是部分解决冲突）。

（3）妥协/调解：项目经理利用妥协的方法解决冲突，他们讨价还价，寻求解决方法，使冲突双方能在一定程度上满意。协商并寻求冲突双方在一定程度上都满意的方法是该策略的实质，其主要特征是寻求一种折中方案。尤其在两个方案势均力敌、均分优劣时，妥协也许是较为恰当的解决方式，但这种方法不一定总是可行。由于重点放在双方都做出让步，所以可以理解为是"双输"的解决方法。

（4）强迫/命令：也有文献翻译为强制，是指采用"非赢即输"的方法来解决冲突，通过牺牲别人的观点来推行自己的观点。认为在冲突中获胜要比勉强保持人际关系更加重要。这是一种积极解决冲突的方式。当然，有时也可能出现一种极端的情形，例如，用权力进行强制处理可能会导致队员的怨恨，恶化工作的氛围。具有竞争或独裁管理风格的项目经理喜欢这种模式。

（5）合作/解决问题：综合考虑不同的观点和意见，采取合作的态度和开放式对话引导各方达成共识和承诺，这是一种"双赢"的方法。利用解决问题的方法，允许受到影响的各方一起沟通，以消除他们之间的分歧。通过这种方法，团队成员直接正视问题，正视冲突，要求得到一种明确的结局。

表3-8列出了常见冲突管理工具的关键词，帮助大家区分和记忆。究竟采取上述哪种策略来解决冲突，取决于冲突的实际情况和解决冲突的客观需求。例如，冲突的重要性与激烈程度、解决冲突的紧迫性、冲突各方的立场差异、想要永久还是暂时解决冲突等。大多数情况下，合作/解决问题是较为理想的策略，但是并不是绝对的，例如时间紧迫的情况下，就可能会优先采用强迫/命令策略。

表3-8 冲突管理工具关键词

解决策略	关键词
撤退/回避	推迟、转移、等待
缓和/包容	求同存异
妥协/调解	各退一步、平均、双输
强迫/命令	项目经理选择、命令、快速、立即决策、输赢
合作/解决问题	对话、合作、长期、有效、解决、双赢（没其他约束时首选）

冲突案例：

A有一个柚子，此时B、C都想要这个柚子，使用以上5种策略解决方案如下所示。

（1）撤退/回避：先上班，柚子的事情之后再论。

（2）缓和/包容：B考虑到同事之间情谊等，把柚子让给对方（没有解决B对柚子也有需求的问题）。

（3）妥协/调节：一人半个，虽然没有完全达到自己最初的想法，总比没有好，各让一步。

（4）强迫/命令：B 可能运用武力威胁、较高职位对较低职位直接施加命令等方式快速获得这个柚子。

（5）合作/解决问题：B、C 两人经过沟通，发现他们的需求并不冲突，因为 B 想要柚子的皮做柚子糖，C 想要柚子的果肉来吃，最后各取所需，解决冲突。

项目经理解决冲突的能力往往决定其管理项目团队的成败。成功的冲突管理可提高生产力，改进工作关系。同时，如果管理得当，意见分歧有利于提高创造力和改进决策。假如意见分歧成为负面因素，应该首先由项目团队成员负责解决；如果冲突升级，项目经理应提供协助，促成满意的解决方案，采用直接和合作的方式，尽早并且通常在私下处理冲突。如果破坏性冲突继续存在，则可使用正式程序，包括采取惩戒措施。

3.7.7 模型——情绪 ABC 理论

人们常说的因果关系是指有前因就一定有后果。情绪 ABC 理论如图 3-14 所示，提醒我们，前因未必一定引发后果。

图 3-14 情绪 ABC 理论

情绪 ABC 理论：事件 A 只是引发情绪和行为后果 C 的间接原因，而引起 C 的直接原因则是个体对事件 A 的认知和评价而产生的信念 B，如图 3-15 和图 3-16 所示。

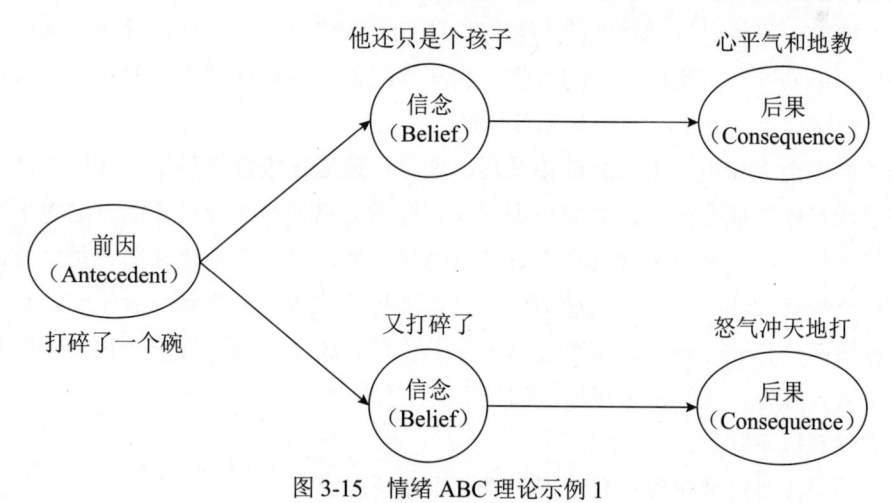

图 3-15 情绪 ABC 理论示例 1

事件发生时，不应顺应一时的情绪便采取冲动的行为，而应利用 ABC 理论反向思考，这一事件的背后有着怎样的信念，而为了达成自己的目的，又应该采用怎样的手段来针对那一信念进行转变。

例如，在项目工作中，职能经理不愿意提供资源时，项目经理不能片面地认为是职能经理在找自己麻烦,而是需要看到这一事件背后,职能经理没有看到这个项目对他的好处。项目经理可以运用情商并通过谈判,和职能经理明确项目能达成的共同愿景,从而转变其信念,最终达成"得到资源"这一目的,如图 3-16 所示。

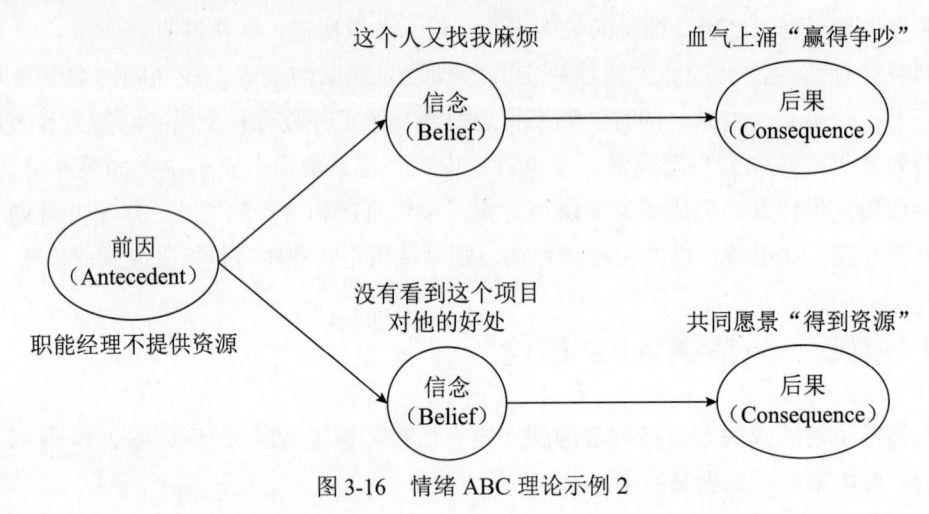

图 3-16 情绪 ABC 理论示例 2

3.7.8 方法——培训

培训包括旨在提高项目团队成员能力的全部活动。

培训可以是正式或非正式的。培训方式包括课堂培训、在线培训、计算机辅助培训、在岗培训(由其他项目团队成员提供)、辅导等。如果项目团队成员缺乏必要的管理或技术技能,可将对这种技能的培养作为项目工作的一部分。项目管理团队应该按资源管理计划中的安排来实施预定的培训,也应该根据项目管理过程中的观察、会谈和项目绩效评估结果,来开展必要的计划外培训。

为了促进个人和项目团队的健康发展,项目经理应该推荐项目团队成员参加培训课程。对于项目团队成员而言,如何与不同人打交道的培训是十分必要的,这对于了解客户和领导期望,提高客户满意度很有好处。事实证明,经过专业培训的人员,要比其他人待人接物更有效率,反应更为敏捷。另外,如果团队成员不喜欢一起工作,那么学习如何进行团队合作这一课就显得更为必要了。当然,这个课程需要整个项目团队和关键的项目干系人参与,否则,实现项目的目标就十分困难。

需要注意以下几点:

(1)不只项目经理对成员有培训职责,职能经理也有。
(2)培训不仅有正式的培训会议形式,也有非正式的指导会议等形式。

3.7.9 方法——团队绩效评价

随着项目团队建设工作(例如,培训、团队建设和集中办公等)的开展,项目管理团队应该对项目团队的有效性进行正式或非正式评价。有效的团队建设策略和活动可以提高团队绩效，从而提高实现项目目标的可能性。

团队绩效评价标准应由全体相关各方联合确定，在涉及合同或集体劳资协议的项目中，这一点特别重要。评价团队有效性的指标可包括：

（1）个人技能的改进，从而使成员更有效地完成工作任务。

（2）团队能力的改进，从而使团队整体工作得更好。

（3）团队成员离职率的降低。

（4）团队凝聚力的加强，使团队成员开放地分享信息和经验，互相帮助，从而提高项目绩效。

常见的绩效评价指标有：关键绩效指标（Key Performance Indicator，KPI）、目标和关键成果（Objectives and Key Results，OKR）、360 度评估等。

关键绩效指标是一种可量化、被事先认可、用来反映组织目标实现程度的重要指标体系，是用于衡量人力资源绩效表现的量化考核指标。

目标和关键成果是一套定义、跟踪目标及其完成情况的管理工具，是侧重于关注员工是否称职的管理方法。

360 度评估，是绩效考核方法之一，其特点是评价维度多元化。该评估一般适用于对中层以上的人员进行考核。

通过对团队整体绩效的评价，项目管理团队可以识别所需的特殊培训、指导、辅导、协助或变更，以改进团队绩效。这也包括识别所需的资源，以执行和实现在绩效评价过程中提出的改进建议。应该妥善记录这些团队改进建议和所需资源，并传递给相关当事人。如果团队成员是工会会员、涉及集体劳资协议、受制于协议绩效条款或处于其他相关情况下，做到这一点就尤为重要。

项目经理需要承担一定的资源管理责任，尽管他可能并不控制着人力资源。需要注意的是，在矩阵或弱矩阵情况下，一个项目团队成员可能同时承担多个项目的相关工作，某个项目的项目经理只了解（也只需了解）该成员在本项目上的绩效情况，而不可能了解（也不需要了解）该成员在所有项目中的绩效情况。这种情况下，成员个人绩效应该由其职能经理负责考核评估。

3.8 管理团队

3.8.1 管理团队的基本概念

管理团队是跟踪团队成员的工作表现、提供反馈、解决问题并管理团队变更，以优化项目绩效的过程。其主要作用是影响团队行为、管理冲突、解决问题，并评估团队成员的绩效。通过管理团队，可以提交变更请求，更新人力资源计划，解决问题，为绩效评估提供输入，以及为组织数据库增加经验教训。

管理团队过程关注团队资源。包括（但不限于）：

（1）促进团队协作，创建高效团队；

（2）团队管理（运用沟通、冲突管理、谈判、领导技能）；

（3）分配有挑战性的任务，表彰优秀绩效；

（4）监督团队成员完成工作的意愿和能力，提供指导与支持；

（5）项目经理可以寻求职能经理的协助。

管理团队需要借助多方面的管理技能来培养团队协作精神、整合团队成员的工作，从而创建高效团队。管理团队需要综合运用各种技能，特别是在沟通、冲突管理、谈判和领导力等方面的技能。

3.8.2 鼓励（激励）团队

在管理团队的过程中，需要对成员进行适当的认可和鼓励，鼓励时注意"对症下药"，切合被鼓励者的需求和期望，可以用到3.7.4节所述的各种激励理论与模型。对团队成员的激励可以是内在的，也可以是外在的。

内在激励主要与个人内心相关，也与在工作本身中寻找乐趣而不是关注奖励有关。例如，个人成长、成就、对工作的信念、挑战、责任、改变现状、相互关系和谐的需要、自我指导和自主权、成为项目团队的一员。

外在激励则主要是围绕外部奖励（如奖金）进行的。

一般项目的许多工作都与内在激励相一致，需要根据个人偏好对激励方法进行裁剪，从而有助于实现最佳的个人和项目团队绩效。一般来说，团队优先选择内在激励。

3.8.3 领导力技能——人际关系技能：决策

项目工作过程中，会出现很多次需要进行决策的时刻，采用哪种决策方式便会成为项目经理需要完成的一项重要判断。

决策基本上可分为三种类型：

1. 项目经理和团队单方面做出决策

这种决策方式的优点是速度快，缺点是容易出错，还可能会降低受决策影响的人的积极性。

2. 群体决策

群体决策的主体除了项目经理和团队，还会包括与决策相关的其他干系人，共同进行讨论交流，最终做出决策。优点是参与决策的人会更加认同成果，增加对决策的承诺；缺点是往往会耗时较长。

3. 上报

对于超出项目团队决策权的决策，项目团队可以调查备选方案，考虑每个备选方案的影响，并将决策升级到拥有适当职权的人员。

根据当下情境和事件细节来综合判断该采用何种决策方式，能体现项目经理的领导力，是项目工作中需要掌握的一项重要技能。

3.9 控制资源

控制资源是确保按计划为项目分配实物资源，以及根据资源使用计划监督资源的实际使用情况，并采取必要纠正措施的过程。其主要作用是，确保所分配的资源适时适地可用于项目，且在不再需要时被释放。

管理团队过程关注团队成员，而控制资源过程关注实物资源（例如，设备、材料、设施和基础设施）。具体来说，控制资源过程关注以下事项：

- 监督资源支出；
- 及时识别和处理资源缺乏/剩余情况；
- 确保根据计划和项目需求使用和释放资源；
- 在出现资源相关问题时通知相应的相关方；
- 影响可能导致资源使用变更的因素；
- 在变更实际发生时对其进行管理。

第4章
人——干系人与沟通

项目干系人也称为项目相关方、利益相关者、风险承担者,是指能影响项目、项目集或项目组合的决策、活动或成果的个人、群体或组织,以及会受或自认为会受它们的决策、活动或成果影响的个人、群体或组织,如图4-1所示,这些都是项目干系人。

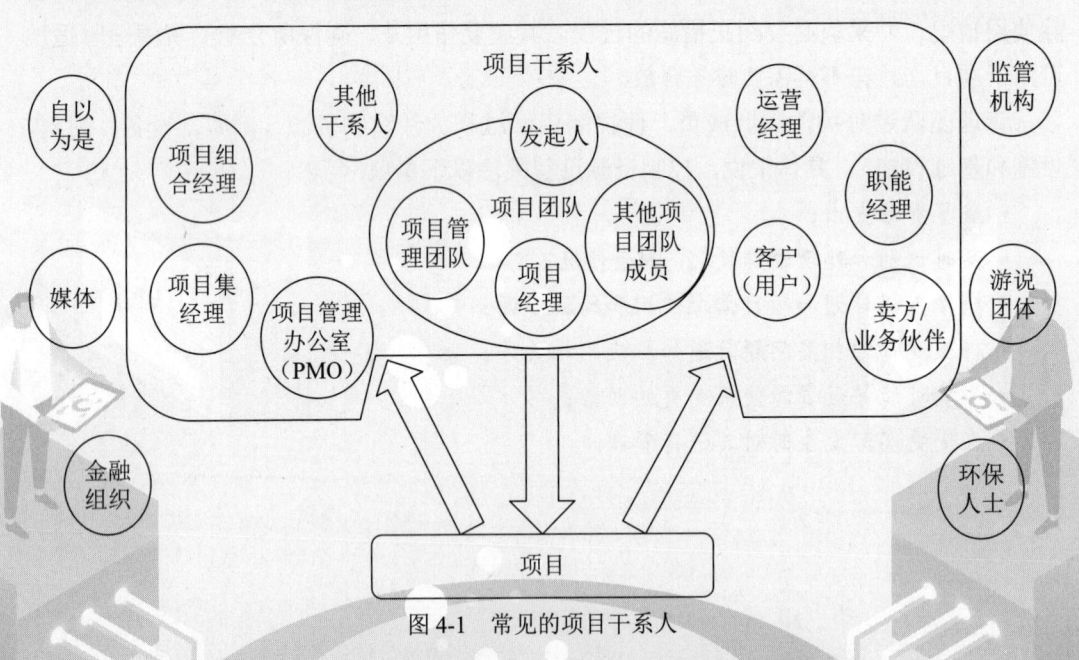

图4-1 常见的项目干系人

每个项目都有干系人,他们受项目的积极或消极的影响,或者能对项目施加积极或消极的影响。有些干系人影响项目的能力有限,而有些干系人可能对项目及其期望结果有重大影响。项目管理团队正确识别并合理管理干系人的能力,能决定项目的成败。

在项目的早期就识别干系人,并分析他们的利益、期望、重要性和影响力,对项目成功非常重要。随后可以制定策略,用来接触每个干系人并确定其参与项目的程度和时机,以便尽可能提高他们的正面影响,降低潜在的负面影响。在项目执行期间,应定期对上述分析和沟通策略进行审查,以便做出必要调整。

要确保有效管理干系人,项目经理需要花费大量的时间与干系人进行沟通。有效的沟通能在各种各样的项目干系人之间架起一座桥梁,将具有不同文化和组织背景、不同技能水平,以及对项目执行或结果有不同观点和利益的干系人联系起来。

4.1 干系人的概念

4.1.1 识别干系人的重要性

不同干系人在项目中的责任和职权各不相同,并且可随项目生命周期的进展而变化。干系人会受项目的积极或消极影响,相应地也会对项目施加积极或消极的影响。有些干系人只偶尔参与项目调查或焦点小组的活动,有些则为项目提供全力支持,包括资金和行政支持。

为提高项目成功的可能性,应尽早开始识别干系人,进行干系人优先级排序并正确引导干系人参与。

4.1.2 干系人的定义

在项目中,除项目经理和项目团队外,典型的项目干系人还包括:

(1)客户(用户)。客户是将使用项目产品、服务或成果的个人或组织,可能来自项目执行组织的内部或外部,也可能是多层次的。

(2)发起人。发起人是指以现金或其他形式,为项目提供财务资源的个人或团体。早在项目刚开始构思时,发起人即为项目提供支持,包括游说更高层的管理人员,以获得组织的支持,并宣传项目将给组织带来的利益。发起人可能还参与其他重要事项,例如,范围变更审批、阶段末评审,以及当风险很大时的继续/不继续决定。

(3)项目组合经理/项目组合评审委员会。项目组合经理负责对一组项目或项目集进行宏观治理。项目组合评审委员会通常由组织中负责项目选择的高层管理人员组成,他们对每个项目的投资回报、价值、风险和其他属性进行评审。

(4)项目集经理。项目集经理负责统筹管理一组相关的项目,从而取得对单个项目分别管理所无法实现的利益和控制。

(5)项目管理办公室(PMO)。PMO 是负责对所辖各项目进行集中协调管理的一个组织部门,其职责可以涵盖从提供项目管理支持到直接管理项目。如果 PMO 对项目结果负有直接或间接的责任,那么它就是项目的一个干系人。

(6)职能经理。职能经理是在组织的行政或职能领域(例如,人力资源、财务、会计或采购)承担管理角色的重要人物。职能经理可为项目提供相关领域的专业技术或服务。

(7)运营经理。运营经理是在核心业务领域(例如,研发、设计、制造、供应、测试或维护)承担管理角色的个人。与职能经理不同的是,运营经理直接管理供销售的产品或服务的生产和维护。基于项目的类型，在项目完成时，需要将项目的技术文件和其他永久性记录正式移交给相关的运营管理人员。然后，运营管理人员再将所移交的项目纳入日常运营中，并为之提供长期支持。

（8）卖方/业务伙伴。卖方是根据合同协议为项目提供组件或服务的外部组织。业务伙伴也是外部组织，但他们与本组织间存在特殊的关系，这种特殊关系可能是通过某个认证过程建立的。业务伙伴为项目提供专业技术，或提供安装、定制、培训或支持等特定服务。

除此之外，还有很多不同名称和类别的项目干系人，包括内部的和外部的，如卖方和分包方、团队成员及其家庭、政府机构和媒体、公民个体、临时或永久性的组织等，最大时包括整个社会（例如，长江三峡项目）。有时项目干系人的角色和职责可能会重叠，但最好不要重叠。

项目经理必须管理项目干系人的期望，因为项目干系人经常会有相互不同甚至冲突的目标。例如，对于一个新的IT系统，提出申请的部门经理要求成本低廉，系统设计师强调技术的优越，开发商则关注如何取得最大限度的利润；对于一个新的房地产开发项目，买方可能关注项目时间，地方政府可能期望取得最大化的土地收入和税金收入，环境组织希望尽量降低对环境的负面影响，附近的居民则希望项目迁走。

通常，解决项目干系人之间的不同意见应该以使客户满意为主。但是，这不意味着可以忽视其他项目干系人的要求和期望。找到对分歧的恰当解决方案，是对项目经理的主要挑战。

4.1.3 干系人管理的过程

项目干系人管理的过程包括识别干系人、规划干系人参与、管理干系人参与、监督干系人参与。项目干系人管理的各过程如表4-1所示。

表4-1 项目干系人管理的各过程

管理过程	解释
识别干系人	定期识别项目干系人，分析和记录他们的利益、参与度、相互依赖性、影响力和对项目成功的潜在影响的过程
规划干系人参与	根据干系人的需求、期望、利益和对项目的潜在影响，制定项目干系人参与项目的方法的过程
管理干系人参与	与干系人进行沟通和协作，以满足其需求与期望，处理问题，并促进干系人合理参与的过程
监督干系人参与	监督项目干系人关系，并通过修订参与策略和计划来引导干系人合理参与项目的过程

4.2 识别干系人

识别干系人是定期识别项目干系人，分析和记录他们的利益、参与度、相互依赖性、影响力和对项目成功的潜在影响的过程。其主要作用是，使项目团队能够建立对每个干系人或干系人群体的适度关注。具体来说，在识别干系人的过程中，要做以下工作。

（1）通过问卷调查、头脑风暴等方法，识别全部干系人。

（2）对干系人的利益领域和利益大小、影响领域和影响大小，以及其他方面进行认真分析。

（3）按一定标准对干系人进行分类，形成干系人登记册。

在组建项目团队之前，可以进行高层级的干系人识别。详细的干系人识别会随初始工作渐进明细化，这是贯穿整个项目的一项活动。有些干系人很容易识别，如客户、发起人、项目团队、最终用户等，但其他干系人在与项目没有直接联系时可能难以识别。

4.2.1 干系人分析

干系人分析是通过系统收集和分析各种定量与定性信息，来确定在整个项目中应该考虑哪些人的利益的一种方法。

一旦识别了干系人，项目经理和项目团队就应努力了解干系人的感受、情绪、信念和价值观。这些因素可能会导致项目成果面临更多威胁或机会。它们也可能会迅速变化，因此，了解和分析干系人是一项持续进行的活动。

我们需要分析每个干系人对项目的立场和观点，这与了解项目干系人密切相关。对干系人进行分析时会考虑到干系人的几个方面：兴趣、权力、作用、所有权、知识、贡献、态度、信念、期望、影响程度、与项目的邻近性、在项目中的利益等。这些信息有助于项目团队考虑可能影响干系人的动机、行动和行为的相互作用。

除了单个分析之外，项目团队还应考虑干系人之间如何互动，因为他们通常结成联盟，而这些联盟有助于或会阻碍项目目标的实现。

例如，如果项目团队认为某位关键业务经理影响力很大，但对项目持负面看法，那么他们可以探索如何了解该业务经理的看法，并在项目开展过程中做出适当的应对。在所有情况下，分析工作都应由项目团队保密，如果超出分析的背景范围，信息可能会被误解。

识别干系人并对他们进行分析后，会产生干系人清单和关于干系人的各种信息。

4.2.2 数据表现——权力利益方格、权力影响方格、作用影响方格

对于小型项目、干系人与项目的关系很简单的项目，或干系人之间的关系很简单的

项目，有一些非常实用的干系人分类模型，它们基于干系人的职权级别（权力）、对项目成果的关心程度（利益）、对项目成果的影响能力（影响），或改变项目计划或执行的能力，通过方格的形式直观地对干系人进行分类。

- 权力／利益方格：根据干系人的职权（权力）大小、对项目结果的关注程度（利益）进行分组。
- 权力／影响方格：根据干系人的职权（权力）大小、主动参与（影响）项目的程度进行分组。
- 影响／作用方格：根据干系人参与（影响）项目的程度、改变项目计划或执行的能力（作用）分组。

下面以其中最为常用的权力／利益方格为例，讲解分类方法和使用方法。

通常情况下，根据干系人的权力和利益情况，可以将干系人分在四个象限，如图 4-2 所示。

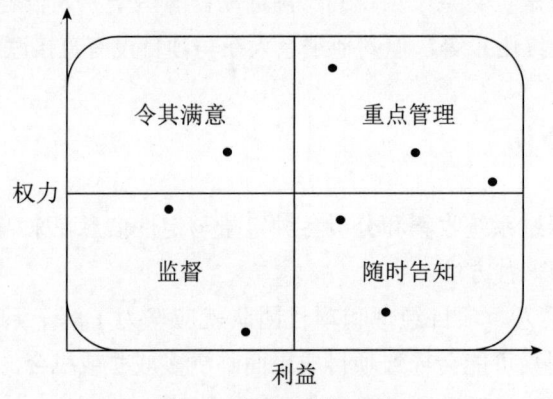

图 4-2 权力／利益方格

- 对于权力高、利益高的干系人，需要重点关注、重点管理。
- 对于权力高、利益低的干系人，不要引起他们反感，需要让他们满意。
- 对于权力低、利益高的干系人，他们可能人微言轻，但非常关心项目，可以随时告知他们项目的一些信息。
- 对于权力低，利益低的干系人，只需要花最小的精力去监督他们，避免他们出现抵制，不出乱子就可以了。

4.2.3 数据表现——凸显模型

凸显模型是通过评估干系人的权力（职权级别或对项目成果的影响能力）、紧迫性（因时间约束或干系人对项目成果有重大利益诉求而导致需立即加以关注）和合法性（参与的适当性），对干系人进行分类的一种方法。在凸显模型中，也可以用邻近性取代合法性，以便考察干系人参与项目工作的程度。这种凸显模型适用于复杂的干系人大型社区，或在干系人社区内部存在复杂的关系网络时，如图 4-3 所示。凸显模型可用于确定已识别干系人的相对重要性。

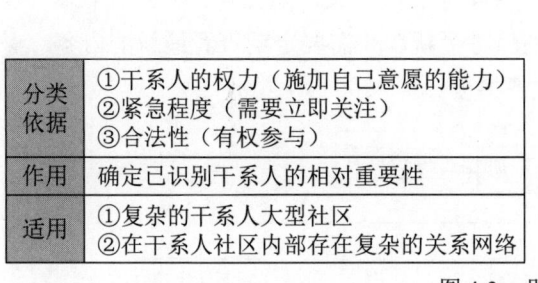

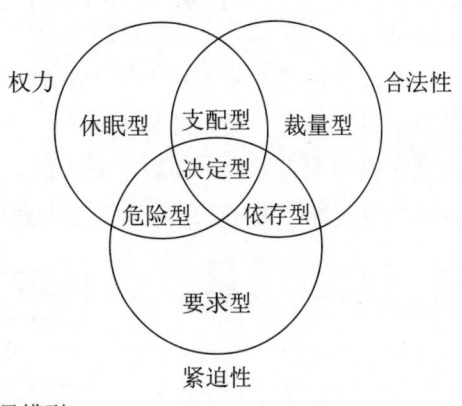

分类依据	①干系人的权力（施加自己意愿的能力） ②紧急程度（需要立即关注） ③合法性（有权参与）
作用	确定已识别干系人的相对重要性
适用	①复杂的干系人大型社区 ②在干系人社区内部存在复杂的关系网络

图 4-3　凸显模型

4.2.4　数据表现——影响方向

作为项目经理，他的影响应该是多维度的，如图 4-4 所示，包括向下管理团队成员，向上与领导层汇报以及横向管理，影响一些职能经理，甚至组织外的人员。

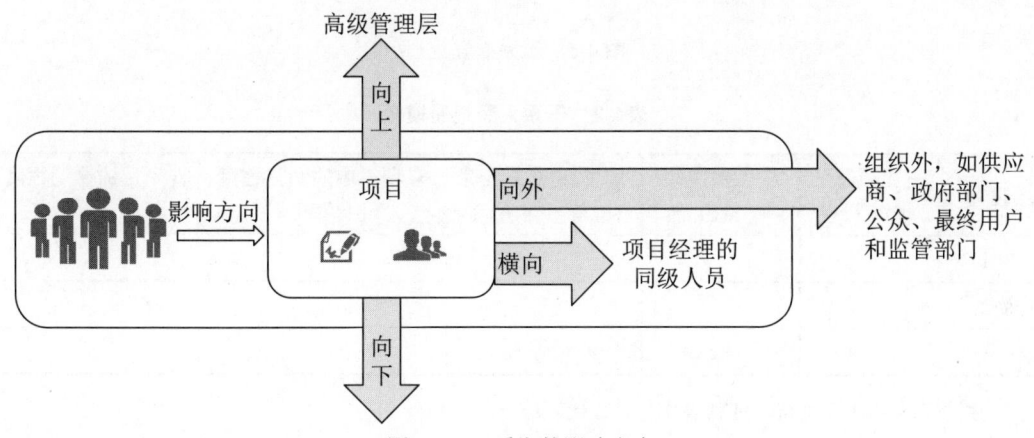

图 4-4　干系人的影响方向

根据干系人对项目工作或项目团队本身的影响方向对干系人进行分类，一般可以分为向上、向下、向外和横向四个类别。

（1）向上：执行组织或客户组织、发起人和指导委员会的高级管理层。

（2）向下：临时贡献知识或技能的团队或专家。

（3）向外：组织外的干系人群体及其代表，如供应商、政府部门、公众、最终用户和监管部门。

（4）横向：项目经理的同级人员，例如，其他项目经理或中层管理人员，他们与项目经理竞争稀缺项目资源或者合作共享资源或信息。

4.2.5 工件——干系人登记册

干系人登记册是在识别干系人后对干系人的各项基本信息进行收集和评估,并根据信息对干系人进行分类,最终形成的一个可供参考的汇总表,如图4-5所示。干系人登记册会在整个项目过程中随着干系人的识别随时更新,并需要定期查看最新的内容,保证信息的时效性。表4-2所示为干系人登记册模板。

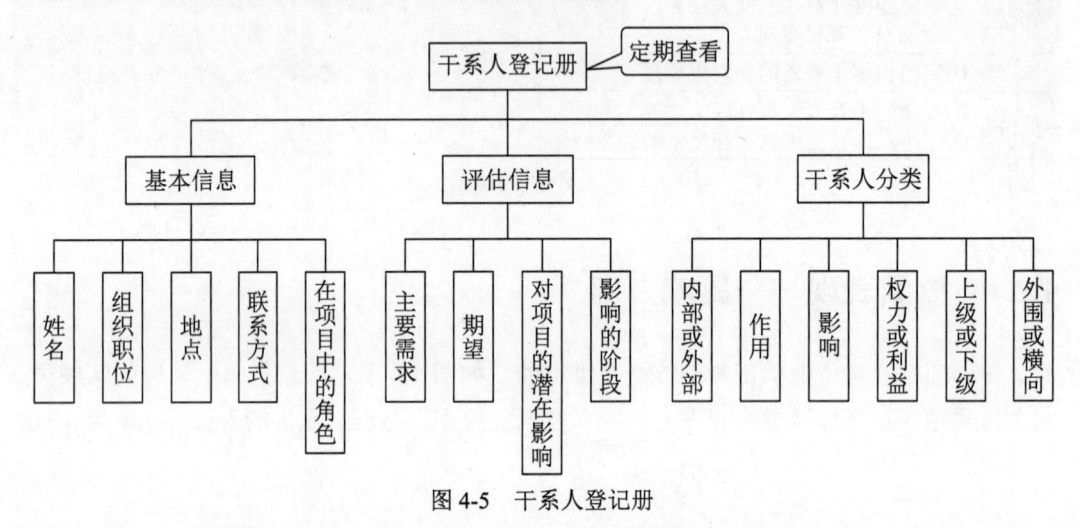

图4-5 干系人登记册

表4-2 干系人登记册模板

序号	主要项目干系人	在项目中的角色	对项目的主要期望与需求	在项目中的利益程度(H/M/L)	对项目的影响程度(H/M/L)
1					
2					
...					

注:表格中H代表高,M代表中等,L代表低。

4.3 规划干系人参与

干系人参与包括实施相关策略和行动,促进干系人富有成效地参与。干系人参与活动始于项目开始之前或项目开始之时,并在整个项目期间持续进行。

规划干系人参与是根据干系人的需求、期望、利益和对项目的潜在影响,制定项目干系人参与项目的方法的过程。其主要作用是,提供与干系人进行有效互动的可行计划。

应该在项目生命周期的早期制订一份有效的计划,随着干系人社区的变化,定期审查和更新该计划。会触发该计划更新的典型情况包括(但不限于):

（1）项目新阶段开始；
（2）组织结构或行业内部发生变化；
（3）新的个人或群体成为干系人，现有干系人不再是干系人社区的成员，或特定干系人对项目成功的重要性发生变化；
（4）当其他项目过程（如变更管理、风险管理或问题管理）的输出导致需要重新审查干系人参与策略。

在分析项目将如何影响干系人的基础上，规划干系人参与过程帮助项目经理制定不同的方法，来有效调动干系人参与项目，管理干系人的期望，从而最终实现项目目标。

4.3.1 方法——干系人参与评估矩阵

干系人参与水平分为五种情况，如图 4-6 所示。
（1）领导型：对项目特别上心，甚至愿意主动去引领项目，带动大家往前推进项目。
（2）支持型：虽然不去主动引领项目，但只要项目有需要，他们就会支持项目并一起想办法往前推进项目。
（3）中立型：既不支持，也不反对。
（4）不了解型：不知道项目的情况，既不施加正面影响，也不施加负面影响。
（5）抵制型：拒绝项目。

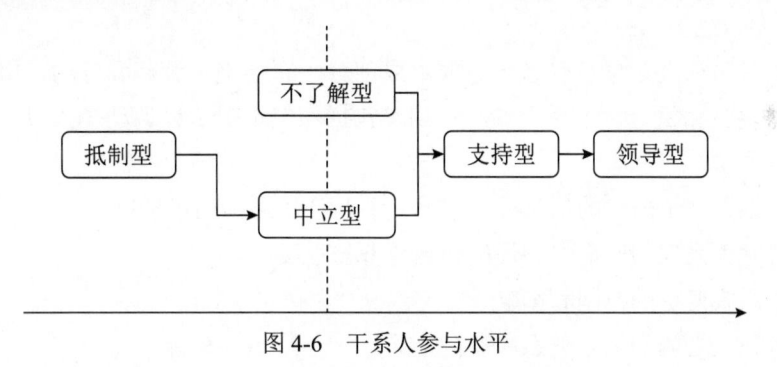

图 4-6 干系人参与水平

运用干系人参与度评估矩阵，可将干系人当前所处的参与水平进行标示，并指出将来希望干系人能达到的参与水平，从而指导规划相应干系人参与时需要达到的目标和手段，如表 4-3 所示。

表4-3 干系人参与度评估矩阵

干系人	不了解	抵制	中立	支持	领导
干系人 1	C			D	
干系人 2			C	D	
干系人 3		C	D		

注：C 表示当前（Current），D 表示期望（Desire）。

4.3.2　优先级排序及参与

为干系人参与进行优先级排序时，项目团队通常会将注意力聚焦于权力和利益最大的干系人。

随着在整个项目期间各种事件的不断发生，项目团队可能需要根据新的干系人或干系人环境的不断变化而重新进行优先级排序。

干系人参与需要完成：

（1）与干系人协作以介绍项目；

（2）启发他们的需求；

（3）管理期望、解决问题、谈判、优先级排序、处理难题；

（4）做出决策。

争取干系人参与需要运用软技能，例如：

（1）积极倾听；

（2）人际关系技能；

（3）冲突管理；

（4）创建愿景和批判性思维等领导技能。

4.3.3　工件——干系人参与计划

干系人参与计划是项目管理计划的组成部分，它会确定策略和行动，用于促进干系人有效参与决策和执行。干系人参与计划可包括（但不限于）调动个人或干系人参与的特定策略或方法。

除了干系人登记册中的信息外，干系人参与计划通常还包括以下内容。

（1）关键干系人的所需参与程度和当前参与程度。

（2）干系人变更的范围和影响。

（3）干系人之间的相互关系和潜在交叉。

（4）项目现阶段的干系人沟通需求。

（5）需要分发给干系人的信息，包括语言、格式、内容和详细程度。

（6）分发相关信息的理由，以及可能对干系人参与所产生的影响。

（7）向干系人分发所需信息的时限和频率。

（8）随着项目的进展，更新和优化干系人参与计划的方法。

基于项目的需要和干系人的期望，干系人参与计划可以是正式或非正式的、非常详细或高度概括的。在通过识别干系人过程，明确最初的干系人之后，就应该编制第一版的干系人参与计划，然后定期更新干系人参与计划，以反映干系人的变化。

例如，在以下情况下，可能会触发干系人参与计划的更新：

（1）项目新阶段开始。

（2）组织结构或行业内部发生变化。

（3）新的个人或群体成为干系人，现有干系人不再是干系人的成员，或特定干系人对项目成功的重要性发生变化。

（4）当其他项目过程（例如，变更管理、风险管理或问题管理）的输出导致需要重新审查干系人参与策略。

项目经理应该意识到干系人参与计划的敏感性，并采取恰当的预防措施。例如，有关那些抵制项目的干系人的信息，可能具有潜在的破坏作用，因此，对于这类信息的发布必须特别谨慎。更新干系人参与计划时，应审查所依据的假设条件的有效性，以确保该计划的准确性和相关性。表 4-4 为项目干系人参与计划示意模板。

表4-4 干系人参与计划模板

干系人	不知晓	抵制	中立	支持	领导
干系人1	C			D	
干系人2			C	D	
即将发生的干系人变更					
干系人的相互关系					

干系人参与方法	
干系人	方法
干系人1	
干系人2	

4.4 项目沟通管理概述

项目沟通管理包括通过开发工件，以及执行用于有效交换信息的各种活动，来确保项目及其干系人的信息需求得以满足的各个过程。

项目沟通管理由两个部分组成：第一部分是制定策略，确保沟通对干系人行之有效；第二部分是执行必要活动，以落实沟通策略。

沟通管理计划是为了让正确的信息在正确的时间通过正确的方式传递给正确的人，达到正确的效果。

4.4.1 沟通活动的分类

沟通是指有意或无意的信息交换。交换的信息包括想法、指示或情绪、手势动作、媒体形式、遣词造句等。

沟通可根据场合的重要性分为正式的和非正式的，又可根据沟通方式大致分为口头的和书面的。

例如，口头的正式沟通方式有演示、项目审查会议、情况介绍、产品演示、头脑风暴等；书面的正式沟通方式有进展报告、项目文件、商业论证等；口头的非正式沟通方式有对话、特别讨论等；书面的非正式沟通方式有便条、即时消息/短信、社交媒体等。

根据沟通对象的立场，可分为与组织内部干系人的内部沟通和与组织外部干系人的外部沟通，例如客户、供应商、政府和其他组织。内部沟通时可以讨论的一些信息，有时却不方便在外部沟通时使用，并且外部沟通时往往更注重对外形象，需要表现出组织的专业性和价值观。

有时从外界来看，还会将沟通分为官方沟通（新闻通讯、年报等）和非官方沟通（私下的沟通）。

还有一种沟通分类方式是按层级划分，有三种层级：向上沟通、横向沟通和向下沟通。向上沟通是和上级沟通，需要有胆量、谈价值；横向沟通是和同级沟通，需要有诚意、谈利益；向下沟通是和下属沟通，需要有态度、谈目标。

成功的沟通包括两个部分：第一部分是根据项目及其干系人的需求而制定适当的沟通策略；第二部分从策略出发，制订沟通管理计划，来确保用各种形式和手段把恰当的信息传递给干系人。

4.4.2 沟通管理的过程

项目沟通管理的过程包括规划沟通管理、管理沟通、监督沟通。项目沟通管理的各过程如表4-5所示。

表4-5 项目沟通管理的各过程

管理过程	解释
规划沟通管理	基于每个干系人或干系人群体的信息需求、可用的组织资产以及具体项目的需求，为项目沟通活动制订恰当的方法和计划的过程
管理沟通	确保项目信息及时且恰当地收集、生成、发布、存储、检索、管理、监督和最终处置的过程
监督沟通	确保满足项目及其干系人的信息需求的过程

4.5 规划沟通管理

规划沟通管理是根据干系人的信息需要和要求及组织的可用资产情况，制订合适的项目沟通方式和计划的过程，旨在对干系人的信息和沟通需求做出应对安排。例如，谁需要何种信息，何时需要，如何向他们传递，以及由谁传递。

什么是有效的沟通？

让正确的信息在正确的时间通过正确的方式传递给正确的人，达到正确的效果。主要包括：沟通目的明确；尽量了解沟通接收方，满足其需求及偏好；监督并衡量沟通的效果。

识别干系人的信息需求并确定满足这些需求的适当方法，是决定项目成功的重要因素。沟通规划不当，将会导致信息传递延误、向错误的受众传递敏感信息或与某些干系人沟通不足等问题。

在规划沟通管理的过程中，项目经理需要适当考虑并合理记录用来存储、检索和最终处置项目信息的方法，需要考虑的因素包括：谁需要什么信息和谁有权接触这些信息；他们什么时候需要信息；信息应该存储在什么地方；信息应以什么形式存储；如何检索这些信息；是否需要考虑时差、语言障碍和跨文化因素等。

4.5.1 沟通需求分析

分析沟通需求，确定项目干系人的信息需求，包括所需信息的类型和格式以及信息对干系人的价值。项目资源只能用来沟通有利于成功的信息或者那些因缺乏沟通会造成失败的信息。常用于识别和确定项目沟通需求的信息包括（但不限于）：

（1）干系人登记册及干系人参与计划中的相关信息和沟通需求。
（2）潜在沟通渠道或途径数量，包括一对一、一对多和多对多沟通。
（3）组织结构图。
（4）项目组织与干系人的职责、关系及相互依赖。
（5）开发方法。
（6）项目所涉及的学科、部门和专业，有多少人在什么地点参与项目。
（7）内部信息需要（例如，何时在组织内部沟通）。
（8）外部信息需要（例如，何时与媒体、公众或承包商沟通）。
（9）法律要求。

4.5.2 沟通渠道数量和沟通方法

案例：如图 4-7 所示，一名产品经理的工作效率很低，经调查发现，全公司有100

多人都直接通过企业微信与他对接需求和报告 bug。

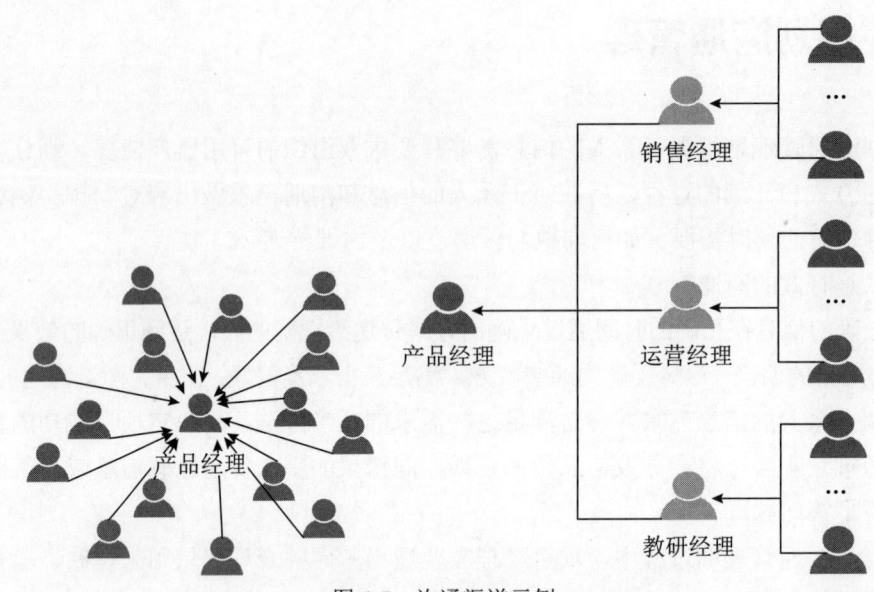

图 4-7　沟通渠道示例

在本案例中，产品经理显然使用了不恰当的沟通方法，导致了沟通渠道的数量过多。每直接和一个人沟通，就是一条沟通渠道，这样就导致产品经理直接接收的信息过多，从而难以处理。

如果在产品经理和其他同事之间安排几个中间人，例如按职能和工作领域设置销售经理、运营经理和教研经理，由他们三人来代为进行各自领域内的沟通，对信息进行先一步的过滤与汇总，再与产品经理沟通，就能减少产品经理的沟通渠道数量。改善沟通方法，就能大大提高产品经理的工作效率。

4.5.3　沟通渠道数量计算

项目经理还应该使用潜在沟通渠道或路径的数量来反映项目沟通的复杂程度。沟通渠道是项目中沟通的排列组合数量，看起来像联系所有参与者的电话线的数量一样，如图 4-8 所示。

图 4-8　沟通渠道

沟通渠道数计算公式如下：

CC = $n(n-1)/2$

其中，CC 表示沟通渠道数，n 表示项目中的成员数。

例如，当项目团队有 3 个人时，沟通渠道数为 3（3-1）/2=3；当项目团队有 6 个人时，沟通渠道数为 6（6-1）/2=15。

由于沟通是需要花费项目成本的，所以应尽量控制团队规模，避免大规模团队中常常出现的沟通不畅问题。

沟通的复杂性会随着项目中人员的增加而增加，项目沟通渠道急剧增加，沟通偏好差异化矛盾上升。地理位置和文化背景也会影响到项目沟通的复杂性。如果项目干系人来自不同的国家，那么通常在正常的工作时间安排双向的沟通会非常困难，甚至不可能。语言障碍也可能给沟通带来一些问题，接收方对信息的解释很少与发送方想的一模一样。因此，提供多种沟通方法和一个能促进坦诚对话的环境是很重要的。

4.5.4　沟通方法的选择

可以使用多种沟通方法在项目干系人之间共享信息。例如，从简短的谈话到长时间的会议，从简单的书面文件到可在线查询的资料（如进度计划和数据库），都是项目团队可以使用的沟通方法。

这些方法可以大致归为三类，分别是交互式沟通、推式沟通和拉式沟通，如图 4-9 所示。

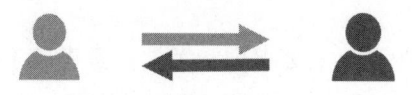

图 4-9　三类沟通方法

（1）交互式沟通：又称为互动沟通，在双方或多方之间进行多向信息交换。这是确保全体参与者对某一话题达成共识的最有效的方式，包括现场会议、电话、即时通信和视频会议等。

（2）推式沟通：将信息发送给需要了解信息的特定接收方，是一到多的单向传输。

这类方法能确保信息发布，但不能确保信息到达目标受众或信息已被目标受众理解。推式沟通包括信件、备忘录、报告、电子邮件、传真、语音邮件、日志和新闻稿等。

（3）拉式沟通：在信息量很大或受众很多的情况下使用，是"多找一"的单向传输。它要求接收方自主、自行地获取信息内容。拉式沟通包括组织内网、在线课程、经验教训数据库和知识库等。

沟通中往往首选交互式沟通，而需要谨慎使用推式沟通。

4.5.5　影响沟通技术的因素

信息交换和协作的常见方法包括对话、会议、书面文件、数据库、社交媒体和网站。

沟通技术是项目经理在沟通时需要采用的方式和需要考虑的限定条件。影响项目沟通技术的因素如下：

（1）信息需求的紧迫性：需要考虑信息传递的紧迫性、频率和形式，它们可能因项目而异，也可能因项目阶段而异。

（2）技术的可用性与可靠性：需要确保沟通技术在整个项目生命周期中对于所有干系人都具有兼容性、有效性和开放性。

（3）易用性：需要确保沟通技术适合项目参与者，并制订合理的培训计划。

（4）项目环境：需要确认团队是面对面工作或还是在虚拟环境下工作，成员处于一个还是多个时区，他们是否使用多种语言，以及是否存在影响沟通的其他环境因素，如文化。

（5）信息的敏感性和保密性：需要确定相关信息是否属于敏感或机密信息，是否需要采取特别的安全措施，并在此基础上选择最合适的沟通技术。

考虑到以上因素，项目经理可以根据情况同时采用多种沟通方式，例如，单独谈话、项目会议、项目简报、通知、项目报告和项目总结等。

在沟通过程中出现大量信息在上行沟通或下行沟通过程中损失的现象，被称为过滤。过滤的起因是语言、文化、智力、信息内容、可信度、信誉、组织结构和历史因素等。过滤是项目中沟通的障碍因素。

在项目管理中，有效沟通的障碍包括以下几个方面。

（1）缺乏清晰的沟通渠道。

（2）发送方与接收方存在物理距离。

（3）沟通双方的技术语言不通。

（4）分散注意力的环境因素（噪声）。

（5）有害的态度（敌对、不信任）。

（6）权力游戏、滞留信息、隐藏议程与敌对情绪等。

沟通障碍会增加项目中的冲突，而一般冲突问题的解决都需要借助有效的沟通手段。如果由于某一外界干扰因素使沟通双方不能集中注意力于某一对象,则这类因素就是噪声。所有沟通的障碍因素都是噪声,但并非所有的噪声都导致沟通障碍。

除了上述情况之外,组织结构对沟通也有一定的影响,紧密矩阵和作战室(集中办公的场所)有助于改善沟通。

4.5.6 沟通模型

一般而言,沟通模型至少应包括信息发送方、信息、信息接收方三个部分,而且沟通模型往往还是一个循环的过程,如图 4-10 所示。发送方应该仔细地核对信息编码、确定发送信息的方法(沟通方法),并且要证实信息已经被接收方理解了。接收方应该对信息进行仔细解码并且确保对信息的正确理解。

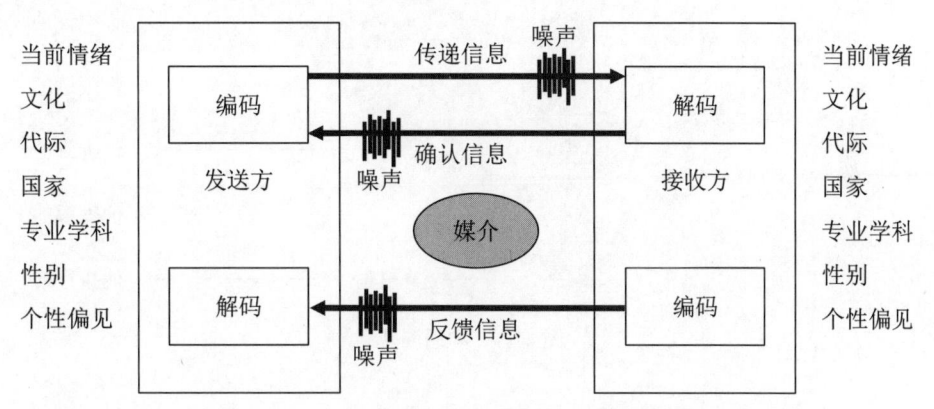

确认已收到:指接收方表示已经收到信息,但并不一定同意或理解信息的内容
反馈/响应:即接收方在对信息进行解码和理解的基础上,向发送方做出回复

图 4-10 沟通模型

- 发送方:信息的产生者。
- 接收方:完成或打断通信过程的参与者。只有当接收方接收到信息,并使他对信息的意义理解与发送方相同时,才算发生沟通。
- 编码:发送方将思想或观点转化为一种可以被其他人理解的代码或语言。
- 传递信息:发送方通过沟通渠道(媒介)来传递信息。
- 媒介:用来传递信息的工具、方法或渠道。
- 解码:接收方将信息还原成有意义的思想或观点。
- 确认信息:接收到信息后,接收方需告知发送方已收到信息,但这并不一定意味着同意或理解信息的内容。
- 反馈信息:对收到的信息进行解码并理解之后,接收方将还原出来的思想或观点编码成信息,再传递给发送方。
- 噪声:阻碍信息传送与理解的任何因素,例如,距离、不熟悉的技术、不合适的基础设施、文化差异和缺乏背景信息等。

在讨论项目沟通时，需要考虑沟通模型中的各项要素。在沟通过程中，信息的发送方有责任发送清晰、完整的信息，以便接收方正确接收；也有责任确认信息已被正确理解。接收方则有责任完整地接收信息，正确地理解信息，并及时确认收到和理解信息。

利用这些要素与项目干系人进行有效沟通，会面临许多挑战。例如，在某个技术性很强的跨国项目团队中，一个团队成员要与另一国的某个团队成员沟通某个技术概念，他需要用适当的语言对信息进行编码，用适当的技术发送信息，然后接收方对信息进行解码并给予答复或反馈。在此期间所遇到的任何噪声，都会干扰信息原意。

在信息传递的过程中，由于各种遗漏和偏差，信息接收方最终达成的效果和信息发送方最初想要传达的不一致，这种情况被称为沟通漏斗，如图4-11所示。

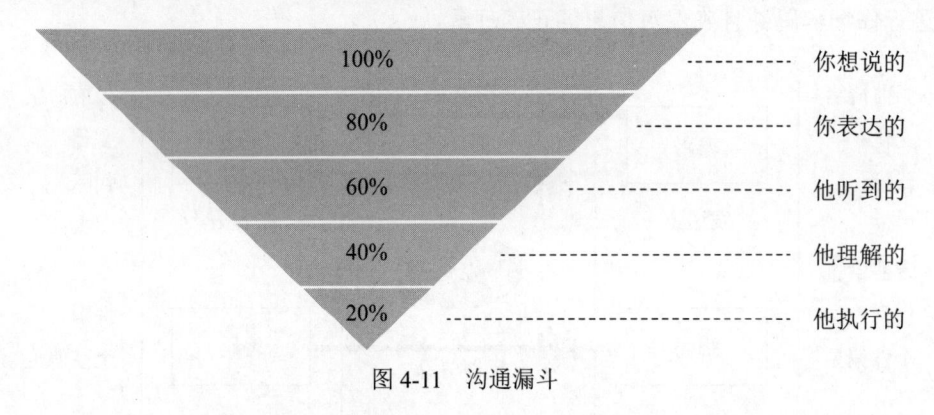

```
100% ---------- 你想说的
 80% ---------- 你表达的
 60% ---------- 他听到的
 40% ---------- 他理解的
 20% ---------- 他执行的
```

图 4-11　沟通漏斗

4.5.7　工件——沟通管理计划

沟通管理计划是指导项目沟通的重要文件，是项目管理计划的一部分。该计划描述将如何对项目沟通进行规划、管理和监控，以提高沟通的有效性。其中包含（但不限于）：

（1）5W1H（Who，Why，Whay，When，Where，How）；
（2）干系人的沟通需求；
（3）需沟通的信息，包括语言、形式、内容和详细程度；
（4）问题升级程序，用于规定下层员工无法解决问题时的上报时限和上报路径；
（5）发布信息的原因；
（6）发布所需信息、确认已收到，或做出回应（若适用）的时限和频率；
（7）负责沟通相关信息的人员；
（8）负责授权保密信息发布的人员；
（9）接收信息的人员或群体，包括他们的需要、需求和期望；
（10）用于传递信息的方法或技术，如备忘录、电子邮件、新闻稿或社交媒体；
（11）为沟通活动分配的资源，包括时间和预算；

（12）随着项目进展，如项目不同阶段干系人社区的变化，而更新与优化沟通管理计划的方法；

（13）通用术语表；

（14）项目信息流向图、工作流程（可能包含审批程序）、报告清单和会议计划等；

（15）来自法律法规、技术、组织政策等的制约因素。

沟通管理计划中还包括关于项目状态会议、项目团队会议、网络会议和电子邮件等的指南和模板。如果项目要使用项目网站和项目管理软件，那就要把它们写进沟通管理计划。

沟通管理计划的作用在于让正确的信息在正确的时间通过正确的方式传递给正确的人，达到正确的效果。

表 4-6 为沟通管理计划模板。

表4-6 沟通管理计划模板

干系人	信息	方法	时间和频率	发送方

对于大多数项目，沟通管理计划的大部分工作应在项目的前期阶段完成。项目经理要让项目团队成员和干系人都了解沟通管理计划，对各自负责的部分要让他们根据相关规范来编制。需要特别指出的是，沟通需求一般是动态变化的，随着项目的进展，可能会发生某些变化，因此，沟通管理计划也是动态变化的，而不是一成不变的。

4.6 沟通的管理与监督

完成沟通的规划并了解沟通管理中会用到的方法和工件后，就需要在整个项目期间按计划对沟通进行管理和监督。

管理沟通是确保项目信息及时且恰当地收集、生成、发布、存储、检索、管理、监督和最终处置的过程。本过程的主要作用是，促成项目团队与干系人之间的有效信息流动。

监督沟通是确保满足项目及其干系人的信息需求的过程。本过程的主要作用是，按沟通管理计划和干系人参与计划的要求优化信息传递流程。

监督沟通过程可能引发重新开展规划沟通管理和（或）管理沟通过程。对某些特定信息的沟通，如问题或关键绩效指标（如实际进度、成本和质量绩效与计划要求的比较结果），可能立即引发修正措施，应该仔细评估和控制项目沟通的影响和对影响的反应，以确保在正确的时间把正确的信息传递给正确的受众。

4.7 管理干系人参与

管理干系人参与是指与干系人进行沟通和协作，以满足其需求与期望，解决出现的问题，并促进干系人合理参与的过程。其主要作用是，让项目经理能够提高干系人的支持，并尽可能降低干系人的抵制。管理干系人参与有助于确保干系人明确了解项目目标、收益和风险，以及他们的贡献将如何促进项目成功。管理干系人参与包括以下活动。

（1）在适当的项目阶段引导干系人参与，以便获取、确认或维持他们对项目成功的持续承诺。

（2）通过谈判和沟通管理干系人期望。

（3）处理与干系人管理有关的任何风险或潜在关注点，预测干系人可能在未来引发的问题。

（4）澄清和解决已识别的问题。

通过管理干系人参与，不仅能使干系人成为项目的积极支持者，而且还能使干系人协助指导项目活动和项目决策。通过预计干系人对项目的反应，可以事先采取行动来赢得干系人的支持或降低消极影响，从而提高项目成功的概率。

4.7.1 确保干系人得到充分的培训和指导

在管理干系人参与的过程中，项目经理应该分配指导干系人的时间，并在此过程中持续识别并使用可指导的机会，确保干系人能够得到相应的培训和辅导，了解项目所需的基础信息和技能理论，以便干系人能更好地参与到项目中。

4.7.2 沟通技能

在开展管理干系人参与过程时，应该根据沟通管理计划，针对每个干系人采取相应的沟通方法。项目管理团队应该使用反馈机制，来了解干系人对各种项目管理活动和关键决策的反应。反馈的收集方式包括（但不限于）：

（1）正式与非正式对话；

（2）问题识别和讨论；

（3）会议；

（4）进展报告；

（5）调查。

沟通技能主要包括沟通胜任力、反馈、非口头技能和演示。

（1）沟通胜任力。经过裁剪的沟通技能的组合，有助于明确关键信息的目的、建立有效关系、实现信息共享和采取领导行为。

（2）反馈。反馈是关于沟通、可交付成果或情况的反应信息。反馈支持项目经理和团队及所有其他项目干系人之间的互动沟通。例如，指导、辅导和磋商。

（3）非口头技能。例如，通过示意、语调和面部表情等适当的肢体语言来表达意思，眼神交流也是重要的技能。团队成员应该知道如何通过说什么和不说什么来表达自己的想法。

（4）演示。演示是信息和（或）文档的正式交付。向项目干系人明确有效地演示项目信息可包括（但不限于）：

- 向干系人报告项目进度和信息更新；
- 提供背景信息以支持决策制定；
- 提供关于项目及其目标的通用信息，以提升项目工作和项目团队的形象；
- 提供具体信息，以提升对项目工作和目标的理解和支持力度。

为获得演示成功，应该从内容和形式上考虑以下因素：受众及其期望和需求、项目和项目团队的需求及目标。

4.7.3 人际关系与团队技能

适用于本过程的人际关系与团队技能包括（但不限于）：

冲突管理：项目经理应确保及时解决冲突（达成一致）。详见第 3 章。

文化意识：有助于项目经理和团队通过考虑文化差异和干系人需求来实现有效沟通。

谈判：用于获得支持或达成关于支持项目工作或成果的协议，并解决团队内部或团队与其他干系人之间的冲突（建立共识）。详见第 3 章。

观察和交谈：通过观察和交谈，及时了解项目团队成员和其他干系人的工作和态度。

政治意识：通过了解项目内外的权力关系，建立政治意识。

4.7.4 方法——会议

会议用于讨论和处理任何与干系人参与有关的问题或关注点。在本过程中需要召开的会议类型包括（但不限于）：

（1）决策；
（2）问题解决；
（3）经验教训和回顾总结；
（4）项目开工；
（5）迭代规划。详见第 15 章。

在召开会议之前，需要提前发布会议通知，通知中要明确会议目的、时间、地点、参加人员、会议议程和议题。

会议开始前最好指定一位主持人，由其事先陈述确定好的基本规则，根据会议议程的规定控制会议的节奏，保证每一个问题都得到讨论，避免会议出现混乱的现象。

4.8 监督干系人参与

在整个项目期间，随着新的干系人被识别，和一些其他干系人的退出，干系人将发生变化。随着项目的进展，一些干系人的态度或权力也可能会发生变化。除了识别和分析新的干系人外，还要有机会评估当前的参与策略是否有效或是否需要调整。

因此，在整个项目期间对干系人参与的数量和有效性要进行监督，并通过修订参与策略和计划来引导干系人合理参与项目。

4.8.1 干系人满意度

干系人满意度通常可以通过与干系人的对话来确定，以衡量他们对项目可交付物和项目总体管理的满意状况，也可以通过项目和迭代审查会（迭代评审会议相关概念详见第 15 章）、产品审查会、阶段关口和其他方法获得定期反馈。

如果有大量干系人，还可以使用问卷调查来评估满意度。必要时，甚至可以通过更新干系人参与方法来提高干系人满意度。

4.8.2 干系人参与计划、干系人登记册、沟通管理计划

在与干系人和沟通相关的过程中，常常需要区分三个重要文件：干系人登记册、干系人参与计划和沟通管理计划，如图 4-12 所示。

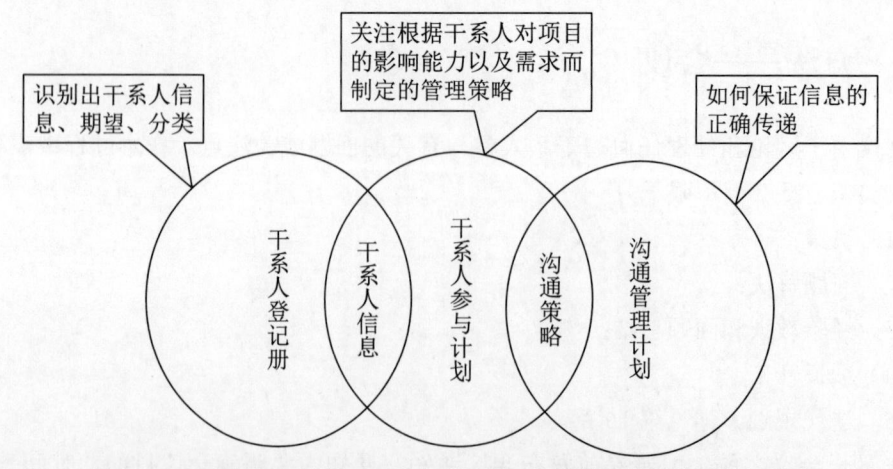

图 4-12　干系人参与计划、干系人登记册、沟通管理计划的区别与联系

干系人登记册和干系人参与计划中都会记录干系人信息，而干系人参与计划与沟通管理计划中都会记录沟通策略，但三者的侧重点有所不同。

干系人登记册重点在于识别出干系人的信息和期望，并对干系人进行分类；干系人参与计划更关注根据干系人对项目的影响能力以及需求而制定出的各种不同的针对性的管理策略；沟通管理计划则最注重如何保证信息的正确传递。

根据侧重点的不同，在项目工作中可根据实际需要来选择所需参考的文件并加以利用。

第 5 章
过程——范围与需求

项目范围是为了达到项目目标，交付具有某种特质的产品和服务，项目所规定要做的工作。项目范围管理就是要确定哪些工作是项目应该做的，哪些不应该包括在项目中。项目范围是项目目标更具体的表达。

项目范围来源于需求，但是并不等于需求，基于时间、预算或者说团队能力的限制，有些需求并不能满足。需求是客户希望项目团队给他做到的，能满足客户使用要求的那些功能，而范围是我们自己为了实现这些需求所要做的工作。所以需求是站在客户角度，是客户想要的，而范围是站在项目团队的角度，是项目团队要做的。

5.1 范围管理的概述

简单来说,项目范围管理就是要做范围内的事,而且只做范围内的事,既不少做也不多做。如果少做,会影响项目既定功能的实现;如果多做,又会造成资源浪费。

5.1.1 产品范围与项目范围

在项目中,实际上存在两个相互关联的范围,分别是产品范围与项目范围,如图 5-1 所示。

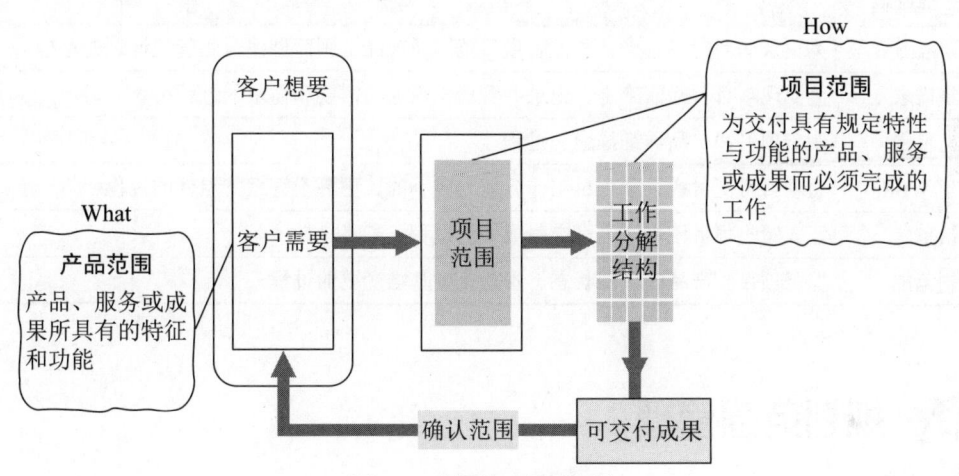

图 5-1 范围管理的重要性

产品范围是指产品、服务或成果所具有的特征和功能。项目范围是指为交付具有规定特性与功能的产品、服务或成果而必须完成的工作。显然,产品范围是项目范围的基础,两种范围在应用上有区别。

项目的范围基准是经过批准的项目范围说明书、WBS 和 WBS 词典。判断项目范围是否完成,要以范围基准来衡量。而产品范围是否完成,则根据产品是否满足了产品描述来判断。

项目的范围一般来自项目投资方或客户明确的项目目标或具体需求,任何一个项目的建设过程都有明确的目标,因此在讨论项目范围管理的时候,不可能脱离项目的目标。项目的目标是项目范围管理计划编制的一个基本依据。

完成项目工作范围是为了实现项目目标,那么如何有效地、全部地完成项目范围内的每项工作,这是每个项目经理必须思考的问题。项目范围管理及控制的有效性,是衡量项目是否达到成功的一个必要标准,项目范围管理不仅仅是项目管理的一个主要部分,同时,在项目中不断地重申项目工作范围,有利于项目不偏离轨道,是项目中实施控制管理的一个主要手段。

项目范围管理影响到项目的成功。在项目实践中，范围蔓延是项目失败最常见的原因之一，项目往往在启动、计划、执行甚至收尾时不断加入新功能，无论是客户的要求还是项目人员对新技术的试验，都可能导致项目范围失控，从而使项目在时间、资源和质量上都受到严重影响。

5.1.2 范围管理的过程

项目范围管理的各过程如表 5-1 所示。

表5-1 项目范围管理的各过程

管理过程	解释
规划范围管理	为记录如何定义、确认和控制项目范围及产品范围而创建范围管理计划的过程
收集需求	为实现项目目标而确定、记录并管理干系人的需要和需求的过程
定义范围	制定项目和产品详细描述的过程
创建 WBS	将项目可交付成果和项目工作分解为较小的、更易于管理的组件的过程
确认范围	正式验收项目已完成的可交付成果的过程
控制范围	监督项目和产品的范围状态、管理范围基准变更的过程

5.2 规划范围管理

规划范围管理是为了记录如何定义、确认和控制项目范围及产品范围而创建范围管理计划的过程。本过程的主要作用是，在整个项目期间对如何管理范围提供指南和方向。本过程仅开展一次或仅在项目的预定义点开展。

规划范围管理过程会输出需求管理计划和范围管理计划，如图 5-2 所示。需求管理计划描述将如何分析、记录和管理项目和产品需求，适用于需求到产品的过程。范围管理计划描述将如何定义、制定、监督、控制和确认项目范围，适用于产品到具体工作的过程。

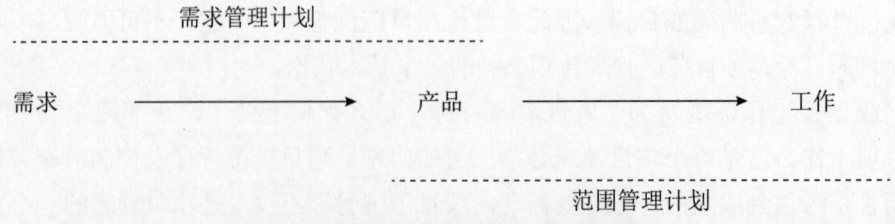

图 5-2 需求与范围管理计划区别示意图

5.2.1　需求管理计划

需求是指根据特定协议或其他强制性规范，产品、服务或成果必须具备的条件或能力。它包括发起人、客户和其他干系人的已量化且书面记录的需要与期望。应该详细地探明、分析和记录这些需求，将其包含在范围基准中，并在项目执行开始后对其进行测量。

需求管理计划是项目管理计划的组成部分，描述将如何分析、记录和管理项目和产品需求。生命周期各阶段间的关系对如何管理需求有很大影响。项目经理必须为项目选择最有效的阶段间关系，并记录在需求管理计划中。需求管理计划是对项目的需求进行定义、确定、记载、核实管理和控制的行动指南。需求管理计划主要包括以下内容。

（1）如何规划、跟踪和报告各种需求活动。需求管理过程也是由一个组织来完成，涉及项目团队内若干职能岗位的成员。组织制度应该规定需求管理组的组织方式、汇报制度、会议制度，以及组织怎样建设、维护和解散等。应加强与组织的职能管理部门的沟通，以便获得他们的支持，获取到需求管理所需要的资源，使需求管理得以顺利进行。根据项目规模设置相应的需求管理岗位，确定需求管理总负责人、成员及其责任和权限；确认相关人员理解分配给他们的责任和权限并且接受任务。

（2）配置管理活动，为了保证项目的顺利进行和保证产品的质量，需求的变更应该受到严格控制。例如，如何启动产品、服务或成果的变更，如何分析其影响，如何进行跟踪和汇报，以及谁有权批准变更。

（3）需求优先级排序过程。一个项目的需求会有很多，包括多个方面和多个层次的需求，有些需求需要优先实现，而另外一些需求可以延后实现，这就需要对需求的优先级进行排序。需求管理计划需要给出需求优先级排序的规则和过程。

（4）测量指标及使用这些指标的理由。项目需求是项目的工作目标，当发生项目的实际工作偏离需求的情况时，变更控制系统应该按照既定的规程判断、分析偏差，并采取相应的纠正措施，包括由谁负责跟踪项目进度和纠正进度偏差、由谁负责跟踪项目成本和纠正成本偏差、跟踪分析和纠正分别采用什么工具等。

（5）需求跟踪结构，即哪些需求属性将列入跟踪矩阵，并可在其他哪些项目文件中追踪到这些需求。该文件包括建立何种程度的需求跟踪矩阵，哪些需求跟踪信息应该被收集和整理，采用何种需求管理工具软件等。在需求管理中，要维持对原始需求、需求规格说明书、所有产品和产品组件之间的双向跟踪。所谓双向跟踪，包括正向跟踪和逆向跟踪，均依赖于建立与维护需求跟踪矩阵。

（6）需求管理需要使用的资源。根据项目的规模及财力，确定应使用何种需求管理工具，例如，需求变更审批表、需求跟踪矩阵、管理软件、计算机硬件资源等。

（7）培训计划。由于需求管理是要求规范性的管理工作，由项目团队需求管理人员所执行的需求管理活动过程，不管是应用方针（或指南）和组织过程资产，还是专业化的管理工具，都应该进行有针对性的培训，才能统一项目团队成员的共识，规范成员的行动步骤。主要培训专题有应用领域；需求定义、分析、审查和管理；需求管理工具、配置管理等。

（8）项目干系人参与需求管理的策略。应明确列出与需求管理有关的项目干系人清单，及各干系人介入需求管理活动的时机，以便项目干系人按照计划参与需求管理活动。项目干系人介入需求管理的主要活动包括：为解决对需求的共识问题、评估需求变更的影响、通报双向跟踪情况，以及识别项目工作范围与需求之间的不一致性。

5.2.2 范围管理计划

范围管理计划是项目管理计划的组成部分，描述将如何定义、制定、监督、控制和确认项目范围。由于范围管理计划描述如何管理项目范围，项目范围怎样变化才能与项目要求相一致等问题，所以它也应该对怎样变化、变化频率如何，以及变化了多少等项目范围预期的稳定性进行评估。范围管理计划也应该包括对变化范围怎样确定，变化应归为哪一类等问题的清楚描述。

范围管理计划是制订项目管理计划过程和其他范围管理过程的主要输入，要对将用于下列工作的管理过程做出规定：

- 如何制定项目范围说明书。
- 如何根据范围说明书创建 WBS。
- 如何维护和批准 WBS。
- 如何确认和正式验收已完成的项目可交付成果。
- 确定如何审批和维护范围基准，该工作与实施整体变更控制过程直接相联。

例如，对于 WBS 的编制指南可能有（但不限于）如下内容：

- 确定 WBS 满足职能和项目的要求，包括重置和非重置成本。
- 检查 WBS 是否为所有的项目工作提供了逻辑细分。
- 保证每一个特定层的总成本等于下一个层次构成要素的成本和。
- 从全面适应和连续角度来检查 WBS。
- 所有的工作职责须分配到个人或组织单元。

根据不同的项目，范围管理计划可以是详细的或者概括的，可以是正式的或者非正式的。如果没有范围管理计划，那么在面对范围管理时会出现诸多问题。

5.3 收集需求

收集需求是为实现目标而确定、记录并管理干系人的需要和需求的过程。本过程的主要作用是为定义产品范围和项目范围奠定基础。

收集需求是一件看上去很简单，做起来却很难的事情。收集的需求是否科学、准备充分,对收集得出来的结果影响很大,这是因为大部分干系人无法完整地描述需求,而且也不可能看到产品的全貌。因此,收集需求只有通过与干系人的有效合作才能成功。

5.3.1 需求的分类

收集需求旨在定义和管理客户期望。需求是 WBS 的基础,成本、进度和质量计划也都要在这些需求的基础上进行。

对需求进行分类,有利于对需求进行进一步完善和细化。某些组织将需求分为项目需求和产品需求:项目需求包括业务需求、项目管理需求和交付需求等,产品需求则包括技术需求、安全需求和性能需求等。某些组织将需求分为业务解决方案和技术解决方案,前者是干系人的需要,后者是指如何实现这些需要。

需求可以分为业务需求、干系人需求、解决方案需求、过渡和就绪需求、项目需求和质量需求等。

(1)业务需求:整个组织的高层级需要,例如,解决业务问题或抓住业务机会,以及实施项目的原因。

(2)干系人需求:干系人或干系人群体的需要。

(3)解决方案需求:为满足业务需求和干系人需求,产品、服务或成果必须具备的特性、功能和特征。解决方案需求又进一步分为功能需求和非功能需求。

- 功能需求:描述产品应具备的功能,例如,产品应该执行的行动、流程、数据和交互等。
- 非功能需求:是对功能需求的补充,是产品正常运行所需的环境条件或质量要求,例如,可靠性、保密性、安全性、性能、服务水平和可支持性等。

(4)过渡和就绪需求:这些需求描述了从"当前状态"过渡到"将来状态"所需的临时能力,例如,数据转换和培训需求。

(5)项目需求:项目需要满足的行动、过程或其他条件,例如,里程碑日期、合同责任、制约因素等。

(6)质量需求:用于确认项目可交付成果的成功完成或其他项目需求的实现的任何条件或标准,例如测试、认证、确认等。质量功能展开(Quality Functional Deployment,QFD)对质量需求进行了细分,分为基本需求、期望需求和意外需求。

需要注意的是,以上需求分类并不是唯一的,也不是从单一角度来进行分类的,在不同场合,会有不同的说法。

5.3.2 收集需求的工具

收集需求过程使用的工具与技术有专家判断、数据收集、数据分析、数据决策、数据表现、人际关系与团队技能、数据建模 7 种。其中数据收集技术有头脑风暴、焦点小组、访谈、问卷调查与标杆对照；数据分析技术有文件分析；数据决策技术有投票、独裁和多标准决策分析；数据表现技术有亲和图和思维导图；人际关系与团队技能技术有名义小组、观察/交谈与集会引导；数据建模技术有原型法，如图5-3所示。接下来详细介绍每一种工具与技术。

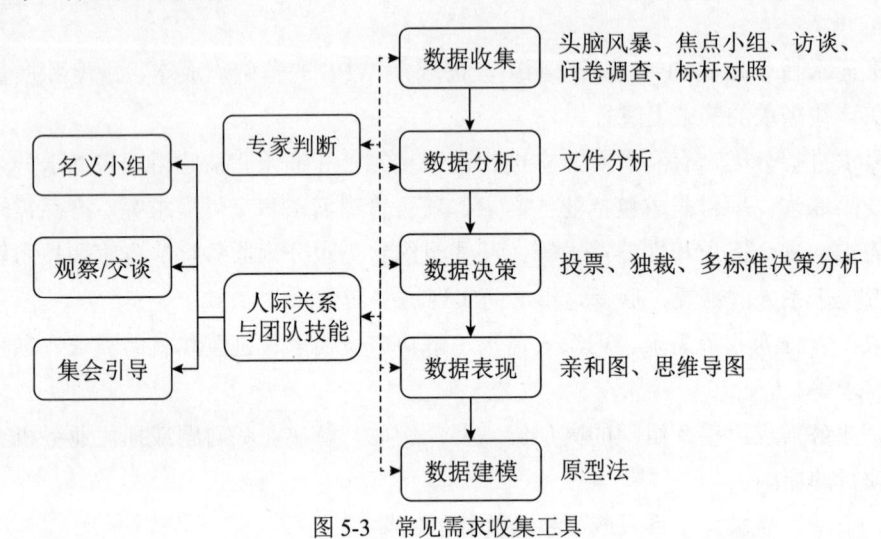

图 5-3 常见需求收集工具

1. 专家判断

《PMBOK指南》中的"专家"与人们日常生活中的"专家"概念区别较大。在PMI体系中，专家是指具备相关专业知识或接受过相关培训的个人或小组。专家判断是指基于某应用领域、知识领域、学科和行业等的专业知识而做出的关于当前活动的合理判断。这些专业知识可来自具有专业学历、知识、技能、经验或培训经历的任何小组或个人，并可通过许多渠道获取，包括组织内的其他部门、顾问、干系人、技术协会、行业协会、主题专家和PMO等。

在《PMBOK指南》中，专家判断作为一种方法，用在35个管理过程中，其应用非常广泛。

2. 数据收集技术

数据收集是指根据项目的需求和用户的需要从各种渠道收集相关的数据与信息。在收集需求过程中，数据收集技术主要包括头脑风暴、焦点小组、访谈、问卷调查、标杆对照等5种工具与技术。

1）头脑风暴

头脑风暴又称为智力激励法、BS法、自由思考法或集思广益会，用于在短时间内获得大量创意，适用于团队环境，需要引导者进行引导。头脑风暴法是用来产生和收集对项目需求与产品需求的多种创意的一种技术。

头脑风暴由两部分构成，分别是创意产生和创意分析，参加人数一般为5～10人，最好由不同专业或不同岗位者组成，会议时间控制在1小时左右；设主持人1名，主持人只主持会议，对设想不作评论，设记录员1～2人，要求认真将与会者每个设想不论好坏都完整地记录下来。为了使与会者畅所欲言,互相启发和激励,达到较高效率,头脑风暴法应遵守如下原则。

(1)庭外判决原则:对各种创意(意见、建议)及方案的评判必须放到最后阶段,此前不能对别人的创意提出批评和评价。认真对待任何一种创意,而不管其是否适当和可行。

(2)欢迎各抒己见,畅所欲言:创造一种自由的气氛,激发参加者提出各种荒诞的想法。

(3)追求数量:创意越多,产生好创意的可能性就越大。

(4)探索取长补短和改进办法:除提出自己的创意外,鼓励参与者对他人已经提出的创意进行补充、改进和综合。

2)焦点小组

焦点小组是指召集预定的干系人和主题专家,了解他们对所讨论的产品、服务或成果的期望和态度的一种启发式技术。焦点小组会议由一位受过训练的主持人引导大家进行互动式讨论。

焦点小组会议是一种群体访谈而非一对一访谈,比一对一访谈更有利于互动交流,往往比一对一访谈更加热烈。焦点小组会议可以有 6~10 名受访者参加,针对主持人提出的问题,受访者之间开展互动式讨论,以求得到更有价值的意见,如图 5-4 所示。

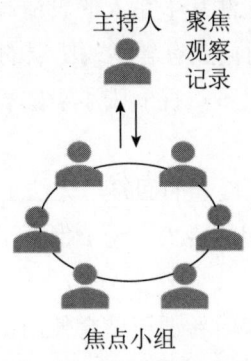

图 5-4 焦点小组示意图

3)访谈

访谈是通过与干系人直接交谈来获取信息的正式或非正式方法。访谈的典型做法是访谈者向受访者提出预设和即兴的问题,并记录他们的回答。通常采取一对一的形式,但也可以有多个受访者和(或)多个访谈者共同参与,如图 5-5 所示。总的来说,访谈具有良好的灵活性,有较宽广的应用范围。但是,也存在着许多困难,例如:

- 干系人经常较忙,难以安排时间;
- 面谈时信息量大,记录较为困难;
- 沟通需要很多技巧,同时需要项目经理具有足够的领域知识。

另外,在访谈时,还可能会遇到一些对于组织来说比较机密和敏感的话题,访谈者应该营造信任和保密的访谈环境,以鼓励受访者提出诚实和无偏见的意见。因此,使用这种看似简单的技术,也需要项目经理具有丰富的经验和较强的沟通能力。

图 5-5 访谈示意图

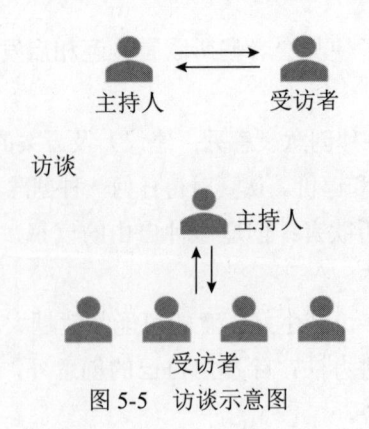

4）问卷调查

问卷调查是指通过设计书面问题，向为数众多的受访者快速收集信息。下列情况最适合使用问卷调查方法：受众多样化、需要快速完成调查、受访者地理位置分散，并且适合开展统计分析。

与访谈相比，问卷调查可以在短时间内，以低廉的代价从大量的回答中收集数据；问卷调查允许回答者匿名填写，大多数干系人可能会提供真实信息；问卷调查的结果比较好整理和统计。问卷调查最大的不足就是缺乏灵活性，其他缺点有：

（1）双方未见面，项目经理无法从干系人的表情等其他动作中获取一些更隐性的信息，干系人也没有机会立即澄清对问题有含糊或错误的回答。

（2）干系人有可能会在心理上不重视一张小小的表格，不认真对待，从而使得反馈的信息不全面。

（3）调查表不利于对问题进行展开的回答，无法了解一些细节问题。

（4）回答者的数量往往比预期的要少，无法保证干系人会回答问题或进一步说明所有问题。

因此，较好的做法是将访谈和问卷调查结合使用。具体来说，就是先设计问题，制作成问卷调查表，下发填写完成后，进行仔细地分组、整理和分析，以获得基础信息。然后，再针对分析的结果进行小范围的干系人访谈，作为补充。

5）标杆对照

标杆对照又称为基准比较法（基准分析），是指将实际或计划的产品、流程和实践与其他可比组织的做法进行比较，以便识别最佳实践、形成改进意见，并为绩效考核提供依据。作为标杆的项目可以来自执行组织内部或外部，或者来自同一应用领域或其他应用领域，也允许用不同应用领域或行业的项目做类比。

3. 数据分析技术——文件分析

文件分析包括审核和评估任何相关的文件信息。通过分析现有文件，识别与需求相关的信息来获取需求。有助于获取相关需求的文件很多，包括（但不限于）协议、商业计划、业务流程或接口文档、业务规则库、现行流程、市场文献、问题日志、政策和程序、法规文件（例如，法律、准则、法令等）、建议邀请书以及用例。

4. 数据决策技术

在项目管理中,可用于决策的技术很多。从总体上来看,可以分为独裁和群体决策,群体决策又可以分为投票和多标准决策分析。

1)投票

投票是一种为达成某种期望结果,对多个未来行动方案进行评估的集体决策技术和过程。投票可以采取一致同意、大多数同意或相对多数同意原则的方式。

(1)一致同意:每个人都同意某个行动方案。

(2)大多数同意:获得群体中超过50%人员的支持,就能作出决策。把参与决策的小组人数定为奇数,可防止因平局而无法达成决策。

(3)相对多数同意:根据群体中相对多数人的意见作出决策,即便未能获得大多数人的支持。通常在候选项超过两个时使用。

举手表决是从投票方法衍生出来的一种形式,经常用于敏捷项目中。采用这种技术时,项目经理会让团队成员针对某个决定示意支持程度:举拳头表示不支持,伸五个手指表示完全支持,伸出三个以下手指的团队成员有机会与团队讨论其反对意见。项目经理会不断进行举手表决,直到整个团队达成共识(所有人都伸出三个以上手指)或同意进入下一个决定。

2)多标准决策分析

多标准决策分析技术借助决策矩阵,用系统分析方法建立诸如风险水平、不确定性和价值收益等多种标准,以对众多方案进行评估和排序。

决策矩阵又称为决策表、益损矩阵、益损表、风险矩阵,是表示决策方案与有关因素之间相互关系的矩阵,常用来进行定量决策分析。首先设计一些评价标准,然后按照标准对每个选择进行评价。决策矩阵的基本要素如下:

(1)状态变量:指可能影响决策后果的各种客观外界情况或自然状态,是不可控因素。

(2)决策变量:指决策者所采取的各种行动方案,是可控因素。

(3)概率:指各种自然状态出现的概率。

(4)损益值:在一种自然状态下选取某种方案所得结果的损益值。

多标准决策分析(例如,优先矩阵)可用于识别关键事项和合适的备选方案,并通过一系列决策排列出备选方案的优先顺序。先对标准排序和加权,再应用于所有备选方案,计算出各个备选方案的数学得分,然后根据得分对备选方案排序。

3)独裁

采用这种方法,将由一个人负责为整个集体制定决策。在项目管理中,独裁通常指的是一种管理风格或决策方式,其中项目经理或领导者单方面决定项目相关事项,并在项目中行使绝对的权力和控制。

5. 数据表现技术

数据表现技术是指用于显示用来传递数据和信息的图形方式或其他方法。在收集需求过程中，一共使用了两种数据表现工具与技术，分别是亲和图和思维导图。

1）亲和图

亲和图又称为 KJ 法，是一种用来对大量创意进行分组，以便进一步审查和分析的技术。

亲和图是针对某一问题，充分收集各种经验、知识、想法和意见等语言、文字资料，通过图解方式进行汇总，并按其相互亲和性归纳整理这些资料，使问题明确起来，求得统一认识，以利于解决的一种方法。亲和图的核心是头脑风暴法，主要依据各种创意之间的相似性，对头脑风暴中得到的各种创意进行分类。

亲和图不同于统计方法。统计方法强调一切用数据说话，而 KJ 法则主要用事实说话，靠灵感发现新思想、解决新问题。KJ 法认为许多新思想、新理论都往往是灵机一动、突然发现。但应指出，统计方法和 KJ 法的共同点都是从事实出发，重视根据事实考虑问题。

在收集需求的过程中，亲和图用来对大量需求进行分组，以便进行需求分析。

2）思维导图

思维导图又称为脑图、心智地图、脑力激荡图、灵感触发图、概念地图、树状图、树枝图、思维地图、心智图，是将从头脑风暴中获得的创意整合成一张图的技术，用以反映创意之间的共性与差异，激发新创意。思维导图是一种用于可视化组织信息的绘图法，运用图文并重的技巧，将各级主题的关系用相互隶属与相关的层级图表现出来，将主题关键词与图像、颜色等建立记忆链接。思维导图充分运用左右脑的机能，利用记忆、阅读、思维的规律，协助人们在科学与艺术、逻辑与想象之间平衡发展。

而在收集需求的过程中，思维导图用于对获得的需求进行可视化整理。

6. 人际关系与团队技能

1）名义小组

名义小组技术是用于促进头脑风暴的一种技术，通过投票排列最有用的创意，以便进一步开展头脑风暴或优先排序，如图 5-6 所示。名义小组技术是一种结构化的头脑风暴形式，由 4 个步骤组成：

（1）向集体提出一个问题或难题，每个人在沉思后写出自己的想法。

（2）主持人在活动挂图上记录所有人的想法。

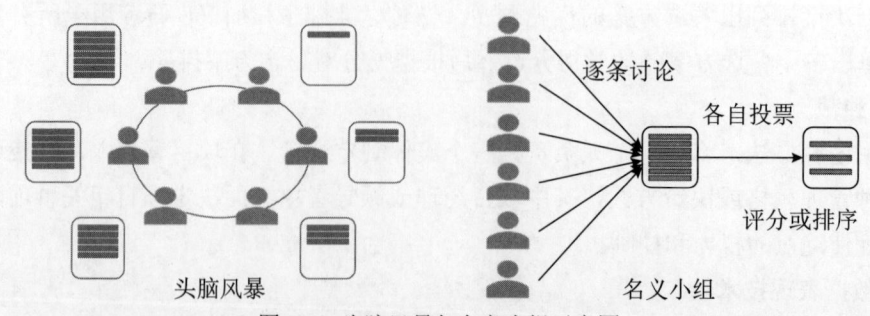

图 5-6 头脑风暴与名义小组示意图

（3）集体讨论各个想法，直到全体成员达成一个明确的共识。

（4）个人私下投票决出各种想法的优先排序，通常采用 5 分制，1 分最低，5 分最高。为减少想法数量、集中关注想法，可进行数轮投票。每轮投票后，都将清点选票，得分最高者被选出。

与一般的头脑风暴法相比，名义小组技术可以使那些不善言辞的参与者也能充分发表自己的意见。一种典型的名义小组技术是德尔菲技术，其步骤如下：

（1）根据问题的特点，选择和邀请做过相关研究或有相关经验的专家。

（2）将与问题有关的信息分别提供给专家，请他们各自独立发表自己的意见，并写成书面材料。

（3）主持人收集并综合专家们的意见后，将综合意见反馈给各位专家，请他们再次发表意见。如果分歧很大，可以开会集中讨论；否则，主持人分头与专家联络。

（4）如此反复多次，最后形成代表专家组意见的方案。

德尔菲技术与常见的召集专家开会、通过集体讨论、得出一致预测意见的专家会议法既有联系又有区别。德尔菲技术的示意图如图 5-7 所示。德尔菲技术能发挥专家会议法的优点，即：

- 能充分发挥各位专家的作用，集思广益，准确性高；
- 能将各位专家意见的分歧点表达出来，取各家之长，避各家之短。

同时，德尔菲技术又能避免专家会议法的缺点，即：

- 权威人士的意见影响他人的意见；
- 有些专家碍于情面，不愿意发表与其他人不同的意见；
- 出于自尊心而不愿意修改自己原来不全面的意见。

德尔菲技术的主要缺点是过程比较复杂，花费时间较长。

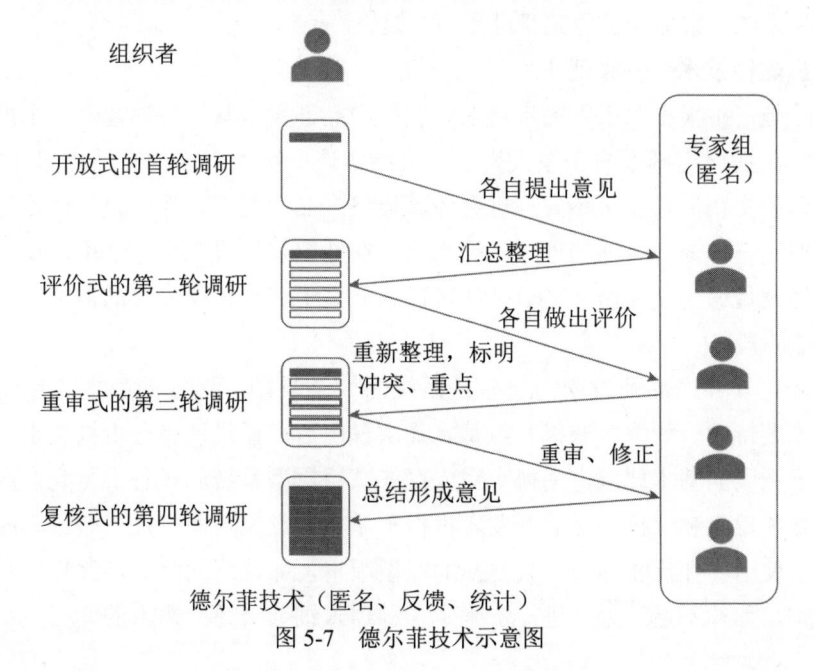

图 5-7 德尔菲技术示意图

2）观察/交谈

观察/交谈是指直接察看个人在各自的环境中如何执行工作（或任务）和实施流程，如图 5-8 所示。当产品使用者难以或不愿清晰说明他们的需求时，就特别需要通过观察来了解他们的工作细节。观察也称为"工作跟随"，通常由旁站观察者观察业务专家如何执行工作，但也可以由"参与观察者"来观察，通过实际执行一个流程或程序来体验该流程或程序是如何实施的，以便挖掘隐藏的需求。

图 5-8 观察/交谈示意图

3）集会引导

集会引导是指有效引导团队活动以成功达成决定、解决方案或结论的能力。引导者确保参与者有效参与，互相理解，考虑所有意见，按既定决策流程全力支持得到的结论或结果，以及所达成的行动计划和协议在之后得到合理执行。

集会引导一般与主题研讨会（例如，需求研讨会、风险研讨会等）结合使用。因为具有群体互动的特点，有效引导的研讨会有助于参与者之间建立信任、改进关系、改善沟通，从而有利于干系人达成一致意见。此外，与分别召开会议相比，研讨会能够更早发现并解决问题。配备一名熟练的引导者，有助于更好地收集、输入数据。可以通过阐明研讨会的目的，在参会者之间建立共识，确保持续关注任务，并以创新方式处理人际冲突或偏见来源，来提升引导式研讨会的有效性。

7. 数据建模技术——原型法

原型法是一种根据干系人初步需求，利用产品开发工具，快速建立一个产品模型展示给干系人，在此基础上与干系人交流，最终实现干系人需求的产品快速开发的方法。原型是有形的实物，它使干系人有机会体验最终产品的模型，而不是只讨论抽象的需求陈述。原型法符合渐进明细的理念，因为原型需要重复经过制作、试用、反馈、修改等过程。在经过足够的反馈循环之后，就可以从原型中获得足够完整的需求，并进而进入设计或制造阶段。

例如，在软件产品开发中，原型是系统的一个早期可运行的版本，它反映最终系统的部分重要特性。如果在获得一组基本需求说明后，通过快速分析构造出一个小型系统，满足干系人的基本要求，使得干系人可在试用原型系统的过程中得到亲身感受和受到启发，做出反应和评价，然后开发者根据干系人的意见对原型加以改进。随着不断试验、纠错、使用、评价和修改，获得新的原型版本，如此周而复始，逐步减少分析和通信中的误解，弥补不足之处，进一步确定各种需求细节，适应需求的变更，从而提高了最终产品的质量。比如，描述不清楚需求时，可以通过效果图直观地展示出来，来收集对方的需求，如图 5-9 所示。

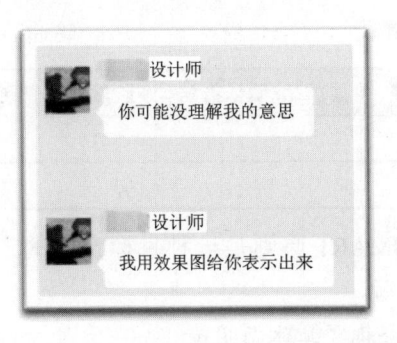

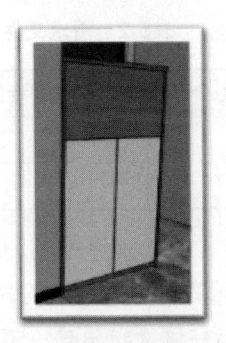

图 5-9　原型法示意图

故事板是一种原型法技术，通过一系列的图像或图示来展示顺序或导航路径。故事板用于各种行业的各种项目中，如电影、广告、教学设计，以及敏捷和其他软件开发项目。在软件开发中，故事板使用实体模型来展示网页、屏幕或其他用户界面的导航路径。

5.3.3　需求文件

需求文件描述各种单一的需求将如何满足与项目相关的业务需求。需求文件不是一个文件的名字，需求文件的格式多种多样，在不同的组织中，可能有不同的称呼。需求文件既可以是一份按干系人和优先级分类列出全部需求的简单文件，也可以是一份包括内容提要、细节描述和附件等的详细文件。

因为项目具有渐进明细的特点，一开始，可能只有概括性的需求，然后随着信息的增加而逐步细化。只有明确的（可测量和可测试的）、可跟踪的、完整的、相互协调的，且主要干系人愿意认可的需求，才能作为基准。

根据《PMBOK 指南》的规定，需求文件的组成部分包括（但不限于）：
- 业务需求或需抓住的机遇，描述当前局面的不足以及启动项目的原因；
- 可跟踪的业务目标和项目目标；
- 功能要求（描述业务流程、信息以及与产品的内在联系）和可采用的适当方式，例如，纯文本方式、图形方式，或者同时采用这两种方式（这是较常用的方式）；
- 非功能性要求（性能要求），例如，响应时间、安全性、可靠性、可维护性等；
- 质量要求和验收标准；
- 体现组织指导原则的业务规则；
- 对组织其他领域的影响，例如，呼叫中心、销售队伍和技术团队等；
- 对执行组织内部或外部团体的影响；
- 对支持和培训的需求；

- 与需求有关的假设条件和制约因素。

表 5-2 所示为需求文件参考模板，可以根据时间情况添加列。

表5-2 需求文件模板

编号	需求	干系人	分类	排序	验收标准	测试或确认方法	阶段或发布时间
1							
2							

需求的展现形式中，有一个 SMART 原则。SMART 原则是一种目标设定的方法，其中 SMART 是由以下五个单词的首字母组成的缩写。

- 具体的（Specific）：目标应该清晰明确，不含糊，具体而明确。
- 可衡量（Measurable）：目标应该是可以被量化的，可以通过指标或数据进行衡量。
- 可达到（Attainable）：目标应该是实际可达成的，不要过于理想化或不切实际。
- 相关性（Relevant）：目标应该与组织或项目的整体战略和目标相一致，不要偏离主题。
- 截止期限（Time-bound）：目标应该有明确的截止日期或时间范围，这有助于团队在规定时间内完成任务。

通过使用 SMART 原则来设定目标，可以帮助团队更加明确地了解任务的要求，提高效率，避免偏离方向，从而更好地完成工作。

5.3.4 需求跟踪矩阵

可跟踪性是项目需求的一个重要特征，需求跟踪是将单个需求和其他元素之间的依赖关系和逻辑联系建立跟踪，这些元素包括各种类型的需求、业务规则、系统组件以及帮助文件等。

1. 需求跟踪的内容

跟踪需求包括（但不限于）：
- 业务需要、机会、目的和目标；
- 项目目标；
- 项目范围和 WBS 可交付成果；
- 产品设计；
- 产品开发；
- 测试策略和测试场景；
- 高层级需求到详细需求。

每个配置项的需求到其涉及的产品（或组件）需求都要具有双向可跟踪性。所谓双向跟踪，包括正向跟踪和反向跟踪，正向跟踪是指检查需求文件中的每个需求是否都能在后继工作产品（成果）中找到对应点；反向跟踪也称为逆向跟踪，是指检查设计文档、产品组件、测试文档等工作成果是否都能在需求文件中找到出处。

2. 需求跟踪矩阵的作用

表示需求和其他产品元素之间的联系链的最普遍方式是使用需求跟踪（能力）矩阵，如表 5-3 所示。不论采用何种跟踪方式，都要建立与维护需求跟踪矩阵。需求跟踪矩阵是将产品需求从其来源连接到能满足需求的可交付成果的一种表格。使用需求跟踪矩阵，将每个需求与业务目标或项目目标联系起来，有助于确保每个需求都具有商业价值。

表5-3 需求跟踪矩阵示例

项目名称								
成本中心								
项目描述								
标识	关联标识	需求描述	业务需要、机会、目的和目标	项目目标	WBS可交付成果	产品设计	产品开发	测试案例
001	1.0							
	1.1							
	1.2							
	1.2.1							
002	2.0							
	2.1							
	2.1.1							

> 需求跟踪矩阵记录每个需求的相关属性，包括唯一标识、需求的文字描述、收录该需求的理由、所有者、来源、优先级别、版本、当前状态（如进行中、已取消、已推迟、新增加、已批准、被分配和已完成）和状态日期

应在需求跟踪矩阵中记录每个需求的相关属性，这些属性有助于明确每个需求的关键信息。需求跟踪矩阵中记录的典型属性包括唯一标识、需求的文字描述、收录该需求的理由、所有者、来源、优先级别、版本、当前状态（如进行中、已取消、已推迟、新增加、已批准、被分配和已完成）和状态日期。为确保干系人满意，可能需要增加一些补充属性，例如，稳定性、复杂性和验收标准等。

此外，需求跟踪矩阵还为管理产品范围变更提供了框架。

5.4 定义范围

定义范围是制定项目和产品详细描述的过程。项目范围说明书的编制，对项目成功至关重要。项目管理团队应该根据项目启动过程中记载的主要可交付成果、假设条件和

制约因素来编制项目范围说明书。在规划过程中，由于对项目有了更多的了解，所以应该更具体地定义与描述项目范围。

定义范围最重要的任务就是详细定义项目的范围边界，范围边界是应该做的工作和不需要进行的工作的分界线。定义范围可以增加项目时间、成本和资源估算的准确度，定义实施项目控制的依据，明确相关责任人在项目中的责任，明确项目的范围、合理性和目标以及主要可交付成果。

项目范围说明书是对项目范围、主要可交付成果、假设条件和制约因素的描述。它记录了整个范围，包括项目和产品范围；详细描述了项目的可交付成果；还代表项目干系人之间就项目范围所达成的共识。为便于管理干系人的期望，项目范围说明书可明确指出哪些工作不属于本项目范围。

项目范围说明书使项目团队能进行更详细的规划，在执行过程中指导项目团队的工作，并为评价变更请求或额外工作是否超过项目边界提供基准。

1. 范围说明书的内容

项目范围说明书描述要做和不要做的工作的详细程度，决定着项目管理团队控制整个项目范围的有效程度。详细的项目范围说明书包括如下具体内容。

（1）产品范围描述：逐步细化在项目章程和需求文件中所述的产品、服务或成果的特征。

（2）可交付成果：既包括组成项目产品或服务的各种结果，也包括各种辅助成果，例如，项目管理报告和文件。对可交付成果的描述可详可简。

（3）验收标准：可交付成果通过验收前必须满足的一系列条件。

（4）项目的除外责任：通常需要识别出什么是被排除在项目之外的。明确说明哪些内容不属于项目范围，有助于管理干系人的期望及减少范围蔓延。

2. 范围说明书的作用

项目范围说明书的主要作用如下：

（1）确定范围：描述了可交付成果和所要完成的工作。

（2）沟通基础：表明项目干系人之间就项目范围所达成的共识。为了便于管理干系人的期望，项目范围说明书可明确指出哪些工作不属于本项目范围。

（3）规划和控制依据：使项目团队能开展更详细的规划，并可在执行过程中指导项目团队的工作。

（4）变更基础：为评价变更请求或额外工作是否超出项目边界提供基准。

（5）规划基础：在项目范围说明书的基础上，其他计划也将被开发出来，它同时还是滚动式规划的基础。

需要注意的是，在PMP考试中，项目范围说明书的作用同样适用于WBS。

5.5 创建 WBS

创建 WBS 是将项目可交付成果和项目工作分解成较小的、更易于管理的组成部分的过程。WBS 是以可交付成果为导向的工作层级分解，其分解的对象是项目团队为实现项目目标、提交所需可交付成果而实施的工作。WBS 每下降一个层次就意味着对项目工作更详尽的定义。WBS 组织并定义项目的总范围，代表着现行项目范围说明书所规定的工作。

需要注意的是，根据《PMBOK 指南》的定义，WBS 中的"工作"并不是指活动本身，而是指作为活动结果的工作产品或可交付成果。WBS 最底层的组成部分称为工作包，比工作包更小的叫活动，在 6.3 节定义活动中会讲到。

5.5.1 WBS 的作用

当一个项目的 WBS 分解完成后，项目相关人员对完成的 WBS 应该给予确认，并对此达成共识，然后才能据此进行时间估算和成本估算。WBS 的目的和用途主要体现在以下几个方面：

（1）明确和准确说明项目范围，让项目团队成员能够清楚地理解任务的性质和需要努力的方向。

（2）清楚地定义项目的边界，它提供了项目管理人员、项目产品或服务的用户、项目发起人、项目团队成员等其他项目干系人一致认可的项目需要做的工作和不需要做的工作。

（3）为各独立单元分派人员，规定这些人员的职责，可以确定完成项目所需要的技术和人力资源。

（4）针对独立单元，进行时间、成本和资源需求量的估算，提高估算的准确性。

（5）为计划、预算、进度安排和费用控制奠定共同基础，确定项目进度和控制的基准。

（6）将项目工作和项目的财务账目联系起来。

（7）确定工作内容和工作顺序，将项目分解成具体的工作任务，就可以按照工作任务的逻辑顺序来实施项目。WBS 可以使用图形化的方式来查看工作内容，任何人都能够清楚地辨别项目的阶段、工作单元，并根据实际情况进行调整和控制。

（8）有助于防止需求蔓延。当项目用户或者其他项目干系人试图为项目增加功能时，在 WBS 增加相应的工作的同时，也就能够很容易地让他们理解，相关成本和进度必须也做相应的改变。

5.5.2 WBS 的层次

WBS 将项目整体或者主要的可交付成果分解成容易管理、方便控制的若干个子项目或者工作包，子项目需要继续分解为工作包，持续这个过程，直到整个项目都分解为可管理的工作包，这些工作包的总和是项目的所有工作范围。常见的 WBS 展现形式有树状分解（如图 5-10 所示）以及目录式分解形式（如表 5-4 所示）。

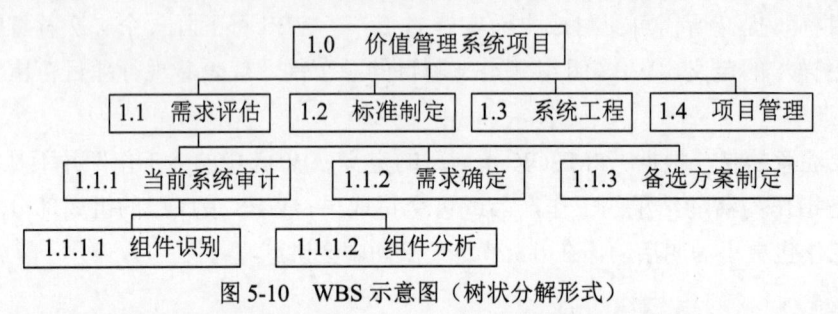

图 5-10 WBS 示意图（树状分解形式）

表5-4 WBS的分层（目录式分解形式）

工作编号	工作任务	工期	负责人
0	在线教育项目	8 月	刘智美
1	硬件	2 月	何小波
2	第三方软件	2 月	邓三方
3	系统功能	5 月	张小杰
3.1	设备管理	1 月	桂阳波
3.2	维护管理	1 月	刘顺洋
3.3	工单管理	1 月	谢敏波
3.3.1	模块设计	5 天	段马甲
3.3.2	代码编制	5 天	马小虎
3.3.3	单元测试	10 天	汪角春
3.3.4	功能测试	5 天	左林标
3.3.5	验证测试	5 天	赵晓晓
3.4	采购管理	1 月	胡海涛
3.5	库存管理	1 月	王敏捷
4	系统接口	1 月	李鸿海
5	现场实施	1 月	张智瑞

1. 工作包

工作包是位于 WBS 每条分支最底层的可交付成果或项目工作组成部分。工作包应该非常具体，以便承担者能明确自己的任务、努力的目标和承担的责任。工作包是基层任务或工作的指派，同时其具有检测和报告工作的作用。同时，工作包的大小也是需要考虑的细节，如果工作包太大，那么难以达到可管理和可控制的目标，如果工作包太小，那么 WBS 就要消耗项目管理人员和项目团队成员的大量时间和精力。作为一种经验法则，8/80 规则（80 小时原则）建议工作包的大小应该至少需要 8 小时来完成，而总完成时间也不应该大于 80 小时。

2. 规划包

规划包（Planning Package）是指在控制账户之下，工作内容已知但尚缺详细进度活动的 WBS 组成部分。也就是说，规划包是在控制账户之下、工作包之上的 WBS 要素。项目管理团队虽然已经知道它是一个什么样的成果，但是尚不清楚究竟要做哪些具体的活动才能将该成果开发出来。由于当前无法分解到编制项目管理计划所需要的详细程度，规划包是暂时用来做计划的。随着情况的逐渐清晰，规划包最终将被分解成工作包以及相应的具体活动。

3. 控制账户

根据《PMBOK 指南》的规定，控制账户（Control Account）是一种管理控制点。在该控制点上，将范围、预算（资源计划）、实际成本和进度加以整合，并将它们与挣值进行比较，以测量绩效。

根据以上定义可知，控制账户是 WBS 某个层次上的要素，既可以是工作包，也可以是比工作包更高层次上的一个要素。如果是后一种情况，一个控制账户中就包括若干个工作包。项目管理团队在控制账户上考核项目的执行情况，即在控制账户的相应要素下，将项目执行情况与计划情况进行比较，以便评价执行情况好坏，并发现与纠正偏差。

通常在项目规划阶段就要确定项目的控制账户。控制账户设在较高层次上还是较低层次上，就表明项目管理团队想要对项目实施"粗放管理"还是"精细管理"。如果项目出现了不利的局面，为了加强控制，项目管理团队可以临时决定下移控制账户，即将更低层的要素定为控制账户。

5.5.3 分解和滚动式规划

1. 分解

分解是一种把项目范围和项目可交付成果逐步划分为更小、更便于管理的组成部分的技术。分解的程度取决于所需的控制程度，以实现对项目的高效管理。要把整个项目工作分解为工作包，通常需要开展以下活动：

（1）识别和分析可交付成果及相关工作。
（2）确定 WBS 的结构和编排方法。
（3）自上而下逐层细化分解。
（4）为 WBS 组成部分制定和分配标识编码。
（5）核实可交付成果分解的程度是否恰当。

2. 滚动式规划

要在未来远期才完成的可交付成果或组件，当前可能无法分解。项目管理团队因而通常需要等待对该可交付成果或组成部分达成一致意见才能够制定出 WBS 中的相应细节。所以滚动式规划是对近期详细规划，对远期粗略规划，随着时间的推移，项目管理计划在不断地细化。

比如图 5-11 中，把圆比作是项目的计划，平均分成四等份。先只对第一等份进行详细规划，第二等份粗略规划，暂时还没有规划到第三、第四等份。随着项目的开展，在信息越来越明确的基础上，慢慢对后面的三等份进行逐步细化。

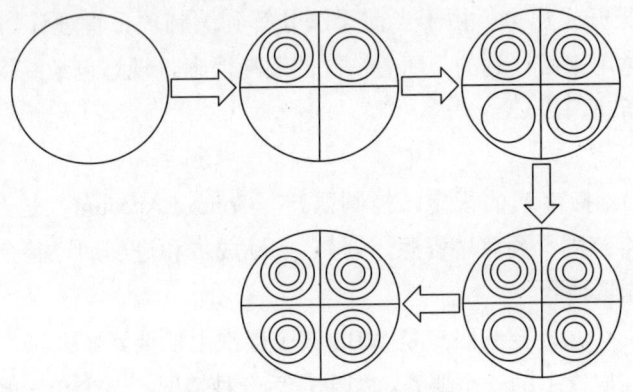

图 5-11　滚动式规划示意图

5.5.4　WBS 词典

在制作 WBS 的过程中，需要生成一些配套的文件，这些文件需要和 WBS 配套使用，称为 WBS 词典。

WBS 词典是针对 WBS 中的每个组件，详细描述可交付成果、活动和进度信息的文件。WBS 词典对 WBS 提供支持，其中大部分信息由其他过程创建，然后在后期添加到词典中。WBS 词典中的内容可能包括（但不限于）账户编码标识、工作描述、假设条件和制约因素、负责的组织、进度里程碑、相关的进度活动、所需资源、成本估算、质量要求、验收标准、技术参考文献和协议信息，如图 5-12 所示。

■ 账户编码标识	■ 工作描述
■ 假设条件和制约因素	■ 负责的组织
■ 进度里程碑	■ 相关的进度活动
■ 所需资源	■ 成本估算
■ 质量要求	■ 验收标准
■ 技术参考文献	■ 协议信息

WBS —— 边界清单
WBS 词典 —— 展开明细

图 5-12　WBS 与 WBS 词典的关系

5.5.5 范围基准

范围基准是经过批准的范围说明书、WBS 和相应的 WBS 词典，只有通过正式的变更控制程序才能进行变更，它被用作比较的基础。图 5-13 为范围基准的组成。

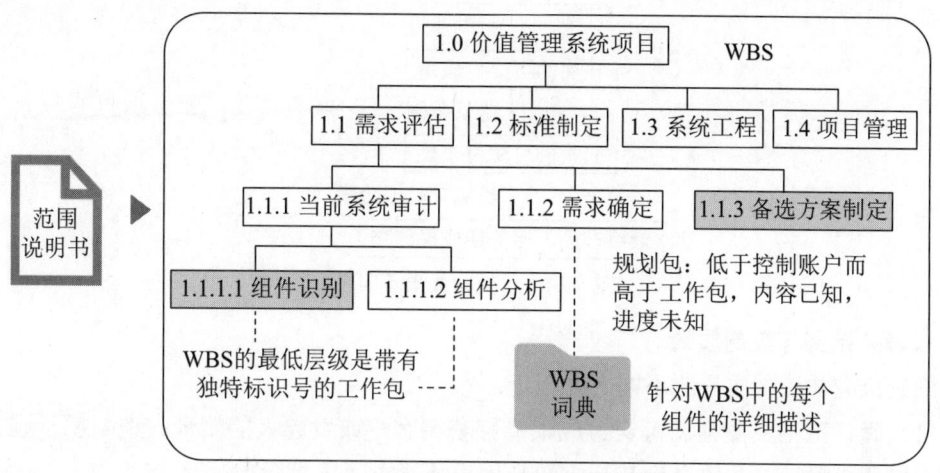

图 5-13 范围基准的组成

5.6 确认范围

确认范围是正式验收项目已完成的可交付成果的过程，其主要作用是使验收过程具有客观性，同时，通过验收每个可交付成果，提高最终产品、服务或成果获得验收的可能性。确认范围包括与客户或发起人一起审查可交付成果，确保可交付成果已圆满完成，并获得客户或发起人的正式验收。

确认范围应该贯穿项目的始终。如果一个项目分成多个阶段，要在项目的各个阶段对项目的范围进行确认工作。确认范围的一般步骤如下：

（1）确定需要进行范围确认的时间。
（2）识别范围确认需要哪些投入。
（3）确定范围正式被接受的标准和要素。
（4）确定范围确认会议的组织步骤。
（5）组织范围确认会议。

通常情况下，在确认范围前，项目团队需要先进行质量控制工作，例如，在确认项目的范围之前，需要进行系统测试等工作，以确保确认工作的顺利完成。

5.6.1 几个术语的比较

为了帮助读者理解，将确认范围与控制质量、项目收尾进行比较分析。图 5-14 很形象地展示了它们之前的逻辑先后关系。

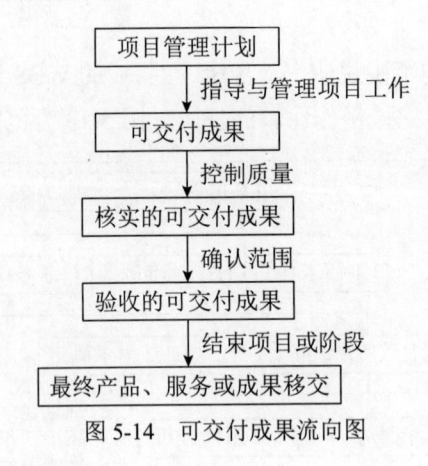

```
          项目管理计划
                ↓ 指导与管理项目工作
          可交付成果
                ↓ 控制质量
          核实的可交付成果
                ↓ 确认范围
          验收的可交付成果
                ↓ 结束项目或阶段
          最终产品、服务或成果移交
```

图 5-14 可交付成果流向图

1. 确认范围与控制质量

确认范围与控制质量的不同之处在于：

（1）确认范围主要强调可交付成果能够获得客户或发起人的接受；控制质量强调可交付成果的正确性，并符合为其制定的具体质量要求（质量标准）。

（2）控制质量一般在确认范围前进行，但也可同时进行；确认范围一般在阶段末进行，而控制质量并不一定在阶段末进行。

（3）控制质量属于内部检查，由执行组织的相应质量部门实施；确认范围则是由外部干系人（客户或发起人）对项目可交付成果进行检查验收。

从检查的详细程度来说，核实产品、确认范围和控制质量是递进的、越来越细的检查过程。有关控制质量的更多知识，请阅读 9.4 节。

2. 确认范围与项目收尾

确认范围与项目收尾的不同之处在于：虽然确认范围与项目收尾工作都在阶段末进行，但确认范围强调的是核实与接受可交付成果，而项目收尾强调的是结束项目（或阶段）所要做的流程性工作。

确认范围与项目收尾都有验收工作，确认范围强调验收项目可交付成果，项目收尾强调验收产品。

5.6.2 确认范围的依据

确认范围时，用范围基准与实际结果比较，以决定是否有必要进行变更、采取纠正措施或预防措施。范围基准包含 WBS、WBS 词典和范围说明书，参照的验收标准在范围说明书中。而甲乙双方签订的具有法律约束力的合同，也可以作为验收的依据。确认可交付成果是否满足期望，也可以查看需求跟踪矩阵。

5.7 控制范围

控制范围是监督项目和产品的范围状态、管理范围基准变更的过程。对项目范围进行控制，就必须确保所有请求的变更、推荐的纠正措施或预防措施都经过实施整体变更控制过程的处理。在变更实际发生时，也要采用范围控制过程来管理这些变更。

在整个项目期间需要保持对范围基准的维护。未经控制的产品或项目范围的扩大（未对时间、成本和资源做相应调整）被称为范围蔓延。

常见的范围蔓延有两种：一种是客户提了新需求过来，项目团队没有走流程直接去实施了，这是普通的范围蔓延；另一种是团队没有按照变更流程，自己加了新东西，这被称为"镀金"，其实也是属于范围蔓延的一种。不管是范围蔓延还是"镀金"，都是失败的，都是不支持的，因为项目的范围管理强调的是做且只做范围以内的事情。如果有范围之外的需求，都属于新的变更，面对新的变更，要谨遵六个字——有变更，走流程。

在范围管理中，常见的变更有三种情况。

（1）客户或外部相关方提出新需求。

（2）在执行的过程中出现范围蔓延。

（3）验收没有达到预期。

有关变更流程的更详细的介绍，请见 11.8 节。

第 6 章
过程——进度

6.1 进度管理的过程

简单来说，项目进度管理的目标就是使项目按时完成。项目进度管理的过程包括规划进度管理、定义活动、排列活动顺序、估算活动持续时间、制订进度计划、控制进度。项目进度管理的各过程如表 6-1 所示。

表6-1 项目进度管理的各过程

管理过程	解释
规划进度管理	为规划、编制、管理、执行和控制项目进度而制定政策、程序和文档的过程
定义活动	识别和记录为完成项目可交付成果而须采取的具体行动的过程
排列活动顺序	识别和记录项目活动之间的关系的过程
估算活动持续时间	根据资源估算的结果，估算完成单项活动所需工作时段数的过程
制订进度计划	分析活动顺序、持续时间、资源需求和进度制约因素，编制项目进度模型的过程
控制进度	监督项目状态，以更新项目进展和管理进度基准变更的过程

在小型项目中，定义活动、排列活动顺序、估算活动持续时间、制订进度计划等过程之间的联系非常密切，以至于可视为一个过程，能够由一个人在较短时间内完成。由于每个项目都是独特的，因此项目经理可能需要裁剪项目进度管理过程。裁剪时应主要考虑生命周期方法、资源可用性、项目维度（项目复杂性、技术不确定性、产品新颖度）和技术支持等几个方面的因素。

6.2 规划进度管理

规划进度管理是为规划、编制、管理、执行和控制项目进度而制定政策、程序和文档的过程，其主要作用是为如何在整个项目过程中管理项目进度提供指南和方向。规划进度管理是制订项目管理计划过程的一部分，由它制订项目进度管理计划。进度管理计划选择了进度编制方法、进度编制工具以及确定并规范制定进度过程和控制项目进度过程的准则。

进度管理计划可能是正式的或者非正式的、非常详细或者相当概括的，其中应包括合适的控制临界值。在进度管理计划中，也会规定如何报告和评估进度紧急情况，还需要详细描述对项目进行快速跟进或赶工的方法。具体来说，进度管理计划中应该包括以下内容。

（1）项目进度模型制定：需要规定用于制定项目进度模型的进度规划方法论和工具。

（2）准确度：需要规定活动持续时间估算的可接受区间，以及允许的应急储备数量。

（3）计量单位：需要规定每种资源的计量单位。例如，用于测量时间的人·月数、人·天数、人·时数或人·周数，用于计算程序代码的行数或千行数，用于计算网线的米数、箱数等。

（4）项目进度模型维护：需要规定在项目执行期间，将如何在进度模型中更新项目状态，记录项目进展。

（5）控制临界值：可能需要规定偏差临界值，用于监督进度绩效。它是在需要采取某种措施前允许出现的最大偏差。通常用偏离基准计划中的参数的某个百分数来表示。

（6）绩效测量规则：需要规定用户绩效测量的挣值管理规则或其他测量规则。例如，进度管理计划可能规定：

- 确定完成百分比的规则。
- 拟用的挣值测量技术。例如，基准法、固定公式法、完成百分比法等。
- 进度绩效测量指标。例如，进度偏差、进度绩效指数等，用来评价偏离原始进度基准的程度。

（7）报告格式：需要规定各种进度报告的格式和编制频率。

6.3 定义活动

定义活动是识别和记录为完成项目可交付成果而须采取的具体行动的过程，其主要作用是将工作包分解为活动，作为对项目工作进行估算、进度规划、执行、监督和控制的基础。创建 WBS 过程已经识别出 WBS 中底层的可交付成果，即工作包。工作包通常还应进一步细分为更小的组成部分，即活动，代表着为完成工作包所需的工作投入。活动是为完成工作包而必须开展的工作，是开展估算、编制进度计划以及执行和监控项目工作的基础。

6.3.1 分解和滚动式规划

WBS 中的每个工作包都需要分解成活动，以便通过这些活动来完成相应的可交付成果。定义活动的主要方法有专家判断、分解、滚动式规划和会议等。

分解是指将最终成果细分为更小、更易于管理的单元以便更好地进行管理和控制。此处的最终成果是指活动，而不是指可交付成果。

滚动式规划是一种迭代式的规划技术，即详细规划近期要完成的工作，同时在较高层级上粗略规划远期工作。它是一种渐进明细的规划方式，适用于工作包、规划包以及采用敏捷或瀑布式方法的发布规划。因此，在项目生命周期的不同阶段，工作的详细程度会有所不同。在早期的战略规划阶段，信息尚不够明确，工作包只能分解到已知的详细水平；而后，随着了解到更多的信息，近期即将实施的工作包就可以分解到具体的活动。

6.3.2 活动的类型

活动的类型主要是活动属性、活动清单和里程碑清单。

（1）活动属性。活动是指在进度计划中所列，并在项目过程中实施的工作组成部分。活动属性是指每项活动所具有的多重属性，用来扩充对活动的描述。活动属性包括活动编码、紧前活动、紧后活动、逻辑关系、提前量和滞后量、资源要求、强制日期、制约因素和假设条件。活动属性随时间演进，可用于识别开展工作的地点、编制开展活动的项目日历，以及相关的活动类型。活动属性还可用于编制进度计划。根据活动属性，可在报告中以各种方式对计划进度活动进行选择、排序和分类。

（2）活动清单。进度活动所具备的多种属性，可以包含在活动清单中。活动清单是一份记录进度活动的表格，包含活动描述、活动标识和足够详细的工作范围描述，以便项目团队成员了解所需执行的工作。对于使用滚动式规划或敏捷技术的项目，活动清单会在项目进展过程中得到定期更新。

（3）里程碑清单。里程碑是项目中的重要时点或事件，里程碑清单列出了所有项目里程碑，并指明每个里程碑是强制性的（例如，合同要求的）还是选择性的（例如，根据历史信息确定的）。里程碑的持续时间为零，因为它们代表的是一个重要时间点或事件。里程碑清单列出了特定里程碑的计划实现日期，用于检查是否达到计划的里程碑。重要里程碑清单说明卖方需要在何时交付成果。

6.4 排列活动顺序

排列活动顺序是识别和记录项目活动之间的关系的过程，其主要作用是定义工作之间的逻辑顺序，以便在既定的项目制约因素下获得最高的效率。活动按逻辑关系排序。除了首尾两项，每项活动都至少有一项紧前活动和一项紧后活动。为了使项目进度计划现实、可行，可能需要在活动之间加入时间提前量或滞后量。排序可使用项目管理软件，也可通过手工或自动化技术来实现。

在项目中，一个活动的执行可能需要依赖于另外一些活动的完成，也就是说它的执行必须在某些活动完成之后，这就是活动的先后依赖关系。一般说来，依赖关系的确定应首先分析活动之间本身存在的逻辑关系，在此逻辑关系确定的基础上再加以充分分析，以确定各活动之间的组织关系，这就是排列活动顺序。

活动之间的依赖关系包括工艺关系和组织关系。在进度管理中，通常使用四种依赖关系来排列活动顺序，分别是强制性依赖关系、选择性依赖关系、外部依赖关系和内部依赖关系。这四种关系可以组合成强制性外部依赖关系、强制性内部依赖关系、选择性外部依赖关系和选择性内部依赖关系。

6.4.1　强制性依赖关系

强制性依赖关系也称为硬逻辑关系或硬依赖关系，是法律或协议要求的，或工作的内在性质决定的依赖关系，这种关系是活动之间本身存在的，项目团队通常无法改变这种逻辑关系。例如，在网络工程项目中，只有先布好线，才能进行连通性测试；在建筑项目中，只有在地基建成后，才能建立地面结构。要注意的是，技术依赖关系不一定是强制性的。

6.4.2　选择性依赖关系

选择性依赖关系也称为软逻辑关系、首选逻辑关系、优先逻辑关系、可自由处理的依赖关系，是基于某应用领域或项目方面对活动顺序的最佳实践而建立的逻辑关系，这是人为确定的一种先后关系。例如，可以是项目管理团队确定的一种关系，基于项目团队的经验、偏好、习惯等，由项目团队自行选择的逻辑关系。

在实际工作中，很多活动之间的关系是可以调整的。例如，在信息系统集成项目中，是先进行网络布线后进行代码编写，还是先进行代码编写后进行网络布线，可以由项目管理团队根据人员安排情况进行确定；在软件开发项目中，是先进行数据库设计后进行软件模块设计，还是先进行软件模块设计后进行数据库设计，也可以由软件开发团队根据人员安排情况进行确定。

在进行活动排序时，要重点针对相互之间具有选择性逻辑关系的各种活动进行调整，以便缩短整个项目的工期。

6.4.3　外部依赖关系

外部依赖关系涉及项目与非项目活动之间的关系，往往取决于项目外部的任何第三方的逻辑关系。例如，政府部门的批准、设备供应商的供货等。项目团队可以对外部依赖关系施加一定的影响，但通常无法掌控。例如，在系统集成项目中，如果建设单位自己负责设备采购，系统测试活动就与设备采购活动之间具有外部依赖关系。因为如果设备采购不到位，系统测试就无法进行，而设备采购活动不由承建单位决定。

6.4.4　内部依赖关系

内部依赖关系是项目活动之间的紧前关系，通常在项目团队的控制之中。例如，只有机器组装完毕，团队才能对其进行测试，这是一个内部的强制性依赖关系。

6.4.5 紧前关系绘图法

紧前关系绘图法（Precedence Diagramming Method，PDM）也称为单代号网络图法（Active on Node，AON）或前导图法，是一种用方格或矩形（点）表示活动，并用表示依赖关系的箭线将点连接起来的一种项目网络图的绘制法。在 PDM 中，每项活动有唯一的活动号，每项活动都注明了预计工期。每个点的活动有最早开始时间（Early Start，ES）、最晚开始时间（Late Start，LS）、最早结束时间（Early Finish，EF）和最晚结束时间（Late Finish，LF）。

完整的 PDM 示例如图 6-1 所示，这种图形也称为项目进度网络图。

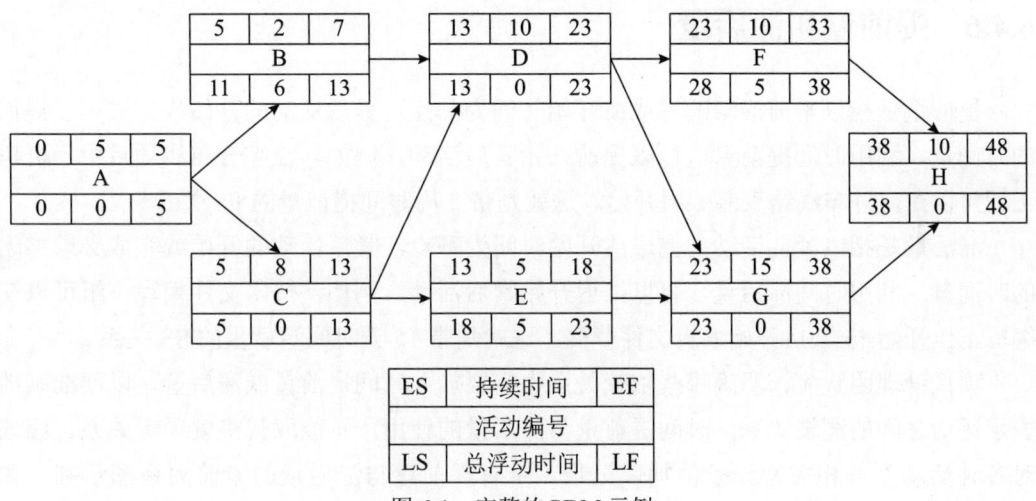

图 6-1 完整的 PDM 示例

PDM 包括四种依赖关系或先后关系，如图 6-2 所示。

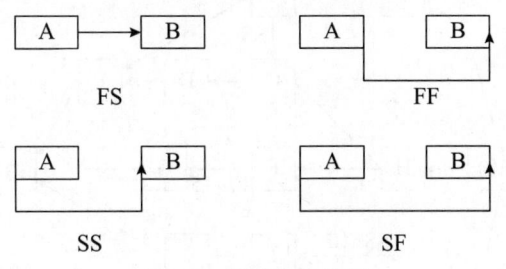

图 6-2 活动依赖关系

（1）完成到开始（Finish to Start，FS）：紧前活动完成后，紧后活动才能开始。这是最常用的活动关系，例如，对某个软件模块而言，只有软件设计完成后，才能进行程序代码的编写。

（2）完成到完成（Finish to Finish，FF）：紧前活动完成后，紧后活动才能完成。例如，只有软件测试完成后，软件调试才能结束。

（3）开始到开始（Start to Start，SS）：紧前活动开始后，紧后活动才能开始。例如，只有网络布线开始后，才能开始进行连通性测试。

（4）开始到完成（Start to Finish, SF）：紧前活动开始后，紧后活动才能完成。例如，只有新系统上线之后，老系统才能下线。

在 PDM 图中，FS 是最常用的逻辑关系类型。SF 关系很少用，通常仅有专门制定进度的工程师才使用。因此，在 PDM 图形中，如果没有特别标记依赖关系的类别，则默认为 FS 关系。

虽然两个活动之间可能同时存在两种逻辑关系（例如，SS 和 FF），但不建议相同的活动之间存在多种关系，在这种情况下，必须选出影响最大的关系。此外，也不建议采用闭环的逻辑关系。

6.4.6 提前量和滞后量

提前量是指以紧前活动的完成或开始时间为基点，紧后活动的开始或完成可以提前的时间量。利用时间提前量，可以提前开始紧后活动。例如，在综合布线项目中，机房工程可以在室外布线结束前 2 周开始。这就是带 2 周时间提前量的 FS 关系。

滞后量是指以紧前活动的完成或开始时间为基点，紧后活动的开始或完成必须推迟的时间量。利用时间滞后量，可以推迟开始紧后活动。例如，技术文件编写小组可以在编写工作开始 15 天后开始编辑文件草稿。这就是带 15 天时间滞后量的 SS 关系。

项目管理团队应该明确哪些依赖关系中需要加入时间提前量或滞后量，以便准确地表示活动之间的逻辑关系。时间提前量与滞后量的使用，不能取代进度逻辑关系。应该对各种活动及其相关假设条件加以记录。带有提前量与滞后量的紧前关系图示例，如图 6-3 所示。

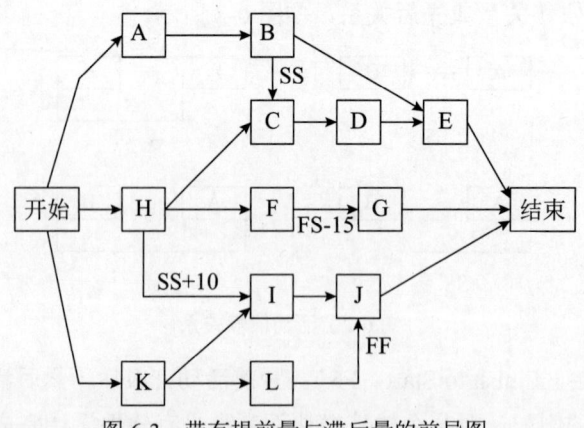

图 6-3　带有提前量与滞后量的前导图

在图 6-3 中，没有标记依赖关系的默认为 FS 关系。活动 H 与活动 I 之间的关系标记为"SS+10"，表示这两个活动之间是 SS 关系，也就是 H 活动开始之后 I 活动才能开始；但后面有个"+10"，这是一个滞后量，表示 H 活动开始 10 天后，I 活动才能开始。

类似地，活动 F 与活动 G 之间的关系是 FS 关系，即 F 活动结束后 G 活动才能开始；但后面有个"-15"，这是一个提前量，表示在 F 活动结束前 15 天，G 活动就可以开始了。

6.5 估算活动持续时间

活动持续时间也称为活动历时，是指完成某进度活动或 WBS 组件所需的工作时段总数，不包括假日或其他非工作时段，通常用工作日或工作周表示。估算活动持续时间是根据资源估算的结果，估算完成单项活动所需工作时段数的过程。其主要作用是确定完成每个活动所需花费的时间量，为制订进度计划过程提供主要输入。

估算活动持续时间依据的信息包括工作范围、所需资源类型与技能水平、估算的资源数量和资源日历，可能影响持续时间估算的其他因素包括对持续时间受到的约束、相关人力投入、资源类型（例如，固定持续时间、固定人力投入或工作、固定资源数量）以及所采用的进度网络分析技术。在实际工作中，一般由项目团队中最熟悉具体活动的个人或小组提供持续时间估算所需的各种输入，对持续时间的估算也应该渐进明细。例如，在工程项目中，随着数据越来越详细，越来越准确，持续时间估算的准确性和质量也会越来越高。

在估算活动持续时间过程中，应该首先估算出完成活动所需的工作量和计划投入该活动的资源数量，然后结合项目日历和资源日历，据此估算出完成活动所需的工作时段数（活动持续时间）。估算持续时间时需要考虑的因素包括：

（1）资源数量。增加资源数量，使其达到初始数量的两倍，但并不一定能缩短一半的时间，因为这样做可能会因风险而造成持续时间增加；在某些情况下，如果增加太多活动资源，可能会因知识传递、学习曲线、额外合作等其他相关因素而造成持续时间增加。

（2）技能熟练程度。同样的资源数量，技能熟练程度不同，活动持续时间可能就不同。例如，一个高级工程师和一个初级工程师的工作效率显然不同。

（3）技术进步。在估算活动持续时间时，这个因素也可能发挥重要作用。例如，通过采购最新技术，制造工厂可以提高产量，而这可能会影响持续时间和资源需求。

（4）员工激励。项目经理还需要了解"学生综合征"（即拖延症）和帕金森定律，前者指出，人们只有在最后一刻，即快到期限时才会全力以赴；后者指出，只要还有时间，工作就会不断扩展，直到用完所有的时间。

（5）收益递减规律。在保持其他因素不变的情况下，增加一个用于确定单位产出所需投入的因素（如资源）会最终达到一个临界点，在该点之后的产出或输出会随着增加这个因素而递减。

估算活动持续时间的方法主要有自下而上估算、类比估算、参数估算和三点估算等。

需要特别说明的是，本节介绍的估算技术不仅仅用于估算活动持续时间，还用于估算成本和活动资源。虽然估算的对象不同，但估算方法都是一样的。本节以估算活动持续时间为例进行讲解。

1. 自下而上估算

自下而上估算通过从下到上逐层汇总 WBS 组成部分的估算而得到项目估算。如果无法以合理的可信度对活动进行估算，则应将活动进一步细分，然后估算持续时间。接着再将这些时间汇总起来，得到每一个活动的持续时间。

自下而上估算的主要优点是在活动上的估算更为精确，这是由于项目团队成员更了解每个活动所需要的持续时间。这种方法也能够避免项目团队成员对管理层所估算值的不满和对立。缺点是缺少各个活动之间相互联系所需要的工作量，还缺少许多与项目管理有关的工作量（例如，配置管理、质量管理等）。所以往往估算值偏低，必须用其他方法进行检验和校正。

自下而上估算的精确度取决于项目团队成员对所做的活动的熟悉程度。但在实际项目中，团队成员不一定熟悉需要估算的活动。例如，在一个信息系统项目中，将一个普通的数据输入界面交给一个程序员，如果他没有意识到输入界面是和数据库相联系的，那么他的估算可能非常低。更糟的情况是他根本不了解数据库和查询语言的知识，那么他的估算无论如何也难以准确。

自下而上估算的关键是要保证所有的项目活动都要涉及，这一点也相当困难。另外，进行估算的团队成员会认为管理层会按照比例削减自己所估算的资源，或者出于安全的估算，他们会高估自己活动所需要的资源，而这必然导致总体资源的高估。管理层认为需要削减，因此证实了估算人员的估计，这样，所有的项目估算参与人员就陷入了一个怪圈。

2. 类比估算

类比估算是一种自上而下的估算方法，主要思想是从项目的整体出发，进行类推。即估算人员根据以前已完成的相似项目所消耗的总工作量来推算将要实施的项目的总工作量，然后按比例将它分配到各活动中去。以过去类似项目的信息或者数据（例如，持续时间、预算、资源、规模和复杂性等）为基础，来估算未来项目的信息或者数据。这是一种粗略的估算方法，有时需要根据项目复杂性方面的已知差异进行调整。

类比估算法适合评估一些与历史项目在应用领域、环境和复杂度等方面相似的项目，通过新项目与历史项目的比较得到规模估计。由于类比估算法估计结果的精确度取决于历史项目数据的完整性和准确度，因此，用好类比估算法的前提条件之一是组织建立起较好的项目后评价与分析机制，对历史项目的数据分析是可信赖的。

在项目详细信息不足时（例如，在项目的早期阶段），经常使用类比估算技术来估算项目持续时间（或成本、资源）。类比估算综合利用历史信息和专家判断。相对于其他估算技术，类比估算通常成本较低、耗时较少，但准确性也较低。在实际工作中，可以针对整个项目或项目中的某个部分进行类比估算。如果以往活动是本质上而不只是表面上类似，并且从事估算的项目团队成员具备必要的专业知识，那么类比估算就最为可靠。

与自下而上估算相比，自上而下估算的主要优点是，管理层会综合考虑项目中的资源分配，由于管理层的经验，他们能相对准确地把握项目的整体需要，能够将预算控制在有效的范围内，并且避免有些活动有过多的预算，而另外一些活动被忽视。

自上而下估算的主要缺点是，下层人员认为所估算的时间不足以完成任务时，由于在组织中的地位不同，下层人员很有可能会保持沉默，而不是试图和管理层进行有效的沟通并讨论更为合理的估算，默默地等待管理层发现估算中的问题再自行纠正。这样会使项目的执行出现困难，甚至是失败。自上而下估算对项目中的特殊困难估计不足，估算出来的成本盲目性大，有时会遗漏项目的某些部分。

3. 参数估算

参数估算是一种基于历史数据和项目参数，使用某种算法来计算持续时间的估算技术。利用历史数据与其他变量（例如，软件开发中的代码行）之间的统计关系来估算诸如成本、资源和持续时间等活动参数。将需要实施的工作量乘以完成单位工作量所需的工时，即可计算出活动持续时间。例如，对于网络布线项目，用光缆的长度乘以铺设每米光缆所需的工时，就可以得到铺设光缆的总工时。又如，如果所用的资源每小时能够铺设25米光缆，那么铺设1000米光缆的持续时间是40小时。

参数估算的准确性取决于参数模型的成熟度和基础数据的可靠性。参数估算可以针对整个项目或项目中的某个部分，并可与其他估算方法联合使用。

常用的参数估算技术主要有回归分析和学习曲线。回归分析是数理统计中用来描述各变量之间相互关系的数学模型，即建立某个（或一系列）自变量与特定因变量之间的数学关系；学习曲线是指随着经验的积累，人们完成同样一个单位工作所需的时间和成本会逐渐呈一定规律减少。

总体上来说，类比估算和参数估算的持续时间（或成本）及准确性可能差别很大，在下列三种情况下，它们将最为可靠：

（1）用来建立模型的历史信息准确。
（2）模型中的参数易于量化。
（3）模型可以调整，以便对大项目、小项目和各项目阶段都适用。

4. 三点估算

考虑原有估算中风险的大小，通过使用三点估算法可以提高估算活动持续时间的准确性，三点估算就是在确定三种估算的基础上做出的。三点估算法来源于计划评审技术（Program Evaluation and Review Technique，PERT）。PERT 使用以下三种估算值来界定活动持续时间的近似区间：

（1）最可能持续时间（Most Likely Duration，tM）：基于最可能获得的资源、最可能取得的资源生产率、对资源可用时间的现实预计、资源对其他参与者的可能依赖以及可能发生的各种干扰等所得到的活动持续时间。

（2）最乐观持续时间（Optimistic Duration，tO）：考虑了可能对结果产生影响的所有已知变量而得到的最短的活动持续时间估算。

（3）最悲观持续时间（Pessimistic Duration，tP）：考虑了可能对结果产生影响的所有已知变量而得到的最长的活动持续时间估算。

这三种估算能表明持续时间估算的变化范围。PERT 技术对以上三种估算进行加权平均来估算活动持续时间（三点估算包括三角分布和 β 分布，考试中一般默认使用 β 分布），即：

活动持续时间 =（tO+4×tM+tP）/6

例如，假设活动 A 的最乐观持续时间为 6 天，最可能持续时间为 10 天，最悲观持续时间为 20 天，则活动 A 的持续时间估算为：

（6 + 4×10 + 20）/6 = 11 天

除 β 分布外，还可以采用三角分布来进行估算，计算公式如下：

活动持续时间 =（tO+tM+tP）/3

5. 储备分析

储备分为应急储备和管理储备。管理储备是基准之外的成本，以备在未来不可预见的事件发生时使用。管理储备包含成本或进度储备，以降低偏离成本或进度目标的风险。管理储备的使用需要对项目基准进行变更。它们是未知的未知事件（完全未知的风险），项目经理在使用或支出管理储备前，需要获得批准。管理储备不是项目成本基准的一部分，但包含在项目总预算中。管理储备不纳入挣值指标计算。

应急储备是指为未规划但可能发生的事项提供的补贴，这些事件是由风险登记册中所列的已知风险引起的。它们是已知（至少是部分已知的）的未知事件，是项目基准的一部分。应急储备的开支由项目经理掌握，要包含在挣值指标计算中。

6.6 制订进度计划

项目进度计划是进度模型的输出，展示活动之间的相互关系，以及计划时间、持续时间、里程碑和所需资源。项目进度计划中至少要包括每个活动的计划开始时间和结束时间。如果早期阶段进行了资源规划，在资源分配未确认、计划开始与计划完成时间未确定之前，项目进度计划都只是初步的，一般在项目管理计划制订完成之前确认进度计划。

项目进度计划常用横道图、里程碑、双代号时标网络图表示，这三种形式的进度计划，构成从低级（详细）到高级（粗略）的层级结构，可以满足不同层次人员了解项目进度情况的需要。

6.6.1 项目进度计划类型

1. 横道图

横道图也称为甘特图或条形图,进度活动列于纵轴,日期排于横轴,活动持续时间则表示按开始和结束日期定位的水平条形(横道)。横道图将计划和进度安排两种职能结合在一起,用水平线段或条形表示活动的工作阶段,线段或条形的起点和终点分别对应着活动的开始时间和完成时间,线段或条形的长度表示完成活动所需的时间,如图6-4所示。

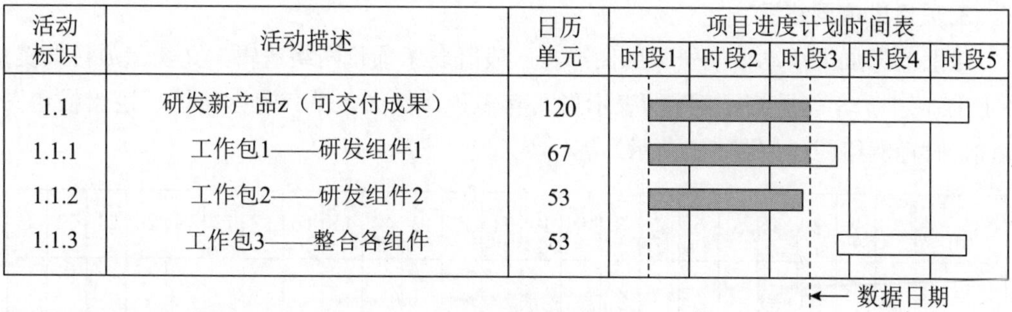

活动标识	活动描述	日历单元	项目进度计划时间表				
			时段1	时段2	时段3	时段4	时段5
1.1	研发新产品z(可交付成果)	120					
1.1.1	工作包1——研发组件1	67					
1.1.2	工作包2——研发组件2	53					
1.1.3	工作包3——整合各组件	53					

← 数据日期

图6-4 横道图示例

横道图容易看懂,经常用于向管理层介绍情况。为了便于控制以及与管理层进行沟通,可以在里程碑之间或横跨多个相关联的工作包之间列出内容更广、更综合的概括性活动,并在横道图报告中显示出来。概括性活动也称为汇总活动,是作为单个活动来展示的一组相关的活动的集合。

与网络图相比,横道图不是一个有力的逻辑关系表示工具,而主要是用来追踪和报告活动进度的。在横道图中,可以用不同颜色的横道来表示某个活动的计划进度和随时间推移的实际进度,使人们能一目了然地看出活动进展情况;也可以用细线表示计划进度(细横道图),用粗线表示实际进度(粗横道图)。

横道图的优点是标明了各活动的计划进度和当前进度,能动态地反映项目进展情况,能反映活动之间的静态逻辑关系。缺点是难以反映多个活动之间存在的复杂的逻辑关系,没有指出影响项目生命周期的关键所在,不利于合理地组织安排整个项目,更不利于对整个项目进行动态优化管理。

2. 里程碑图

里程碑图与横道图类似,但里程碑图仅标示出主要可交付成果,以及关键的外部接口的规定开始与完成日期,不需要细分活动。在实际工作中,里程碑图通常称为主进度计划(Master Schedule)、控制性进度计划或一级进度计划。里程碑是一系列活动完成、一定阶段结束的标志,它本身没有工期,如图6-5所示。

活动标识	活动描述	日历单元	项目进度计划时间表				
			时段1	时段2	时段3	时段4	时段5
1.1.MB	研发新产品z（可交付成果）——开始	0	◇				
1.1.1.M1	组件1——完成	0			◇		
1.1.2.M1	组件2——完成	0			◇		
1.1.3.MF	研发新产品z（可交付成果）——结束	0					◇

←── 数据日期

图 6-5　里程碑图示例

3. 项目进度网络图

以上信息加上活动日期资料的图形，一般既表示项目网络逻辑，又表示项目关键路径上的计划活动。进度网络图的表示形式有多种，例如，单代号网络图、逻辑横道图、双代号时标网络图（如图 6-6 所示）等。

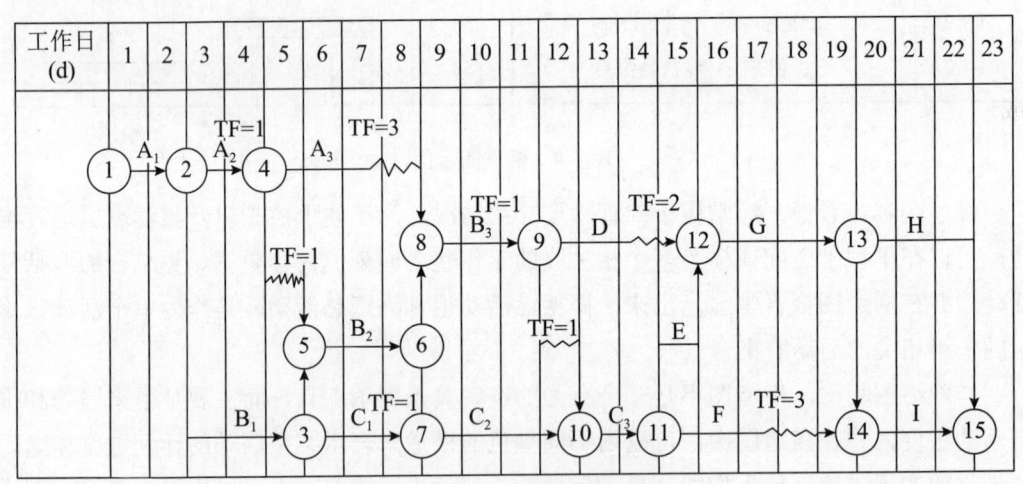

图 6-6　双代号时标网络图示例

4. 进度基准与进度数据

制订进度计划过程的输出除了项目进度计划外，还有进度基准、进度数据和项目日历，以及对项目管理计划和相关项目文件的更新。

进度基准是经过批准的进度模型，只有通过正式的变更控制程序才能进行变更，用作与实际结果进行比较的依据。它被相关方接受和批准，其中包含基准开始时间和基准结束时间。在控制进度的过程中，将用实际开始和结束时间与批准的时间进行比较，以确定是否存在偏差。

进度数据是用以描述和控制进度计划的信息集合，至少包括进度里程碑、进度活动和活动属性，以及已知的全部假设条件和制约因素。经常可用作支持性的信息包括：

（1）按时段设计的资源需求，一般以资源直方图表示。

（2）备选的进度计划，例如，最好情况或最坏情况下的进度计划、经资源优化或未经资源优化的进度计划、有强制日期或无强制日期的进度计划等。

（3）进度应急储备。

6.6.2 关键路径法

关键路径法（Critical Path Method，CPM）也称为关键路线法，是借助进度活动图和各活动所需时间（估计值）计算每一活动的最早或最晚开始和结束时间。关键路径法的关键是计算总浮动时间，这样可决定哪一个活动有最小时间弹性。关键路径法的核心思想是将活动按逻辑关系加以整合，统筹计算出整个项目的工期和关键路径。

1. 浮动时间

活动的总浮动时间也称为总时差、机动时间、松弛时间，是指在不延误项目完成时间或违反进度制约因素的前提下，活动可以从其最早开始时间推迟或拖延的时间量。活动的总浮动时间等于该活动最晚完成时间与最早完成时间之差，或该活动最晚开始时间与最早开始时间之差。

活动的自由浮动时间也称为自由时差，是指在不延误任何紧后活动的最早开始时间或违反进度制约因素的前提下，该活动可以推迟的时间量。活动自由浮动时间的计算应按以下两种情况分别考虑。

（1）对于有紧后活动的活动，其自由浮动时间等于所有紧后活动最早开始时间减本活动最早完成时间所得之差的最小值。例如，假设活动 A 的最早完成时间为 4，活动 A 有 2 项紧后活动，其最早开始时间分别为 5 和 7，则 A 的自由浮动时间为 1。

（2）对于没有紧后活动的活动，也就是以网络图终点为完成点的活动，其自由浮动时间等于计划工期与本活动最早完成时间之差。

需要指出的是，对于网络图中以终点为完成点的活动，其自由浮动时间与总浮动时间相等。此外，由于活动的自由浮动时间是其总浮动时间的构成部分，所以，当活动的总浮动时间为零时，其自由浮动时间必然为零，可不必进行专门计算。

2. 关键路径

因网络图中的某些活动可以并行进行，所以完成工程的最短时间是从开始点到结束点的最长路径长度，称从开始点到结束点的最长路径为关键路径（临界路径、关键线路），关键路径上的活动为关键活动。关键路径决定了完成项目的最短时间。

在实际工作中，可以先求出每个活动的总浮动时间，总浮动时间为零的活动就是关键活动，关键活动所组成的路径就是关键路径。如果项目的活动数不多，则可以采取观察法求得其关键路径，即路径最长的那条路径就是关键路径。

一般来说，不在关键路径上的活动时间的缩短，不能缩短整个工期；而不在关键路径上的活动时间的延长，可能导致关键路径的变化，因此可能影响整个工期。

要注意的是，项目的关键路径至少有一条，可能不止一条。不管有多少条关键路径，每条关键路径上各活动持续时间的和是相等的，都等于项目的总工期。从风险管理的角度来看，关键路径越多，项目的风险越大。

另外，如果网络图绘制得不好（活动排序存在问题），则关键活动的总浮动时间有可能为负数。关键路径上的活动总浮动时间可能为负的原因是由于安排调配不得当所造成的活动非合理性交错现象，即持续时间和逻辑关系违反了对最晚开始时间的制约因素。此时，就有必要调整活动持续时间、逻辑关系等，使得活动总浮动时间为零。

6.7 控制进度

进度是三大基准之一，在给定的时间完成项目是项目的重要约束性目标，能否按进度交付是衡量项目是否成功的重要标志。因此，控制进度是项目控制的首要内容，是项目的灵魂。同时，由于项目管理是一个带有创造性的过程，项目不确定性很大，控制进度是项目管理中的最大难点。

6.7.1 进度压缩

所谓进度压缩，是指在不改变项目范围的条件下缩短项目进度的途径。常用的进度压缩的技术有赶工、快速跟进等。理想的进度计划优化，应该总工期缩短、总成本也要降低。

1. 赶工

赶工是一种通过分配更多的资源（例如，加班、增加额外资源、支付加急费用等），达到以成本的最低增加进行最大限度的进度压缩的目的，赶工不改变活动之间的顺序。赶工在保持活动的工作范围不变的情况下，在单位时间内投入更多的资源以加快工作进度。赶工增加的资源可以来自非关键路径上，也可以来自项目外部。

赶工并非总是切实可行的，它可能导致风险和（或）成本的增加。要注意的是，赶工不一定总是增加项目成本，当项目的成本与项目的持续时间有直接关联时，可能会由于赶工减少了项目持续时间而节约项目的整体成本。

2. 快速跟进

快速跟进也称为快速追踪，它是指将关键路径上原来按先后顺序进行的工作调整为部分并行进行。快速跟进会改变工作网络图原来的顺序，可能导致返工，会增加风险。要注意的是，快速跟进与并行工程（Concurrent Engineering）是不一样的。并行工程是指紧后活动的人派代表参加紧前活动，以便加快两个活动之间的衔接（也可能导致两个活动部分并行）。

在项目中必须处理好进度与质量之间的关系。在项目管理实践中，常常会遇到这样的事情：当任务未能按计划完成时，只好设法加快进度赶上去。但事实证明，在进度压力下赶任务，其成果往往是以牺牲产品的质量为代价的。因此，当项目的进度有可能延误时，应该分析延误的原因，加以补救。不应该盲目地投入新的人员或推迟预定完成日期，增加资源有可能导致产生额外的问题并且降低效率。

当项目进度拖延，明显无法在预定的时间内完成时，比如工程项目类型，承建单位可以缩小项目的范围，以便在指定日期内完工。但是，这种"缩小"一定要征求建设单位的同意。在实际工作中，承建单位可以在征求建设单位同意的前提下，采取分期交付的形式，优先交付建设单位最急需的部分产品。

6.7.2 资源优化

资源优化技术是根据资源供需情况来调整进度模型的技术。与此相关的概念是资源负荷。

资源负荷是指在特定时间内的现有进度计划所需要的各种资源的数量。如果分配给某个活动的资源超出了项目的可用资源，则称为资源超负荷。资源超负荷本身就是一种资源冲突的现象，为了消除超负荷，可以修改进度计划，尽量使资源得到充分利用或者充分利用项目活动的浮动时间，这种方法就称为资源优化。

资源优化是一种延迟项目活动来解决资源冲突问题的方法，是对于已经过关键路径分析后的进度计划的一种进度网络分析技术，它将以资源管理因素为主进行项目进度决策，在进度计划受制于资源或资源过载时使用。资源优化的主要目的是更加合理地分配使用的资源，使项目的资源达到最有效的利用。资源优化技术主要包括资源平衡和资源平滑。

1. 资源平衡

资源平衡（Resource Leveling）是为了在资源需求与资源供给之间取得平衡，根据资源制约对活动的开始日期和结束日期进行调整的一种技术。如果共享资源或关键资源只在特定时间可用，而且数量有限或被过度分配（例如，一个资源在同一时段内被分配给两个以上活动），就需要进行资源平衡，也可以为保持资源使用量处于均衡水平而进行资源平衡。

例如，假设某项目的进度网络图如图 6-7 所示。

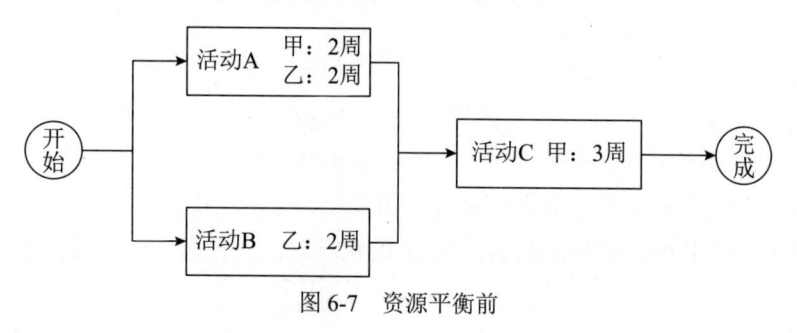

图 6-7 资源平衡前

如果不考虑资源限制，则其总工期为 5 周。但是，资源乙出现了超负荷，因为在同一时间被分配给了活动 A 和活动 B。此时，需要进行资源平衡，具体做法是先执行活动 A，等活动 A 做完后，再执行活动 B，也就是将 A 与 B 之间的并行关系改为顺序关系，如图 6-8 所示。

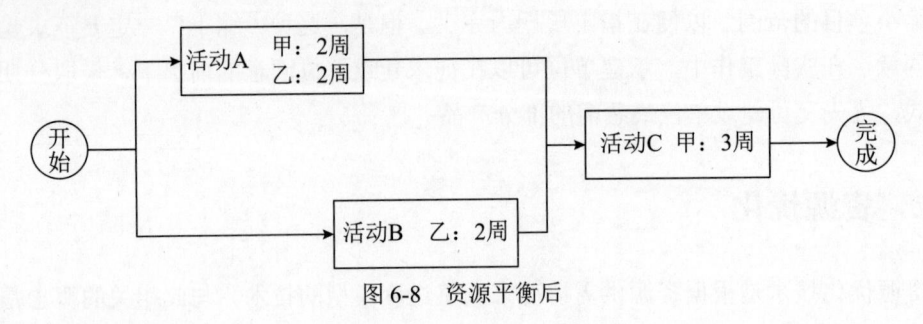

图 6-8　资源平衡后

经过资源平衡后，解决了资源超负荷问题，但整个项目的工期从 5 周延长到了 7 周。从这个例子可以看出，资源平衡可能会导致关键路径改变，而且往往是延长总工期。

要注意的是，资源平衡与赶工是有本质区别的，前者是调整资源的工作时间，后者是在关键路径上增加资源。

2. 资源平滑

资源平滑（Resource Smoothing）是对进度模型中的活动进行调整，从而使项目资源需求不超过预定资源限制的一种技术。当资源有冲突时，将非关键路径上的资源优先分配给关键路径，使非关键活动的开始日期往后推，推后的时间在其总浮动时间的允许范围内。

例如，假设某项目的时标网络图如图 6-9 所示（时间单位为周）。

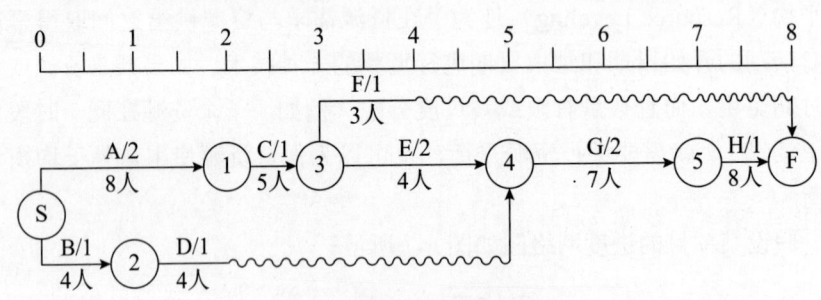

图 6-9　某项目的时标网络图

从图 6-9 可以直观地看出，其关键路径为 ACEGH，项目工期为 2+1+2+2+1=8 周。项目所需要的人力资源最高峰时期为 12 人，最低峰时期为 7 人。如果组织只给该项目分配了 9 个人，且仍然需要在 8 周内完成，则需要进行资源优化。

对图 6-9 进行分析，调整活动 B、D、F 的执行时间，使同一时间段内使用的资源最少，如图 6-10 所示。

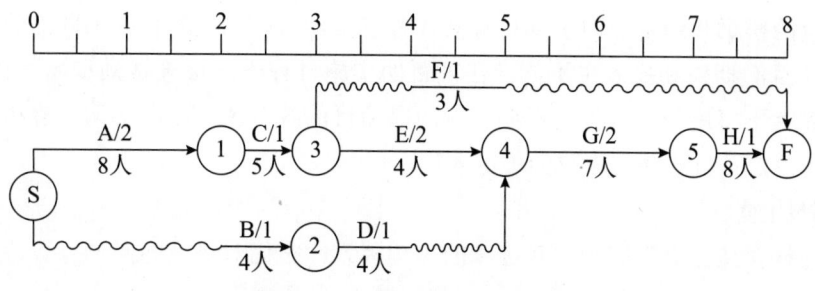

```
      0     1     2     3     4     5     6     7     8
      |--|--|--|--|--|--|--|--|--|--|--|--|--|--|--|--|
                              F/1
                          ~~~~~~~~~~~~~~~~~~~~~~~~~
                              3人
           A/2      C/1      E/2         G/2      H/1
      ┌─S─┐──→──(1)──→──(3)──→──(4)──→──(5)──→──(F)
           8人      5人       4人          7人      8人
             B/1       D/1
           ~~~~(2)~~~~~~~~↑
            4人      4人
```

图 6-10 调整后的时标网络图

从图 6-10 可以看出，第 3 周时活动 B、C 并行，共需要 9 人，其余时间段所需人数均少于 9 人。

从这个例子可以看出，与资源平衡相比，资源平滑不会改变项目关键路径，完工日期也不会延迟。也就是说，活动只在其总浮动时间和自由浮动时间内延迟。

编制进度计划的目的是指导项目的实施，以保证实现项目的工期目标。但在进度计划实施过程中，由于主、客观条件的不断变化，计划亦须随之改变。凭借一个最优计划而一劳永逸是不可能的。因此，在项目实施过程中，必须不断监控项目的进程以确保每项工作都能按进度计划进行。同时，必须不断掌握计划的实施状况，并将实际情况与计划进行对比分析，必要时应采取有效的措施，使项目按预定的进度目标进行，避免工期拖延。这一过程称为控制进度。

控制进度是监督项目状态，更新项目进展，管理进度基准变更，以实现计划的过程。其主要作用是提供发现计划偏离的方法，从而可以及时采取纠正和预防措施以降低风险。其目标是确保项目按既定工期目标实现，或是在保证项目质量，并且不会因此而增加项目实际成本的条件下适当缩短项目工期。控制进度的主要方法是规划、控制和协调。规划是指确定项目总控制进度目标和分控制进度目标，并编制其进度计划；控制是指在项目执行全过程进行的检查、比较及调整；协调是指协调参与项目的各有关单位、部门和人员之间的关系，使之有利于项目的进展。

6.7.3 影响进度的主要因素

为了有效控制进度，必须对影响进度的因素进行分析，以便事先采取措施，尽量缩小实际进度与计划进度的偏差，实现项目的主动控制与协调。在项目实施过程中，很多因素影响项目工期目标的实现，这些因素可称为干扰因素，如人员、设备、技术、资金和环境等。

1. 人员因素

项目中人的因素是第一位的，可以说是决定性的因素。项目管理实践证明：人的因素是比精良的设备、先进的技术更为重要的项目成功因素。例如，项目经理是项目委托人的代表，是项目启动后项目全过程管理的核心，是项目团队的领导者，是项目有关各方协调配合的桥梁和纽带。由于项目有关各方参与项目的动机和目的不同，关心的重点不同，对项目的期望和投入也不同，在项目的实施过程中，很难做到步调一致。因此，矛盾和冲突就不可避免。项目经理要负责沟通项目的各有关方面，协调、解决这些矛盾和冲突，是决定项目成功与失败的关键人物。

2. 设备因素

设备与材料往往成为制约项目进度的关键因素，它们对进度的影响有等待设备到位和效率低下。

（1）等待设备到位。如果信息系统集成项目中包括了机器设备或工具，则这些设备或工具必须在部署阶段之前到位。

（2）效率低下。开发时用的设备要和推荐给使用者的设备要求大致相当，有时开发时用的设备很好，对使用者的设备要求也在无形中提高了。有时相反，开发使用的设备性能影响效率，进而影响项目进度。

3. 技术因素

例如，信息系统集成项目中，使用不同的方法完成系统的功能，工作量动辄会相差好几倍甚至几十倍。好的工具、控件的应用往往会省很多时间。一般来说，选择成熟的技术，进度会有保证，在技术难题攻关中也容易寻求帮助。

4. 资金因素

进度、成本、质量之间是相互作用、相互影响的。资金对项目进度的影响是显而易见的，资金不到位项目只能暂停。进度规划时就要考虑资金预算的配套，否则控制进度也是空谈。

5. 环境因素

项目不是空中楼阁，都是在特定的环境下进行的。项目管理人员必须对项目所处的外部环境有正确的认识。项目的外部环境包括自然、技术、政治、社会、经济、文化，以及法律法规和行业标准等。环境的变化有时是始料未及的，项目经理要分析环境变化对项目的影响，采取适当的措施。

6.7.4 项目进度更新

将实际进度与计划进度进行比较并分析结果，以保持项目工期不变，保证项目质量和所耗成本最少为目标，做出有效措施，进行项目进度更新，这是控制进度和进度管理的宗旨。项目进度更新主要包括两方面工作，即分析进度偏差的影响和进行项目进度计划的调整。

1. 分析进度偏差的影响

当出现进度偏差时，需要分析该偏差对后续活动及总工期的影响。主要从以下几方面进行分析：

（1）分析产生进度偏差的活动是否为关键活动。若出现偏差的活动是关键活动，则无论其偏差大小，对后续活动及总工期都会产生影响，必须进行进度计划更新；若出现偏差的活动为非关键活动，则须根据偏差值与总浮动时间和自由浮动时间的大小关系，确定其对后续活动和总工期的影响程度。

（2）分析进度偏差是否大于总浮动时间。如果活动的进度偏差大于总浮动时间，则必将影响后续活动和总工期，应采取相应的调整措施；若活动的进度偏差小于或等于该活动的总浮动时间，表明对总工期无影响，但其对后续活动的影响，需要将其偏差与其自由浮动时间相比较才能做出判断。

（3）分析进度偏差是否大于自由浮动时间。如果活动的进度偏差大于该活动的自由浮动时间，则会对后续活动产生影响，如何调整，应根据后续活动允许影响的程度而定；若活动的进度偏差小于或等于该活动的自由浮动时间，则对后续活动无影响，进度计划可不进行调整。

经过上述分析，项目管理人员可以确定应该调整产生进度偏差的活动和调整偏差值的大小，以便确定应采取的调整措施，形成新的符合实际进度情况和计划目标的进度计划。

2. 项目进度计划的调整

项目进度计划的调整往往是一个持续反复的过程，一般分四种情况。

1) 关键活动的调整

对于关键路径，由于其中任一活动持续时间的缩短或延长都会对整个项目工期产生影响。因此，关键活动的调整是项目进度更新的重点。有以下两种情况：

第一种情况：关键活动的实际进度较计划进度提前时的调整方法。

若仅要求按计划工期执行，则可利用该机会降低资源强度及成本。实现的方法是，选择后续关键活动中资源消耗量大或直接成本高的予以适当延长，延长的时间不应超过已完成的关键活动提前的量；若要求缩短工期，则应将计划的未完成部分作为一个新的计划重新计算与调整，按新的计划执行，并保证新的关键活动按新计算的时间完成。

第二种情况：关键活动的实际进度较计划进度落后时的调整方法。

调整的目标就是采取措施将耽误的时间补回来，保证项目按期完成。调整的方法主要是缩短后续关键活动的持续时间。这种方法是指在原计划的基础上，采取组织措施或技术措施缩短后续活动的持续时间来弥补时间损失，以确保总工期不延长。

实际上，不得不延长工期的情况非常普遍，项目管理团队在项目总计划的制订中要充分考虑到适当的时间冗余。当预计到项目时间要拖延时应该分析原因，第一时间向项目相关方通报，并征求他们的意见，这也是控制进度的重要工作内容。一般采用项目进展报告的形式向相关方汇报。

2) 非关键活动的调整

当非关键路径上某些活动的持续时间延长，但不超过其浮动时间范围时，则不会影响项目工期，进度计划不必调整。为了更充分地利用资源，降低成本，必要时可对非关键活动的浮动时间做适当调整，但不得超出总浮动时间，且每次调整均须进行时间参数计算，以观察每次调整对计划的影响。

非关键活动的调整方法有三种：在总浮动时间范围内延长非关键活动的持续时间、缩短活动的持续时间、调整活动的开始或完成时间。

当非关键路径上某些活动的持续时间延长而超出总浮动时间范围时，必然影响整个项目工期，关键路径就会转移。这时，其调整方法与关键路径的调整方法相同。

3）增减项目活动

由于编制计划时考虑不周，或因某些原因需要增加或取消某些活动，则须重新调整网络图，计算相关参数。

增加项目活动只对原遗漏或不具体的逻辑关系进行补充；减少项目活动，只是对提前完成的活动或原不应设置的活动予以消除。增减项目活动后，应重新计算网络图的时间参数，以分析此项调整是否对原计划工期产生影响，若有影响，应采取措施使之保持不变。

4）资源调整

若资源供应发生异常时，应进行资源调整。资源供应发生异常是指因供应满足不了需要，例如，资源强度降低或中断，影响到计划工期的实现。资源调整的前提是保证工期不变或使工期更加合理。

第 7 章
过程——成本

7.1 项目成本管理

项目成本管理应考虑相关方对掌握成本情况的要求，不同的相关方会在不同的时间、用不同的方法核算项目成本。例如，对于某采购品，可在做出采购决策、下达订单、实际交货、实际成本发生或进行会计记账时核算其成本。

项目成本管理重点关注完成项目活动所需资源的成本，但同时也应考虑项目决策对项目产品、服务或成果的使用成本、维护成本和支持成本的影响。例如，减少设计审查的次数可降低项目成本，但可能增加客户的运营成本。

在很多组织中，预测和分析项目产品的财务效益是在项目之外进行的；但对于有些项目（例如，固定资产投资项目），可在项目成本管理中进行这项预测和分析的工作。在这种情况下，项目成本管理还需使用其他过程和许多通用管理技术，例如，投资回报率分析、现金流折现分析和投资回收期分析等。应该在项目规划阶段的早期就对成本管理工作进行规划，建立各成本管理过程的基本框架，以确保各过程的有效性以及各过程之间的协调性。

项目成本管理分为规划成本管理、估算成本、制定预算和控制成本四个过程。项目成本管理的各过程如表 7-1 所示。

表7-1　项目成本管理的各过程

管理过程	解释
规划成本管理	确定如何估算、预算、管理、监督和控制项目成本的过程
估算成本	对完成项目活动所需资金进行近似估算的过程
制定预算	汇总所有单个活动或工作包的估算成本，建立一个经批准的成本基准的过程
控制成本	监督项目状态，以更新项目成本和管理成本基准变更的过程

注意：在实践工作中，各过程以相互交叠和相互作用的形式出现。在某些项目，特别是范围较小的项目中，成本估算和成本预算之间的联系非常紧密，以至于可视为一个过程，由一个人在较短时间内完成。

7.1.1 基本概念

与项目成本管理有关的术语很多，本节主要介绍全生命周期成本、固定成本、可变成本、直接成本、间接成本、管理储备、应急储备、成本基准、沉没成本、机会成本、收益递减规律、学习曲线、边际分析和折旧等基本概念。

1. 全生命周期成本

全生命周期成本有助于对贯穿于项目生命周期的成本状况有一个整体的认识，帮助项目管理团队更精确地制订项目成本计划。对于一个项目而言，全生命周期成本指的是权益总成本，即开发成本和维护成本的总和。于项目而言，特别要考虑全生命周期成本的计算，合理地分配产品各个阶段的成本。

2. 固定成本与可变成本

固定成本是指不随生产量、工作量或时间的变化而变化的非重复成本。例如，办公室租赁费用等。

可变成本又称为变动成本，是指随着生产量、工作量或时间而变的成本。例如，开发人员的工资、材料与设备费用等。

3. 直接成本与间接成本

直接成本是可以直接计入项目的成本，例如，材料费、设计费、项目团队成员的工资等。直接成本通常是某项目所专用的资源的成本，一般可以由项目经理直接控制。

间接成本是不能直接计入项目而需要在几个项目（或项目与职能业务）之间进行分摊的成本。例如，组织高层人员的工资、组织总部的管理费等。间接成本项目经理一般无法直接控制。

4. 管理储备与应急储备

管理储备与应急储备见 6.5 节储备分析的内容。

5. 成本基准

成本基准是经批准的、按时间段分配的项目预算，不包括任何管理储备，只有通过正式的变更控制程序才能进行变更，用作与实际结果进行比较的依据。成本基准一般由按时段汇总估算的成本编制而成。

6. 沉没成本

沉没成本也称为沉淀成本，是指由于过去的决策已经发生的，不能由现在或将来的任何决策改变的成本。人们在决定是否去做一件事情的时候，不仅是看这件事对自己有没有好处，而且也看过去是不是已经在这件事情上有过投入。这些已经发生而不可收回的支出（例如，时间、资金、精力等）称为沉没成本。

沉没成本常用来和可变成本作比较，可变成本可以被改变，而沉没成本则不能被改变。沉没成本是一种历史成本，对现有决策而言是不可控成本，不会影响当前行为或未来决策。从这个意义上说，在投资决策时应排除沉没成本的干扰。

7. 机会成本

机会成本是指一种资源用于本项目而放弃用于其他机会时，所可能损失的利益，也就是某项资源未能得到充分利用而放弃掉的获利机会所带来的成本。因为选择一个项目而必须放弃另一个项目，另一个项目可以带来的利益就是这个被选择项目的机会成本。例如，项目 A 的净现值是 10 万元，项目 B 的净现值是 25 万元，选择项目 B 而放弃项目 A，则选择项目 B 所产生的机会成本是 10 万元。在做项目决策时，需要考虑机会成本。

8. 学习曲线

学习曲线理论指出，当重复生产许多产品时，那些产品的单位成本随着数量的增多呈规律性递减。例如，假设某项目可能批量生产10万个设备，第1个设备的成本一定远远高于第10万个设备的成本。学习曲线理论用来估计生产大量产品的项目成本。

如果在项目中采用了项目团队成员未使用过的技术和方法，那么在使用这些技术和方法的初期，项目团队成员有一个学习的过程，许多时间和劳动被投入到尝试和试验中，这些尝试和试验会增加项目的成本。同样，对于项目团队从未从事的项目要比对原有项目的升级的成本高得多，也是由于项目团队必须学习新行业的术语、原理和流程。

9. 边际分析

边际分析是将追加的支出和追加的收入进行比较，二者相等时为临界点，也就是投入的资金所得到的利益与输出损失相等时的点。如果组织的目标是取得最大利润，那么当追加的收入和追加的支出相等时，这一目标就能达到。边际分析是考虑单位投入所能带来的单位产出。根据收益递减规律，当单位投入等于单位产出时，就不能再增加投入。

10. 折旧

折旧是指固定资产在使用过程中因磨损老化或技术陈旧而逐渐损失其价值的现象，也指估计这种损失的行为。

7.1.2　影响成本的因素

项目成本是指为完成项目目标而付出的成本和耗费的资源。项目成本管理就是在整个项目的实施过程中，为确保项目在批准的预算条件下尽可能保质按期完成而对所需的各个过程进行管理与控制。其主要目标是确保在批准的预算范围内完成项目所需的各个过程。影响项目成本的因素非常多，而且变化大。在这些因素中质量、进度和范围对项目成本的影响不但非常突出，而且关联性强。

（1）质量对成本的影响：质量水平越低，项目成本就越低；质量要求越高，则完成项目需要采用更好的资源、耗费更长的时间，成本也就越高。但是，质量不能低于底线，质量很低使得项目无法投入正常使用，或经常发生故障，则成本反而会上升，甚至使项目失败。

（2）进度对成本的影响：进度对于成本的影响和质量对于成本的影响相似。进度越紧，成本会越高。当项目赶工时，通常会采取一些措施，例如，加班、高价进料、提高工资等，这些势必会加大项目成本。在整个项目过程中有一个最佳进度，这时的项目成本能达到最低。理论上这个最佳进度是存在的，但在实际工作中最佳进度非常难以把握。当进度安排时间过长，超过最佳进度安排时，项目成本势必也会增加。

（3）范围对成本的影响：项目范围界定了完成项目所包括的工作内容。项目工作需要消耗一定的资源，因此，项目范围界定了成本发生的范围和数额。范围与成本是递增的关系，项目成本随着项目范围的扩大而增加，随着项目范围的缩小而减少。范围不大而成本很高，必然造成资源的浪费，而范围过大成本太低，势必会影响项目的进度和质量，甚至导致项目的失败。

价格和管理水平对于项目成本也具有重要的影响。在项目范围确定的情况下，资源价格提高，成本就会相应增加。管理水平的高低直接或间接地影响项目成本，较高的管理水平可以减少失误，降低成本。

7.2 规划成本管理

规划成本管理是为规划、管理、花费和控制项目成本而制定政策、程序和文档的过程，其主要作用是在整个项目中为如何管理项目成本提供指南和方向。规划成本管理过程的主要输入有项目章程、项目管理计划、事业环境因素和组织过程资产，使用的工件主要有专家判断、数据分析和会议，输出成本管理计划。

在制订成本管理计划时，可能需要选择项目筹资的战略方法，例如，自筹资金、股权投资、借贷投资等。成本管理计划中可能也需要说明筹集项目资源的方法，例如，自制、采购、租用或租赁。组织政策和程序可能影响采用哪种财务技术进行决策，可用的技术包括投资回收期、投资回报率、内部报酬率、现金流折现和净现值等。

成本管理计划是项目管理计划的组成部分，描述将如何规划、安排和控制项目成本。项目所需要的成本管理过程及其相关工件，通常在定义项目生命周期时即已选定，并记录于成本管理计划中。成本管理计划的内容包括计量单位、精确度、准确度、组织程序链接、控制临界值、绩效测量规则、报告格式、过程描述和其他细节等。

（1）计量单位：对不同的资源设定不同的计量单位，例如，人·时、人·日、人·月、人·周或总价等。

（2）精确度：根据活动范围和项目规模，设定活动成本估算所需达到的精确程度，例如，精确至 1 万元或 10 万元等。

（3）准确度：为活动成本估算规定一个可接受的区间（例如，±8%），其中可能包括一定数量的应急储备。

（4）组织程序链接：WBS 为成本管理计划提供了框架，使成本估算、预算和控制之间能保持协调。用作项目成本账户的 WBS 组件称为控制账户。每个控制账户都有唯一的编码或账号，并用此编码或账号直接链接到执行组织的会计系统。

（5）控制临界值：为监督成本绩效明确偏差临界值。偏差临界值是经一致同意的、可允许的偏差区间。如果偏差落在该区间内，就无须采取任何行动。临界值通常用偏离基准计划的百分数来表示。

（6）绩效测量规则：应该制定绩效测量所用的挣值管理规则。例如，成本管理计划应定义 WBS 中用于绩效测量的控制账户，选择所用的挣值测量技术（例如，加权里程碑法、固定公式法、完成百分比法等），规定完工估算的计算公式以及其他跟踪方法。加权里程碑法是将工作包划分为多个可度量的部分，每个部分都以明确的里程碑结束，然后为每个里程碑的实现分配一个权重。固定公式法是在工作包开始时计算一个特定百分比的预算值,在工作包全部完成时再计算剩余百分比的预算值。完成百分比法是对某活动或 WBS 组件的实际已完成工作量的百分比估算。

(7)报告格式:规定各种成本报告的格式与编制频率。

(8)其他细节:关于成本管理活动的其他细节包括对战略筹资方案的说明、处理汇率波动的程序,以及记录项目成本的程序等。

7.3 估算成本

估算成本是对完成项目活动所需资金进行近似估算的过程,是在某特定时点,根据已知信息所做出的成本预测。其主要作用是确定完成项目工作所需要的成本数额。在估算成本时,需要识别和分析可用于启动与完成项目的备选成本方案,需要权衡备选成本方案并考虑风险,例如,比较自制成本与外购成本、购买成本与租赁成本以及多种资源共享方案,以优化项目成本。

估算成本是对完成活动所需资源的可能成本进行量化评估。进行成本估算时,应该考虑将向项目收费的全部资源,包括人工、材料、设备、服务、设施,以及一些特殊的成本种类,例如,通货膨胀补贴或应急成本。在实际工作中,通常用某种货币单位(例如,人民币、美元、欧元等)进行成本估算,但有时也可采用其他计量单位,例如,人·月或人·日等,以消除通货膨胀的影响,便于成本比较。

7.3.1 估算成本的主要步骤

成本估算需要进行三个主要步骤。首先,要识别并分析成本的构成科目;然后,根据已识别的项目成本构成科目,估算每一科目的成本大小;最后,分析估算结果,找出各种可以相互替代的成本,协调各种成本之间的比例关系。

1. 识别并分析成本的构成科目

这个步骤的主要工作就是确定完成项目活动需要的资源(例如,人员、设备、材料等)种类。制作项目成本构成科目后,会形成资源需求表和项目资源数据表(如表 7-2、表 7-3 所示),说明 WBS 中各组成部分需要的资源类型和数量。这些资源将通过组织内部分派或采购(招聘)得到。

表7-2 项目资源矩阵

活动	资源需求						说明
	资源 1	资源 2	资源 c	……	资源 $n-1$	资源 n	
活动 1							
活动 2							

续表

活动	资源需求					说明
	资源 1	资源 2	资源 c	……	资源 n-1	资源 n	
……							
活动 m							

表 7-3　项目资源数据表

资源需求种类	资源需求总量	时间安排（不同时间资源需求量）					说明
		1	2	……	t-1	t	
资源 1							
资源 2							
……							
资源 n							

2. 估算每一科目的成本大小

根据表 7-2 和表 7-3，考虑项目需要的所有资源的成本。估算可以用货币单位表示，也可用工时、人·月、人·天、人·年等其他单位表示。有时候，同样技能的资源来源不同，其对项目成本的影响也不同。例如，软件的本地化工作需要熟悉当地的语言和文化。这类知识通常可以通过使用当地人而基本不付任何代价来获取。然而，如果当地缺乏特殊的或具有专门技术和经验的人力资源，则支付报酬聘请一位咨询人员可能是了解当地语言和文化最有效的方式。估算时还需要考虑通货膨胀以及货币的时间价值等因素。

3. 协调各种成本之间的比例关系

计划的最终作用是要优化管理，所以在通过对每一成本科目进行估算而形成的总成本上，应对各种成本进行比例协调，找出可行的低成本的替代方案，尽可能地降低项目估算的总成本。例如：

原拟租赁设备使用时间较长且可以用于其他项目团队时，可以通过组织固定资产采购并将折旧分摊到多个项目团队来降低本项目团队的成本。

非关键岗位可以用技能级别较低的人员来替代技能级别较高的人员，从而降低人员成本。

在这个步骤，通常和项目优化结合起来考虑，常见的优化方法有工期优化、成本优化和资源优化三种。要注意的是，不管采取哪种方法来降低项目成本估算值，项目的应急储备和管理储备都不应被裁减。

7.3.2　估算成本的准确度

在项目执行过程中，项目管理团队应该根据最新得到的更详细的信息，对成本估算进行优化。在项目生命周期中，项目估算的准确性将随着项目的进展而逐步提高。因此，估算成本需要在各阶段反复进行，各种不同阶段所得到的成本准确度也不一样。

1. 粗略量级估算

粗略量级估算是在项目概念阶段或启动阶段，在没有详细数据的情况下进行的初步估算，准确性应该在实际成本的 -25% ～ +75%。

2. 确定性估算

确定性估算是在项目管理计划编制阶段的中后期得到的估算，必须基于详细、完整的 WBS 自下而上地估算，准确性应该在 -5% ～ +10%。只有确定性估算才能作为项目的成本基准。

估算活动成本的支持性信息的数量和类型，随应用领域的不同而不同。无论支持性信息详细程度如何，支持文件应该清晰、完整地说明成本估算是如何得出的。活动成本估算的支持性信息应包括：

（1）关于估算依据的文件，例如，估算是如何编制的。

（2）关于全部假设条件的文件。

（3）关于各种已知制约因素的文件。

（4）对估算区间的说明，例如，"10 000 元 ±10%"就说明了预期成本的所在区间。

（5）对最终估算的置信水平的说明。

成本估算是对完成活动所需资源的可能成本的量化评估，是在某特定时点，根据已知信息所做出的成本预测。

成本估算的构成如图 7-1 所示。

| 成本主体估算 | 成本储备估算 |

图 7-1 成本估算的构成

成本估算包括：

- 完成项目工作可能需要的成本；
- 应对已识别风险的应急储备；
- 应对计划外工作的管理储备的量化估算。

成本估算可以是汇总的或详细分列的。成本估算应覆盖项目所使用的全部资源，包括（但不限于）直接人工、材料、设备、服务，以及一些特殊的成本种类，如融资成本（包括利息）、通货膨胀补贴、汇率或成本应急储备。如果间接成本也包含在项目估算中，则可在活动层次或更高层次上计列间接成本。

7.4 制定预算

制定预算是汇总所有单个活动或工作包的估算成本，建立一个经批准的成本基准的过程。其主要作用是确定成本基准,可据此监督和控制项目绩效。项目预算包括经批准的用于项目的全部资金。成本基准是经过批准且按时间段分配的项目预算,但不包括管理储备。

要注意的是,估算成本是对具体的活动或工作包进行成本估算,而制定预算是将各种活动或工作包的成本估算汇总起来,形成项目的成本基准。

7.4.1 概述

制定项目预算是控制项目成本的基础,是将项目的成本估算分配到项目的各项具体工作上,以确定项目各项工作和活动的成本定额,制定项目成本的控制标准,规定项目意外成本的划分与使用规则。

1. 制定预算的作用

制定项目预算有以下 3 个作用:

(1)制定项目预算是按计划分配项目资源的活动,以保证项目各项活动能够获得所需要的各种资源。

(2)制定项目预算同时也是一种控制机制。制定项目预算是度量项目各项活动在实际实施过程中资源使用数量和效率的标准,项目活动所花费的实际成本应该尽量在预算成本的限度以内。

(3)制定项目预算为项目管理团队监控项目进度提供了一把标尺。项目成本总和要与一定的实施进度相联系,在项目执行的任何时间点上,都应该有确定的预算成本支出。

2. 制定预算的步骤

不管使用什么技术和工具来编制项目的预算,都必须要经过下列 5 个步骤:

(1)计算出各活动所需要的成本。通常应该由实际从事该活动的人员来计算。
(2)汇总各活动的成本估算及其应急储备,得出相关工作包的成本。
(3)汇总各工作包的成本估算及其应急储备,得到控制账户的成本。
(4)汇总各控制账户的成本,得到成本基准。
(5)在成本基准的基础上,加上一定的不可预见费用(管理储备),得到项目预算。

为了帮助读者理解其中的概念,图 7-2 给出了它们之间的关系。

项目预算	管理储备			
	成本基准	控制账户	工作包应急储备	
			工作包成本估算	活动应急储备
				活动成本估算

图 7-2 项目预算的组成

由图 7-2 可知,成本基准是经过批准的,按时间段分配的项目预算,不包括任何管理储备,只有通过正式的变更控制程序才能变更,用作与实际结果进行比较的依据。

成本基准是不同进度活动经批准的预算的总和。由于成本基准中的成本估算与活动直接关联,因此可以按时间段分配成本基准,得到一条 S 曲线。当出现有必要动用管理储备的变更时，则应该在获得变更控制过程批准后，把适量的管理储备移入成本基准中。

要注意的是，制定预算过程中的汇总并不是简单的加法，而是可能需要根据项目管理计划（成本管理计划、资源管理计划和范围基准）、项目文件（估算依据、成本估算、项目进度计划和风险登记册）、商业文件（商业论证、效益管理计划）、协议、事业环境因素和组织过程资产等输入，进行适当调整。

7.4.2 方法

制定预算过程使用专家判断、成本汇总、数据分析（储备分析）、历史信息审核、资金限制平衡、融资等方法输出成本基准、项目资金需求，同时更新相关的项目文件（成本估算、项目进度计划和风险登记册）。

1. 成本汇总

成本汇总是指在项目 WBS 的某个层次或成本控制账户上，对与各工作包相关的较低层次的成本估算进行汇总。首先，以 WBS 中的工作包为单位对活动成本估算进行汇总，然后再由工作包汇总至 WBS 的更高层次（例如，控制账户），并最终得出整个项目的总成本。

2. 历史信息审核

历史信息审核有助于进行参数估算或类比估算。有关变量之间可能存在一些可据此进行参数估算或类比估算的历史关系，可以基于这些历史关系，利用项目特征（参数）来建立数学模型，预测项目总成本。数学模型可以是简单的（例如，网络布线的总成本取决于单位长度的布线成本），也可以是复杂的（例如，软件开发项目的成本模型中有多个变量，且每个变量又受许多因素的影响）。

3. 资金限制平衡

资金限制平衡是将项目资金支出计划与项目资金到位承诺进行对比，从而识别资金限制与计划支出之间差异的过程。项目管理团队应该根据对项目资金的任何限制来平衡资金支出。如果发现资金限制与计划支出之间的差异，则可能需要调整工作的进度计划以平衡资金支出水平。这可以通过在项目进度计划中添加强制日期来实现。

4. 融资

融资是指为项目获取资金。长期的基础设施、工业和公共服务项目通常会寻求外部融资。如果项目使用外部资金，出资实体可能会提出一些必须满足的要求，一般是股权或债权。

7.5 控制成本

控制成本是监督项目状态以更新项目预算、管理成本基准变更的过程。其主要作用是发现实际与计划的偏差，以便采取纠正措施，降低风险。

要更新预算，就需要记录截至目前的实际成本。只有经过实施整体变更控制过程的批准，才可以增加预算。只监督资金的支出，而不考虑由这些支出所完成的工作的价值，这对项目没有什么意义，最多只能使项目团队不超出资金限额。所以，在成本控制中，应重点分析项目资金支出与相应完成的实际工作之间的关系。有效的成本控制的关键在于，对经批准的成本绩效基准及其变更进行管理。具体来说，项目成本控制包括以下工作：

（1）对造成成本基准变更的因素施加影响。

（2）确保所有的变更请求都获得及时处理。

（3）当变更实际发生时，管理这些变更。

（4）确保成本支出不超过批准的资金限额，既不超过按时段、按WBS组件、按活动分配的限额，也不超过项目总限额。

（5）监督成本绩效，找出并分析与成本基准间的偏差。

（6）对照资金支出，监督工作绩效。

（7）防止在成本或资源使用报告中出现未经批准的变更。

（8）向相关方报告所有经批准的变更及其相关成本。

（9）设法将预期的成本超支控制在可接受的范围内。

7.5.1 挣值分析

控制成本中的一种评估项目绩效和进展的方法是挣值分析。

挣值分析（Earned Value Analysis，EVA）是将实际进度和成本绩效与绩效测量基准进行比较。EVA将范围基准、成本基准和进度基准整合起来，形成绩效测量基准。它是将范围、进度和资源绩效综合起来考虑，以评估项目绩效和进展的方法。EVA是一种常用的绩效测量方法。

1. 三个指标

EVA的原理适用于任何行业的任何项目，它针对每个工作包和控制账户，计算并监测三个关键指标，分别是计划价值（Planned Value，PV）、挣值（Earned Value，EV）和实际成本（Actual Cost，AC）。

（1）计划价值是为某活动（或WBS组成部分）的预定工作进度而分配且经批准的预算。计划价值应该与经批准的特定工作内容相对应，是项目生命周期中按时段分配的这部分工作的预算。所有活动的PV的总和称为绩效测量基准（Performance Measurement Baseline，PMB），项目的总计划价值称为完工预算（Budget at Completion，BAC）。

（2）挣值是项目活动（或WBS组成部分）的已完成工作的价值，用分配给该工作的预算来表示。挣值应该与已完成的工作内容相对应，是该部分已完成工作的经批准的预算。EV 的计算必须与 PMB 相对应，且所得的 EV 值不得大于相应活动（或 WBS 组成部分）的 PV 值。EV 这个词常用来描述项目的完工百分比，例如，某活动的 PV 为 100 元，在某个时点上，已经完成了 80% 的工作，则其 EV=80 元。项目管理团队应该为每个 WBS 组成部分制定进展测量准则，用于考核正在实施的工作。既要监测 EV 的增量以判断当前的状态，又要监测 EV 的累计值以判断长期的绩效趋势。

（3）实际成本是为完成活动（或 WBS 组成部分）的工作而实际发生并记录在案的总成本。它是为完成与 EV 相对应的工作而发生的总成本。AC 的计算方式必须与 PV 和 EV 的计算方式保持一致，例如，都只计算直接工时数，或者都只计算直接成本，或都计算包含间接成本在内的全部成本。AC 没有上限，为实现 EV 所花费的任何成本都要计算进去。

2. 偏差测量

在以上三个指标值计算出来后，还需要监测实际绩效与基准之间的偏差，这种偏差主要体现在进度和成本上。

（1）进度偏差（Schedule Variance，SV）。进度偏差是项目进度绩效的一种指标，计算方法是 SV=EV−PV。SV 可用来表明项目是否落后于基准进度：

- 当 SV>0 时，表示进度超前；
- 当 SV<0 时，表示进度延误；
- 当 SV=0 时，表示实际进度与计划进度一致。

由于当项目完工时，全部的计划价值都将实现（即成为挣值），所以 SV 最终将等于零。

（2）成本偏差（Cost Variance，CV）。成本偏差是项目成本绩效的一种指标，计算方法是 CV=EV−AC。CV 可用来表明项目成本是否超出预算：

- 当 CV<0 时，表示成本超支；
- 当 CV>0 时，表示成本结余；
- 当 CV=0 时，表示实际消耗成本等于预算值。

项目结束时的 CV 就是 BAC 与实际总成本之间的差值。由于 CV 指明了实际绩效与成本支出之间的关系，所以非常重要。

3. 绩效指数

还可以将 SV 和 CV 转化为效率指标，以便将项目的成本和进度绩效与任何其他项目作比较，或在同一项目组合内的各项目之间进行比较。偏差和指数都能说明项目的状态，并为预测项目成本与进度结果提供依据。

（1）进度绩效指数（Schedule Performance Index，SPI）。进度绩效指数是比较项目已完成进度与计划进度的一种指标，计算方法是 SPI = EV/PV。

- 当 SPI<1 时，说明已完成的工作量未达到计划要求；
- 当 SPI >1 时，说明已完成的工作量超过计划；
- 当 SPI=1 时，说明已完成的工作量与计划工作量相等。

由于 SPI 测量的是项目总工作量,所以还需要对关键路径上的绩效进行单独分析,以确认项目是否将比计划完成日期提早或延迟完工。

(2)成本绩效指数(Cost Performance Index,CPI)。成本绩效指数是比较已完成工作的价值与实际成本的一种指标,计算方法是 CPI = EV/AC。

- 当 CPI<1 时,说明已完成工作的成本超支;
- 当 CPI>1 时,说明到目前为止成本有结余;
- 当 CPI=1 时,说明到目前为止所花费的成本等于预算成本。

在衡量项目绩效方面,要注意以下两点:

第一,不要用已经消耗的资源数量占计划的全部数量的百分比来报告项目的进度。例如,某个项目的目标是要铺设光纤,计划用 4000 米光纤,在某个时点上,已经用了 3600 米,则此时不能说项目已经完成了 90%,因为要铺设剩下的 400 米光纤可能要困难得多。

第二,不能简单地以时间的自然流失比例来报告进度。例如,一个 100 周的项目,在第 90 周结束时,显然,不能简单地讲项目已经完成了 90%。

4. 评价曲线

EVA 的评价曲线如图 7-3 所示,图的横坐标表示时间,纵坐标则表示成本。图中 PV 曲线为计划工作量的预算成本曲线,表示项目投入的成本随时间的推移在不断积累,直至项目结束达到它的最大值。因为曲线呈 S 形状,所以也称为 S 曲线。AC 同样是随项目推进而不断增加的,也是呈 S 型的曲线。

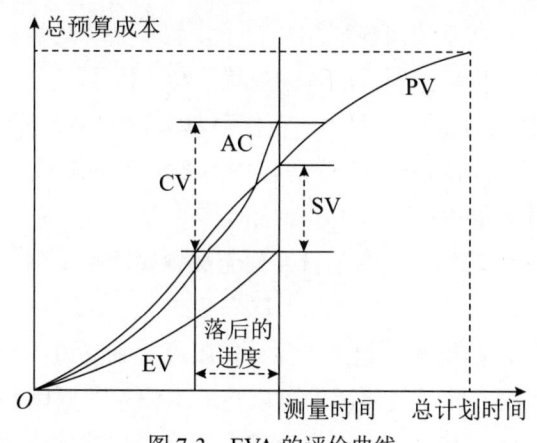

图 7-3 EVA 的评价曲线

利用评价曲线可进行成本和进度评价。例如,在图 7-3 所示的项目中,CV<0,SV<0,这表示项目执行效果不佳,即成本超支,进度延误,应采取相应的补救措施。

5. 参数分析

利用 EVA 的三个参数和四个指标,可以综合地分析项目的执行效率和进度。EVA 的参数分析和应对措施总结如表 7-4 所示。

表7-4　EVA的参数分析和应对措施

序号	参数关系	分析	措施
1	AC>PV>EV，SV<0，CV<0	效率低、进度较慢、投入超前	用工作效率高的人员更换工作效率低的人员
2	PV>AC>EV，SV<0，CV<0	效率较低、进度慢、投入延后	增加高效人员投入
3	EV>PV>AC，SV>0，CV>0	效率高、进度较快、投入延后	若偏离不大，维持现状
4	EV>AC>PV，SV>0，CV>0	效率较高、进度快、投入超前	抽出部分人员，放慢进度
5	AC>EV>PV，SV>0，CV<0	效率较低、进度较快、投入超前	抽出部分人员，增加少量骨干人员
6	PV>EV>AC，SV<0，CV>0	效率较高、进度较慢、投入延后	迅速增加人员投入

7.5.2　成本失控及纠正措施

在项目实施过程中，会有多种因素导致成本失控，例如，缺乏计划、目标不明确、范围蔓延、缺乏领导力等。

（1）缺乏计划：没有经过详细计划的产品，没有成本、范围、风险等计划都会造成项目的成本失控。因此，有人认为，项目失败是失败在开始的时候。但是也应该意识到，没有能够完全计划的项目，特别是大型项目，当项目开始实施之后，非常有可能有很多事务超出计划的范畴。

（2）目标不明确：虽然瞎猫可能碰到死耗子，但不会总是那么幸运，如果项目管理团队无法清晰地描述项目目标，项目成本失控就已经开始了。

（3）范围蔓延：在项目执行过程中，范围蔓延非常常见，项目往往在启动、计划、执行甚至收尾时不断加入新功能，无论是客户的要求还是项目实现人员对新技术的试验，都可能导致项目成本的失控。

（4）缺乏领导力：缺乏领导力的项目经理无法领导项目走向成功，也无法控制项目成本。

当出现成本偏差时，如果偏差超过了允许的限度（临界值，一般在成本管理计划中规定），就要找出项目成本偏差的原因。可以将成本偏差的原因归纳为几个因素，然后计算各个因素对成本偏差程度的影响，判断哪个因素是造成成本偏差的主要因素。或者将总成本分解成几个分项成本，通过总成本和分项成本的比较，找出是哪个分项成本造成了成本偏差。找出造成成本偏差的原因后，必须采取相应的措施，减少成本偏差，将成本控制在计划的范围内，保证目标成本的实现或者修改目标成本。

控制成本一般考虑两种活动。一种是当前正在进行的活动。如果出现了成本偏差，项目经理不能指望着后面的活动会自动减少成本来减少成本偏差，纠正措施越晚，纠正的可能性就越小，项目成本偏差就可能越来越大。另一种是预算偏大的活动，显然，将一个 10 万元预算的活动削减 10% 所起的作用也比完全砍掉一个预算为 100 元的活动大得多。预算越大，可以进行调整的空间和效果也越大。

还可以设法提高劳动生产率，例如，使用自动测试工具、请组织内的专家协助提高效率等。

如果发现无论如何调整都无法满足项目的成本计划，虽然对管理层来说修改目标成本往往被视为项目的失控，但也必须面对现实，修改项目的目标成本。

7.5.3 预测技术

随着项目的进展，项目团队可根据项目绩效对完工估算（Estimate At Completion，EAC）进行预测，预测的结果可能与 BAC 存在差异。如果 BAC 已明显不再可行，则项目管理团队应预测 EAC。预测 EAC 是根据当前掌握的信息和知识，估算或预计项目未来的情况和事件。预测根据项目执行过程中所产生的工作绩效数据来进行，并在必要时更新和重新发布预测。

在计算 EAC 时，通常用已完成工作的实际成本加上剩余工作的完工尚需估算（Estimate To Complete，ETC）。项目团队要根据已有的经验，考虑实施 ETC 工作可能遇到的各种情况。将 EVA 方法与手工预测 EAC 方法联合起来使用，效果更佳。由项目团队手工进行的自下而上汇总方法，就是一种最普通的 EAC 预测方法。

项目经理所进行的自下而上 EAC 估算，就是以已完成工作的实际成本为基础，并根据已积累的经验来为剩余项目工作编制一个新估算。这种方法的问题是，它会干扰项目工作。为了给剩余工作制定一份详细的、自下而上的 ETC，项目团队成员就不得不停下手头的项目工作。通常都不会为估算 ETC 这项活动安排独立的预算，所以为估算出 ETC，项目还会产生额外的成本。

1. 完工估算

可以很方便地将项目经理手工估算的 EAC 与计算得出的一系列 EAC 作比较，这些计算得出的 EAC 分别考虑了不同程度的风险。尽管可以用许多方法来计算基于 EVA 数据的 EAC 值，但下面只介绍最常用的三种方法。

（1）假设将按预算单价完成 ETC 工作，计算公式如下：

ETC = BAC–EV，EAC = AC+ETC=AC+BAC–EV

这种方法承认以实际成本表示的累计实际项目绩效（不论好坏），并预计未来的全部 ETC 工作都将按预算单价完成。如果目前的实际绩效不好，则只有在进行项目风险分析并取得有力证据后，才能做出"未来绩效将会改进"的假设。

（2）假设以当前 CPI 完成 ETC 工作，计算公式如下：

ETC =（BAC–EV）/CPI，EAC = AC+ETC=BAC/CPI

这种方法假设项目将按截至目前的情况继续进行，即 ETC 工作将按项目截至目前的 CPI 实施。

(3) 假设 SPI 与 CPI 将同时影响 ETC 工作，计算公式如下：

ETC =（BAC–EV）/（CPI×SPI），EAC = AC+ETC=AC+（BAC–EV）/（CPI×SPI）

在这种预测中，需要计算一个由 CPI 与 SPI 综合决定的效率指标，并假设 ETC 工作将按该效率指标完成。它假设项目截至目前的成本绩效不好，而且项目必须实现某个强制的进度要求。如果项目进度对 ETC 有重要影响，这种方法最有效。CPI×SPI 称为关键比率。使用这种方法时，还可以根据项目管理团队的判断分别给 CPI 和 SPI 赋予不同的权重，例如，80/20、50/50，或其他比率。

上述三种方法可适用于任何项目。如果预测的 EAC 值不在可接受范围内，就是对项目管理团队的预警信号。

2. 完工偏差

完工偏差（Variance At Completion，VAC）是指对预算亏空量或盈余量的一种预测，是完工预算与完工估算之差，即 VAC=BAC–EAC。

- 如果 VAC>0，则表示实际成本小于计划成本，项目在计划内完成；
- 如果 VAC=0，则表示实际成本与计划成本持平；
- 如果 VAC<0，则表示实际成本超过了计划成本。

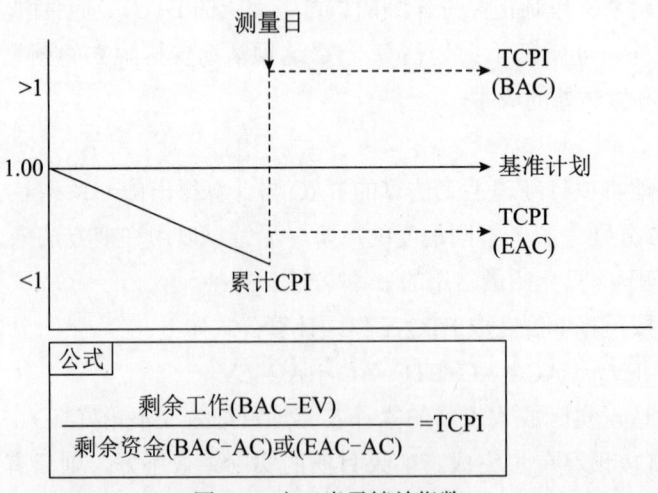

3. 完工尚需绩效指数

完工尚需绩效指数（To Completion Performance Index，TCPI）是指为了实现特定的管理目标，例如 BAC 或 EAC，剩余工作实施必须达到的成本绩效指标（预测值）。TCPI 的概念可用图 7-4 表示。其计算公式在图的左下角，用剩余工作（BAC–EV）除以剩余资金（可以是 BAC–AC，或 EAC–AC）。

图 7-4 完工尚需绩效指数

如果当前 CPI 低于基准计划（CPI<1），那么项目的全部未来工作都应立即按 TCPI (BAC) 执行，以确保实际总成本不超过批准的 BAC。至于所要求的这种绩效水平是否可行，则需要综合考虑多种因素（包括风险、进度和技术绩效）后才能判断。一旦管理层认为 BAC 已不可实现，项目管理团队将为项目制定一个新的 EAC；一经批准，项目

将以这个新的 EAC 值为工作目标。在这种情况下，项目未来所需的绩效水平就如 TCPI（EAC）线所示。显然：

- 如果 TCPI>1，则表示项目完成的难度很大；
- 如果 TCPI=1，则表示项目正好可以完成；
- 如果 TCPI<1，则表示项目很容易完成。

第 8 章
过程——风险和不确定性

8.1 风险基本概念

8.1.1 风险的三要素

风险是指未来可能发生的不确定事件对预期目标产生的影响。风险有三个要素，包括风险事件、概率和影响程度。

（1）事件：是指在未来可能发生的、对个体或社会造成危害或损失的事件，如疾病、意外、自然灾害等。

（2）概率：是指风险事件发生的可能性大小。如秋季发生森林火灾的概率很高、凌晨发生堵车的概率很低等。

（3）影响：是指风险事件发生后带来的负面或正面影响程度。风险程度可以用概率和损失程度来衡量。损失程度是指风险事件发生后所带来的负面影响。

在风险管理中，了解和评估风险的三要素有助于制定有效的风险应对措施，从而降低风险带来的危害。

根据风险的事件和概率、影响，可以将其分为三类：已知 - 已知、已知 - 未知和未知 - 未知。下面详细介绍这三类风险。

（1）已知 - 已知：指对风险事件、发生概率和可能的后果都有充分了解的风险。这类风险通常可以通过识别、评估、监控、控制等措施进行管理，以降低其影响。例如，天气、政策法规变化等都属于已知 - 已知风险。

（2）已知 - 未知：指对风险事件有一定了解，但对发生概率、可能的后果缺乏准确预测和评估的风险。这类风险通常需要进行更深入的研究和分析，以便更好地评估其潜在影响。例如，科技发展带来的产业变革等都属于已知 - 未知风险。

（3）未知 - 未知：指对风险的事件、发生概率和可能的后果都没有明确认识的风险。这类风险通常需要通过创新和探索来应对，以期在未来发展中发现和解决潜在问题。例如，探索外太空、开发新的能源技术等都属于未知 - 未知风险。

在实际工作中，企业和个人需要根据自己的实际情况和目标，关注和应对不同类型的风险。对于已知 - 已知和已知 - 未知风险，可以采取一定的预防和应对措施；而对于未知 - 未知风险，则需要保持开放的心态，勇于尝试和创新，以便在未来发展中把握新的机遇。

针对不同风险可以通过不同的资源来应对：
- *已知 - 已知风险使用活动预算；*
- *已知 - 未知风险使用应急储备；*
- *未知 - 未知风险使用管理储备。*

8.1.2 风险层次

风险分为两个层面（整体风险、单个风险）和两个方向（正面风险、负面风险），如图 8-1 所示。

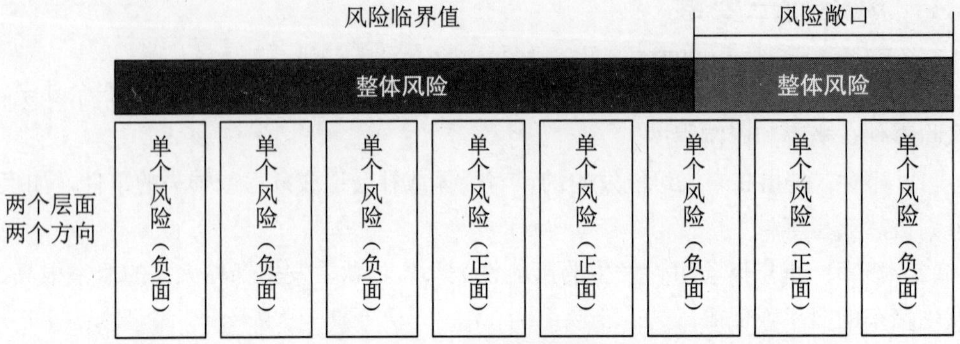

图 8-1 风险示意图

风险临界值（Risk Threshold）：反映了组织与项目相关的风险偏好程度，是项目目标可接受的变异程度。当风险的评估结果达到或超过这个数值时，就被认为风险已经达到了组织或项目可以接受的最大限度，需要采取相应的措施来应对这种风险，低于该级别的风险可接受。应该明确规定风险临界，并传达给项目团队，同时反映在项目的风险影响级别定义中。风险临界值的设定有助于帮助决策者确定何时应该采取行动，以防止风险演变成严重问题。

风险偏好（Risk Appetite）：是指组织或项目愿意接受或承担的风险程度。它反映了组织或项目对于风险的容忍度和态度。风险偏好可以是保守的，即组织或项目愿意承担较小的风险；也可以是积极的，即组织或项目更愿意承担一定程度的风险以追求更大的回报。

风险可以分为两个层面：整体风险和单个风险。

（1）整体风险：指所有可能的风险集合，包括正面风险和负面风险。整体风险是根据特定情况和场景来评估的。通常，整体风险的评估涉及多种因素的综合考虑，例如市场环境、政治环境、技术发展等。整体风险可以通过统计方法和概率分析来量化，以便于企业做出更明智的决策。

（2）单个风险：指在特定时间、地点和场景下可能发生的特定风险。单个风险通常更具体，更容易识别和管理。单个风险可能包括市场波动、技术故障、供应链中断、竞争对手的策略等。单个风险的管理通常涉及制定应对策略、降低风险发生的可能性和减轻潜在损失。

风险可以分为两个方向：正面风险和负面风险。

（1）正面风险：是指潜在的机会和利益，可以带来收益和盈利的可能性。正面风险通常与创新、市场机会、投资回报等有关。在评估风险时，需要权衡收益与潜在风险的关系。

（2）负面风险：是指可能导致损失和不利影响的风险。负面风险通常与市场风险、财务风险、法律风险等有关。在评估风险时，需要关注潜在的损失和负面影响。

8.1.3 企业级风险管理与项目风险管理

企业级风险管理（Enterprise Risk Management，ERM）和项目风险管理（Project Risk Management）是两种不同层次的风险管理方法，分别用于组织整体层面和特定项目层面的风险管理。

1. 企业级风险管理

企业级风险管理（如图 8-2 所示）是一种综合性的方法，旨在识别、评估和管理组织内部和外部的各种风险，以实现组织的战略和业务目标。其目标是确保整个组织在追求机会的同时，有效地管理和控制潜在的风险，通常涵盖多个方面，包括战略、运营、财务、合规、法律等多个领域。其重点是从组织整体的角度看待风险，以确保风险管理与组织的战略和目标相一致。

图 8-2 企业级风险管理示意图

2. 项目风险管理

项目风险管理是一种专门应用于项目管理的方法，旨在识别、评估和管理项目执行过程中可能出现的各种风险，以确保项目能够按时、按预算和按质量要求成功交付。项目风险管理包括风险识别、风险评估、风险应对和监控风险等步骤。其重点是在项目层面上识别和管理那些可能影响项目目标实现的风险，以最小化不确定性对项目的负面影响。

项目的风险管理和企业级风险管理之间存在密切的关联，主要体现在以下几个方面：

（1）统一风险管理框架。企业级风险管理提供了一个整体的框架和方法论，用于识别、评估和处理风险。项目的风险管理可以基于企业级风险管理框架进行，确保项目在企业整体风险管理的指导下进行。

（2）风险策略和政策。企业级风险管理制定了组织的风险策略和政策，明确了对风险的态度、目标和方法。项目的风险管理需要与企业级风险策略和政策保持一致，确保项目的风险管理活动符合组织整体的风险管理方向。

（3）风险识别和评估。企业级风险管理通常会进行全面的风险识别和评估，识别组织面临的各种潜在风险，并评估其可能性和影响程度。项目的风险管理可以借鉴企业级的识别和评估方法，将其应用于项目层面，确保对项目的风险进行全面的识别和评估。

（4）风险响应和控制。企业级风险管理会制定相应的风险响应和控制策略，用于降低风险的可能性或影响。项目的风险管理需要结合企业级的策略，制订项目级别的风险响应和控制计划，确保项目在面临风险时能够采取适当的措施进行应对。

（5）风险监控和报告。企业级风险管理通常会建立相应的监控和报告机制，用于跟踪风险的变化和项目风险管理的效果。项目的风险管理需要与企业级的监控和报告机制协调一致，及时报告项目风险的变化情况，并根据需要进行调整和改进。

项目的风险管理和企业级风险管理密切相关，项目的风险管理需要在企业级风险管理的框架和指导下进行，确保项目与组织整体风险管理的一致性和协调性。同时，项目的风险管理也可以为企业级风险管理提供实际案例和数据，用于不断改进和优化组织的风险管理能力。

8.2 风险的处理流程

风险管理的目标：项目风险管理的目标在于提高正面风险的概率和影响，降低负面风险的概率和影响，从而提高项目成功的可能性。

构建坚实的基于风险的目标，首先要明确并规划项目的风险管理流程，如图8-3所示。这个流程的核心任务是识别和处理可能对项目产生不利影响的风险，通过一系列科学严谨的步骤，确保项目安全稳定地进行。整个风险管理流程总共可以划分为7个不可或缺的关键阶段：

（1）在项目开始，需要对风险管理进行全面规划，明确风险管理的指导思想、基本原则、目标和方法。

（2）开始细致入微的风险识别阶段，此阶段要尽可能详尽地梳理项目的内外部环境，发现其中可能出现的风险。

（3）在定性风险分析阶段，主要任务是对已经识别到的风险进行判断和评估，以确定它们对项目的影响程度和可能性。

（4）定量风险分析阶段，是借助一些专业的风险评估工具，对风险进行更加精确的量化分析。

（5）根据定量风险分析的结果，制定并规划相应的风险应对策略。

（6）在实施风险应对策略阶段，项目团队需要按照预先制定的方案，采取合适的措施对已识别的风险进行应对和处理。

（7）监督风险阶段，项目团队需要持续对风险管理的进展和效果进行跟踪和监控，确保整个风险管理流程的执行始终在预定的轨道上，从而使项目的风险控制始终处于良好的状态。

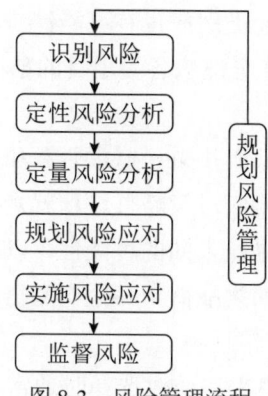

图 8-3　风险管理流程

8.2.1　规划风险管理

规划风险管理过程是对如何系统地实施项目风险管理活动的详细定义，其主要作用在于确保项目风险管理的水平、方法和可见度能够精确地反映出项目风险的实际情况，以及项目对组织和其他干系人的重要程度。通过科学有效的管理方法，该过程能够帮助组织和其他干系人更好地理解项目风险的本质，确保项目风险管理工作的顺利进行，从而降低项目风险对项目造成不利影响的可能性，为项目的成功实施提供有力的保障。

1. 方法

制定风险管理计划须考虑如下方法：风险类别、干系人风险偏好、概率和影响矩阵。

1）风险类别

考虑并设定对单个项目风险进行归类的有效方式，通常借助全面的风险分解结构（RBS）来构建风险类别，以对单个项目风险的各种潜在来源进行系统和客观的分类和归纳，如图 8-4 所示。

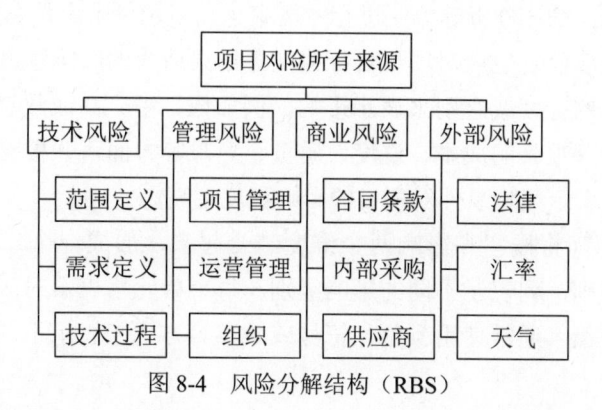

图 8-4　风险分解结构（RBS）

风险分解结构的实施，可以显著提升项目团队对单个项目风险的认知和理解能力，特别在识别项目风险、归类已识别风险、对风险进行有效防范方面，具有非常实际的辅助作用。

对于任何组织而言，其可能会使用一套适用于所有项目的通用风险分解结构，以此来统一规范和界定各个项目的风险类别；也有可能针对不同类型的项目，灵活运用几种不同的风险分解结构框架，以便充分适应各类项目的独特需求和挑战。

2）干系人风险偏好

风险追逐型。这种类型的干系人热衷于追求刺激和冒险，偏好在面临选择时做出充满未知和风险的决策。他们的风险应对策略首选项就是接受，即使他们面临着不确定的结果，也会坚定地选择冒险尝试寻找未知的可能性，以期获得更高的回报。这种类型的人，在面对风险时会有一种强烈的挑战欲望，他们觉得风险是机遇，是实现成功的关键要素。

风险中立型。这种类型的干系人在面对选择时通常会在相同的预期回报条件下，对于确定的结果和不确定的结果保持一种无任何偏好的态度。这种类型的人，通常在进行决策时会综合考虑不同的选项，然后进行权衡，最终选择一个对于他们来说最有利的选项。他们在面对风险时通常会保持一种理性的态度，认为风险是一个不可控的因素，但是在决策时可以通过理性的分析来降低风险，从而更好地达到预期的目标。

风险厌恶型。这种类型的干系人在面对风险时通常会保持一种保守的态度。对于他们而言，风险应对的首选策略是回避，他们不愿意去承担风险，更不愿意面对不确定的结果。这种类型的人，在进行决策时通常会更倾向于选择那些比较保守、比较稳定的选项，以降低风险，确保他们能够更好地实现自己的目标。

3）概率和影响矩阵

概率和影响矩阵如图8-5所示，是风险管理中常用的工具，用于评估风险和风险优先级排序。它通过将风险的概率和影响程度进行量化和分类，帮助项目团队确定哪些风险是最重要的和最紧急需要处理的。

概率是指风险事件发生的可能性或频率。在概率和影响矩阵中，通常使用一定的标度或级别来表示概率，例如低、中、高或数字值如 $0.1 \sim 0.8$ 等。概率的评估可以基于历史数据、专家判断、统计分析等方法进行。概率越高表示风险事件发生的可能性越大。

影响是指风险事件发生后对项目目标或业务结果造成的影响程度。在概率和影响矩阵中，也使用一定的标度或级别来表示影响，例如低、中、高或数字值如 $0.3 \sim 0.9$ 等。影响的评估可以考虑项目的成本、进度、质量、声誉等方面，并根据具体项目的情况进行判断。影响越大表示风险事件对项目的影响程度越高。

概率和影响矩阵将概率和影响两个维度结合起来，形成一个二维矩阵。矩阵的行表示不同的概率级别，列表示不同的影响级别。每个单元格表示对应概率和影响级别下的风险等级或优先级。通常使用颜色、符号或数字等方式来表示不同的风险等级，例如高、中、低等。

	威胁					机会				
很高 0.90	0.05	0.09	0.18	0.36	0.72	0.72	0.36	0.18	0.09	0.05
高 0.70	0.04	0.07	0.14	0.28	0.56	0.56	0.28	0.14	0.07	0.04
中 0.50	0.03	0.05	0.10	0.20	0.40	0.40	0.20	0.10	0.05	0.03
低 0.30	0.02	0.03	0.06	0.12	0.24	0.24	0.12	0.06	0.03	0.02
很低 0.10	0.01	0.01	0.02	0.04	0.08	0.08	0.04	0.02	0.01	0.01
	很低 0.05	低 0.10	中 0.20	高 0.40	很高 0.80	很高 0.80	高 0.40	中 0.20	低 0.10	很低 0.05

图 8-5 概率和影响矩阵

2. 风险管理计划

风险管理计划作为项目管理计划的核心内容，其主要目标是提供一套详细的指南和策略，指导项目团队如何安排和实施风险管理活动。这份计划应该是全面的，包含了所有必要的元素，以确保项目的顺利进行。具体来说，风险管理计划应该包括以下部分或全部内容：

（1）风险管理战略。这份战略旨在为项目团队提供关于如何制订风险管理计划的指导方针。这份战略应该清楚地阐明项目团队的风险管理目标，并提供关于如何实现这些目标的建议。

（2）方法论。方法论定义了项目团队在进行风险管理时所采用的方法和技术。这份方法论应该包括关于如何识别、评估、制定应对措施和监控风险的具体步骤。

（3）角色与职责。在风险管理计划中，应明确列出所有参与风险管理活动的角色及其职责。这有助于确保所有干系人都清楚地了解他们在项目中的责任，从而提高团队的协作效率。

（4）资金。风险管理计划应该包含项目团队在进行风险管理活动时所需的资金预算。这将有助于确保项目团队能够按计划进行风险管理活动，从而提高项目的成功率。

（5）时间安排（时间和频率）。风险管理计划应该提供详细的时间表，包括风险管理活动的时间安排。这将有助于确保风险管理活动能够按照预定的时间表进行，从而提高项目的可控性。

（6）风险类别。风险管理计划应该明确列出可能影响项目目标的各种风险类别。这有助于项目团队更好地了解潜在的风险来源，并制定相应的应对策略。

（7）干系人风险偏好。风险管理计划应该包含关于项目干系人的风险偏好信息。这将有助于项目团队更好地了解干系人的需求和期望，并制定相应的风险应对措施。

（8）风险概率和影响定义。风险管理计划应该明确定义风险的概率和影响级别。这将有助于项目团队更好地了解风险的严重程度，并采取相应的应对措施。

（9）概率和影响矩阵。概率和影响矩阵是一种用于评估风险优先级的工具。风险管理计划应该包含这个矩阵，以便项目团队能够根据风险的概率和影响程度制定合适的应对策略。

（10）修订的干系人承受力。风险管理计划应该包含关于项目干系人承受力的修订信息。这将有助于项目团队更好地了解干系人在风险发生时的应对能力，并制定相应的应对措施。

（11）报告格式。风险管理计划应该提供关于如何编写报告的详细信息。这将有助于项目团队在风险管理过程中保持信息的透明度，并确保所有干系人都能够及时了解风险状况。

（12）跟踪。风险管理计划应该明确定义风险管理活动的跟踪机制。这将有助于确保项目团队能够及时了解风险状况，并采取适当的应对措施。

8.2.2 识别风险

识别风险是指识别每一个具体项目可能会出现的各种潜在风险，以及对整个项目整体造成潜在负面影响的风险来源。这个过程的详细记录包括风险的特征，以及识别风险的具体方法和途径。这个过程的主要作用是记录每一个具体项目中已经识别到的风险，以及整个项目中可能出现的风险的来源。通过汇集各种相关的信息，以便让项目团队能够在应对已经识别的风险方面做出明智和恰当的决策。在整个项目期间都需要坚持执行这个过程。

识别风险的方法具体如下。

1. 假设条件和制约因素分析

在项目起始阶段，需要进行假设条件和制约因素的深度分析，以探索假设条件和制约因素的有效性，确认其中哪些因素可能导致项目风险的产生。假设条件的不准确、不稳定、不一致或不完整都是潜在的威胁，这些威胁可能影响项目的实施和执行，造成不可预知的后果。通过识别这些威胁，可以采取有效措施，清除或放松可能影响项目执行或过程执行的制约因素，从而创造出更多的机会。

2. SWOT 分析

SWOT 分析是一种常用的风险识别工具，它是指对项目或组织进行全面地评估和分析，以识别其内部的优势（Strengths）和劣势（Weaknesses）以及外部的机会（Opportunities）和威胁（Threats）。SWOT 通过对这四个方面进行分析，可以更好地了解项目或组织的当前状况，并识别潜在的风险和机会。

（1）优势：指项目或组织内部的积极因素和优势，例如技术专长、资源优势、品牌声誉等。通过识别和利用优势，可以增加成功的可能性，并减少潜在的风险。

（2）劣势：指项目或组织内部的消极因素和劣势，例如技术短板、资源不足、组织结构问题等。识别劣势有助于提前预防和解决潜在的风险，减少问题的发生。

（3）机会：指项目或组织外部的有利因素和机会，例如市场增长、新兴技术、法规变化等。通过抓住机会，可以为项目或组织带来增长和发展的机会，并减少风险的影响。

（4）威胁：指项目或组织外部的不利因素和威胁，例如竞争加剧、市场变化、经济不稳定等。识别威胁有助于制定应对策略，防范风险，并寻找应对威胁的机会。

SWOT分析通过对这四个方面进行综合评估，帮助项目团队全面了解项目或组织的内外部环境，识别可能的风险和机会，并制定相应的风险管理和应对策略。它可以促使团队进行深入思考和讨论，提供决策的依据，并促进团队的共识和行动。

图 8-6 所示 SWOT 分析的示例。

某颜悦色这几年为什么不去外地开店，为什么不开加盟店？

优势（Strengths）	劣势（Weaknesses）
1. 独特的中国风形象设计 2. 严格的卫生环境管理机制 3. 产品研发及产品创新能力 4. 标准化的产品生产创新能力及质检 5. 良好的用户口碑和声誉	1. 成本较高，活动资金不足 2. 人力资源不足，员工培训难度大 3. 环节要求较高，监控难度大
机会（Opportunities）	威胁（Threats）
1. 社会消费理念向品质健康的转变 2. 社会审美风向中国风的转变 3. 长沙市场具备消费习惯 4. 长沙市新晋网红城市的发展趋势 5. 政府对中小企业的扶持政策	1. 同行竞争激烈 2. 知识产权难以保护 3. 社会风向变化的可能性 4. 市场饱和的边界

图 8-6 SWOT 分析的示例

3. 风险提示清单

风险识别工具中的提示清单是一种系统性的、列举可能的风险因素的工具。它是一个预先准备好的清单，其中包含与特定项目或领域相关的潜在风险因素的描述和提示。

提示清单通常由专家团队或经验丰富的从业人员创建，基于他们的经验和知识来识别项目可能面临的各种风险。清单中的风险因素可以包括各个方面，例如技术风险、商业风险、人员风险等。

通过使用提示清单，项目团队可以更全面地思考和识别可能的风险，确保不会遗漏重要的方面。清单中的风险因素可以作为思考的起点，并根据特定项目的需求进行定制和调整。团队可以根据清单中的提示逐一审查和讨论每个风险因素，并评估其在项目中的潜在影响和可能性。

提示清单对于项目团队来说是一个有价值的参考工具，可以帮助他们识别潜在的风险，并在风险管理过程中更加全面和系统地考虑可能的风险。它促使团队在风险识别阶段进行深入的讨论和思考，以便为项目制定有效的风险应对策略。

4. 风险登记册

风险登记册是用于记录已识别的单个项目风险的详细信息的工具。它是风险管理过程中的一个重要文档，用于跟踪和管理项目中的各种风险。

风险登记册通常包含以下信息：

（1）风险标识：每个风险都有一个独特的标识符，以便进行识别和跟踪。

（2）风险描述：对风险的详细描述，包括其起因、可能性、影响以及相关的背景信息。

（3）风险类别：将风险归类到不同的类别，例如技术风险、市场风险、人员风险等。

（4）风险评估：使用定性风险分析和定量风险分析的结果，对风险的可能性和影响进行评估。

（5）风险优先级：根据评估结果，确定风险的优先级，以确定哪些风险需要更紧急地进行应对。

（6）风险应对计划：记录为每个风险开发的应对措施和计划，包括减轻风险的方法和应对策略。

（7）风险责任人：指定负责监督和管理风险的责任人，以确保风险应对计划的执行和跟踪。

（8）风险状态：跟踪风险的状态和进展，包括已识别、分析中、应对中、关闭等状态。

风险登记册是一个动态的文档，随着风险管理过程的进行，它会不断更新和完善。通过将定性和定量风险分析的结果、风险应对计划的执行情况以及风险的监督和控制信息记录在风险登记册中，项目团队可以及时了解和管理项目中的风险，以减轻风险对项目目标的影响。

图 8-7 为风险登记册示例。

风险编号	风险描述	责任人	发生概率	影响后果				优先级	应对
				范围	质量	进度	成本		

图 8-7 风险登记册示例

5. 风险报告

风险报告是一份文件或文档，用于向利益相关者提供有关项目风险的信息和洞见。它是风险管理过程的输出之一，旨在传达风险识别、评估、应对和监控方面的关键信息。

风险报告通常包含以下内容：

（1）风险概述：对项目风险的总体概述，包括风险的类型、影响程度和可能性等。

（2）风险识别：列出已经识别的项目风险，包括每个风险的描述、标识符和相关背景信息。

（3）风险评估：对已识别风险的评估结果，包括可能性和影响的等级、风险的优先级等。

（4）风险应对计划：描述针对各个风险的具体应对措施和计划，包括减轻风险的方法、应对策略和责任分配等。

（5）风险监控：记录风险的监控和控制活动，包括风险状态的更新、风险触发器的监测、应对计划的执行情况等。

（6）风险通信：描述与风险相关的沟通活动，包括与利益相关者的沟通、风险警示和风险更新等。

（7）风险趋势：分析风险的发展趋势，识别风险的演变和可能的新风险。

（8）风险建议：提供针对特定风险的建议和意见，以支持决策制定和风险管理的优化。

风险报告的目的是帮助项目团队和利益相关者了解项目中的风险情况，从而做出明智的决策和行动。它提供了对风险识别、评估和应对的综合视图，帮助利益相关者了解项目的风险状况，并为项目管理人员提供基础信息，以采取适当的措施来降低风险对项目目标的影响。

8.2.3 定性风险分析

实施定性风险分析是通过系统、科学、严谨地评估单个项目风险发生的概率和可能产生的影响，以及其他可能影响风险的特征，从而对风险进行优先级排序，为后续的分析或行动提供稳定、可靠、高效的基础过程。本过程的主要作用在于，它可以重点关注那些影响程度较高、发生概率较高的风险，让项目团队能够提前采取有效措施规避、减轻或转移风险，从而使项目成功的可能性大大提高。本过程需要在整个项目生命周期内持续、系统地开展，这是项目成功的重要保证。

8.2.4 定量风险分析

执行定量风险分析是对已识别的单个项目风险及其他不可预测来源对整体项目目标可能产生的影响，进行全面、精确、可靠的定量分析的过程。这一过程的核心目标是对整体项目风险偏好进行量化，并提供额外的定量风险信息，以便支持有效的风险应对规划。值得注意的是，定量风险分析并非每个项目都必须进行，但如果决定采用这种分析方法，那么它会在整个项目周期内持续进行，以便及时发现和处理任何可能的风险。

1. 模拟

蒙特卡洛分析是一种定量风险分析技术，用于模拟和评估风险对项目目标的潜在影响。它基于随机模型和统计方法，通过多次随机抽样和模拟来生成大量可能的结果，并计算每种结果发生的概率，如图8-8所示。

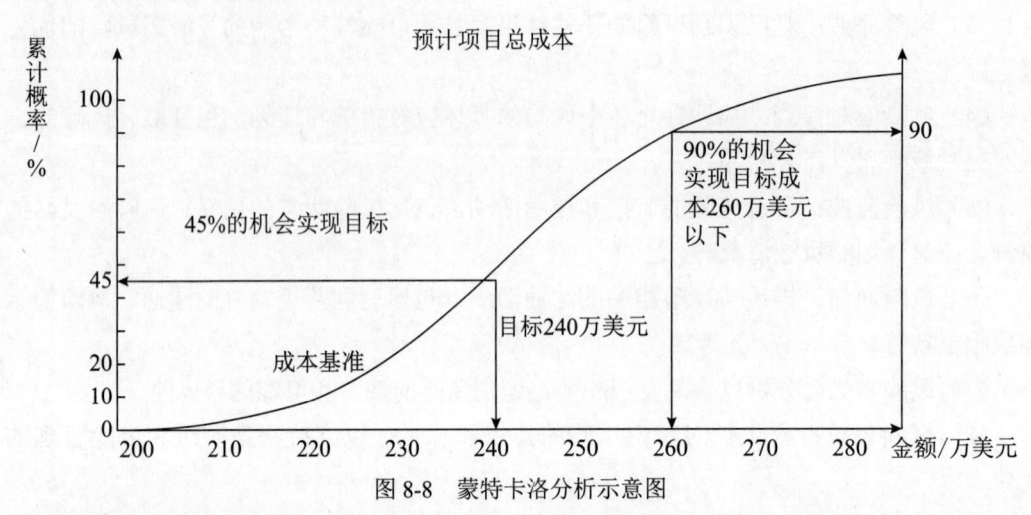

图8-8 蒙特卡洛分析示意图

在蒙特卡洛分析中，首先需要确定项目中的关键变量和其可能的取值范围，这些变量可以是成本、进度、质量或其他与项目目标相关的指标。然后，为每个变量分配概率分布，例如正态分布、均匀分布或三角分布等。

接下来，进行多次随机抽样，从各个概率分布中抽取值，并将这些值代入项目模型或模拟模型中进行计算。这些模型可以是项目成本模型、进度模型或其他与风险相关的模型。通过多次抽样和计算，可以得到大量可能的结果。

最后，对模拟结果进行统计分析，计算各种结果发生的概率分布和统计指标，如平均值、方差、置信区间等。这些统计结果可以帮助项目管理人员了解风险的潜在影响范围，并做出相应的决策和规划。

蒙特卡洛分析的优势在于它能够考虑多个变量的相互影响和不确定性，并提供全面的结果分布信息，而不仅仅是确定性的单一数值。它能够帮助项目管理人员更好地理解风险，并为决策提供数据支持，以制定有效的风险应对策略和规划。

2. 敏感性分析

敏感性分析是一种定量风险分析技术，用于评估项目中关键变量对项目目标的敏感程度。它通过对关键变量进行逐个调整，观察其对项目结果的影响，以确定哪些变量对项目成功的影响最为显著。敏感性分析的结果通常用龙卷风图来表示，如图8-9所示。

在敏感性分析中，首先需要确定项目中的关键变量，这些变量可以是成本、进度、资源需求或其他与项目目标相关的指标。然后，对每个关键变量进行逐个调整，例如增加或减少其值，并观察这种变化对项目结果的影响。

通过敏感性分析，可以获得关键变量的敏感程度指标，例如变量的影响程度、敏感性系数或敏感度指标。这些指标可以帮助项目管理人员了解哪些变量对项目目标的影响最为显著，从而优先考虑这些变量的管理和控制。

图 8-9　龙卷风图示意图

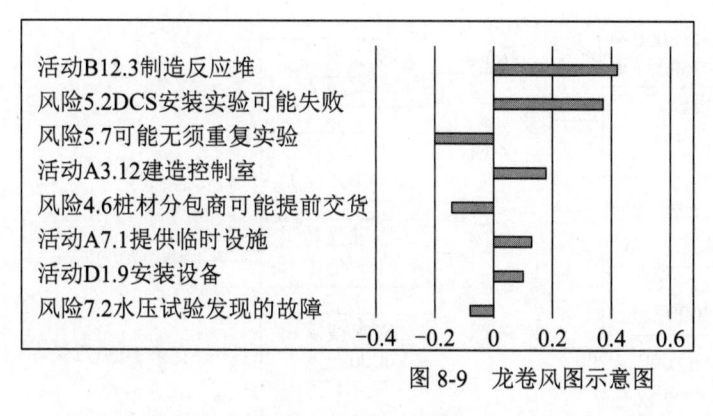

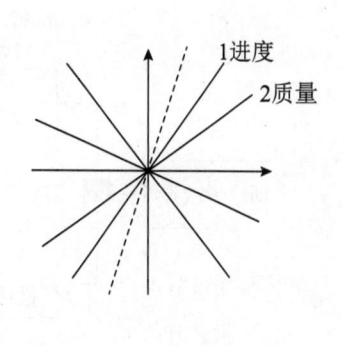

敏感性分析的目的是帮助项目管理人员识别和理解项目中的关键风险因素，以便针对这些风险因素制定相应的应对策略。它可以帮助确定哪些变量需要更加密切地监控和管理，以减轻其对项目目标的潜在负面影响。

总而言之，敏感性分析可以帮助项目管理人员识别项目中的敏感因素，并提供数据支持，以制定风险管理和决策策略。它能够帮助项目团队更好地了解风险，并采取适当的措施来最大程度地降低风险对项目目标的不利影响。

3. 决策树分析

决策树分析是一种决策支持工具，用于在多种选择和不确定性条件下进行决策。它模拟了决策者在面对不同决策选项时所做的选择过程，并根据事先定义的条件和结果来评估每个选项的风险和价值。

决策树分析基于树形结构，其中每个节点代表一个决策点或一个不确定的事件，每个分支代表一种可能的决策或结果。决策树的根节点表示最初的决策，而叶节点表示最终的结果。

在决策树分析中，决策者根据预定的条件和可能的结果来评估每个决策路径的风险和收益。通过分析每个决策路径的预期结果和可能的概率，决策者可以计算出每个决策选项的预期值或风险价值，并选择具有最高预期值或最低风险价值的路径作为最佳决策。

决策树分析的优点之一是它能够将复杂的决策问题分解为一系列简单的决策步骤，并提供可视化的决策过程。它还可以考虑多个因素和不确定性条件，并量化它们对决策结果的影响。

决策树分析在项目管理中可以应用于风险评估、决策制定、资源分配、问题解决等方面。它能够帮助项目团队更好地理解和权衡不同决策选项之间的风险和潜在价值，并提供理性和数据支持的决策依据。图 8-10 为使用决策树进行分析的示例。

8.2.5　规划风险应对

规划风险应对是为处理整体项目风险敞口，以及应对单个项目风险，而制定可选方

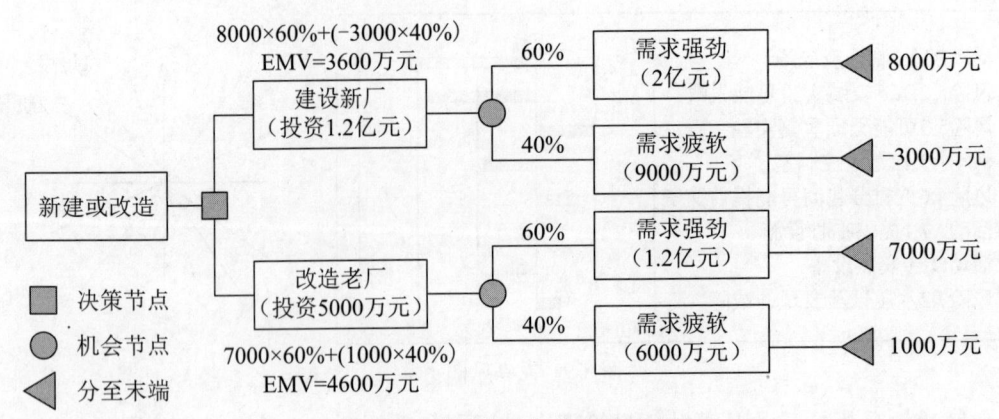

```
8000×60%+(-3000×40%)
EMV=3600万元
```

```
新建或改造 ─┬─ 建设新厂(投资1.2亿元) ─○─ 60% ─ 需求强劲(2亿元) ─◁ 8000万元
            │                              40% ─ 需求疲软(9000万元) ─◁ -3000万元
            └─ 改造老厂(投资5000万元) ─○─ 60% ─ 需求强劲(1.2亿元) ─◁ 7000万元
                                         40% ─ 需求疲软(6000万元) ─◁ 1000万元
```

```
7000×60%+(1000×40%)
EMV=4600万元
```

■ 决策节点
● 机会节点
◁ 分至末端

图 8-10 预期货币价值分析示例

案、选择应对策略并商定应对行动的过程。本过程的主要作用是，制定应对整体项目风险和单个项目风险的适当方法；本过程还将分配资源，并根据需要将相关活动添加进项目文件和项目管理计划。本过程需要在整个项目期间开展。

规划风险应对是一个精心设计的复杂过程，致力于全面评估并制定解决整体项目风险偏好和应对单个项目风险的可选方案。这个过程的目的是，采用合适的方法，来处理和应对各种可能出现的风险。这个过程的主要作用，在于制定出针对整体项目风险和单个项目风险的适当应对策略。此外，本过程还包括分配必要的资源，以及在需要时，将相关的活动添加到项目文件和项目管理计划中。在整个项目的实施期间，这个过程都需要持续进行。

1. 威胁应对策略

（1）上报（Escalate）：将威胁情况上报给适当的层级或干系人，以获取额外的支持、资源或决策。例如，在项目中遇到一个关键的技术问题，团队成员将问题上报给项目管理办公室（PMO），以寻求专家支持和解决方案。

（2）规避（Avoid）：采取措施避免威胁事件的发生，调整项目计划、修改范围或采取其他策略来避免潜在的风险。例如，在项目计划阶段发现某个关键供应商存在交货延迟的风险，项目团队决定更换供应商以避免潜在的交付延误。

（3）转移（Transfer）：将威胁的责任、影响或责任转移给其他方，通常通过购买保险、签订合同或外包等方式来实现。例如，项目团队决定将一部分风险转移到合同中的第三方供应商，通过签订具有适当风险分担的合同来减轻项目团队的责任。

（4）减轻（Mitigate）：采取措施降低威胁事件的概率或影响，通过实施预防措施、应急计划或改进项目管理方法来减少风险。例如，项目团队识别到一个关键的人员技能短缺风险，为了减轻风险影响，团队提前进行培训，提升团队成员的技能水平。

（5）接受（Accept）：承认威胁的存在，并决定接受潜在的负面影响，通常适用于风险概率较低或影响较小的情况。例如，在项目初期，团队识别到一个风险，即可能受到市场竞争对手的影响，但风险概率较低且影响较小，团队决定接受这个风险并继续推进项目。

2. 机会应对策略

（1）上报（Escalate）：将机会情况上报给适当的层级或干系人，以获取额外的支持、资源或决策。例如，项目团队发现一个新的市场机会，将这个机会上报给高层管理层，以获得额外资源和支持来求得这个机会。

（2）开拓（Exploit）：采取措施最大限度地利用机会，追求更大的收益或增加项目成功的概率。例如，在项目实施过程中，团队发现一个技术突破，可以提升产品的性能，团队决定利用这个机会来开发更先进的产品。

（3）分享（Share）：与其他干系人分享机会，以提高整体的项目绩效和利益，通过合作、合作伙伴关系或知识共享等方式来实现。例如，项目团队与一个干系人合作，共享某个市场机会的利益，通过合作伙伴关系来共同开发和推广产品。

（4）提高（Enhance）：采取措施增加机会发生的概率或提高其影响，通过改进项目计划、增加资源投入或采取其他策略来增强机会的实现。例如，团队发现一个潜在的市场需求，通过加大市场营销力度、提升产品品质和功能来增加机会的实现概率和影响。

（5）接受（Accept）：承认机会的存在，并决定接受潜在的积极影响，通常适用于风险概率较低或影响较小的情况。例如，项目团队发现一个潜在的机会，但风险概率较低或影响较小，团队决定接受这个机会并在项目中加以利用。

这些应对策略帮助项目团队在面对威胁和机会时做出明智的决策，以最大限度地降低负面影响或获取积极的结果。根据具体的项目情况和风险评估，团队可以选择适当的策略来应对不同的风险和机会。

3. 应急应对策略

在风险管理中，应急应对策略用于处理已经发生或即将发生的紧急情况，以最小化风险对项目目标的影响。以下是对应急应对策略的解释：

（1）应急计划（Contingency Plan）：是事先制定的一套行动方案，用于应对已经发生或即将发生的风险事件。它通常是在规划阶段或早期阶段制定的，并根据风险评估结果确定。应急计划包括一系列的预定义步骤和措施，以帮助团队应对风险事件，并减轻其对项目的影响。它可以包括备用方案、替代资源、紧急采购措施等，以确保项目能够及时应对和恢复。

（2）弹回计划（Fallback Plan）：是一种备选计划，用于在主要计划失败或无法实施时采取。它是针对无法应对的风险事件或意外情况而制定的备用方案。弹回计划通常是在规划阶段或风险发生后制定的，并且在事态无法逆转时才被执行。弹回计划通常包括退回到原始计划的步骤、资源调整、项目范围的缩减或重新评估等。

（3）权变措施（Workaround）：是在面对风险事件或问题时采取的临时解决方案，以便项目能够继续推进。它是对计划外的情况进行快速响应的一种策略，旨在解决当前的问题，并维持项目的进展。权变措施可以是临时的、非标准的或临时调整的方法，以弥补风险事件引起的缺陷或延误。权变措施通常是暂时性的，直到找到更合适的解决方案或应用其他应对策略。

这三种应急应对策略在项目风险管理中起着重要的作用。应急计划提供了预先制定的方案来应对风险事件，弹回计划是备用方案，用于主要计划无法实施时的替代方案，而权变措施是针对具体情况的即时应对策略。团队需要根据风险的性质和严重程度，选择适当的应急应对策略，并在必要时灵活调整和执行。

如图 8-11 所示为风险应对措施示意图。

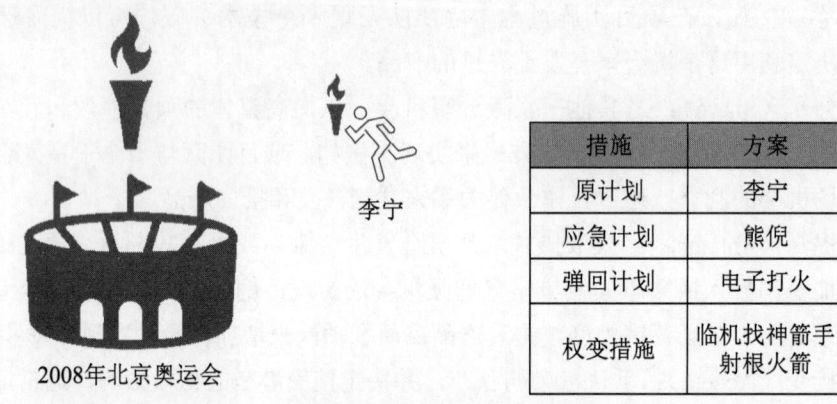

措施	方案
原计划	李宁
应急计划	熊倪
弹回计划	电子打火
权变措施	临机找神箭手射根火箭

图 8-11　风险应对措施示意图

4. 储备分析

在风险管理中，我们通常将储备分析分为应急储备和管理储备，分别应对已知 - 未知风险和未知 - 未知风险。

（1）储备：是为应对可能发生的风险和挑战而提前预留的时间或预算。储备可以是资金、物资、人员或其他资源。这样做的目的是确保在遇到问题时，有足够的资源来应对和解决问题。

（2）应急储备：主要用于应对已经识别的风险。这意味着在风险发生之前，企业或个人已经评估了可能面临的问题，并为此预留了一定的资源。当风险发生时，应急储备将用于解决问题。

（3）管理储备：是针对未计划的、范围内的工作而预留的预算类别。这些风险通常没有被预先识别，或者可能在计划之外发生。管理储备旨在确保在这些突发事件发生时，组织有足够的资源来应对和解决问题。管理储备可以帮助企业和个人在不确定性较高的环境中保持竞争力。

总之，储备是一种为应对风险而预留的时间或预算。应急储备用于应对已识别的风险，而管理储备用于应对未计划的、范围内的工作。通过合理规划和管理储备，组织可以在面对挑战时保持竞争力。

8.2.6　实施风险应对

实施风险应对是一个极其重要的过程，它涉及全面且精准地按照预定的风险应对计划执行所有必要的步骤。在项目管理领域，这个过程的主要作用是确保风险应对计划被有效执行，从而有效地管理项目整体的风险偏好，减少潜在的单个项目威胁，以及最大化单个项目可能带来的各种机遇。为了达到这一目标，这个过程必须在整个项目期间持续不断地进行，以便及时应对任何可能的风险变化。

风险应对过程还需要与其他项目管理过程紧密相连，并且在项目的关键阶段进行风险应对的审查和调整，例如项目规划阶段、项目执行阶段和项目监控与控制阶段等。此外，本过程的顺利实施需要项目团队成员之间的密切合作和有效沟通，以确保风险应对措施准确无误地执行。因此，实施风险应对不仅是一项重要的项目管理任务，也是一个需要在整个项目期间持续进行的动态过程。

8.2.7 监督风险

监督风险是在整个项目期间，全神贯注地监督商定的风险应对计划的实施，紧锣密鼓地跟踪已经识别的风险，心无旁骛地识别和分析那些新颖的风险，以及仔细评估风险管理的效果的一系列过程。本过程的主要作用是，确保项目决策的出发点都是基于对整体项目风险偏好和每个项目风险的当前状况的深刻理解和透彻认识。本过程需要在整个项目期间持续不间断地开展。

为了确保项目团队以及关键干系人对当前的风险偏好级别有充分的了解，我们必须通过对风险过程进行持续的监督，以此来发现新出现的、正在发生变化的以及已经过时的单个项目风险。在监督风险过程中，我们将借助项目执行期间产生的绩效信息，以此来确定以下内容：

（1）实施的风险应对策略是否能有效地解决问题，降低风险发生的可能性或影响程度。

（2）整体项目风险级别是否已经发生变化，是否需要对项目计划进行相应调整。

（3）已识别的单个项目风险的状态是否有了新的变化，这些变化可能是负面的，也可能是积极的，如风险已经消除或减轻，或风险发生的可能性和影响程度已经增加。

（4）是否出现了新的单个项目风险，这些风险可能对项目目标产生潜在的负面影响，需要我们采取措施进行提前预防或及时处理。

（5）风险管理方法是否依然适用于当前项目的环境和情况。

（6）项目假设条件是否依然成立，是否存在已经不符合现实情况的假设条件，需要及时进行调整。

（7）风险管理政策和程序是否得到了项目团队和关键干系人的充分遵守。

（8）成本或进度应急储备是否需要根据项目的变化和新出现的风险进行调整。

（9）项目策略是否仍然有效，是否需要根据实际情况进行调整或修改。

下面介绍监督风险的方法——风险审计。

风险审计是一种评估和审查项目风险管理过程的活动，旨在确定项目团队是否按照既定的风险管理计划和策略进行操作，并评估其有效性和适用性。风险审计的目的是发现潜在的风险管理问题、缺陷或不足，并提供改进和增强项目风险管理能力的建议。

在风险审计中，审计人员会检查项目风险管理计划的执行情况，包括风险识别、风险评估、风险应对和风险监督等过程。他们会评估这些过程的有效性、合规性和适应性，以确定项目团队是否采取了适当的措施来应对和管理项目风险。

风险审计可以涉及文件和记录的审查、与项目团队成员的访谈、会议和工作现场的观察等方法。审计人员会收集和分析相关的信息和数据，以了解项目团队对风险管理的实施情况，并评估其与项目目标和要求的符合程度。

通过风险审计，可以及时发现和解决潜在的风险管理问题，提高项目风险管理的效能和可靠性，从而确保项目能够在不确定的环境中成功交付。审计结果还可以为项目团队提供有关风险管理实践的反馈和建议，帮助他们进一步改进和优化项目的风险管理过程。

第9章
过程——质量

9.1 质量管理概述

项目的实施过程也是质量的形成过程，质量并不是只存在于开发产品或项目执行起始阶段，也不只是在交付的时候才存在，而是关系到产品的整个生命周期，并涉及产品的各个层面。

国际标准化组织（ISO）对质量的定义为：一组固有特性满足需求的程度。需求指明确的、通常隐含的或必须履行的要求或期望。特性是指可区分的特征，可以是固有的或赋予的、定性或定量的、各种类别（物理的、感官的、行为的、时间的、功能的等）。

国际标准化组织（ISO）对质量管理的定义为：质量管理是指确立质量方针及实施质量方针的全部职能及工作内容，并对其工作效果进行评价和改进的一系列工作。

简单来说，质量管理过程就是一切为使项目达到质量要求所需要的活动的总和，它包括决定质量方针、目标与责任的所有活动，并通过诸如规划质量、实施质量保证、控制质量、质量持续改进等程序和过程来实施项目执行组织的质量体系。

质量管理实际上包括两个方面，分别是项目管理的质量和项目可交付成果的质量。项目管理的质量管理针对的是项目过程中所涉及的活动，它适用于所有项目，与项目性质关系不大。项目可交付成果的质量管理针对的是项目生产的具体产品，它与产品的性质和特性紧密相关。在任何情况下，只要两者之一不符合质量要求，就会给部分或者全部项目相关方带来消极影响，进而影响项目目标。

项目质量管理包括规划质量管理、管理质量、控制质量三个过程。要实施有效的质量管理，一份完善的质量管理计划非常重要。质量管理计划是贯穿三个过程的纽带，它是规划质量的成果，又是实施质量保证和控制质量的依据。控制质量是质量管理的主要工作内容，是保证项目质量的具体实现，它既要监控特定的项目结果是否符合质量标准，又要识别导致问题的原因并加以改正。

表 9-1 列出了项目质量管理的各个过程。

表9-1　项目质量管理的各过程

管理过程	解释
规划质量管理	识别项目及其可交付成果的质量要求和（或）标准，并书面描述项目将如何证明符合质量要求和（或）标准的过程
管理质量	将组织的质量政策用于项目，并将质量管理计划转化为可执行的质量活动的过程
控制质量	为了评估绩效，确保项目输出完整、正确，并满足客户期望而监督和记录质量管理活动执行结果的过程

9.2 项目质量管理的核心概念

9.2.1 质量与等级（朱兰理论）

质量：作为实现的性能或成果，是"一系列内在特性满足要求的程度"。

等级：作为设计意图，是对用途相同但技术特性不同的可交付成果的级别分类。

朱兰三部曲：质量规划、质量控制、质量改进的质量三元论。一些活动又在整个过程的周而复始的循环中螺旋式上升，称为质量螺旋曲线。

图 9-1 所示为质量与等级示意图。

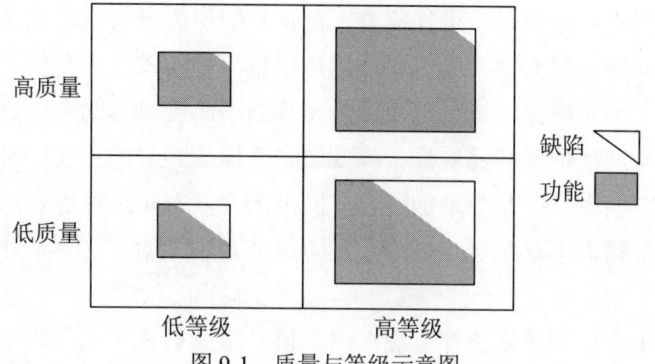

图 9-1 质量与等级示意图

质量水平未达到质量要求肯定是问题。低等级不一定是问题。低等级、高质量的产品是许多厂商占领市场份额的重要杀手锏。项目经理和项目管理团队负责权衡，以便同时达到所要求的质量和等级水平。如果没有足够的成本来满足既定的项目要求，可以降低项目的等级（减少项目的范围，减少项目的功能），但是不能牺牲质量。

9.2.2 管理质量与质量保证

管理质量有时被称为质量保证，但管理质量的定义比质量保证更广，因其可用于非项目工作。

在项目管理中，质量保证着眼于项目使用的过程，旨在高效地执行项目过程，包括遵守和满足标准，向相关方保证最终产品可以满足他们的需求、期望和要求。

管理质量包括所有质量保证活动，还与产品设计和过程改进有关，如图 9-2 所示。管理质量的工作属于质量成本框架中的一致性工作，质量成本详见 9.2.6 节。

9.2.3 预防与检查（克鲁斯比理论）

预防指的是在生产过程中采取措施以避免质量问题的发生。这些措施可能包括培训

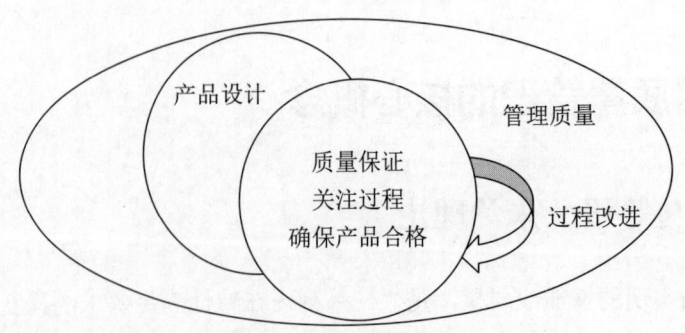

图 9-2　质量管理示意图

员工、改进生产流程、使用高质量的原材料等。预防的目的是确保产品在生产过程中就具有高质量，从而减少后期的修复和加工成本。检查则是在生产过程或产品出厂之前对产品进行检查，以确保产品符合规定的质量标准。这些检查可以是手动的，也可以是自动的，例如，使用机器视觉系统进行检查。检查是确保质量的一种手段，可以帮助企业发现并纠正质量问题，然而它并不能完全避免质量问题的发生。在质量管理中，预防和检查都是必要的，但预防比检查更重要。因为预防措施可以帮助企业在生产过程中避免质量问题的发生，从而提高产品质量、降低成本、提高客户满意度。而检查只能在产品生产出来之后发现问题，并且会增加成本。简单来说，预防是保证在执行过程中不出现错误；检查是保证错误不落到客户手中。预防是从源头开始，检查是针对结果，可以说预防胜于检查。

克鲁斯比理论是一种质量管理思想，由质量专家菲利普·克鲁斯比（Philip Crosby）创立。该理论认为，质量管理的目标是"零缺陷"，即不接受任何不合格产品或服务。克鲁斯比理论包括以下几个基本原则：

（1）零缺陷管理。克鲁斯比认为，质量管理的目标是零缺陷，即不接受任何不合格的产品或服务，这是实现质量管理的最高境界。

（2）质量源于预防，而非检查。克鲁斯比认为，质量管理应该注重预防而非检测，即在生产或服务过程中采取措施来预防错误和缺陷，而不是将大量资源用于检测和纠正错误。

（3）质量的执行标准是零缺陷。克鲁斯比认为，在整个生产过程中，任何质量问题都应该被消除，以确保最终产品的高质量。

（4）质量是用非一致性成本来衡量的。非一致性成本指的是制造一件不合格产品所需要的成本。这些成本包括了返工、报废、退货、保修等，它们与制造高质量产品的成本是不同的。克鲁斯比认为，如果企业能够在生产过程中实现零缺陷，那么这些非一致性成本将大大降低，企业将能够节省大量的成本。因此，他认为质量应该用非一致性成本来衡量，而不是只关注制造产品的成本。通过这种方式，企业可以更好地了解质量问题对企业的影响，并采取措施来改进质量。

克鲁斯比理论强调质量管理的全员参与和不断改进精神，对于企业和组织实现"零缺陷"目标具有重要的指导意义。

9.2.4 精确与准确

精确（Precision）：指重复测量的结果非常聚合，离散度很小。

准确（Accuracy）：指测量值非常接近实际值。

比如打十次靶，十次都打在八环上某个位置附近，没有接近靶心，这种属于精确但不准确；若十次都围绕在靶心周围，但是比较分散，这种属于准确但不精确；若十次都在十环内，并且都几乎与靶心重合，这种属于既精确又准确，如图9-3所示。精确和准确没有直接的关系，如果事情能做到既精确又准确，那是最好的。

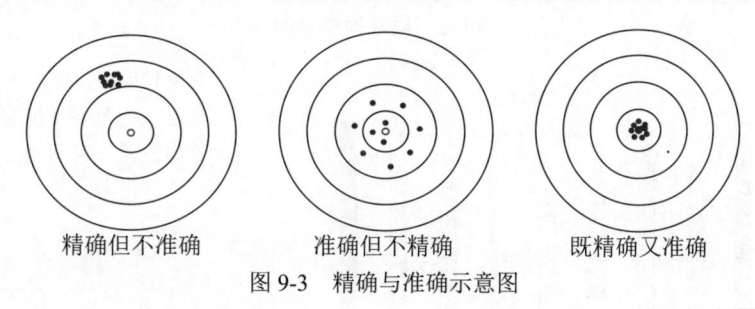

图 9-3 精确与准确示意图

9.2.5 属性抽样与变量抽样

统计抽样是指从目标总体中选取部分样本用于检查，例如，从198个产品中随机抽取7个，如图9-4所示。

产品编号	是否合格
产品903001	合格
产品903002	不合格
产品903003	合格
产品903004	合格
产品903005	合格
产品903006	合格
产品903007	不合格

（a）属性抽样

产品编号	产品参数
产品903001	995g
产品903002	1021g
产品903003	1003g
产品903004	997g
产品903005	1008g
产品903006	994g
产品903007	975g

（b）变量抽样

图 9-4 统计抽样示例

属性抽样（Attribute Sampling）是指对一个产品的一个或多个属性的测试。产品的属性可以是重量、规模、功能等。属性检查的结果是"是或非""通过或不通过""有缺陷或无缺陷""在容忍度范围内或超出容忍度范围""正确或不正确"等，如图9-5所示。

变量抽样（Variables Sampling）是指一个流程的变化过程被测量并且记录下来，以此决定流程的能力。它是建立控制图的基础。这些变量可能是分（时间）、摄氏度（温度）、千克（重量）等。在变量抽样检查中，被检查的工件不是用"通过或不通过"来做评估的，而是采用数量化的持续规模测量来进行的，如图9-6所示。变量抽样需要的取样规模较小，同时可以提供更多的信息，但是需要专业的检查人员。

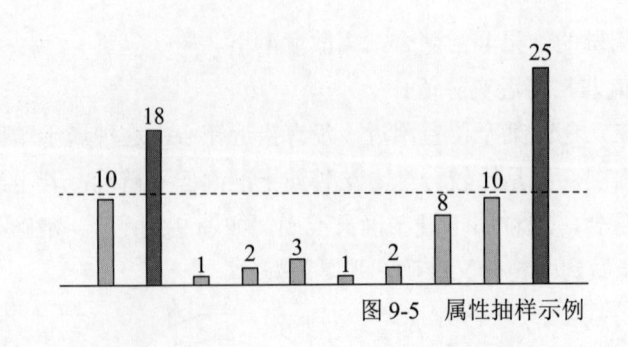

属性抽样（是或非）
合格：8；不合格：2
合格率：80%

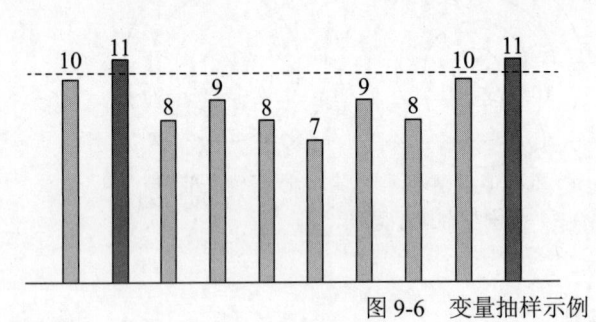

图 9-5 属性抽样示例

变量抽样
在连续的量表上标明结果所处的位置，表明合格的程度

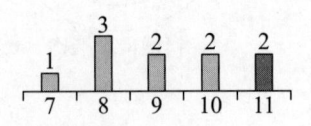

图 9-6 变量抽样示例

如图 9-4 所示，属性抽样表示结果的一致性，如是否合格；变量抽样表示结果一致性程度，1000±10g。简单来说，属性抽样只有两个结果，合格或不合格，非黑即白。例如，班级的期末考试，达到了 60 分合格线的有多少人，没达到的有多少人，这属于属性抽样。变量抽样表示合格的程度，比如优、良、中、合格、不合格。例如，班级期末考试，优、良、中、合格、不合格的各自有多少人，分布形态如何，这属于变量抽样。

9.2.6 质量成本

质量成本（Cost of Quality，COQ）是指为了达到产品或服务的质量要求所付出的全部努力的总成本，既包括为确保符合质量要求所做的全部工作的成本，也包括因不符合质量要求所引起的全部工作的成本；是一致性成本和非一致性成本之和。质量成本包含内容如表 9-2 所示。

（1）一致性成本。一致性意味着交付满足要求的和适用的产品，例如，计划编制、培训指导、过程控制、现场测试、设计确认、过程确认、测试与评价、质量审计、维护和校准等费用都属于一致成本。

（2）非一致性成本。非一致性成本意味着对产品缺陷或没有满足质量期望负责，例如，废料、返工、加速处理、额外材料或存货、保修或者服务、产品召回、产品纠正措施、投诉处理、责任判定和现场服务等费用都属于非一致性成本。

表9-2 质量成本表

质量成本（COQ）				
一致性成本		非一致成本	
预防成本	评估成本	内部失败成本	外部失败成本
（打造高质量）	（评估质量）	（项目中发现）	（客户发现）
产品或服务需求 质量规划 质量保证 培训	核实 质量审计 供应商评级	浪费 报废 返工或校正 失败分析	修理和服务 保修索赔 投诉 退货 声誉

可以按照时间轴线来划分，在没有做产品之前提前做一些准备工作，其花费的成本属于预防成本。在结果已经做出来后，需要做一些检测，其花费的成本属于评估成本。如果通过检测发现问题，通过内部报废，或者返工纠正所花费的成本属于内部失败成本。如果产品交给客户之后，由客户发现问题，可能会被投诉、索赔，其花费的成本属于外部失败成本。图9-7 所示为质量成本演变流程。从时间轴线上来看，尽早把质量做好所花费的代价会更小一些。

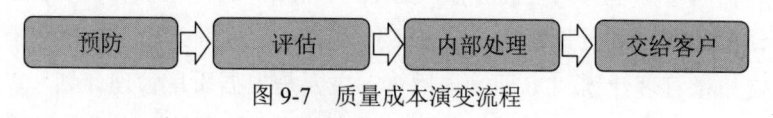

预防 ⇒ 评估 ⇒ 内部处理 ⇒ 交给客户

图 9-7 质量成本演变流程

9.2.7 五种质量管理水平的有效性

《黄帝内经》中有这样一句话"上工治未病，不治已病，此之谓也"。意思是圣人不等病已经发生再去治疗，而是治疗在疾病发生之前。如果等到病情已经严重了再去治疗，那么治疗的难度和风险都会大大增加。因此，提倡"上工治未病"是为了更好地保障人们的健康和生命安全。项目质量管理也是如此，预防胜于检查。

项目质量管理需要兼顾项目管理与项目可交付成果两个方面。

项目质量管理分为五种管理水平，如图9-8 所示，说明如下：

（1）关注质量的文化，也是最理想的质量管理水平，是整个公司都非常关注质量的文化，方方面面，角角落落全员关注质量管理，这样整个项目的质量就会很好。

（2）规划和设计中，虽然公司不是整体关注，但是做具体项目的规划和设计时候，在把质量考虑进来，后续在执行的时候，按部就班来执行，这样质量也不会差。

（3）在执行过程中，做了才会发现有很多问题。一边做，一边去纠正过程本身，这样至少是在过程中把错误纠正了，不至于等全部做完还不确定质量是否可行。

（4）给客户前先检查，是等所有内容做完之后，在交给客户之前才做检查。

（5）最糟糕的方式是，做完之后不做检查而直接把做出来的东西给客户，让客户发现缺陷。这可能会付出昂贵的代价，比如会出现客户大量的投诉、产品召回等情况。

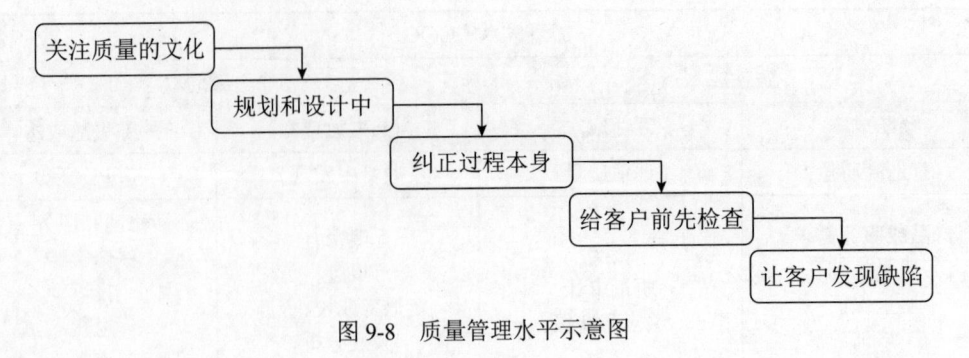

图 9-8 质量管理水平示意图

9.3 质量管理流程和工件

9.3.1 质量管理流程

质量管理流程参考 PDCA（Plan-Do-Check-Action）循环来执行，如图 9-9 所示。在质量管理中，Plan 即规划质量管理，主要工作是通过定标准来确定质量测量指标，以及定方法来确定质量管理计划；Do 即管理质量，主要是根据质量管理计划，以及改进的质量管理计划去做工作；Check 即控制质量，主要是看结果是否达到质量指标，以及识别出未达标的内容；Action 即改进质量，未达标的内容会回到质量管理过程，去做一些行动改进质量。项目质量一般不可能一次做到位，需要经过多轮循环。

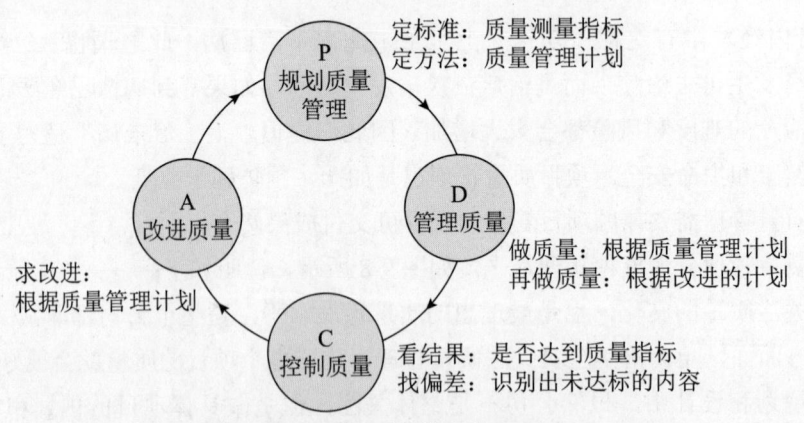

图 9-9 项目质量管理的 PDCA

规划质量管理——关注工作需要达到的质量。现代质量管理的一项基本准则是：质量是计划出来的，而不是检查出来的。规划质量管理是识别项目及其可交付成果的质量要求和（或）标准，并书面描述项目将如何证明符合质量要求和（或）标准的过程。其主要作用是为整个项目中如何管理和确认质量提供指南和方向。规划质量管理应与其他项目规划过程并行开展。例如，为满足既定的质量标准而对产品提出变更建议，可能会引发相应的成本或进度调整，并可能需要详细分析该变更将给相关计划带来的影响。

管理质量——关注管理整个项目期间的质量过程。管理质量是将组织的质量政策用于项目，并将质量管理计划转化为可执行的质量活动的过程。其主要作用是提高实现质量目标的可能性，以及识别无效过程和导致质量低劣的原因。

控制质量——关注工作成果与质量要求的比较，确保结果可接受。控制质量是为了评估绩效，确保项目输出完整、正确且满足客户期望而监督和记录质量管理活动执行结果的过程。其主要作用是，核实项目可交付成果和工作已经达到主要相关方的质量要求，可供最终验收。控制质量过程确定项目输出是否达到预期目的，这些输出需要满足所有适用标准、要求、法规和规范。

9.3.2 工件——质量管理计划

质量管理计划是项目管理计划的组成部分，描述如何实施适用的政策、程序和指南以实现质量目标。它描述了项目管理团队为实现一系列项目质量目标所需的活动和资源。质量管理计划可以是正式或非正式的、非常详细或高度概括的，其风格与详细程度取决于项目的具体需要。应该在项目早期就对质量管理计划进行评审，以确保决策是基于准确信息的。这样做的好处是，更加关注项目的价值定位，降低因返工而造成的成本超支金额和进度延误次数。

质量管理计划包括（但不限于）以下组成部分：
（1）项目采用的质量标准；
（2）项目的质量目标；
（3）质量角色与职责；
（4）需要质量审查的项目可交付成果和过程；
（5）为项目规划的质量控制和质量管理活动；
（6）项目使用的质量工具；
（7）与项目有关的主要程序，如处理不符合的情况、纠正措施程序，以及持续改进程序。

在整个项目实现过程中，质量管理计划是整个项目质量管理的指导性文件，项目需要通过质量体系去执行项目质量计划来保证项目的质量。质量管理计划为整体项目管理计划提供依据，并且必须考虑控制质量、实施质量保证和过程持续改进问题。

9.3.3 工件——质量测量指标

质量测量指标专用于描述项目或产品属性，以及控制质量过程将如何验证符合程度。

质量测量指标的例子包括按时完成的任务的百分比、以 CPI 测量的成本绩效、故障率、识别的日缺陷数量、每月总停机时间、每个代码行的错误、客户满意度分数，以及测试计划所涵盖的需求的百分比（即测试覆盖度）。管理质量过程依据质量测量指标设定项目的测试场景和可交付成果，用作改进措施的依据。测量指标可允许的变动范围称为公差（Tolerance）。例如，对于将成本控制在预算的 ±10% 之内的质量目标，就可以测量每个可交付成果的成本并确定其偏离相应预算的百分比。

9.3.4 工件——核实的可交付成果

可交付成果是在某一过程、阶段或项目完成时，必须产出的任何独特并可核实的产品、成果或服务能力。经常取其狭义的用法，特指外部可交付成果，即必须经项目发起人或客户批准的可交付成果。通过指导与管理项目工作得到可交付成果。

可交付成果交由控制质量过程可以得到核实的可交付成果，即已经完成并被控制质量过程检查为正确的可交付成果。

符合验收标准的可交付成果，应该由客户或发起人正式签字批准得到验收的可交付成果。应该从客户或发起人那里获得正式文件，证明相关方对项目可交付成果的正式验收。这些文件将提交给结束项目或阶段过程，最终移交给对应的干系人（通常是客户或运营）。

可交付成果流程如图 9-10 所示。

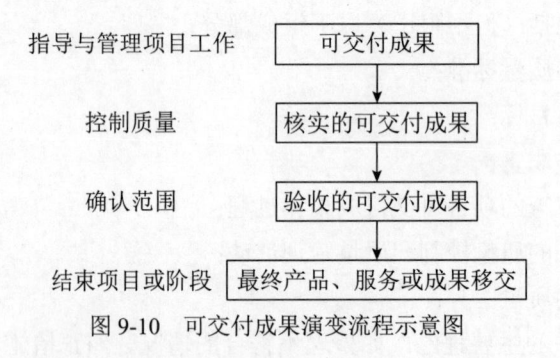

图 9-10 可交付成果演变流程示意图

9.4 质量管理的方法和技术

9.4.1 方法——标杆对照

标杆对照是将实际或计划的项目实践、项目的质量标准与可比项目的实践进行比较，以便识别最佳实践，形成改进意见，并为绩效考核提供依据。标杆对照也允许用不同应用领域或行业的项目做类比。图 9-11 为标杆对照示意图。

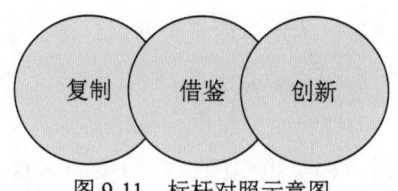

图 9-11 标杆对照示意图

9.4.2 方法——成本效益分析

成本效益分析是用来估算备选方案优势和劣势的财务分析工具，以确定可以创造最佳效益的备选方案。成本效益分析可帮助项目经理确定规划的质量活动是否有效利用了成本。

成本效益分析包括净现值（NPV）分析、投资回收期（PBP）、投资回收率（ROI）、内部报酬率（IRR）、效益成本比率（BCR）等。成本效益分析首先是估算新产品的开发成本，然后与可能取得的效益（有形的和无形的）进行比较权衡。有形的效益可以用货币的时间价值、投资回收期、纯收入、投资回报率等指标进行度量。无形的效益主要是从性质上、心理上进行衡量，很难直接进行具体量值的比较。无形的效益在某些情形下会转化成有形的效益。例如，一个高质量的设计先进的产品可以使用户更满意，从而影响到其他潜在的用户，一旦需要时就会选择购买它，这样使得无形的效益转化成有形的效益。

产品的经济效益等于因使用新产品而增加的收入加上使用新产品节省的运行费用。运行费用包括操作员人数、工作时间、消耗的物资等。

净现值分析是一种资本预算技术，用于评估投资项目的财务可行性。详见 18.7 节。

投资回报率也称为投资收益率，是指项目投产后的年均运营利润与项目投资额之比，显然，投资回报率越高越好。详见 18.7 节。

投资回收期是指投资回收的期限，也就是用投资方案所产生的净现金收入回收初始全部投资所需的时间，通常是项目建设期加上项目投产后累计运营利润达到投资金额所需的时间。计算投资回收期要把项目投产后所带来的累计运营利润与项目投资额进行比较。对于投资者来讲，投资回收期越短越好，从而减少投资的风险。

效益成本比率是一种常见的投资分析工具，用于衡量投资收益与成本之间的比例关系，通常用于评估项目或政策的经济效益。其计算公式为：总收益/总成本，通常大于 1 表示投资收益高于成本，小于 1 则表示投资收益低于成本。如果结果等于 1，则表示投资的收益与成本相等，即收益成本相平衡。

9.4.3 方法——审计、检查与测试

（1）审计：确定项目活动是否遵循了组织和项目的政策、过程与程序的一种结构化且独立的过程。质量审计通常由项目外部的团队开展，如组织内部审计部门、项目管理办公室（PMO）或组织外部的审计师。

（2）检查：指检验工作产品以确定是否符合书面标准。检查的结果通常包括相关的测量数据，可在任何层面上进行。可以检查单个活动的成果，也可以检查项目的最终产品。例如，在建筑项目中对混凝土构件表面平整度、规格（长、宽、高）等方面进行检查。

（3）测试/产品评估：是一种有组织的、结构化的调查，旨在根据项目需求提供有关被测产品或服务质量的客观信息。测试的目的是找出产品或服务中存在的错误、缺陷、漏洞或其他不合规问题。不同应用领域需要不同测试。例如，软件测试可能包括黑盒测试、白盒测试等；在建筑项目中，测试可能包括混凝土构件的抗压强度测试、混凝土坍落度测试等。

9.4.4 方法——核对单与核查表（发现问题）

核对单是一种结构化工具，通常列出特定组成部分，用来核实所要求的一系列步骤是否已得到执行或检查需求列表是否已得到满足。

例如，最常见的仓库入库单和出库单就是一种核对单（Checklists）。图9-12所示为手术安全核对单。

附件9 手术安全核对单		
科别：_____ 患者姓名：_____ 性别：_____ 年龄：_____		
病案号：_____ 麻醉方式：_____ 手术方式：_____		
术者：_____ 手术日期：_____		
麻醉实施前	手术开始前	患者离开手术室前
患者姓名、性别、年龄正确： 　　是 □ 否 □	患者姓名、性别、年龄正确： 　　是 □ 否 □	患者姓名、性别、年龄正确： 　　是 □ 否 □
手术方式确认： 　　是 □ 否 □	手术方式确认： 　　是 □ 否 □	实际手术方式确认： 　　是 □ 否 □
手术部位与标识正确： 　　是 □ 否 □	手术部位与标识确认： 　　是 □ 否 □	手术用药、输血的核查： 　　是 □ 否 □
手术知情同意： 　　是 □ 否 □	手术、麻醉风险预警： 手术医师陈述： 　预计手术时间 □ 　预计失血量 □ 　手术关注点 □ 　其他 □	手术用物清点正确： 　　是 □ 否 □
麻醉知情同意： 　　是 □ 否 □		手术标本确认： 　　是 □ 否 □
麻醉方式确认： 　　是 □ 否 □		皮肤是否完整： 　　是 □ 否 □
麻醉设备安全检查完成： 　　是 □ 否 □		各种管路： 　周围静脉通路 □

图9-12 核对单示例

核对单是包括需要考虑的项目、行动或要点的清单，常被用作提醒。可以基于从类似项目和其他信息来源积累的历史信息和知识来编制核对单，很多组织基于自身经验制定了标准化的核对单，或者采用所在行业的核对单用来规范地执行经常性任务。在某些应用领域，核对单也可从专业协会或商业性服务机构获取。

基于项目需求和实践，核对单可简可繁。同时，项目团队也应该注意考察未在核对单中列出的事项。此外，还应该不时地审查核对单，增加新信息，删除或存档过时信息。

核查表（check sheets），又称计数表，用于合理排列各种事项，以便有效地收集关于潜在质量问题的有用数据。在开展检查以识别缺陷时，用核查表收集属性数据就特别方便，例如统计关于缺陷数量或后果的数据，如图 9-13 所示。

缺陷 / 日期	日期 1	日期 2	日期 3	日期 4	合计
小划痕	1	2	2	2	7
大划痕	0	1	0	0	1
弯曲	3	3	1	2	9
缺少组件	5	0	2	1	8
颜色配错	2	0	1	3	6
标签错误	1	2	1	2	6

图 9-13　核查表示例

9.4.5　方法——根本原因分析（分析问题）

根本原因分析（5Why 法）是确定引起偏差、缺陷或风险根本原因的一种分析技术。一项根本原因可能引起多项偏差、缺陷或风险。根本原因分析还可以作为一项技术，用于识别问题的根本原因并解决问题。消除所有根本原因可以杜绝问题再次发生，如图 9-14 ～图 9-16 所示。

图 9-14　根本原因分析示意图

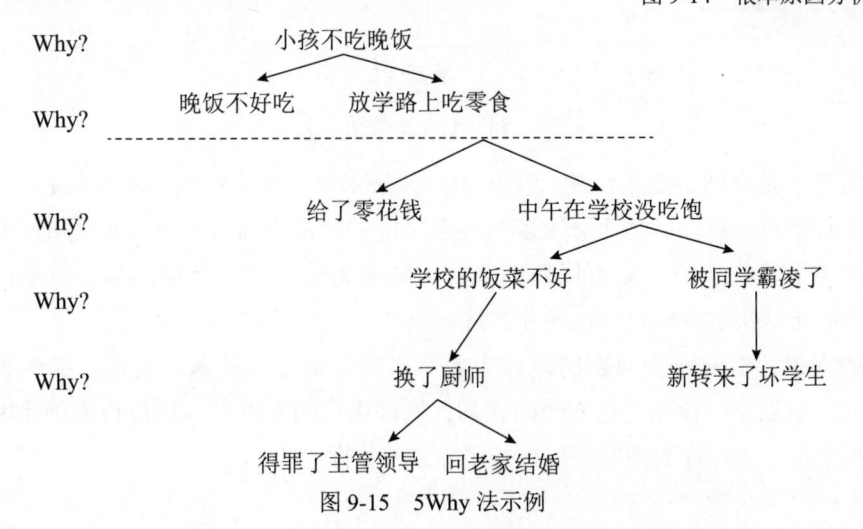

图 9-15　5Why 法示例

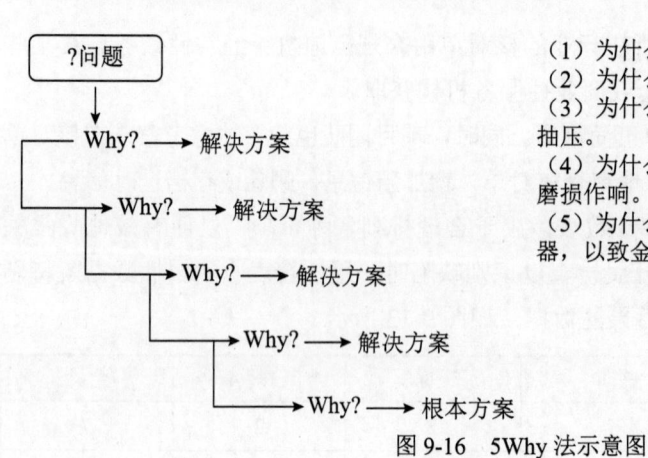

```
        ┌─ ?问题
        │
        ├─ Why? → 解决方案
          │
          ├─ Why? → 解决方案
             │
             ├─ Why? → 解决方案
                │
                ├─ Why? → 解决方案
                   │
                   └─ Why? → 根本方案
```

(1) 为什么会停机?因为超负荷,保险丝熔断。
(2) 为什么会超负荷?因为轴承不够润滑。
(3) 为什么不够润滑?因为润滑油泵不能有效抽压。
(4) 为什么不能有效抽压?因为油泵的旋转轴磨损作响。
(5) 为什么旋转轴会磨损?因为上面没有过滤器,以致金属碎屑掉进去造成磨损。

图 9-16　5Why 法示意图

9.4.6　方法——因果图

因果图也称为石川图、鱼刺图或鱼骨图,如图 9-17 所示,直观地显示出各项因素如何与各种潜在问题或结果联系起来。利用因果图可以将在产品后端发现的有关质量问题一直追溯到负有责任的生产行为,从生产的源头找出质量原因,真正获得质量的改进和提高。

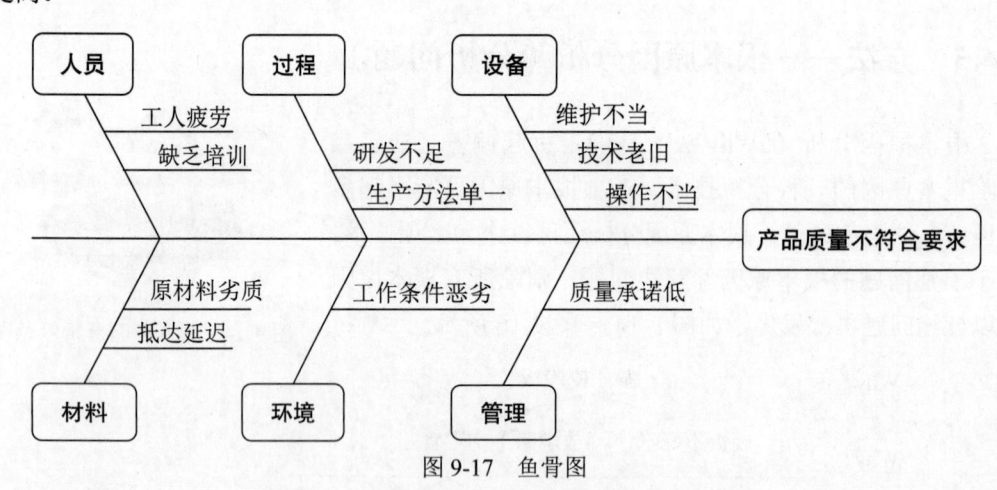

图 9-17　鱼骨图

因果图法是全球广泛采用的一项技术,该技术首先确定结果(质量问题),然后分析造成这种结果的原因。每个分支都代表着可能的差错原因,用于查明质量问题的可能所在和设立相应检验点。它可以帮助项目团队事先估计可能会发生哪些质量问题,然后,帮助制定解决这些问题的途径和方法。

一般来说,造成质量问题的原因主要有人员、资金、技术、设备、组织和管理等六个方面,所以可以预先将这六个因素列入原因虚线的方框中,然后将各种原因从大到小、从粗到细分解,直到能够采取措施消除这些原因为止。

9.4.7 方法——数据表现技术

1. 亲和图和思维导图

亲和图是一种用来对大量创意进行分组,以便进一步审查和分析的技术。可以对潜在缺陷成因进行分类,展示最应关注的领域,如图 9-18 所示。

思维导图是一种用于可视化组织信息的绘图法,如图 9-19 所示。质量思维导图通常是基于单个质量概念创建的,是绘制在空白的页面中央的图像,之后再增加以图像、词汇或词条形式表现的想法。思维导图技术可以有助于快速收集项目质量要求、制约因素、依赖关系和联系。

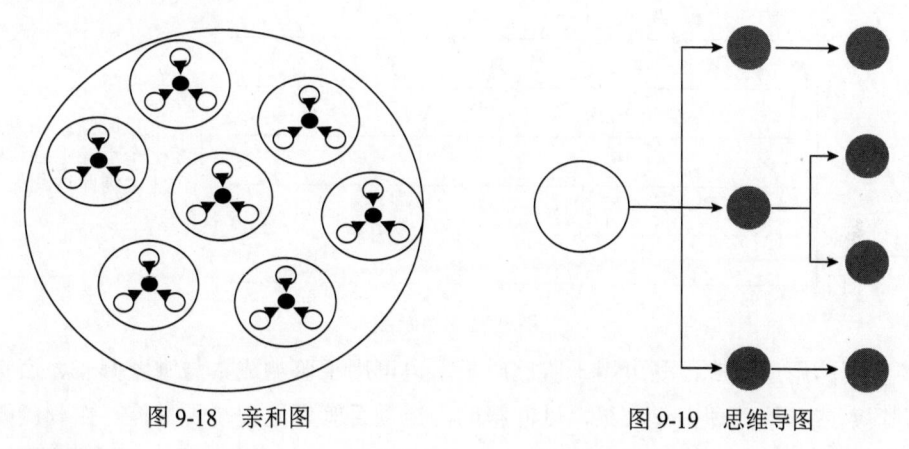

图 9-18　亲和图　　　　　　　图 9-19　思维导图

2. 流程图

流程图也称为过程图,是一个由箭线联系的若干因素关系图,用来显示在一个或多个输入转化成一个或多个输出的过程中,所需要的步骤顺序和可能分支。流程图有多种形式,但所有的流程图都会显示活动、决策点和处理顺序,如图 9-20 所示。在质量规划过程中,流程图有助于项目团队预测可能发生的质量问题。认识到潜在问题就可以建立测试程序或处理方法。通过流程图,对流程中质量的关键环和薄弱环进行分析。

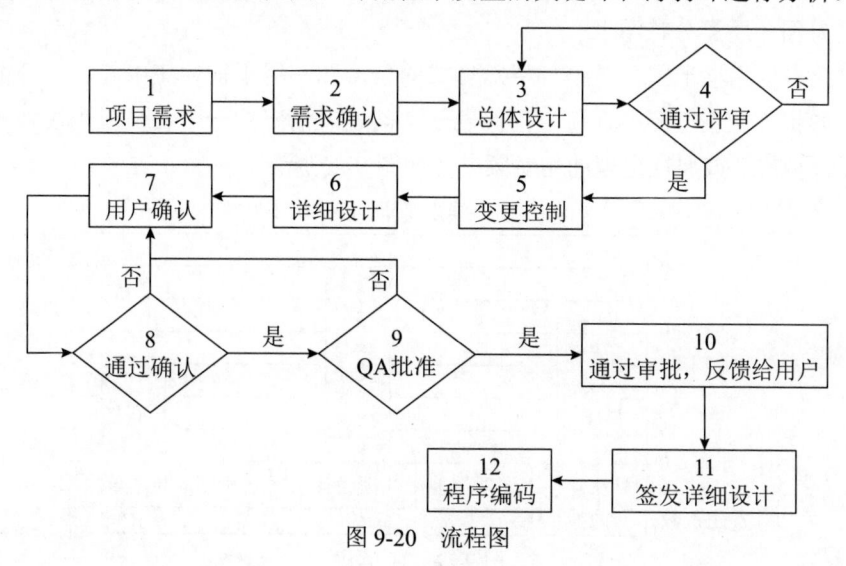

图 9-20　流程图

流程图法是用于表达一个项目的工作过程和项目不同部分之间的相互联系，通常用于分析和确定项目执行的过程，同时它也是一种项目质量计划的有效方法。

3. 控制图

控制图又称为管道图，是以常态分配中的三个标准差为理论依据，中心线为平均值，上下控制界限为平均数加减三个标准差的值，以判断过程中是否有问题发生，如图9-21 所示。规格上限和下限是根据要求制定的，反映了可允许的最大值和最小值。

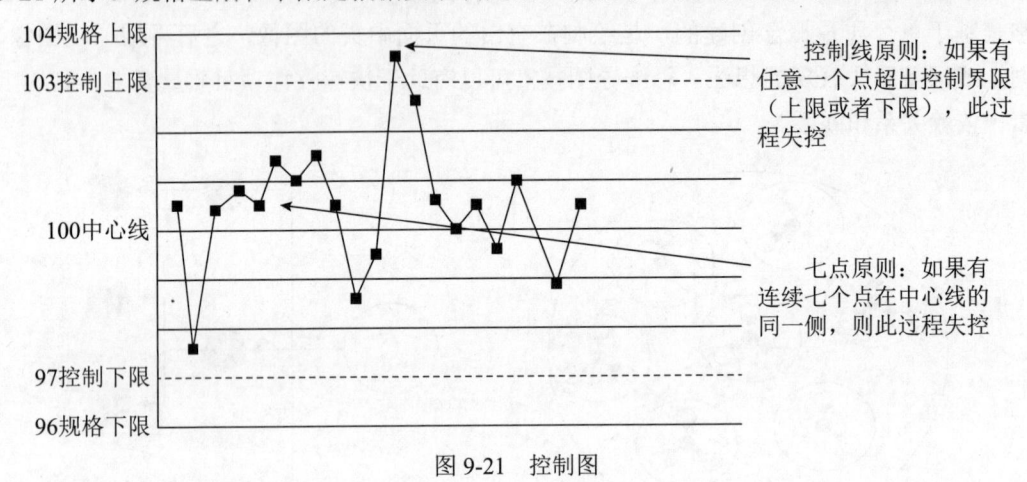

图 9-21　控制图

控制线原则：如果有任意一个点超出控制界限（上限或者下限），此过程失控

七点原则：如果有连续七个点在中心线的同一侧，则此过程失控

控制图的用途很广，既可用于监控质量，也可用于监测成本与进度偏差、产量、范围变更频率或其他管理工作成果，以便帮助确定项目管理过程是否受控。控制图既可用于追踪重复性过程的绩效情况（例如，不同批次的同类产品的质量是否稳定等），也可用于追踪累计的进度与成本绩效。

例如，某公司客服电话平均通话时间控制图：该公司使用通话时间控制图来监测客服电话平均通话时间是否稳定，以便及时发现和纠正客服流程中的问题。

控制图的一个作用就是警示，在还没有实际出现不合格的情况时，提早发现是否失控。如果失控，需要调查原因，尽早回到可控，避免不合格。

4. 直方图（质量分布图）

直方图也称为柱形图，是一种特殊形式的条形图，用于描述集中趋势、分散程度和统计分布形状。在直方图中，每一栏代表一个问题或情况的一个特征或属性，每个栏的高度代表该种特征或属性出现的相对频率，如图9-22 所示。

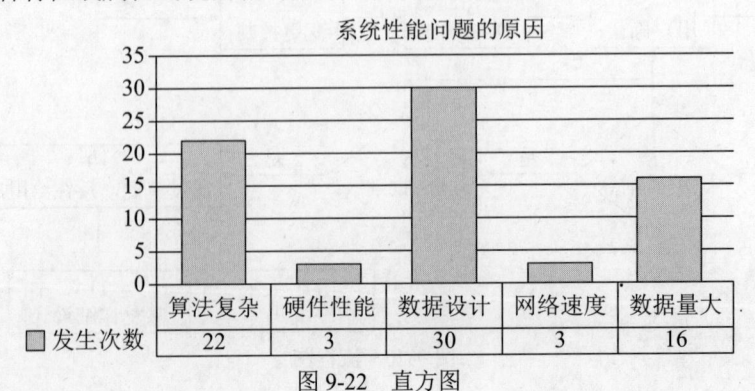

系统性能问题的原因

	算法复杂	硬件性能	数据设计	网络速度	数据量大
发生次数	22	3	30	3	16

图 9-22　直方图

直方图通过各栏的形状和宽度来确定问题的根源，根据矩形的分布形状和公差界限相对关系来探索质量分布规律，分析、判断整个项目过程是否正常、稳定。具体可以采用直接观察法，也可以将直方图与标准规格进行比较。

直方图通过各栏的形状和宽度来确定问题的根源，根据矩形的分布形状和公差界限相对关系来探索质量分布规律，分析、判断整个项目过程是否正常、稳定。具体可以采用直接观察法，也可以将直方图与标准规格进行比较。直方图的不足是不能反映质量的动态变化，且对数据的量要求较大。

5. 帕累托图

帕累托图（Pareto Diagram）又称排列图或主次因素分析图，是用于帮助确认问题和对问题进行排序的一种常用的统计分析工具。

意大利著名经济学家帕累托（Pareto）提出了"关键的少数和无关紧要的多数的关系"，称为二八原理，即80%的问题经常是由20%的原因引起的。朱兰将这一规则引进产品质量管理，以确认造成产品质量问题的诸多因素中最为重要的几个因素，如图9-23所示。

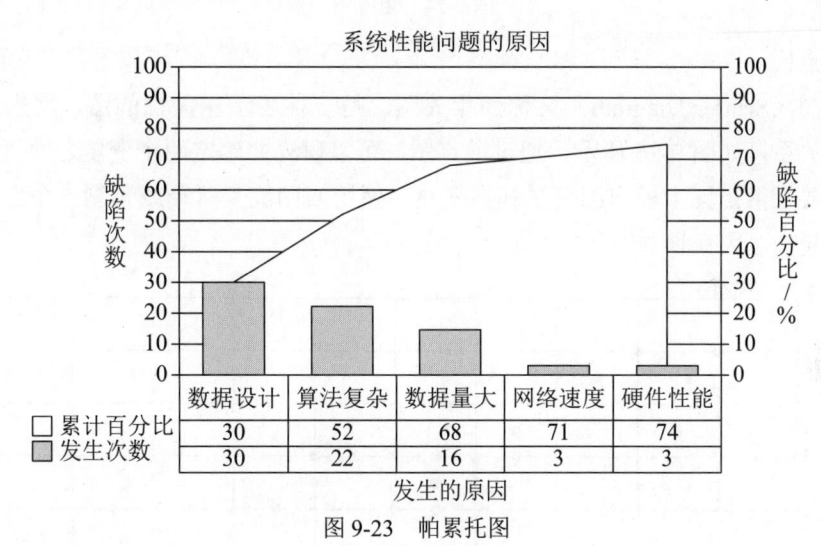

图 9-23　帕累托图

在帕累托图中，左纵坐标表示某种因素发生的次数，即频数；右纵坐标表示某种因素发生的累计频率，即频率；横坐标表示影响项目的各种因素，它们按对质量影响程度的大小从左到右依次排列。

帕累托分析又称为 ABC 分析图法。在帕累托图中，将影响质量的主要因素（累计频率曲线）的累计百分数分为三级，与此对应的因素分为三类：频率 0%～80% 为 A 类因素，是影响项目质量的主要因素；频率 80%～90% 为 B 类因素，是影响项目质量的次要因素；频率 90%～100% 为 C 类因素，是影响项目质量的一般因素。利用帕累托图，有利于确定影响质量的主次因素，使错综复杂的问题一目了然。

6. 矩阵图

矩阵图（Matrix Diagram）在行列交叉的位置展示因素、原因和目标之间的关系强弱。

矩阵图用于多因素分析时，可做到条理清楚、重点突出。它在质量管理中可用于寻找新产品研制和老产品改进的着眼点，寻找产品质量问题产生的原因等方面，如图9-24所示实心表示关系强，空心表示关系弱，空表示没有关系。

	绝缘强度低	耐压击穿	功率大	转速低	启动性能差
绝缘漆浓度低	●	○			
预烘时间短	●	○			
定子性能差				●	
转子缺陷			●	●	
风叶不配套			●	●	●
风叶角度与电机不匹配			○	○	○
轴承不合格			●	○	○
精加工精度差			●	○	●

图9-24 矩阵图

7. 散点图

散点图（Scatter Diagram）又称为相关图，是一种表示相关性的图，用来显示两个变量间的关系，如图9-25所示。通过散点图，可以研究并确定两个变量之间可能存在的关系。需要在散点图上标出因变量和自变量，使用回归线来解释或预测一个自变量的变化如何引起一个因变量的变化。

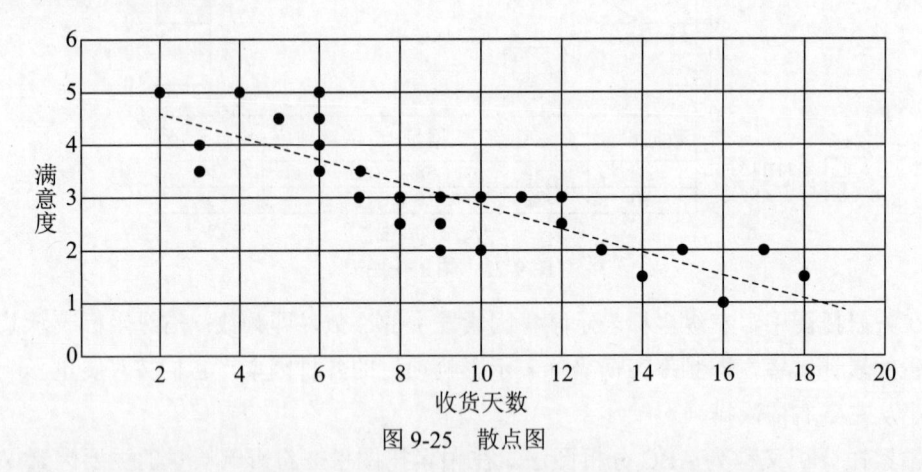

图9-25 散点图

两种变量之间的相互关联性越大，图中的点越不分散，点趋向集中于一条直线附近。相反，如果两种变量之间很少或没有关联性，那么点将完全散布开。在图9-25中，网购收货天数和满意度的关联性比较强，因此点分布在回归线的附近。

散点图有直观、简便的优点。通过绘制散点图，对数据的相关性进行直观的观察，不但可以得到定性的结论，而且可以通过观察剔除异常数据，从而提高用计算方法估算相关程度的准确性。

第 10 章
过程——采购

10.1 采购管理概述

项目采购管理包括从项目团队外部采购或获取所需产品、服务或成果的各个过程。项目采购管理包括编制和管理协议所需的管理和控制过程。协议可以是合同、订购单、协议备忘录（MOA）或服务水平协议（SLA）。被授权采购项目所需货物和（或）服务的人员可以是项目团队、管理层或组织采购部（如果有）的成员。

采购管理包含三个过程：规划采购管理、实施采购、控制采购，如表10-1所示。

表10-1 项目采购管理的各过程

管理过程	解释
规划采购管理	记录项目采购决策、明确采购方法、识别潜在卖方的过程
实施采购	获取卖方应答、选择卖方并授予合同的过程
控制采购	管理采购关系、监督合同绩效、实施必要的变更和纠偏，以及关闭合同的过程

10.2 规划采购管理

规划采购管理是记录项目采购决策、明确采购方法、识别潜在卖方的过程，如图10-1所示。规划采购管理需要识别哪些项目需求最好或必须通过从项目组织外部采购产品、服务或成果来实现，而哪些项目需求可由项目团队自行完成。在规划采购过程中，

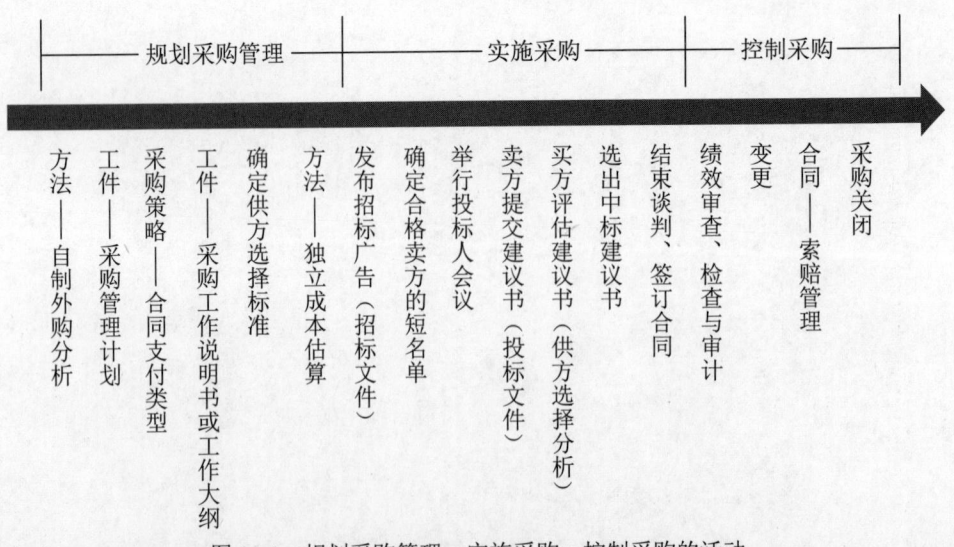

图10-1 规划采购管理、实施采购、控制采购的活动

要决定是否需要取得外部支持，如果需要，则还要决定采购什么、如何采购、采购多少，以及何时采购。如果项目需要从执行组织外部取得所需的产品、服务和成果，则每次采购都要经历从规划采购到结束采购的各个过程。

项目进度计划会对规划采购过程中的采购策略制定产生重要影响。在编制采购管理计划过程中所做出的决定也会影响项目进度计划。项目管理团队应该将采购管理计划编制工作与制订进度计划、估算活动资源和自制或外购决策等整合起来。在规划采购过程中，要考虑每个自制或外购决策所涉及的风险，也要审查为减轻风险（有时向卖方转移风险）而拟使用的合同类型。

10.2.1　方法——自制外购分析

自制或外购分析用于确定某项工作或可交付成果最好是由项目团队自行完成，还是应该从外部采购。制定自制或外购决策时应考虑的因素包括：
- 组织当前的资源配置及其技能和能力；
- 对专业技术的需求；
- 不愿承担永久雇佣的义务；
- 对独特技术专长的需求；
- 评估与每个自制或外购决策相关的风险。

决定项目是自行开发还是外购，应该根据成本来进行分析。可以将内部提供产品和服务的成本进行估算，再与外部成本进行比较，如果外包的成本比自制的成本更低，应考虑外包。但有时也需要考虑一些其他因素，例如，某些组织对数据保密性、系统安全性、软件的可靠性要求较高，当自己有足够的人力资源保障，就应当考虑自行研发。自制或外购分析应考虑全部相关成本，包括直接成本与间接成本。例如，买方在分析外购时，既要考虑购买产品本身的实际支出，也要考虑为支持采购过程和维护该产品所发生的间接成本。

在自制或外购分析中，可以使用回收期、投资回报率（ROI）、内部报酬率（IRR）、现金流贴现、净现值（NPV）、收益成本（BCA）或其他分析技术，来确定某种货物或服务是应该在项目内部自制还是从外部购买。

自制或外购分析的结果就是自制或外购决策。该决策记录了关于哪些产品、服务或成果需要从项目组织外部采购的决定，或者哪些产品、服务或成果应该由项目团队自行提供的决定。它也可能包括为应对某些已识别风险而购买保险或履约担保的决定。自制或外购决策文件可以比较简单，只包括一份清单和简要的决策理由。如果后续的采购活动表明需要采用不同的方法，则可以修改自制或外购决策。

在进行外购分析时，也要考虑可用的合同类型。采取哪一种合同类型，取决于想要如何在买卖双方之间分担风险，而双方各自承担的风险程度，则取决于具体的合同条款。

10.2.2 工件——采购管理计划

采购管理计划包含要在采购过程中开展的各种活动。它应该记录是否要开展国际竞争性招标、国内竞争性招标、当地招标等。如果项目由外部资助，资金的来源和可用性应符合采购管理计划和项目进度计划的规定。采购管理计划可包括以下内容：

- 如何协调采购与项目的其他工作，例如，项目进度计划制订和控制；
- 开展重要采购活动的时间表；
- 用于管理合同的采购测量指标；
- 与采购有关的相关方角色和职责，如果执行组织有采购部，项目团队拥有的职权和受到的限制；
- 可能影响采购工作的制约因素和假设条件；
- 司法管辖权和付款货币；
- 是否需要编制独立估算，以及是否应将其作为评价标准；
- 风险管理事项，包括对履约保函或保险合同的要求，以减轻某些项目风险；
- 拟使用的预审合格的卖方（如果有）。

10.2.3 采购策略——合同支付类型

合同支付类型以项目付款方式为标准进行划分，通常可将合同分为两大类，即总价和成本补偿类。还有第三种常用合同类型，即混合型的工料合同，如图 10-2 所示。三者的区分如表 10-2 所示。在项目实践中，合并使用两种甚至更多合同类型进行单次采购的情况也不罕见。

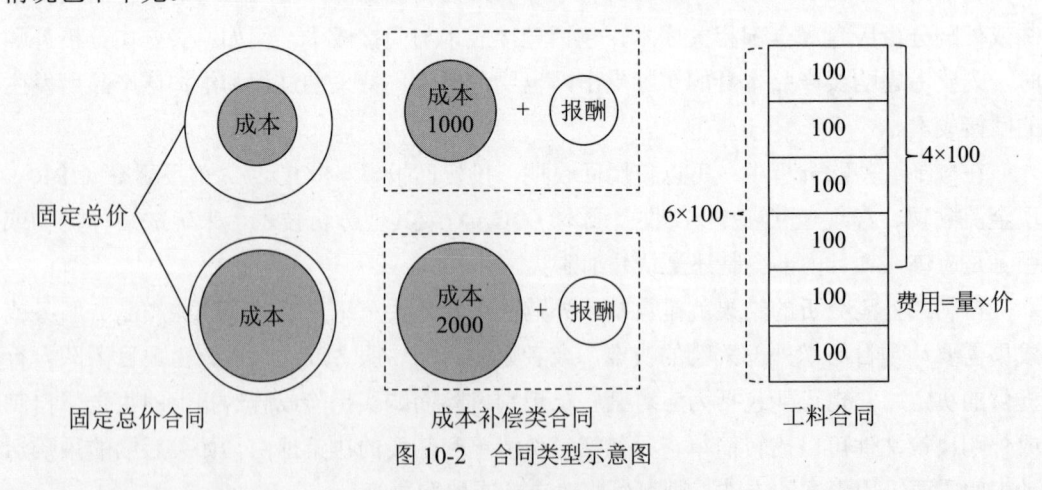

图 10-2 合同类型示意图

表10-2 合同支付类型总结

合同类型		说明
总价合同	固定总价	最常用，买方喜欢，除非工作范围发生变更，否则不允许改变

续表

合同类型		说明
总价合同	总价加激励费用	设置价格上限，超过上限，卖方承担
	总价加经济价格调整	履约时间长或不同货币支付。通货膨胀或特殊商品成本变化允许可调
成本补偿类合同	成本加固定费用	为卖方报销为合同工作发生的一切可列支成本，并支付固定费用
	成本加激励费用	报销成本。若最终成本超过或低于原始成本，买卖双方按比例分摊
	成本加奖励费用	报销一切合法成本，但只有满足了买方的绩效标准，才支付费用
工料合同		在无法快速编制出准确的工作说明书的情况下扩充人员、聘用专家或寻求外部支持

1. 总价合同

总价合同又分为固定总价（FFP）合同、总价加激励费用（FPIF）合同、总价加经济价格调整（FP-EPA）合同。

固定总价合同的采购价格在一开始就被确定，并且不允许改变（除非工作范围发生变更）。因合同履行不好而导致的任何成本增加都由卖方负责。该类型的合同适用于买方能准确定义要采购的产品和服务，对采购规范的任何变更都可能增加买方的成本。该类型的合同对买家来说，风险最小，是买家最喜欢的合同。

总价加激励费用合同对比固定总价合同，允许有一定的绩效偏离，并对实现既定目标给予财务奖励。通常，奖励都与卖方的成本、进度或技术绩效有关。绩效目标一开始就要制定好，而最终的合同价格要待全部工作结束后根据卖方绩效加以确定，为买方和卖方都提供了一定的灵活性。在FPIF合同中，要设置一个价格上限，卖方必须完成工作并且要承担高于上限的全部成本。

总价加经济价格调整合同允许根据条件变化（如通货膨胀、某些特殊商品的成本增加或降低），以事先确定的方式对合同价格进行最终调整。EPA条款必须规定用于准确调整最终价格的、可靠的财务指数。该类型的合同适用于卖方履约要跨越相当长的周期（数年），或者买卖方之间要维持多种长期关系。合同保护双方免受外界不可控情况的影响。

2. 成本补偿类合同

成本补偿类合同又分为成本加固定费用（CPFF）合同、成本加激励费用（CPIF）合同、成本加奖励费用（CPAF）合同。

成本加固定费用合同为卖方报销履行合同工作所发生的一切可列支成本，并向卖方支付一笔固定费用，该费用以项目初始成本估算的某一百分比计算。费用只能针对已完成的工作来支付，并且不因卖方的绩效而变化，除非项目范围发生变更，否则费用金额维持不变。这种合同适用于买方无法准确定义要采购的产品和服务，卖方绩效不对卖方产生影响，因为利润为固定费用，所以不随绩效变化。

成本加激励费用合同为卖方报销履行合同工作所发生的一切可列支成本，并在卖方达到合同规定的绩效目标时，向卖方支付预先确定的激励费用。在CPIF合同中，如果最终成本低于或高于原始估算成本，则买方和卖方需要根据事先商定的成本分摊比例来分享节约部分或分担超出部分。这种合同适用于买方无法准确定义要采购的产品和服务，须控制卖方绩效，双方共担机会和风险。利润为事先约定的报酬，需要提前说明绩效目标。

成本加奖励费用合同为卖方报销履行合同工作所发生的一切合法成本，但是只有在满足了合同中规定的某些笼统、主观的绩效标准的情况下才能向卖方支付大部分费用。完全由买方根据自己对卖方绩效的主观判断来决定奖励费用，并且卖方通常无权申诉。这种合同适用于买方无法准确定义要采购的产品和服务，且买方主观掌握绩效。利润由买方主观判定。

3. 工料合同

工料合同适用于在无法快速编制出准确的工作说明书的情况下扩充人员、聘用专家或寻求外部支持，兼具总价合同和成本补偿合同的特点。工料合同对于金额小、工期短、不复杂的项目可以有效使用，但对金额大、工期长的复杂项目就不适用。

10.2.4　工件——采购工作说明书（SOW）或工作大纲（TOR）

依据项目范围基准，为每次采购编制工作说明书，仅对将要包含在相关合同中的那部分项目范围进行定义。工作说明书会充分详细地描述拟采购的产品、服务或成果，以便潜在卖方确定是否有能力提供此类产品、服务或成果。

采购工作说明书应力求清晰、完整和简练。工作说明书的内容包括：规格、所需数量、质量水平、绩效数据、履约期间、工作地点和其他要求。

对于服务采购，可能会用工作大纲（TOR）这个术语。与采购工作说明书类似，工作大纲通常包括以下内容：

- 承包商需要执行的任务，以及所需的协调工作；
- 承包商必须达到的适用标准；
- 需要提交批准的数据；
- 由买方提供给承包商的，将用于合同履行的全部数据和服务的详细清单（若适用）；
- 关于初始成果提交和审查（或审批）的进度计划。

10.2.5　确定供方选择标准

供方选择标准通常是采购文件的一部分。制定这些标准是为了对卖方建议书进行评级或打分。标准可以是客观或主观的。如果很容易从许多合格卖方获得采购品，则选择标准可局限于购买价格。在这种情况下，购买价格既包括采购品本身的成本，也包括所有附加成本（例如，运输费用等）。对于比较复杂的产品、服务或成果，还需要确定和记录其他的选择标准。

在确定评估标准时，买方要努力确保选出的建议书将提供最佳质量的所需服务。供方选择标准可包括（但不限于）：
- 能力和潜能；
- 产品成本和生命周期成本；
- 交付日期；
- 技术专长和方法；
- 用于响应工作说明书的工作方法和工作计划；
- 关键员工的资质、可用性和胜任力；
- 公司的财务稳定性；
- 管理经验；
- 知识转移计划，包括培训计划；
- 具体的相关经验。

针对国际项目，评估标准还可包括本地内容要求。例如，在提议的关键员工中要有本国人。针对不同的标准，可以用数值分数、颜色代码或书面描述来说明卖方满足采购组织需求的程度。这些标准是加权系统的组成部分，可据此以加权打分的方法排列所有建议书的顺序，以便确定谈判的顺序，并与某个卖方签订合同。

10.2.6 方法——独立成本估算

对于大型项目的采购，采购组织可以自行准备独立估算，或聘用外部专业估算师做出成本估算，并将其作为评价卖方报价的对照基准。如果二者之间存在明显差异，则可能表明采购工作说明书存在缺陷或模糊，或者潜在卖方误解了或未能完全响应采购工作说明书。

注意：对于采购次数少且相对简单的项目，规划采购管理过程输出的有些文件可以合并。不过，对于采购规模较大、较复杂，而且大部分工作须由卖方完成的项目，就需要使用几种不同类型的文件。

10.3 实施采购

实施采购是指获取卖方应答、选择卖方并授予合同的过程，其主要作用是通过达成协议，使内部和外部相关方的期望协调一致，如图10-1所示。在本过程中，项目团队收到投标书或建议书，并按事先确定的选择标准选出一家或多家有资格履行工作且可接受的卖方。对于大批量采购，可以反复进行寻求卖方应答和评价应答的全过程。采购管理人员可根据初步建议书列出一份合格的卖方名单，随后再对他们所提交的更具体和全面的文件进行更详细的评价。

10.3.1 发布招标广告（招标文件）

招标文件用于向潜在卖方征求建议书。如果主要依据价格来选择卖方（例如，购买商业或标准产品时），通常就使用标书、投标或报价等术语；如果其他因素（例如，技术能力或技术方法）至关重要，则通常使用建议书（方案）之类的术语。具体使用的采购术语也可能因行业或采购地点而异。

根据所需的货物或服务不同，招标文件可以是信息邀请书、报价邀请书、建议邀请书，或其他适当的采购文件。

（1）如果需要卖方提供关于拟采购货物和服务的更多信息，就使用信息邀请书。随后一般还会使用报价邀请书或建议邀请书。

（2）如果需要供应商提供关于将如何满足需求和（或）将需要多少成本的更多信息，就使用报价邀请书。

（3）如果项目中出现问题且解决办法难以确定，就使用建议邀请书。这是最正式的"邀请书"文件，需要遵守与内容、时间表，以及卖方应答有关的严格的采购规则。买方拟定的招标文件不仅应便于潜在卖方做出准确、完整的应答，还要便于买方对卖方应答进行评价。招标文件会包括规定的应答格式、相关的采购工作说明书，以及所需的合同条款。

10.3.2 确定合格卖方的短名单

项目团队会根据采购需求和采购策略对潜在的卖方进行评估和筛选，以确定合格卖方的短名单。评估的标准可以包括卖方的能力、经验、信誉等因素。这一步骤旨在缩小卖方候选人的范围，确定潜在合作伙伴。

10.3.3 举行投标人会议

投标人会议又称承包商会议、供应商会议或投标前会议，是在卖方提交建议书之前，在买方和潜在卖方之间召开的会议。其目的是确保所有潜在投标人对采购要求都有清楚且一致的理解，并确保没有任何投标人会得到特别优待。

要将对问题的回答以修订案的形式纳入采购文件。为公平起见，买方必须尽力确保每个潜在的卖方都能听到任何其他卖方所提出的问题，以及买方所做出的每一个回答。

10.3.4 卖方提交建议书（投标文件）

建议书是卖方对招标文件的响应，它包含了卖方对项目的理解、能力和方案，以及他们的价格和交货期限等细节信息。在提交建议书之前，卖方需要仔细阅读招标文件，并确保自己了解项目的要求和条件,以便编写一份符合要求的建议书。建议书对于采购过程的成功至关重要,它提供了项目管理团队了解市场供应情况的机会,并确保最终选择的供应商符合项目的要求。

10.3.5　买方评估建议书(供方选择分析)

项目管理团队需要评估卖方提交的建议书,以确保最终选择的卖方能够满足项目的需求,并提供高质量的产品或服务。在评估建议书时,项目管理团队会考虑多个因素,例如卖方的能力和经验、价格和交货期限等。

10.3.6　选出中标建议书

在卖方提交建议书之后,项目管理团队需要对所有提交的建议书进行评估,并选择其中最符合项目需求的建议书。在建议书评估完成后,项目管理团队会选出中标建议书,并通知中标的卖方。中标的卖方将被邀请进入后续的谈判和合同签订阶段。选出中标建议书是向所有卖方说明了项目管理团队的选择,并确保了最终选择的供应商符合项目的需求和条件。它也为项目管理团队提供了一个机会,与最终选择的供应商进行谈判,并最终签订合同。

10.3.7　结束谈判、签订合同

在确定中标建议书之后,项目管理团队需要与中标的卖方进行谈判,以达成最终的合同条款和条件。在谈判过程中,项目管理团队需要确保合同条款和条件能够满足项目的需求,并保护项目的利益。在谈判过程中,可能需要多个回合的谈判才能达成一致。一旦项目管理团队和卖方达成一致,并确定了合同条款和条件,就可以签订合同了。在签订合同之前,需要确保所有条款和条件都已经得到了充分的评估和确认,并且没有任何争议或不确定性。

合同是对双方都有约束力的协议。它强制卖方提供规定的产品、服务或成果,强制买方向卖方支付相应的报酬。合同建立了受法律保护的买卖双方的关系。协议文本的主要内容会有所不同,可包括(但不限于):

- 采购工作说明书或主要的可交付成果;
- 进度计划、里程碑或进度计划中规定的日期;
- 绩效报告;
- 检查、质量和验收标准;
- 定价和支付条款;
- 担保和后续产品支持;

- 下属分包商批准；
- 一般条款和条件；
- 变更请求处理；
- 终止条款和替代争议解决方法；
- 激励和惩罚。

10.4 控制采购

控制采购是管理采购关系、监督合同绩效、实施必要的变更和纠偏，以及关闭合同的过程，如图10-1所示。其主要作用是确保买卖双方履行法律协议，满足项目需求。买方和卖方都出于相似的目的而管理采购合同。任何一方都必须确保双方履行合同义务，确保各自的合法权利得到保护。控制采购过程旨在确保卖方的绩效达到采购要求，并且买方也按合同条款履约。

对于有多个供应商的项目，合同管理的重点就是管理各个供应商之间的界限。由于组织结构不同，许多组织把合同管理从项目组织管理中分离出来。虽然采购管理员可以是项目团队成员，但他通常向另一部门的经理报告，例如，向组织的采购部门经理汇报。

在控制采购过程中，需要在合同关系中应用适当的项目管理过程，并将这些过程的输出整合进项目的整合管理中。如果项目有多个卖方，涉及多个产品、服务或成果，这种整合就经常需要在多个层次上进行。

10.4.1 绩效审查、检查与审计

绩效审查：对质量、资源、进度和成本绩效进行测量、比较和分析，以审查合同工作的绩效。其中包括确定工作包提前或落后于进度计划、超出或低于预算，以及是否存在资源或质量问题。

检查：指对承包商正在执行的工作进行结构化审查，可能涉及对可交付成果的简单审查，或对工作本身的实地审查。

审计：对采购过程的结构化审查。应该在采购合同中明确规定与审计有关的权利和义务。买方的项目经理和卖方的项目经理都应该关注审计结果，以便对项目进行必要调整。

10.4.2 变更

在合同收尾前，若双方达成共识，可以根据协议中的变更控制条款随时对协议进行修改。通常要书面记录对协议的修改。

10.4.3 合同——索赔管理

如果买卖双方不能就变更补偿达成一致意见，或对变更是否发生存在分歧，那么被请求的变更就成为有争议的变更或假设性的变更。此类有争议的变更称为索赔。如果不能妥善解决，它们会成为争议并最终引发申诉。在整个合同生命周期中，通常会按照合同条款对索赔进行记录、处理、监督和管理。如果合同双方无法自行解决索赔问题，则可能不得不按合同中规定的程序，用替代争议解决方法（ADR）去处理。谈判是解决所有索赔和争议的首选方法，其次才选仲裁、诉讼。合同中可能会约定除外责任，比如不可抗力导致的损失不予索赔。

10.4.4 采购关闭

采购关闭是项目管理中采购过程的最后一个阶段，它包括确认所有采购项目已经完成、验收并批准、没有未决索赔或发票、支付所有应付款项等活动。采购关闭的目的是确保所有采购项目都已经完成，并且所有卖方都已经得到了适当的支付和认可。

第 11 章
过程——规划、执行和整合

11.1 项目整合管理概述

项目整合管理是项目管理的核心，是从全局的、整体的观点出发并通过有机地协调项目各个要素（进度、成本、质量和资源等），在相互影响的项目各项具体目标和方案中权衡和选择，尽可能地消除项目各单项管理的局限性，从而实现最大限度地满足项目相关方的需求和希望的目的。

项目整合管理的基本任务是将项目管理过程组中需要的各个过程有机地形成整体，从而实现项目目标。项目整合管理涉及以下几个方面：

（1）在相互竞争的项目各分目标之间的整合，例如，范围、进度、成本和质量等目标。

（2）在具有不同利益的各项目相关方之间的整合，例如，建筑项目的开发商、设计单位、建筑单位、营销单位与最终业主等。

（3）在项目所需要的不同专业工作之间的整合，例如，IT项目中的程序开发、软件测试、网络布线、设备调试等。

（4）在项目管理的各过程之间的整合，例如，项目的进度管理与成本管理需要联合起来考虑，控制进度或控制成本时都需要考虑风险，项目范围变更则往往需要与成本变更和进度变更一起考虑。

由此可知，项目整合管理与其他的项目单项管理（例如，项目进度管理、项目成本管理等）相比，具有综合性、全局性和系统性的特点。从项目的生命周期来讲，项目的整合管理贯穿项目的整个生命周期，项目整合管理是项目全过程的管理，需要制订全局的项目管理计划，项目整合管理既涉及项目全生命周期中的各种决策，又涉及项目相关方、项目团队间的横向沟通和协调。

11.2 执行项目整合

项目整合管理由项目经理负责。虽然其他知识领域可以由相关专家（如成本分析专家、进度规划专家、风险管理专家）管理，但是项目整合管理的责任不能被授权或转移。

执行项目整合时，项目经理承担双重角色。在组织层面上，项目经理与项目发起人携手合作，以便理解战略目标并确保项目目标和成果与项目组合、项目集、业务领域保持一致；在项目层面上，项目经理负责指导团队关注真正重要的事务并协同工作。为此，项目经理需要整合过程、知识和人员。

项目整合管理包括识别、定义、组合、统一和协调各项目管理过程组的过程及项目管理活动。它包括在各个相互冲突的目标与方案之间进行权衡和选择：资源分配、平衡竞争性需求、研究各种备选方法、为实现项目目标而裁剪过程、管理各个项目管理知识领域之间的依赖关系。具体来说，项目整合管理指的是：

（1）确保产品/服务或成果的交付日期、项目生命周期、效益管理计划等方面保持一致。

（2）编制项目管理计划以实现项目目标。

（3）确保创造合适的知识并运用到项目中，并从项目中获取必要的知识。

（4）管理项目管理计划中的活动的绩效和变更。

（5）做出针对影响项目的关键变更的综合决策。

（6）测量和监督项目进展，并采取适当措施以实现项目目标。

（7）收集已实现结果的数据，分析数据以获取信息，并与相关方分享信息。

（8）完成全部项目工作，正式关闭各个阶段、合同以及整个项目。

（9）管理可能需要的阶段过渡。

项目整合管理的子过程包括制定项目章程、制订项目管理计划、指导与管理项目工作、管理项目知识、监控项目工作、实施整体变更控制、结束项目或阶段。项目整合管理的各过程如表11-1所示。

表11-1 项目整合管理的各过程

管理过程	解释
制定项目章程	编写一份正式批准项目并授权项目经理在项目活动中使用组织资源的文件的过程
制订项目管理计划	定义、准备和协调项目计划的所有组成部分，并把它们整合为一份综合项目管理计划的过程
指导与管理项目工作	为实现项目目标而领导和执行项目管理计划中所确定的工作，并实施已批准变更的过程
管理项目知识	使用现有知识并生成新知识，以实现项目目标，并且帮助组织学习的过程
监控项目工作	跟踪、审查和调整项目进展，以实现项目管理计划中确定的绩效目标的过程
实施整体变更控制	审查所有变更请求，批准变更，管理对可交付成果、组织过程资产、项目文件和项目管理计划的变更，并对变更处理结果进行沟通的过程
结束项目或阶段	终结项目、阶段或合同的所有活动的过程

11.3 制定项目章程

制定项目章程是编写一份正式批准项目并授权项目经理在项目活动中使用组织资源的文件的过程。作用是明确项目与组织战略目标之间的直接联系，确立项目的正式地位并展示组织对项目的承诺。

制定项目章程过程根据商业文件、协议、事业环境因素和组织过程资产，使用专家判断、数据收集、人际关系与团队技能、会议等工具与技术，输出项目章程和假设日志，如图 11-1 所示。项目章程可由发起人编制，或者由项目经理与发起人合作编制。通过这种合作，项目经理可以更好地了解项目目的、目标和预期效益，以便更有效地向项目活动分配资源。

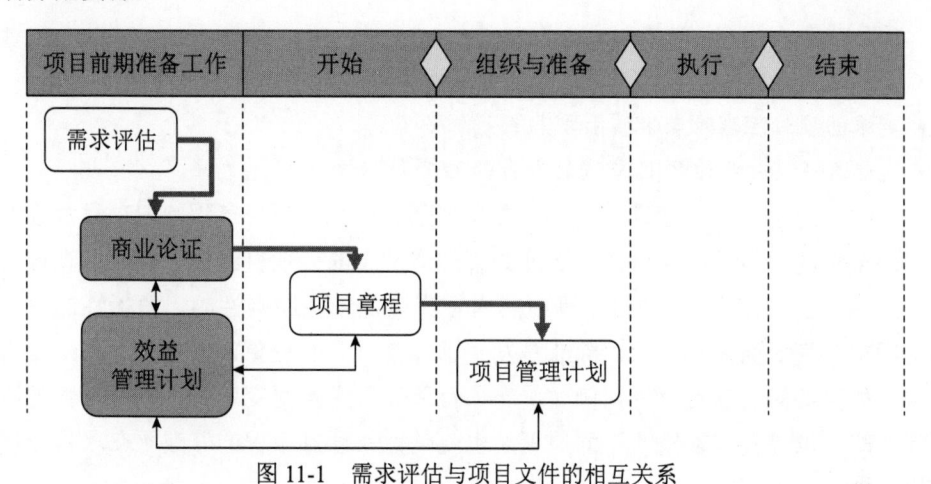

图 11-1 需求评估与项目文件的相互关系

11.3.1 项目章程的编制与审核

项目章程是由项目启动者或发起人发布的，项目章程一旦被批准就标志着项目的正式启动。在项目中，应尽早确认并任命项目经理，最好在制定项目章程时就任命，最晚应在规划开始之前任命。项目章程可由发起人编制，或者由项目经理与发起机构合作编制。

项目由项目以外的机构来启动，如发起人、项目集或项目管理办公室（PMO）、项目组合治理委员会主席或其授权代表。项目启动者或发起人应该具有一定的职权，能为项目获取资金并提供资源（提供支持）。

11.3.2 项目章程的内容

项目章程是由项目启动者或发起人发布的，正式批准项目成立并授权项目经理使用组织资源开展项目活动的文件。它记录了关于项目和项目预期交付的产品、服务或成果的高层级信息，例如：
- 项目目的；
- 高层级需求；
- 整体项目风险；
- 总体里程碑进度计划；
- 可测量的项目目标和相关的成功标准；

- 高层级项目描述、边界定义以及主要可交付成果；
- 预先批准的财务资源；
- 关键相关方名单；
- 项目审批要求，如用什么标准评价项目成功，由谁对项目成功下结论，由谁来签署项目结束；
- 项目退出标准，如在何种条件下才能关闭或取消项目或阶段；
- 委派的项目经理及其职责和职权；
- 发起人或其他批准项目章程的人员的姓名和职权。

需要注意的是，虽然项目经理可以参与甚至负责起草项目章程，但项目章程不是由项目经理发布的，而是由项目团队之外的管理层发布的，项目经理只是项目章程的实施者。作为项目的"宪法"，项目章程中的内容应该是一些原则性的、概括性的问题，通常不会因项目变更而需要修改，除非是发生了非常重要的变更，例如，考虑是否需要终止项目。如果要修改项目章程，例如，当项目总体目标发生变化时，则只有管理层才有权进行，即"谁签发，谁修改"的原则，也就是说，项目章程的修改不在项目经理的权责范围之内。

11.3.3 方法与工件

1. 方法——头脑风暴与名义小组

头脑风暴技术是用于在短时间内获得大量创意的一种技术，适用于团队环境，需要引导者进行引导。

名义小组技术是用于促进头脑风暴的一种技术，通过投票排列最有用的创意，以便进一步开展头脑风暴或优先排序。

2. 方法——专家判断

《PMBOK 指南》中的"专家"与我们日常生活中的"专家"概念区别较大。在 PMI 体系中，专家是指具备相关专业知识或接受过相关培训的个人或小组。专家判断是指基于某应用领域、知识领域、学科和行业等的专业知识而做出的，关于当前活动的合理判断，这些专业知识可来自具有专业学历、知识、技能、经验或培训经历的任何小组或个人，并可通过许多渠道获取，包括组织内的其他部门、顾问、相关方、技术协会、行业协会、主题专家和 PMO 等。

3. 方法——人际关系和团队技能

冲突管理，有助于相关方就目标、成功标准、高层级需求、项目描述、总体里程碑和其他内容达成一致意见。

引导，指有效引导团队活动成功以达成决定、解决方案或结论的能力。引导者确保参与者有效参与，互相理解，考虑所有意见，按既定决策流程全力支持得到的结论或结果，以及所达成的行动计划和协议在之后得到合理执行。

会议管理，包括准备议程，确保邀请每个关键相关方群体的代表，以及准备和发送后续的会议纪要和行动计划。

4. 工件——假设日志

在项目启动之前编制商业论证时，识别高层级的战略和运营假设条件与制约因素。这些假设条件与制约因素应纳入项目章程。

较低层级的活动和任务假设条件在项目期间随着诸如定义技术规范、估算、进度和风险等活动的开展而生成。假设日志用于记录整个项目生命周期中的所有假设条件和制约因素，例如，施工前的征地拆迁。

表 11-2 所示为假设日志模板。

表11-2 假设日志模板

编号	分类	假设条件或制约因素	责任方	到期日	活动日	状态	说明

11.4 制订项目管理计划

制订项目管理计划是定义、准备和协调项目计划的所有组成部分，并把它们整合为一份综合项目管理计划的过程。本过程的主要作用是，生成一份综合文件，用于确定所有项目工作的基础及其执行方式，它仅开展一次或仅在项目预先定义的时间点开展。

11.4.1 项目管理计划

项目管理计划是说明项目执行、监控和收尾方式的一份文件，它整合并综合了所有子管理计划和基准，以及管理项目所需的其他信息。究竟需要哪些项目管理计划组件取决于具体项目的需求。项目管理计划的内容将依据应用领域和项目复杂性的不同而不同。项目管理计划明确了如何执行、监督和控制以及如何收尾项目，项目管理计划可以通过批准的变更而改变，通过整体变更控制过程进行更新和修订。

图 11-2 所示为项目计划与实际对比；图 11-3 所示为没计划和有计划的对比。

在项目管理实践中，项目管理计划是项目执行的基础，项目管理计划最重要的用途是指导项目执行并为执行过程中的项目检查、监督和控制提供依据，同时也指导项目的收尾工作，为项目绩效考核和项目控制提供基准，促进项目相关方之间的沟通，规定管理层审查项目的时间、内容和方式。

项目管理计划可以是概要的或详细的，并且还可以包含一个或多个分计划。根据《PMBOK 指南》的规定，项目管理计划包括一系列子管理计划（范围管理计划、需求管理计划、进度管理计划、成本管理计划、质量管理计划、资源管理计划、沟通管理计划、风险管理计划、采购管理计划、干系人参与计划、变更管理计划、配置管理计划），再加上项目基准（范围基准、进度基准、成本基准、绩效测量基准），如表 11-3 所示。基准是一份经过批准的项目管理计划加上（或减去）经批准的变更，以便作为比较的基础，据此考核项目执行情况的好坏，确定实际绩效是否在可接受的偏差范围内。如果要对基准进行变更，只有变更控制委员会（CCB）才有权力批准，项目经理无权批准。

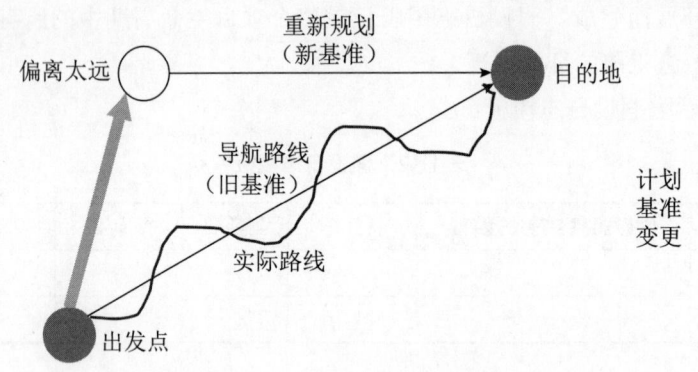

图 11-2 项目计划与实际对比

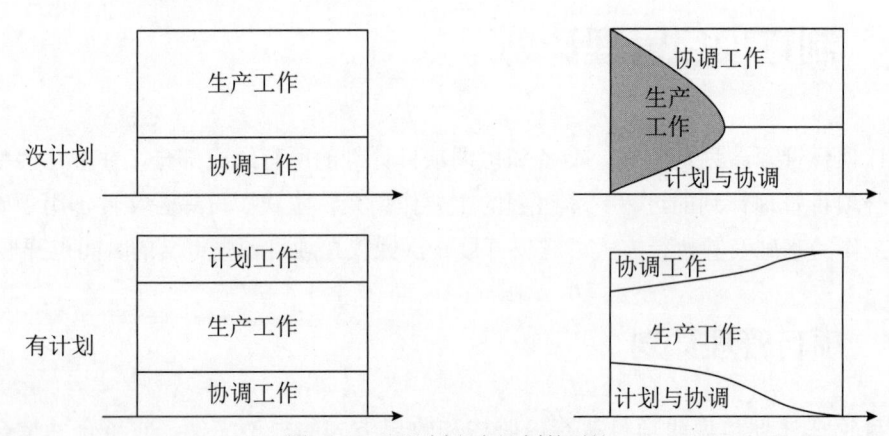

图 11-3 没计划和有计划的对比

表11-3 项目管理计划与项目文件

项目管理计划			项目文件
项目章程	范围管理计划	范围基准	项目范围说明书
	需求管理计划		需求文件、需求跟踪矩阵
	进度管理计划	进度基准	活动属性、活动清单、持续时间估算、里程碑清单、项目进度计划
	成本管理计划	成本基准	估算依据、成本估算、成本预测
	质量管理计划		质量控制测量结果、质量测量指标、质量报告、测试与评估文件
	资源管理计划		物质资源分配单、项目日历、项目团队派工单、资源分解结构、资源日历

（开工会议）

续表

项目管理计划			项目文件
项目章程	沟通管理计划	开工会议	项目沟通记录
	风险管理计划		风险登记册、风险报告
	采购管理计划		
	干系人参与计划		干系人登记册
	变更管理计划		变更日志、问题日志
	配置管理计划		
	绩效测量基准等文件		假设日志、经验教训登记册

项目管理计划应基准化，即至少应规定项目的范围、时间和成本方面的基准，以便据此考核项目执行情况和管理项目绩效。在确定基准之前，可能要对项目管理计划进行多次更新，且这些更新无须遵循正式流程。但是，一旦确定了基准，就只能通过实施整体变更控制过程进行更新。

11.4.2 开工会议

在本过程中，可以通过会议讨论项目方法确定为达成项目目标而采用的工作执行方式，以及制定项目监控方式。这个会议通常被称为项目启动会或开工会议（Kick-off meeting）。

项目启动会通常意味着规划阶段结束和执行阶段开始，旨在：①传达项目目标；②获得团队对项目的承诺；③阐明每个干系人的角色和职责。

项目启动会可能在不同时间点举行，对于多阶段项目，通常在每个阶段开始时都要举行一次项目启动会。

11.5 指导与管理项目工作

项目管理计划制订完成后，并不是把项目管理计划发到各个有关人员手里他们就会自动按计划要求 100% 地执行。项目经理还要指导、检查以及收集项目的执行情况，向项目相关方报告项目的实施情况，建设团队，沟通和协调项目相关方，还要对项目的执行进行指导与管理。

指导与管理项目工作是为实现项目目标而领导和执行项目管理计划中所确定的工作，并实施已批准变更的过程。本过程的主要作用是，对项目工作和可交付成果开展综合管理，以提高项目成功的可能性。本过程需要在整个项目期间开展。

对项目的执行进行统一、协调管理，把握项目实施的全局，是指导与管理项目工作过程的任务。指导与管理项目工作过程不仅要关注项目产品的完成情况，还要关注项目的进度、预算的执行情况，也要关注项目过程和可交付成果的质量等，管理项目的范围、进度、成本和质量等子目标之间的冲突与协调，以及管理项目相关方之间的冲突与协调。

11.5.1 问题日志

在整个项目生命周期中，项目经理通常会遇到问题、差距、不一致或意外冲突。项目经理需要采取某些行动加以处理，以免影响项目绩效。问题日志是一种记录和跟进所有问题的项目文件，所需记录和跟进的内容可能包括：

- 问题类型；
- 问题描述；
- 由谁负责解决问题；
- 问题状态；
- 问题提出者和提出时间；
- 问题优先级；
- 目标解决日期；
- 最终解决情况。

问题日志可以帮助项目经理有效跟进和管理问题，确保它们得到调查和解决。作为本过程的输出，问题日志被首次创建，在整个项目生命周期应该随同监控活动更新问题日志，如表 11-4 所示。

表11-4 问题日志模板

ID	反馈时间	反馈人	Bug 类型	说明	责任人签字	拟处理方案	拟完成时间	处理状态或结果	完成时间

1. 什么时候使用问题日志？

（1）已经产生的问题、问题的跟踪、解决方案等都需要查看 / 更新问题日志。

（2）寻找"问题""缺陷""问题如何解决"等关键字。

（3）某些事件对项目还没有产生影响，但已明确将会产生影响，可以当作问题来处理。

（4）出现问题时，不仅要考虑问题本身，还需要考虑可能带来的风险。

2. 问题处理的流程

如图 11-4 所示是常见的问题处理流程，可简单归纳为：记录——分析——计划——执行——检查——回应。

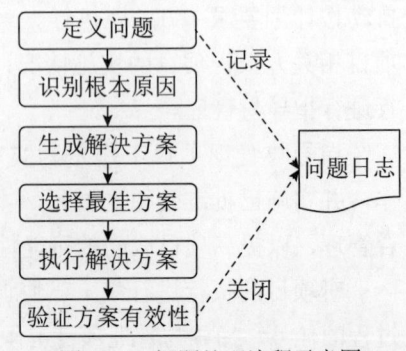

图 11-4 问题处理流程示意图

11.5.2 变更请求

指导与管理项目工作过程会受项目所在应用领域的直接影响，通过实施相关过程来完成项目管理计划中的项目工作，产出相应的可交付成果。指导与管理项目工作还需实施已批准的变更，任何参与项目的相关方都可以提出变更请求。

变更请求是关于修改任何文件、可交付成果或基准的正式提议。任何项目相关方都可以提出变更请求，应该通过实施整体变更控制过程对变更请求进行审查和处理。变更请求源自项目内部或外部，可能是可选择的，也可能是由法律（合同）要求必须强制执行的。变更请求可能包括：

- 缺陷补救：为了修正不一致产品或产品组件的有目的的活动。（针对质量问题）
- 纠正措施：为使项目工作绩效重新与项目管理计划一致而进行的有目的的活动。
- 预防措施：为确保项目工作的未来绩效符合项目管理计划而进行的有目的的活动。
- 更新：对正式受控的项目文件或计划等进行的变更，以反映修改或增加的意见或内容。

11.6 管理项目知识

管理项目知识是使用现有知识并生成新知识，以实现项目目标，并且帮助组织学习的过程。该过程的主要作用是，利用已有的组织知识来创造或改进项目成果，并且使当前项目创造的知识可用于支持组织运营和未来的项目或阶段。本过程需要在整个项目期间开展。

11.6.1 管理项目知识的含义

知识管理就是对有价值的信息进行管理，包括知识的识别、获取、分解、储存、传递、共享、价值评判和保护，以及知识的资本化和产品化。知识可分为两类，分别是显性知识与隐性知识。

显性知识是指能以文字与数字来表达，而且以资料、科学法则、特定规格及手册等形式展现的知识。这种知识随时都可在个人之间相互传送。

隐性知识是相当个人化的东西，不同人的理解也不一样，很难用公式或文字来加以说明，因而也就难以流传或与别人分享。个人主观的洞察力、直觉与预感等皆属隐性知识。隐性知识深植于个人的行动与经验之中。

管理项目知识，最终目标是尽量将隐性知识都转化为显性知识，确保知识得到合理的记录，以供未来项目使用。

11.6.2 管理项目知识的方法

从组织的角度来看,知识管理指管理显性和隐性知识,旨在重复使用现有知识并生成新知识,如图 11-5 所示。关键活动是知识分享和知识集成。要确保知识在项目开始之前、开展期间和结束之后得到运用。

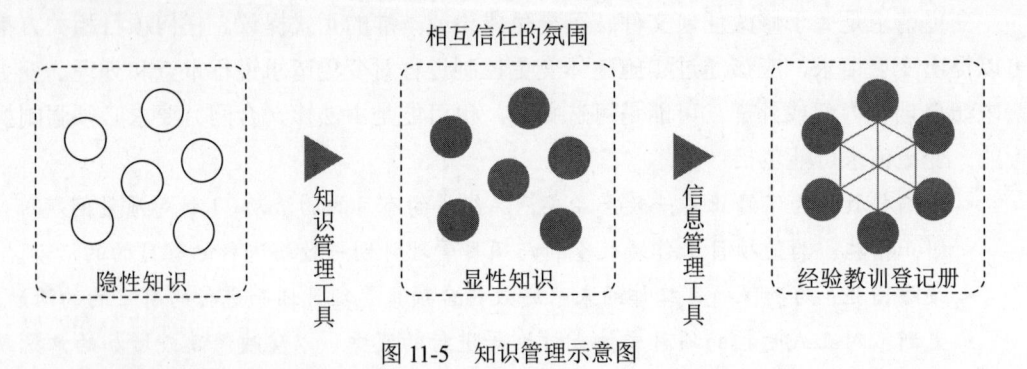

图 11-5 知识管理示意图

1. 知识管理方法

知识管理工具和技术将员工联系起来,使他们能够合作生成新知识、分享隐性知识,以及集成不同团队成员所拥有的知识,包括但不限于:

- 讲故事;
- 会议,包括虚拟会议;
- 讨论论坛,如焦点小组;
- 实践社区和特别兴趣小组;
- 创造力和创意管理技术;
- 交互式培训;
- 人际交往,包括非正式社交和在线社交;
- 工作跟随和跟随指导;
- 知识分享活动,如专题讲座和会议;
- 研讨会,包括问题解决会议和经验教训总结会议;
- 知识展会和茶座。

2. 信息管理工具

信息管理工具和技术用于创建人们与知识之间的联系,可以有效促进简单、明确的显性知识的分享:

- 编撰显性知识的方法,例如,如何确定经验教训登记册的条目;
- 经验教训登记册;
- 图书馆服务;
- 信息收集,例如搜索网络和阅读已发表的文章;
- 项目管理信息系统(PMIS)。项目管理信息系统通常包括文档管理系统。

3. 工件——经验教训登记册

经验教训登记册可以包含情况的类别和描述，经验教训登记册还可包括与情况相关的影响、建议和行动方案。经验教训登记册可以记录遇到的挑战、问题、意识到的风险和机会，或其他适用的内容。

经验教训登记册在项目早期创建，作为本过程的输出。

在整个项目期间，它可以作为很多过程的输入，也可以作为输出而不断更新。

在项目或阶段结束时，把相关信息归入经验教训知识库，成为组织过程资产的一部分。

如表 11-5 所示为经验教训登记册模板。

表11-5 经验教训登记册模板

编号	分类	触发源	经验教训	责任方	说明
输入一个唯一的经验教训编号	记录经验教训的类别，如过程、技术、环境、相关方、阶段等	描述背景、事件或引发挑战和问题，获得效益的条件	可以在其他项目或组织中传递的、清晰描述的经验教训	识别有助于实施任何变更、确保经验教训被传递的人	清晰说明有关挑战、问题、良好实践或其他相关信息
...	...	...	...	...	...

11.7 监控项目工作

监控项目工作是跟踪、审查和调整项目进展，以实现项目管理计划中确定的绩效目标的过程。监督是贯穿整个项目周期的项目管理活动之一，它包括收集、测量和发布绩效信息，分析测量结果和预测趋势，以便推动过程改进。持续的监督使项目管理团队能洞察项目的健康状况，并识别须特别关注的任何方面。控制包括制定纠正或预防措施或进行重新规划，并跟踪行动计划的实施过程，以确保它们能有效解决问题。

下面介绍监控项目工作的工件与方法。

1. 监控项目中的工件

在监控项目工作中，需要收集、分析和转化大量的数据，如表 11-6 所示的工作绩效数据表，从各个过程收集项目数据，并在项目团队内共享。在各个过程中所收集的数据经过结合相关背景的分析、汇总，并加工成项目信息。信息通过口头形式进行传达，或以各种格式的报告存储和分发。

表11-6 工作绩效数据表

名称	含义
工作绩效数据	工作绩效数据是在执行项目工作的过程中，从每个正在执行的活动中收集到的原始观察结果和测量值。数据通常是最低层次的细节，将交由其他过程从中提炼出信息。在工作执行过程中收集数据，再交由控制过程做进一步分析

续表

名称	含义
工作绩效信息	在工作执行过程中收集工作绩效数据，再交由控制过程做进一步分析。将工作绩效数据与项目管理计划组件、项目文件和其他项目变量比较之后生成工作绩效信息。通过这种比较可以了解项目的执行情况
工作绩效报告	工作绩效信息可以用实体或电子形式加以合并、记录和分发。基于工作绩效信息，以实体或电子形式编制工作绩效报告，以制定决策、采取行动或引起关注。根据项目沟通管理计划，通过沟通过程向项目相关方发送工作绩效报告

监控项目工作的手段主要是通过在预定的里程碑处将实际的工作产品和任务属性、工作量、成本，以及进度与计划进行对比来确定进展情况。适当的可视性使得项目与计划发生重要的偏差时能够及时采取纠正措施。重要的偏差是指如果不解决就会妨碍项目达成其目的的偏差。

2. 监控过程使用的方法

监控过程使用的方法包括：

- 挣值分析：对范围、进度和成本绩效进行综合分析，将实际进度和成本绩效与绩效测量基准进行比较。
- 偏差分析：用于将基准与实际结果进行比较，以确定偏差是否处于临界值区间内。
- 趋势分析：旨在审查项目绩效随时间的变化情况，以判断绩效是正在改善还是正在恶化。
- 根本原因分析：确定引起偏差、缺陷或风险的根本原因的一种分析技术，常用因果图和5Why法来实施。
- 备选方案分析：一种对已识别的可选方案进行评估的技术，用来决定选择哪种方案或使用何种方法来执行项目工作。
- 成本效益分析：用来比较项目成本与其带来的收益的财务分析工具。

如图11-6所示为偏差分析的趋势分析的示意图。

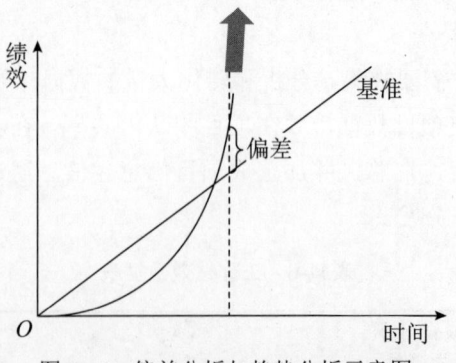

图11-6　偏差分析与趋势分析示意图

11.8 实施整体变更控制

实施整体变更控制是审查所有变更请求，批准变更，管理对可交付成果、组织过程资产、项目文件和项目管理计划的变更，并对变更处理结果进行沟通的过程。该过程贯穿项目始终。项目管理团队需要通过谨慎、持续的管理变更来维护项目管理计划、项目范围说明书和其他可交付成果。应该通过否决或批准变更来确保只有经批准的变更才能纳入修改后的基准中。

在基准确定之前，变更无须正式受控于实施整体变更控制过程。一旦确定了项目基准，就必须通过本过程来处理变更请求。

11.8.1 整体变更控制概述

整体变更控制是指在项目生命周期的整个过程中对变更进行识别、评价和管理，其主要目标是对影响变更的因素进行分析、引导和控制，使其朝着有利于项目的方向发展；确定变更是否真的已经发生或不久就会发生；当变更发生时，进行有效的控制和管理。

项目变更的规律可能因项目类型和性质而不同，变化可能是产品范围，即对可交付成果的需求发生的变化，也可能是项目范围或是项目的资源、进度等执行过程发生的变化。变更的常见原因如下：
- 产品范围（成果）定义的过失或者疏忽（纠错变更）。
- 项目范围（工作）定义的过失或者疏忽（纠错变更）。
- 项目执行过程与项目基准要求不一致带来的被动调整（纠错变更）。
- 增值变更。
- 应对风险的紧急计划或回避计划（适应外界变更）。
- 外部事件（适应外界变更），例如，国家政策发生变化。

需要注意的是，增值变更与镀金不是一回事。增值变更是指提高产品性价比（功能除以成本）的行为，例如，项目某项功能的实现原计划需要 60 万元，但随着项目时间的推移，在某个时候出现了新的技术，用新技术只需要 20 万元就可以实现原定功能。此时，项目经理就没有必要坚持按原计划执行，而是应该进行变更，这种变更就属于增值变更，因为功能未变，成本却节约了。

镀金是指未经过变更程序批准的范围扩大，私自增加项目产品功能的行为。从机会成本的角度来讲，镀金的项目是失败的，因为用于镀金的资源本可用在其他能产生更大效益的地方。因此，项目经理要严格杜绝一切镀金行为。遗憾的是，项目团队中的技术人员却往往热衷于镀金。

说明：根据 PMI 的观点，任何超出用户期望的项目都是失败的。也就是说，项目只要满足用户期望即可,不需要超出用户期望。因为任何"超出"的行为都属于镀金,而镀金的项目是失败的。

11.8.2 变更控制系统与配置管理系统

尽管也可以口头提出,但所有变更请求都必须以书面形式记录,并纳入变更管理和(或)配置管理系统中。

根据《PMBOK指南》的定义,变更控制系统是规定如何控制、变更与批准项目可交付成果和文件的一套正式书面程序,其中包括正式项目文件变更需要经过的步骤、核准变更所需要的表格填写、系统追踪、各项过程以及逐级进行的审批。

在许多情况下,项目执行组织往往有一个现成的变更控制系统,可以原封不动地拿来使用于项目。如果没有合适的变更控制系统,项目管理团队就需要建立一个小组负责批准或否决所提出的变更。这些小组的角色与责任都已在变更控制系统中明确定义,并且经过所有关键相关方的认可和同意。在《PMBOK指南》中,这个小组被称为变更控制委员会(Change Control Board,CCB)。

作为负责项目变更审批的团体,CCB的主要职能就是为准备提交的变更请求提供指导,对变更请求做出评价,并管理经批准的变更的实施过程。组织可以将主要的几个项目相关方纳入这个委员会,根据每个项目的特殊需要,还可以由几个项目团队成员轮流参与。通过建立管理变更的正式委员会和过程,将会有效地提高整体变更控制的水平。然而,通过CCB审批变更也会存在一些缺点,例如,对提交的变更请求的决策可能会花费更多的时间。为了更高效地管理项目,可以对决策的过程进行一些简化,以便对一些小的项目变更快速作出决策。

根据《PMBOK指南》的定义,配置管理系统(Configuration Management System)是整个项目管理系统的一个子系统。它由一系列正式的书面程序组成,用于对以下工作提供技术和管理方面的指导与监督:

(1)识别并记录产品、成果、服务或部件的功能特征和物理特征。
(2)控制对上述特征的任何变更;记录并报告每一项变更及其实施情况。
(3)支持对产品、成果或部件的审查,以确保其符合要求。

配置管理系统包括文件和跟踪系统,并明确了为核准和控制变更所需的批准层次。附带整体变更控制功能的配置管理系统可以提供标准化、效果好和效率高的方式来集中管理已批准的变更与基准。配置控制重点关注可交付成果及各个过程的技术规范,而变更控制则着眼于识别、记录和控制对项目及产品基准的变更。

11.8.3 实施整体变更控制流程

变更控制的工作程序依次为:提出变更申请、对变更初审、变更方案论证、审批变更、发出变更通知并开始实施、变更实施的监控、变更效果的评估、沟通存档。实施整体变更控制流程可以总结为六个字——"有变更，走流程"，如图 11-7 所示。

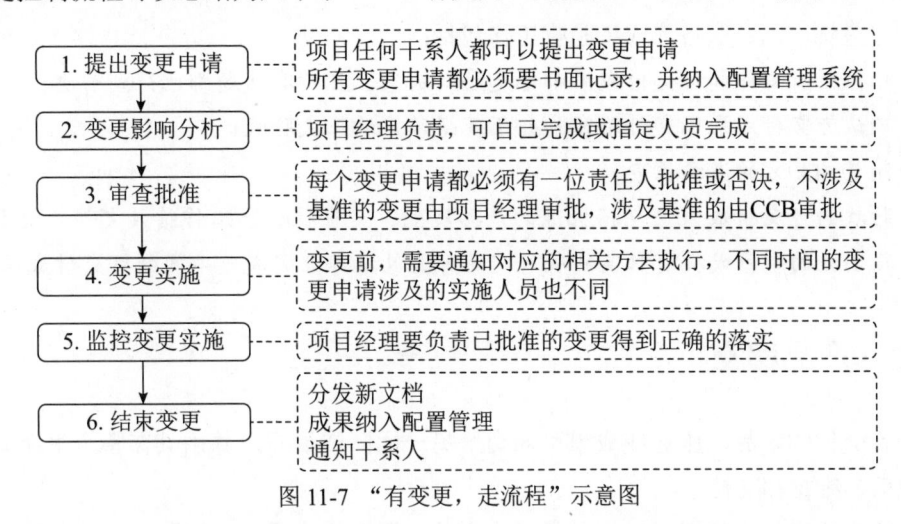

```
1. 提出变更申请  ----- 项目任何干系人都可以提出变更申请
                       所有变更申请都必须要书面记录，并纳入配置管理系统

2. 变更影响分析  ----- 项目经理负责，可自己完成或指定人员完成

3. 审查批准     ----- 每个变更申请都必须有一位责任人批准或否决，不涉及
                       基准的变更由项目经理审批，涉及基准的由CCB审批

4. 变更实施     ----- 变更前，需要通知对应的相关方去执行，不同时间的变
                       更申请涉及的实施人员也不同

5. 监控变更实施  ----- 项目经理要负责已批准的变更得到正确的落实

6. 结束变更     ----- 分发新文档
                       成果纳入配置管理
                       通知干系人
```

图 11-7 "有变更，走流程"示意图

11.9 结束项目或阶段

结束项目或阶段是终结项目、阶段或合同的所有活动的过程。本过程的主要作用是：存档项目或阶段信息，完成计划的工作，释放组织团队资源以展开新的工作。它仅开展一次或仅在项目预先定义的时间点开展。在结束项目时，项目经理需要审查以前各阶段的收尾信息，确保所有项目工作都已完成，确保项目目标已经实现，如表 11-7 所示。由于项目范围是依据项目管理计划来考核的，项目经理就需要审查该文件，确保在项目工作全部完成后才宣布项目结束。如果项目在完工前就提前终止，结束项目或阶段过程还需要制定程序来调查和记录提前终止的原因。

表11-7 结束项目或阶段的内容

结束工作	组织过程资产更新
最终产品、服务或成果验收	项目或阶段收尾文件
移交给运营或下一阶段	运营和支持文件
项目文件形成最终版（总结经验教训）	项目文件（含经验教训登记册）
关闭合同协议（供应商）	
最终报告	最终报告
提前终止	正式收尾文件中说明终止原因
释放资源	

11.9.1　通过最终产品、服务或成果验收

通过最终产品、服务或成果验收工作包括：
- 确保所有文件和可交付成果都已是最新版本，且所有问题都已得到解决；
- 确认可交付成果已交付给客户并已获得客户的正式验收；
- 测量相关方的满意程度；
- 验收的可交付成果可包括批准的产品规范、交货收据和工作绩效文件。对于分阶段实施的项目或提前取消的项目，还可能包括部分完成或中间的可交付成果。

11.9.2　产品移交

项目交付的产品、服务或成果可转交给另一团队或组织，并由其在整个生命周期中进行运营、维护和支持。

本输出所指的正是把项目交付的最终产品、服务或成果（对于阶段收尾，则是所在阶段的中间产品、服务或成果）从一个团队转交到另一个团队。

11.9.3　项目文件（最终版）

可在本过程更新所有项目文件，并标记为最终版本。

特别值得注意的是，经验教训登记册的最终版本要包含阶段或项目收尾的最终信息。最终版本的经验教训登记册可包含关于以下事项的信息：
- 效益管理；
- 商业论证的准确性；
- 项目和开发生命周期；
- 风险和问题管理；
- 相关方参与；
- 以及其他项目管理过程。

11.9.4　关闭合同协议（供应商）

关闭合同协议（供应商）即为关闭项目合同协议或项目阶段合同协议所必须开展的活动，例如：
- 确认卖方的工作已通过正式验收；
- 最终处置未决索赔；
- 更新记录以反映最后的结果；
- 存档相关信息供未来使用。

11.9.5 项目最终报告

用最终报告总结项目绩效，其中可包含诸如以下信息：
- 项目或阶段的概述；
- 范围、质量、成本、进度结果；
- 关于项目过程中发生的风险或问题及其解决情况的概述；
- 最终产品、服务或成果的确认信息的总结；
- 关于最终产品、服务或成果如何满足商业计划所述业务需求的概述。

11.9.6 提前终止

如果项目在完工前就提前终止，结束项目或阶段过程还需要制定程序来调查和记录提前终止的原因，并把该项目的已完成和未完成的可交付成果移交他人。

11.9.7 释放资源

一切结束后，关闭项目账户，重新分配人员；重新分配项目设施、设备和其他资源。

第 12 章
项目管理原则

每个职业都有特定的原则,指导其制定战略、参与决策和解决问题。项目管理也有特定的原则,以指导项目参与者的行为。虽然项目管理原则不是规定性的,但是个人和组织遵守这些原则能更好地促进项目管理工作。项目管理领域最重要的四项价值观是:责任、尊重、公平、诚实。基于这四项价值观,结合全球项目从业者的不同行业、不同文化、不同领域的项目经验,制定了项目管理十二原则。

项目管理十二原则的应用程度以及应用方式受到多方面的影响,比如组织、项目、可交付成果、项目团队、干系人和其他因素。这些原则彼此是一致的,没有哪一原则与任何其他原则相矛盾。在实践中,这些原则也可能会重叠。

以下为项目管理的十二原则。这些原则之间并没有先后顺序,也没有不同的权重。

(1)成为勤勉、尊重和关心他人的管家。
(2)营造协作的项目团队环境。
(3)有效的干系人参与。
(4)聚焦于价值。
(5)识别、评估和响应系统交互。
(6)展现领导力行为。
(7)根据环境进行裁剪。
(8)将质量融入过程和可交付物中。
(9)驾驭复杂性。
(10)优化风险应对。
(11)拥抱适应性和韧性。
(12)为实现预期的未来状态而驱动变革。

12.1 成为勤勉、尊重和关心他人的管家

项目经理在承担管家这一角色时，不仅要关心项目的财务、资源分配等，也要尊重、关心项目团队成员，以身作则，为项目可交付奠定坚实基础。

所谓管家，一般指职权比较高但同时又为团队提供服务的一种角色。在《PMBOK指南》（第七版）中，管家式管理涉及三个方面的职责。首先，管家式管理是被委托看管某项事物的过程，例如组织或项目，确保其运作有序。其次，管家式管理注重以负责任的方式规划、使用和管理资源，以确保这些资源不仅能够满足当前的需求，还能够保持可持续性，并对社会和环境产生积极的影响。最后，管家式管理强调维护价值观和道德，即在管理过程中始终遵循伦理和道德规范，确保组织的行为符合社会公正和道德标准。

《PMBOK指南》强调，在遵循内部和外部准则的同时，管家应以负责任的方式行事。首先，遵守内部准则和外部准则指的是，公司内部本身就有一定的操作规范；在公司以外，社会层面、行业层面也会有很多规矩、要求。两方面的内容管家与项目团队都要遵守。其次，负责任是指能够为承接的工作负责，为发起人或客户提供需要的交付物，令其满意。

项目经理在组织内部关注以下信息：确保组织开展的项目与组织的战略保持一致；尊重并认可项目团队成员的参与；确保项目中的各类资源合理使用；确保团队各个角色的职权运用适当。这些职责旨在帮助组织内部管理更加高效、公平和透明，保护组织的利益和声誉，并促进组织的可持续发展。

除此之外，项目经理需要在与外部干系人互动的过程中，考虑关注组织与外部干系人的关系；关注组织或项目对市场、社会和经营所在地区的影响；关注组织对材料和自然资源的使用以及环境可持续性；借助行业最佳实践提升团队专业化技能。借由以上实施职责，更好地管理和平衡其经济、社会和环境利益，并发挥积极的作用，推动行业的可持续发展。

管家精神要求项目管理者用负责任的方式来行事，并且以正直的、关心的和可信的态度来开展工作。关于正直，也就是不偏不倚。事情该怎样发展，该以何种状态进行，是和非之间应该分得比较清楚。关于关心，指能够关心团队成员，关心项目人员以及关心事情的进展情况。关于可信，体现在一种良性交互，彼此工作中相互信任，相互信赖。

总体来说，管家的职责可以概括为4个词：诚信、关心、可信、合规。

- 诚信：是指管家应该是诚实的、正直的、合乎道德的。同时影响团队成员遵守相应的价值观和原则。
- 关心：包含事务和人两方面。首先，管家需要密切关注组织事务的发展，包括项

目内部、组织内部以及组织外部的各项事务。其次，管家需要建立起一种相互信任和尊重的工作关系，促进组织与内外部干系人积极主动、公开透明地参与项目。
- 可信：是指管家需要表现出可信赖的能力，让干系人了解并认可管家的角色和职权。同时，当个人利益与组织或客户利益发生冲突时，做出正确决策，避免受到个人利益的影响。
- 合规：遵守其组织内外得到适当授权的法律、规则、法规和要求，确保组织的行为符合法律和道德标准。在高绩效项目中，更推荐的做法是将合规性充分地融入项目文化，与可能相互冲突的各种准则更好地保持一致性。

关于可信和信任，还涉及一个词，就是透明。很多时候，人和人之间的矛盾和不信任，是源于信息的不对称。当信息不对称时，会产生猜忌、顾虑、误解，容易产生冲突和矛盾。如果以一种透明的方式行事，确保信息公开透明，相互增进信任感，则有助于事情更顺利地推进。

另外，管家应对其所支持的项目的财务、社会和环境影响等做出承诺。开展一个项目，不仅要考虑是否会获取收益，同时也要考虑对社会和环境方面的影响。确保组织在实现商业目标的同时，不会对社会和环境造成负面影响。首先，考虑财务情况，在财务方面应该有利润；其次，项目对社会有正向的影响，能够给社会树立新的或者好的社会风气，对用户和团队成员有正向帮助而不是伤害；最后，考虑环境，也就是说做项目不能破坏环境，而是应该让环境既满足当代人的需求，也满足子孙后代的需求。秉持着可持续发展的原则，以确保组织的长期成功和健康发展；同时，要跳出项目和组织这个小范畴，看到全球化这个更大的范畴。在制定决策时，考虑到更广泛的对整个世界范围的影响。财务、社会和环境之间没有明确的先后顺序和主次之分，对这些内容都应该接受并且遵守。

12.2 营造协作的项目团队环境

项目是由项目团队交付的。项目团队应该由具有多样技能、知识和经验的人组成。团队的多样性是指拥有各种类型的人才，如需求、架构、开发、测试、运营、实施、辅导等各种类型的工作都有人擅长。

团队的多样性确保了大家可以共同分担任务、互相协作、交流想法和经验，从而产生协同效应，提高工作效率和质量。同时，团队成员能够在彼此之间互相监督和支持，避免因个人失误导致整个项目出现障碍，从而提高工作的效果和成果。因此，协同工作的项目团队比个人独自工作更能够实现共同的目标，具有更高的效率和效果。

同时，多元化的团队成员，对于整合整个团队来说是一项挑战。因为团队成员具有多样性，彼此可能信息不对称或认知不统一，容易产生冲突。项目经理应引导团队成员互相尊重，求同存异，通过有效的方式管理冲突，以提升整个团队的协作环境。

项目经理需要营造一个协作的项目团队环境，相互协调配合，进而高效开展项目。营造协作的项目团队环境需要考虑多个因素，包括团队共识、组织结构和过程等。这些因素可以共同促进一种文化，使得每个团队成员都能够互相支持、互相配合，通过互动来更有效地完成任务。

- 团队共识：项目团队共同制定的一套行为规范和工作标准。在考虑组织文化、项目性质以及运营环境等条件的基础上，项目团队会建立自己的团队文化，以便团队成员达成一致并共同遵守。
- 组织结构：项目团队在协调项目工作时所采用、调整和实施的结构，用于规范和管理团队成员的工作。包括确定团队的角色和职责、团队如何与供应商配合、支持团队的项目委员会，都属于组织结构范畴。
- 过程：项目团队在完成任务和分配工作时需要定义一系列操作步骤，以便团队成员能够更好地理解项目的目标和工作要求，同时跟踪任务状态，确保团队高效完成工作。

为了确保任务能够顺利完成，项目团队需要明确每个成员的角色和职责。任务可以由项目经理主动分配，也可以由团队成员自主认领。这样可以避免任务的重复和遗漏，并且确保团队成员在完成任务时不会出现混乱和冲突。此外，澄清角色和职责还可以帮助团队成员更好地理解自己和其他成员的工作和职责，从而提高协作和沟通的效率，改善团队文化。要注意的是，无论任务由谁负责，项目团队共同为项目成果负责。

营造协作的团队环境，需要团队成员彼此信任，互相协作。另一方面，通过交流和互动，成员之间也会互相学习和提升，促进个人和团队的共同发展。

12.3 有效的干系人参与

作为项目经理，应该争取让干系人尽可能地支持项目，而不是抵制项目。干系人也称为相关方、利益相关者，是指可能影响项目或者可能受到项目影响的个人、群体或组织。参与这个词可以理解为"争取"。有效的干系人参与，就是要争取干系人，也就是通过一系列活动让干系人参与到项目中来，并按照项目需要的程度进行项目活动，从而有助于项目顺利推进，如期完成。

干系人对项目的影响体现在很多方面，包括范围、进度、成本、质量、收益、风险等。有效的干系人参与就是通过影响干系人，最小化消极影响，最大化积极影响。

要确保项目成功，及时识别干系人并获取干系人的积极支持非常重要。在整个项目周期内，干系人对待项目的态度可能发生变化，干系人的角色和职责也可能有所变化。项目团队需要积极与干系人沟通，了解他们的需求、利益与顾虑，并及时协商制定共同的解决方案，处理这些顾虑，推动项目前进。

12.4 聚焦于价值

价值是项目可交付成果能够带来的贡献，包括有形的价值和无形的价值。有形的价值是指能用金钱展示的，比如财务账目、现金流等。无形的价值是指除了金钱以外的其他价值，比如社会影响力、品牌声誉等。价值是衡量项目成功与否的终极指标，在项目全过程均可实现。通过衡量价值可以了解项目的状态，以此判断项目是否符合阶段要求，并做出项目是否要继续进行的决策。项目管理者需持续审视项目契合商业目标的程度，对预期收益与价值予以不间断评估，据此灵活应变、动态调整。

价值可以在整个项目期间实现，也可以在项目结束以后实现。但是大部分时候，项目都是在完成以后才能够实现价值。在整个项目期间，应该清晰描述项目的价值以及收益，可以通过定性和定量的方式进行定义和衡量。同时，在项目过程中，需要不断地评估项目是否符合商业目标以及预期的收益和价值，并根据评估结果对项目进行调整和改进。这种持续的评估和调整的过程是为了确保项目能够实现商业目标，达到预期的收益和价值。另外，干系人可以更新商业论证，借此把握机会。如果评估后发现项目不再符合商业需要，组织可以选择终止项目。

不同干系人对于价值的理解和侧重点也不同。因此在定义价值时，需要考虑不同干系人的意见和需求，确保大家达成一致，同时要优先考虑客户价值。

商业论证为众多项目的启动提供依据。商业论证包含商业需要、项目理由以及商业战略。这些信息是为了论证为什么要开展项目以及是否值得启动项目。通过项目的价值和预期收益，结合商业论证中的内容，项目团队可以阶段性评估项目进展，调整项目以适应商业论证的内容，从而确保最大化实现项目价值。

比起可交付物，项目团队可以将关注焦点放在预期成果上，这会更为有效地保障项目价值得以实现。因为可交付物是项目的产出，而预期成果是指这个产出要达到的效果。如果只考虑产出而不考虑效果，很可能导致项目做出了可交付物，但是无法实现预期效果，从而导致项目失败。例如，同学们报名参加希赛的课程，可交付物就是直播课，而同学们的预期成果是要通过PMP考试，并学习项目管理知识。直播课本身无法确保大家一定能通过考试，因此需要增加一些内容，比如完成直播课学习，并及时进行模拟卷测试，这样才能更好地达到预期成果。

12.5 识别、评估和响应系统交互

项目本身是一个系统，包含诸多相互关联、相互影响的活动域。有效开展项目，需立足整体，识别项目内部各部分间及与外部系统是怎么相互作用的，评估其动态变化，

并予以积极响应，以此正面推动项目绩效提升。

识别、评估和响应系统交互，关注的重点是系统思考。系统思考包括考虑项目内部各个组件之间的关系，以及项目与外部的关系。而这些关系，随着时间的推移也会发生变化。项目团队需要持续关注这些变化对整个系统的影响，从整体的角度出发，不断地评估、调整，确保各方面达到平衡，以实现项目的成功交付。

识别、评估和响应系统交互，指的是要对系统交互进行识别、评估以及响应。

系统是指一系列互相依赖互相产生作用的组件的集合。项目是由多个组件共同组成的一个系统。这些组件包括范围管理、进度管理、成本管理、质量管理等，也叫知识域，就是聚焦在某一个特定领域的工作内容。这些知识域之间相互依赖、相互作用，共同完成项目的预期成果。

项目可以看作一个系统，项目团队需要平衡项目组件之间的关系；项目也可以看作项目集这个更大的系统中的一个组件，需要平衡项目和项目集之间的关系，确保整个系统的一致性。这是系统的空间逻辑。

除了空间逻辑，系统还存在时间逻辑，即随着时间推移，项目将要交付的内容逐渐清晰和明确。这就要求在管理项目时，不仅受限于当下，还要看到未来的趋势。在处理当下事务时，亦须结合已有的信息进行判断和决策。

系统可能是不断变化的。面对这种变化，需要采取一些方式去应对。在预测型项目管理中，应对方式是"有变更，走流程"；在敏捷项目管理中，则是拥抱变化。不管是"有变更，走流程"，还是拥抱变化，都有一套规则去响应这种变更，把它作为一个整体去对待。

系统思考还包括项目团队本身的互动。项目团队也是由多个独立的个体组成的，这也可以看作是一个系统。要确保团队之间协调配合，共同合作完成项目目标，也要考虑团队的个性化差异，以及整个团队的综合性的团队文化，从而形成共同的愿景，促进团队成员有效参与，提高项目成功的可能性。

12.6 展现领导力行为

项目开展过程中，有效的领导力意义非凡，它能促成项目成功。项目管理者通过展现领导力行为以及灵活调整该行为，以契合个人和团队的不同需要，为项目组提供有力的支持。

不同于常规运营活动的单一运转模式，项目会涉及多个组织和部门，因为会受到多方面的干系人的影响。要想更好地协调不同干系人之间的关系和活动，有效的领导力显得格外重要。

领导力，在项目管理中是指一个人通过自己的态度、才能、性格和行为，对项目团队内外的个人产生影响、激励、带动，以便促使其行为符合预期，推进项目成功的能力。领导力需要具备一定的个人素质和技能，能够有效管理团队，协调团队内部的关系，同时也需要与外部的人员进行有效沟通和协调，以便项目能够成功完成。

领导力并非项目管理者的专属技能。项目中的任何干系人都可以通过展现领导力影响他人执行项目工作，从而交付所需要的结果。不过，如果太多人都希望对项目施加影响，由于动机和出发点不同，可能会出现更多的冲突和矛盾。这种情况下，如果具备有效的领导力，干系人可以调整个人与集体的行为和想法，通过有效沟通达成一致的愿景。

要注意，领导力与职权不同。职权是指通过官方授权，获取某些权力和职位，从而在特定的活动中承担责任并控制其他人员和活动，同时在他人拒绝配合时有权采取相应的行动。而领导力，更多的是通过个人的行为来支持和激励他人，以便影响他人做出正确的决策。没有职权的人，同样可以拥有领导力。

作为领导者，具备领导力就格外重要。领导者需要在符合管家式管理职责的基础上，通过自身的行为来引导团队成员执行相关活动，以达到期望的效果。

从专制型到民主型，从支持型到共识型，领导力因组织不同可以呈现不同类型。这些类型之间没有优劣之分。根据具体的人和事件，选择合适的领导力才能达到最佳效果，这也是一种最佳实践。并且，领导力不是一成不变的，随着项目进展，或者遇到的情况不同，领导力也应该进行适当的调整。

领导力是一种可习得的技能，项目团队成员可以通过参与各种培训和实践活动提升领导力。

通过有效的领导力，项目团队和干系人可以清晰地了解自身的职责和期望。同时，通过有效沟通，互相激励并调整，促使大家共同承担项目责任，做出适当的行为，促成项目取得积极成果，最终确保项目取得成功。

12.7 根据环境进行裁剪

项目管理有若干工具与技术，但绝大多数项目都无须使用全部的工具与技术，而是可以进行适度裁剪。裁剪可以结合另一个词来理解，即取舍。

项目具有独特性，每个项目的背景、目标、干系人、治理和环境会有不同。在选择项目开发方法时，要考虑这些独特性，选择合适的工具与方法交付项目。在开发项目时，并不需要把五大过程组、十大知识领域、49 个子过程、一百多个工具与技术全部都用上，或者把敏捷阶段框架所涵盖的各种工具与方法全部都用上，而是用一种"刚好够"的方式去实现预期的效益。确认这种刚好够的方式就是裁剪。

在进行裁剪时，可以选择接受现有的方法论，也可以选择能适应项目特点的混合方法论。即使是接受现有的方法论，在具体执行层面上，也可能结合项目的情况进行裁剪。组织政策中会明确项目团队可以裁剪的边界，项目团队在选择项目方法时，需要与 PMO 协商决定。除了 PMO，干系人的需求和期望也很重要。所以项目团队在进行裁剪决策时，也需要与干系人保持有效的沟通，获取干系人的支持，这对于实施剪裁很有帮助。

裁剪可以提高项目投入的性价比。通过剪裁因时因地制宜，选择合适的项目方法，不仅能激励团队成员努力投入到项目中，减少资源浪费，提升项目的绩效水平，还可以从中获取经验教训，为后续的工作和项目提供帮助和支持。

另外，裁剪是迭代进行的，并且是持续进行的过程。并不是裁剪好了以后就必须按照这个裁剪好的方式直至项目完成，也不是只在项目的某一个节点进行裁剪。可以在项目过程中通过持续收集大家的反馈适时进行调整。其目标是选择最合适的方法和行动，找到性价比最高的方案，完成项目交付，增加项目价值。

12.8 将质量融入过程和可交付物中

质量是指物品满足要求的程度。项目的质量要求是达到干系人期望并满足产品需要的一种需求。项目管理要重点关注可交付物的质量，确保可交付物的质量符合项目目标，并且与干系人的需求保持一致。

首先，对于产生可交付成果的质量保持关注。因为我们在做项目的时候，首先要考虑的是价值。对干系人有用才叫价值，如果质量都不过关，对方根本就用不了，也就无法实现价值。所以首先要确保质量是过关的，也就是要关注质量符合标准。

另外，可交付物要符合项目目标，满足项目要求。比如，一个网站的压力测试，要求是能够容纳 5 万人同时在线。如果实际只能够容纳 4.9 万人，那么说明压力测试不过关。一定要达到要求才算是过关。项目需求包括功能需求、性能需求、用途和验收标准等。这些需求是各类相关方提出的。项目团队在制定质量测量指标时，需要参考这些信息。定好质量标准以后，团队就按照质量标准执行项目工作。

先要确保质量过关才会考虑验收，如果质量都不过关是不会考虑验收的。质量可以看作是验收的一个前提条件。

要项目达到质量标准，除了对可交付物的质量进行严格管理，在项目过程中也要进行适当而有效的质量管理。例如，医生做手术前有一系列步骤及要求，如洗手、消毒、戴手套等，每一个步骤及要求一定要遵守。这种要求可以提高手术成功的概率。在 19 世纪中期以前，做完手术以后，病患死亡的概率比现在高很多，或许是因为当时的医生做手术能力差，或者器械差，还有一个很重要的原因，是病人做完手术以后又被感染，而感染是由于医生没有洗手消毒，手上接触了一些细菌。由此可见，在过程中如果按照要求来进行的话，那么最后的结果符合期望的可能性会大很多。

项目质量既要通过检查和测试来评估可交付物的质量，更要通过对项目过程的评估、审查和审计来实现。检查只能找出问题，但是预防可以尽量避免问题。预防胜于检查，提前预防比事后检查更好。

项目管理很难一次做到完美，需要持续改进质量。通过 PDCA 循环，不断优化迭代，能够让项目质量更好地优化提升。

12.9 驾驭复杂性

复杂性是指事情较为复杂，导致事情要顺利完成有难度。需要不断评估项目的复杂性，并且驾驭复杂性，从而确保所使用的各种方法和计划是有效的，促进成功交付项目。

要驾驭复杂性，首先要知道为什么会有复杂性，有哪些复杂性，然后找到一些好的方法、计划，帮助项目团队驾驭在生命周期不同阶段中出现的复杂性，解决问题。

复杂性可能由很多因素导致，比如人类行为、系统交互、不确定性、模糊性和技术创新等。

人类行为会导致事情变得更加复杂。比如有些人开车，变道和转向时不打转向灯，这种让人迷惑的行为就会给他人的驾驶带来更多复杂性。

系统交互也可能会造成新兴的或意料之外的问题。例如，从 A 地到 B 地，开车需要 4 小时，现在新修了一条路，1 小时就可以到达。行驶时间从 4 小时缩短到 1 小时，看起来是一件好事，可是到了路的出口会发现堵车可能很严重。因为原来的路是 4 小时才能到，现在新路 1 小时内涌入了原来 4 小时的车流量。车流量突然增大，就会变得很拥挤。

不确定性让事情难以完全按预计的方式开展，可能导致事情变得更加复杂。

模糊性也会带来复杂性，当对信息不清晰不明确时，处理问题的方法就会变得复杂。

技术创新也可能会带来复杂性。例如，现在很多手机取消了耳机孔，目的是让手机变得更简洁，但是也因此让用户必须使用无线耳机。无线耳机可能带来信号延迟、容易丢失、需要充电等问题，反而造成手机使用不方便。这就是创新带来的复杂性。

很多元素会导致复杂性，同样，复杂性在项目的任何领域、任何时间、任何地点都可能出现，涉及的领域包括价值、范围、沟通、干系人等方面。要想办法去处理、驾驭复杂性。但是这并不容易，所以在识别复杂性时还需要保持警惕性，不能掉以轻心，也许一些变数会加剧复杂性。比如，某汽车品牌在展会现场免费为观众提供冰淇淋，本意是提升品牌的好感度，结果因为工作人员操作失当，只为某些特定人群提供，导致大量用户表示不满。经过网络发酵，这个"冰淇淋事件"让该品牌的市值蒸发了 180 亿元。如果一开始就带有敬畏之心，警惕发放冰激凌这件小事，或许不会出现这种局面。

千里之堤，溃于蚁穴。一些小的事情如果不保持警惕，有可能会导致更严重的问题发生。要保持警惕，并通过各种各样的方法来降低复杂性。同时，还需要不断对项目的复杂性进行评估，如果发现比较麻烦、比较复杂的情况，应该及时想办法管控，以降低对项目造成的影响。

通过持续关注整个项目，留意可能出现复杂性的情况，并及时总结工作中的经验教训，有助于提升识别复杂性、驾驭复杂性的能力。

12.10 优化风险应对

优化风险应对的焦点是风险。风险是可能会对项目造成一些积极的影响，也可能会造成一些消极影响的事件或条件。前文所述的"冰淇淋事件"，是工作人员没想到几个冰激凌居然对品牌形成这么大的风险。这个影响是消极的，要花很长时间才能减轻影响。虽然大部分时候提到的风险都被认为是消极风险，但是也不排除对另一部分人是积极的机会，"冰淇淋事件"对于其他竞争品牌来说就是一个机会，其他竞争品牌在展会上立马推出了赠送冰淇淋的活动。所以某些事情对一些人是负面的、消极的，但是对另一些人则可能是正面的、积极的。

风险在项目中是无处不在的，所以项目团队要持续关注风险，应对各种风险。风险敞口是指裸露在外面，没被管控的这部分风险。而没有管控的这部分风险，目前对于项目还不会造成影响。评估风险敞口就是审查一下还有哪些方面没有被管控。须持续评估这些风险敞口，以便更好地管理风险。

风险管理，就是尽量把正面的风险放大，负面的风险减少。在管理项目时，既要关注单个的风险，也要关注整体的风险。单个风险就是识别到的单个风险的影响。整体风险就是项目中识别到的所有风险的汇总，以了解项目整体状况是积极的还是消极的。一般风险都会安排一个责任人，管理风险，对风险负责。

组织的风险态度、风险偏好和风险临界值，会影响风险应对措施。

- 风险态度：对风险的态度，能接受风险／不能接受风险。
- 风险偏好：分为高风险偏好者和低风险偏好者。高风险偏好者愿意为了获得大利益而冒大风险，低风险偏好者不愿意为了获利而冒看似很小的风险。
- 风险临界值：个人或组织能够承受的、不需要采取应对措施的风险程度。例如，成本超支允许的临界值是15%，如果成本超支低于15%时，就不需要采取措施。

选择风险应对措施时，需要考虑以下方面：

- 与风险的重要性相匹配。如果这个风险极其重要，就须非常认真地对待。
- 是否跟成本效益有关系。如果效益很大，或者负效益很大，也要综合考虑。负效益也叫负面收益，是指如果不去做，它会带来的损失。
- 要切合实际综合考虑，所选择的应对措施一定是可实现的，且达成某种共识的。大家对于这个措施都应该是认可的，如果不认可，可能在执行过程中会带来其他的问题和风险。

12.11 拥抱适应性和韧性

适应性是指不断地应对变化的情形的能力。尽管环境光怪陆离，不断变化，但是依然能够如鱼得水，这就表示适应性很强。

韧性是指能够吸收冲击的能力，以及能够从挫折或失败中快速恢复的能力。比如一个玻璃球，从高处掉落会直接碎裂。但是一个乒乓球从高处掉落会吸收冲击，不会碎裂，而是从地上弹起，这就是韧性。

拥抱适应性和韧性，是指人们在开展项目的时候能够把适应性和韧性都融入这个项目和团队中，帮助团队适应各种变革，不断调整，面对各种挫折，越挫越勇。

聚焦于成果而不是输出，有助于增强适应性。例如，人们为了更健康，想要减肥。如果一味减肥，可能导致身体出状况。如果把焦点放在"更健康"上，减肥只是一个输出，还可以运动、健康饮食、规律作息。这就是增强了适应性。

及时反馈也能增强项目适应性。在项目过程中，如果能够获取一些快速反馈，就可以知道哪些方面需要进行调整，也能知道接下来往什么方向去努力。这个过程中，还能快速吸取一些经验教训，让自己得到提升。另外，在整个过程中要开放透明，让大家能够积极参与，这样适应性也会更强。拥有各种技能人才的团队，以及所需要的这些技能领域的专家，能够给适应性和韧性提供更多支持。

总结：要拥抱适应性和韧性，首先是对于不断变化的情形要有能力掌握，其次是对于挫折和失败能够快速修复，最后是聚焦于成果而不是输出，要关注项目最终想要达到的效果，而不仅仅是做出可交付物。

12.12 为实现预期的未来状态而驱动变革

为实现预期的未来状态而驱动变革，就是要去拥抱变革。变革是从一种状态转变到另一种状态的活动。变革的原因是原有的方式或规则正在或将要失效，需要新的方式或规则以完成项目或维系企业。使受影响的人能够做好一些准备，通过调整行为和状态来应对新的环境，这种结构化的变革方法对变革的顺利推进极有帮助。

第一，结构化的变革方法能够帮人们更从容地面对变化。所谓结构化，就是提前明确处理变革的每一步。如果人们可以提前明确步骤，照着步骤按部就班，那么这个变革的难度就会降低。

第二，变革可能是源于内部的一些影响，也可能是源于外部的影响。有可能是内部有一些需求变化，导致必须要去进行一些新的调整和变革；也可能是一些外部环境变化，或者竞争者有一些新的活动，如果不做出调整和变革，就无法应对激烈的竞争。不管是内部的影响还是外部影响，都有可能触发变革。

第三，促成变革一般具有挑战性，因为不是每个人都接受变革，有的人甚至可能会阻止变革。比如，公司目前有十个部门，由一个主管负责。现在公司要对部门结构做一些调整，将一些部门的管理权限单独划分出去，对于主管来说，其管理的权力变小了，他就有可能会抵触甚至抗拒这个变革，希望维持原有的权力，管理十个部门。

第四，短时间内尝试进行过多的变革可能会导致变革疲劳和受到抵制。如果一定要别人接受一些新东西，可以从小处入手，一次变一点点，逐步推行。突然之间进行翻天覆地的变革，很多人会接受不了。

第五，干系人参与和激励的方法有助于变革的顺利推进。当人们能够了解到哪些东西会对他有影响，通过一些合适的方式来说服他，争取他，则对变革推进大有帮助。

总结：变革通常是有需要且有必要的。要看到未来的状态，基于未来的状态，人们可能会对当下的东西做一些调整。同时，变革会伴随着一些阻碍和困难。只要是变革，一定会有一个阵痛期。但是为了拥抱美好的未来，必须要接受这些阵痛。因此，变革管理是一个综合性的、周期性的、结构化的方法。如果以这种方法去做，虽然会有挑战，但是可能会让未来变得更好。另外，变革速度需要适应干系人的意愿、成本和能力，不能超出他们的意愿。不同的阶段、不同的人群要用不同的方式去应对和处理。

第 13 章
项目管理生命周期

项目生命周期是指从项目开始到结束的整个过程,包括项目的规划、执行和收尾等各个阶段。每个阶段都有其特定的目标和任务,以确保项目能够按时、按质量要求完成,并实现预期的业务交付和对干系人的价值。

促进生成项目可交付物所需的交付节奏和开发方法的阶段组成了项目生命周期。

常用生命周期类型有预测型、迭代型、增量型和敏捷型。很多时候,项目会混合使用多种生命周期,这种模式称为混合型。

13.1 预测型

预测型又称为瀑布型,是按照线性顺序依次完成项目的各个阶段,每个阶段完成后才能进入下一个阶段,具有明确的阶段划分和文档化要求。

适用场景:适用于需求相对稳定且风险可控的项目,不适用于需求变化频繁的项目。比如常见的传统项目修路、修桥,都适用于预测型开发方法。

13.2 迭代型

迭代型是将整个项目划分为多个迭代周期,每个迭代周期内完成一部分功能的开发,在项目的早期确定项目范围,但时间和成本估算将随着项目团队对产品理解的不断深入而定期修改。迭代型开发方法强调快速迭代、持续集成和快速反馈,以便更好地适应需求的变化并提高开发效率。迭代型方法对于澄清需求和调查各种选项非常有用。

适用场景:适用于需求不完全明确、风险可控的项目,且能够及时调整和优化系统以满足用户需求。比如疫苗研发、芯片研发、论文反复修改至最终提交,都属于迭代型。迭代型强调一次性交付,也就是最终交付的版本才可以真正使用,前面的版本都不能直接使用。如图 13-1 所示为迭代型的过程,迭代 1 版本是确定鱼和水草的大概位置;迭代 2 版本是画出草稿,接下来不断修改细节,画好轮廓;迭代 3 版本是加上颜色。最终交付出去的、能够直接使用的就是迭代 3 的版本。

图 13-1 迭代型

13.3 增量型

增量型是通过多次迭代的方式进行开发,每次迭代都包含完整的开发流程。每次迭代都可交付一个可工作的部分系统,通过用户反馈和需求变更来迭代和优化系统。增量是在多次交付中实现的,比如图 13-2 所示的交付过程,第一次迭代画出一条小鱼交付出去,第二次迭代交付了海草部分,最后一次迭代交付了气泡。

图 13-2 增量型

适用场景：适用于需求变化频繁、项目风险较高或要求快速交付的项目。它强调分阶段交付、功能优先、迭代循环和风险控制，能够提高开发效率、降低风险，并满足用户的核心需求。比如去饭店点餐之后服务员分批上菜，开发商分几期交付房子，都属于典型的增量型开发方法。

13.4 敏捷型

敏捷型也称为适应型。前面已经讲过了迭代型和增量型，而事实上，敏捷型就是增量型加迭代型的混合方式，既有增量型的多次交付，又有迭代型的不断反馈和调整。

敏捷型开发方法强调个体和交互、工作的软件和客户合作、响应变化和持续迭代。采用迭代、自组织和跨职能的团队，通过频繁的交付、持续集成和用户反馈，以快速适应需求和变化。

适用场景：适用于需求不稳定、风险较高或要求快速响应和交付的项目，能够提高团队的灵活性和创造力。比如我们平时用的微信，就使用了典型的敏捷型开发方法。微信 1.0 版只能发送消息和图片，而微信 2.0 版在之前的功能上新增了语音通话功能，如图 13-3 所示。而且微信的每个版本都经历了多次迭代，为此每过一段时间微信就会提醒用户需要升级（包括打补丁、修补 bug 等）。

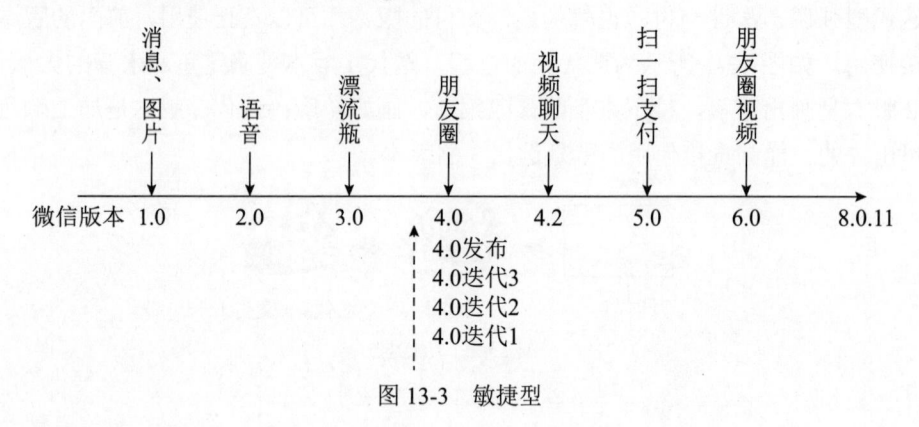

图 13-3 敏捷型

13.5 混合型

常见的混合型是预测型的和敏捷型的组合，如图 13-4 所示。比如项目中一项可交付物是采用敏捷型方法开发的，另一项是采用预测型方法开发的，当需求存在不确定性或风险时，这种开发方法非常有用。当可交付物可以模块化时，或者由不同项目团队开发可交付物时，混合型开发方法也很有用。混合型比预测型更具适应性，但不如纯粹的敏捷型的适应性强。

图 13-4　混合型

适用场景：适用于复杂的项目，可以根据项目的特点和需求来选择和组合不同的开发方法，以获得更好的开发效果。比如在软件开发项目中，可以将预测型与敏捷型开发相结合，首先使用预测模型进行需求分析和设计，以确保项目的基本框架和核心功能的稳定性；然后，在开发和测试阶段采用敏捷型开发方法，通过迭代和用户反馈来不断优化和完善软件。

13.6　开发方法的选择

把几种开发方法用交付频率和变更程度两个维度进行划分，如图 13-5 所示。一方面可以观察变更是否频繁，可以通过变更程度的高低进行衡量；另一方面可以观察交付频率，以交付次数的多少来判断。

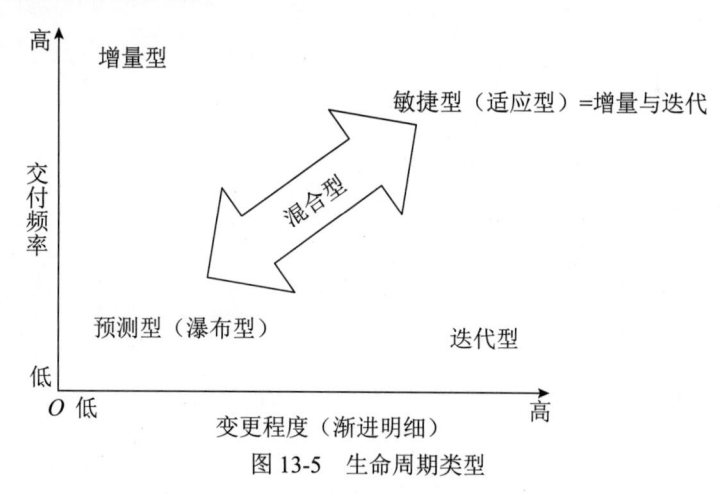

图 13-5　生命周期类型

根据需求和范围，如果需求是相对固定的，范围是比较明确的，也就是变更程度比较低，那么我们可以在预测型和增量型开发方法中进行选择。如果是一次交付，那么就用预测型开发方法；如果是多次交付，那么就用增量型开发方法。

反过来说，如果需求是动态的，一直在变化，那么范围就是不明确的，变更程度也比较高，这时我们可以在迭代型和敏捷型开发方法中进行选择。如果是最终一次交付，就选择迭代型开发方法；如果是多次交付，那么就选择敏捷型开发方法。

而混合型介于预测型和敏捷型之间，既包含了预测型的特点，又包含了敏捷型的特点。

第 14 章
敏捷宣言、原则及三大角色

14.1 为什么需要敏捷

众多项目管理人士发现，在使用传统的项目管理方式时，有些客户的需求总是难以确定，这样做出来的产品就无法满足客户期望。此外团队和项目经理的理解也总是有偏差，环境的多变也让项目人员苦不堪言，所以需要一种反应更灵活、响应更快速的项目管理方式，也就是敏捷项目管理。

传统的项目管理方式强调按照计划做事，一步一步按部就班，所以对于环境的变化、需求的变化很难及时适应。而敏捷项目管理不强调详细全面的计划，而是"走一步看两步""小步快跑"，所以能够快速获得反馈，及时进行调整。

用写小说的例子来对比两种项目管理方式的特点，如图 14-1 所示。如果按照传统的方式来写，整个过程都是作者按照自己的想法来规划和执行的，整本书全部写完之后才会和读者见面；在写书的过程中，读者是否喜欢这本书，市场是否接受这本书，都不得而知。所以传统的写作方式预测性强，强调的是计划和按计划做事。而用敏捷的方式来写书，不会在一开始就确定整本书完整、详细的框架和内容，而是先写一部分，然后去获取用户和市场的反馈，再不断地进行调整。这样在写书的过程中作者就可以得到用户的反馈和环境的反馈，可以及时响应，那么这本书被用户喜欢、被市场接受的概率就会更大。所以敏捷方式强调的是反馈和适应。

传统的写作方式	敏捷的写作方式
➢ 确定主题	➢ 与读者微博、论坛互动
➢ 整理大纲、搭建框架	➢ 确定主题
➢ 书写内容	➢ 与读者互动，收集反馈
➢ 设计、排版、校对	➢ 试写第一章
➢ 出版	➢ 与读者互动，收集反馈
➢ 与读者见面	➢ 试写第二章
➢ 收集反馈，再版	……
	➢ 初步设计、排版
	➢ 与读者互动，收集反馈
	➢ 出版

图 14-1 敏捷与传统项目管理方式对比示例

在传统的项目管理过程中，项目团队和客户的接触主要是在项目开始和项目结束这两个阶段，而耗时最长的执行开发过程中，团队和客户缺乏互动，这就导致传统型的项目管理无法适应客户频繁变动的需求。而敏捷项目管理方式需要频繁和客户进行互动，因此客户的想法可以及时获知，使得正在开发的产品也可以及时调整，从而符合客户期望。

如图 14-2 所示为传统项目管理方式与敏捷项目管理方式示意图。

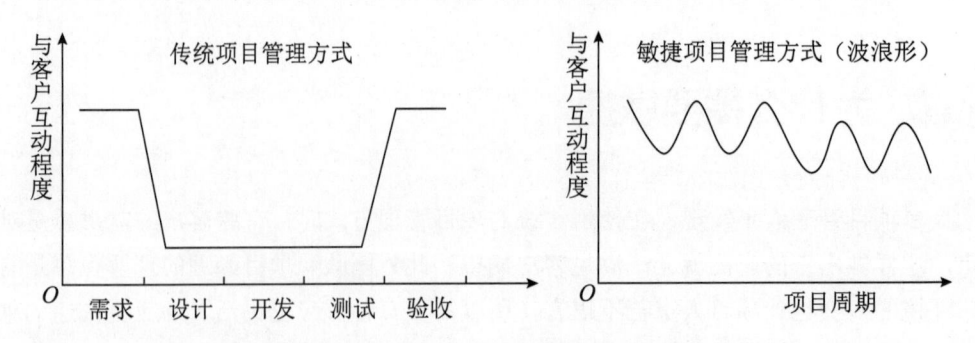

图 14-2 传统项目管理方式与敏捷项目管理方式示意图

当然,并不是所有工作都适合用敏捷来做,传统型和敏捷型都有自己适用的环境。这里就需要了解两种类型的工作:确定型和不确定型工作。这两种工作类型的对比见表 14-1 所示。

表14-1 两种工作类型的对比

工作类型	范围	计划	交付	团队成员
确定型	前期确定,不易变更	按计划进行	一次交付	执行为主
不确定型	难以事先确定,且走且看	计划赶不上变化	多次交付	既动手、又动脑

1)确定型工作

确定型工作是一种可以通过具体规定和明确步骤来完成的工作,其结果是可预测的。在确定型工作中,每个任务都有明确的要求和预期结果,可以通过一定的规则和过程来完成。例如,工厂中的装配流水线作业、数据录入、文件整理等任务都属于确定型工作。这些工作的完成时间和成果都可以事先预估和衡量,因此,可以通过对任务时间、资源和成果的规划和控制来提高工作效率和质量。确定型工作通常不需要创造性思维和创新能力,而是需要执行规定的流程和标准。

确定型工作具有明确的流程,这是在以往类似的项目中被证明的。它的不确定性和风险通常较低。传统预测法旨在预先确定大部分需求,并通过变更请求过程控制变更,更适合确定型工作。

2)不确定型工作

不确定型工作是一种无法通过规定的流程和标准来完成的工作,其结果是难以预测的。在不确定型工作中,每个任务都存在较大的不确定性和复杂性,需要通过创新性思维和灵活性来完成。例如,软件开发、市场营销、新产品开发等任务都属于不确定型工作。这些工作的完成时间和成果无法准确预测,需要根据项目的需求和变化进行调整和迭代。不确定型工作需要具备创新能力、学习能力和适应能力,需要在不断试错中学习和提高。因此,不确定型工作的完成需要更多的自主性和判断力。

高度不确定的项目变化速度快,复杂性和风险也高。敏捷方法的出现是为了在短时间内探讨可行性,根据评估和反馈快速调整。

所以，在用传统项目管理方式管理项目时遇到的进度延误、成本超支、计划不充分、干系人难理解等问题，其实归根到底就是当下环境需求频繁多变，它已无法适应这一场景。

传统项目管理方式在应对快速变化项目时会面临挑战：
- 繁重的计划和文件。传统项目管理方式强调计划和文件，需要及时更新冗杂烦琐的文件内容，这在应对快速变化的项目时是很沉重的负担。
- 被隔离的隐形项目团队。团队和客户是隔离开的，客户的想法无法传递给团队，团队只是按照计划在执行。
- 无法适应快速变化的实际情况。传统项目管理方式强调对变更的控制，无法及时响应客户的需求。

而敏捷项目管理方式则具备灵活性，能够更快地交付价值给客户，持续获得反馈，持续改进，从而更好地适应环境变化，降低项目风险。

14.2 什么是敏捷

14.2.1 敏捷的发展史

敏捷这个词最早出现的时候具有多重含义，比如灵活，进行不断调整和变化等。这些内容要表达的核心都是更好地适应和调整。

世界上第一台电子计算机在 1946 年出现。随着时间的推移，软件工程逐渐崛起，通过软件实现各种生活场景的应用也逐渐增多，软件行业开始蓬勃发展。随之而来的是大量的需求，但是当时对于怎么做需求没有规范的方式，于是就出现了由软件问题导致的事故，软件行业面临重重危机，为此提出了要规范软件的开发的要求，于是出现了迭代和增量式的开发方式，并逐渐规范；再后来就出现了演进式项目管理。

20 世纪 70 年代丰田公司总结出一套精益理念，为后面敏捷的发展提供了思路。20 世纪 90 年代，一些软件开发团队开始积极尝试敏捷方法，如极限编程（Extreme Programming，XP）和 Scrum 等，试图通过迭代和增量式开发等方式提高开发效率、降低项目风险。随后各种各样的敏捷方法也像雨后春笋般发展起来。

敏捷方法的发展史如图 14-3 所示。

图 14-3　敏捷的发展史

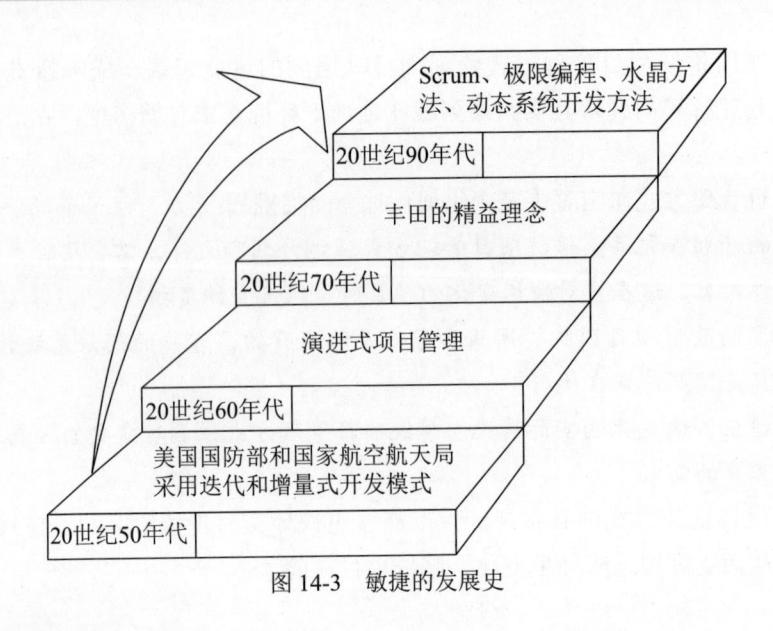

14.2.2　敏捷三角形

从敏捷的发展历史可以发现，敏捷项目管理和传统的项目管理是有很大区别的，两者诞生的背景和环境都不同，所以传统项目管理方式中的"铁三角"并不适用于敏捷项目管理方式。敏捷铁三角一开始也是在范围、进度和成本三个方面进行权衡和管理，以达到最佳的项目管理效果。两者的区别在于敏捷铁三角的范围是可以变化的，而进度和成本相对固定。但是随着环境的变化和时代的发展，实践中的敏捷项目管理人士发现，用范围、成本和进度衡量的三角形还是比较片面，从而演进到扩展的"价值、质量和约束的敏捷三角形"（Value, Quality, and Constraints Triangle），如图 14-4 所示。这个敏捷三角形的三个角分别说明如下：

- 价值（Value）：指项目要达到的商业目标和客户需求，包括产品特性、用户体验、市场竞争力等方面。价值越高，项目的成功率和商业价值也会相应提高。

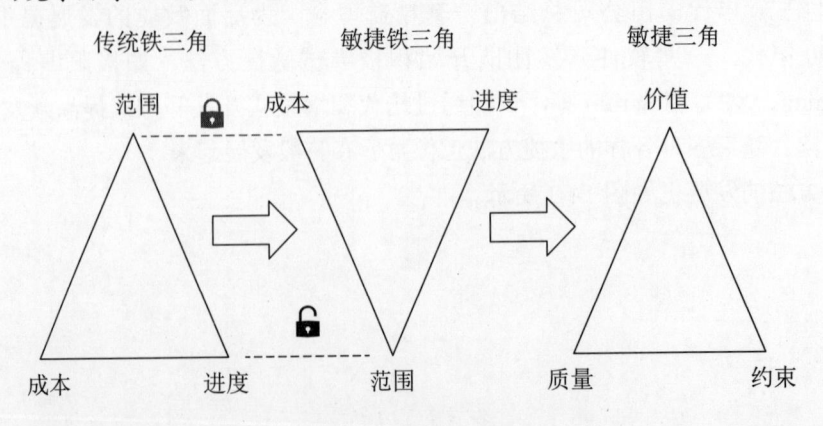

图 14-4　敏捷三角形

- 质量（Quality）：指软件产品的质量和可靠性，包括代码质量、测试覆盖率、性能优化等方面。质量越高，软件的可维护性和用户满意度也会相应提高。
- 约束（Constraints）：指项目中的限制和约束条件，包括成本限制、时间限制等方面。约束越多，项目的自由度和灵活性就越小，需要在有限的资源和时间内达到最大的价值和质量。

在实际项目中，项目管理者需要在以上三个方面进行权衡和管理，以实现最佳的项目管理效果。比如，在保证软件质量和可维护性的前提下，尽可能满足客户需求和商业目标，同时在有限的资源和时间内做出最优的决策。这种敏捷三角形的应用，可以帮助项目管理者更好地理解和管理敏捷开发过程中的各种因素和限制条件，从而更好地实现项目目标和商业价值。

敏捷项目评估的三个目标如下：
- 价值目标：提供可运行的产品。
- 质量目标：提供可靠的、适应性强的可交付产品。
- 约束目标：在可接受的约束内，实现价值和质量目标。

14.2.3 敏捷实践的相互关系

敏捷和看板是精益方法的子集，都是精益思想的具体实例。因此，丰田公司的精益思想对敏捷方法的发展具有重要的启示和借鉴意义。敏捷和精益都是一种基于价值的思维方式，它们关注价值，强调快速响应变化、小批量交付、持续改进和减少浪费。敏捷和精益都注重团队协作、用户价值和自我组织，同时倡导在实践中不断学习和改进。

在敏捷思想的框架下又有各种各样的实践方法，比如 Scrum 实践、极限编程（XP）、功能驱动开发（FDD）等，各种敏捷实践的相互关系示意图如图 14-5 所示。其中最重要、应用最广泛的是 Scrum 实践，其他敏捷实践方法简单了解即可。

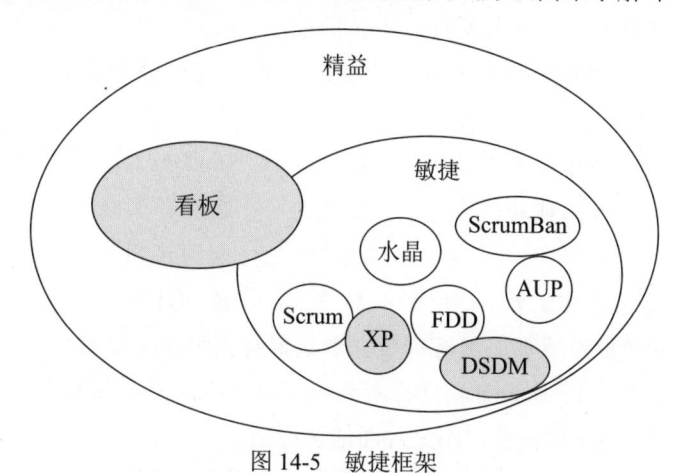

图 14-5 敏捷框架

14.2.4 敏捷思维

敏捷是在管理历史进程中总结、发展出来的一套思维方式，它有很多具体的实践方法。敏捷思维模式由价值观定义，以原则为指导，并在许多不同的实践中体现，如图14-6所示。敏捷实践者根据自身需求选择不同的实践。要想了解敏捷，就需要了解敏捷的价值观和原则，掌握具体的实践方法。

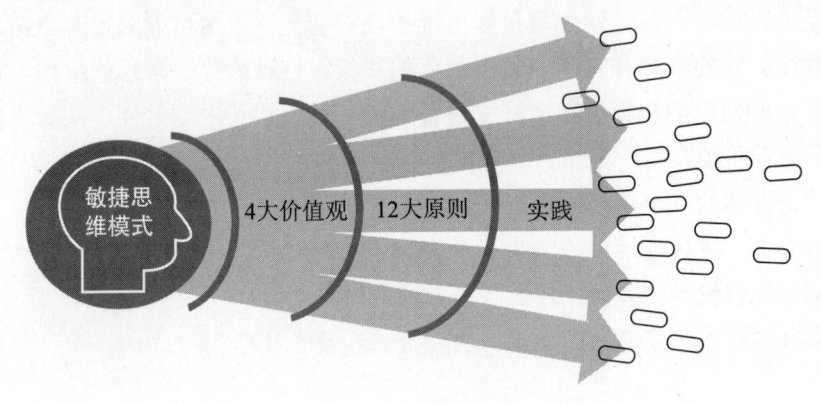

图 14-6 敏捷思维

14.2.5 敏捷宣言

2001年发生了一个里程碑事件。在美国，17位软件开发领域的思想领袖共同探讨了更加有效的软件开发方法，发现没有办法找到唯一一个大家都可遵循的软件开发方法，因为不管是Scrum还是极限编程，都是在一些具体的领域解决某些具体场景的问题。这17位领袖就共同推出了一套理念，称为敏捷宣言。

敏捷宣言里介绍了敏捷的核心价值观，在敏捷价值观推出之后，又提出了敏捷原则。敏捷宣言的发表，敏捷核心价值观和敏捷原则的推出，标志着"敏捷"一词在软件领域中获得全新的含义，并正式成为一种重要的方法论。

我们正在通过亲自开发和帮助他人开发，发现开发软件的更好方法。通过这项工作，我们开始更重视：

个体以及互动	胜于	流程和工具
可工作的软件	胜于	完整的文档
客户合作	胜于	合同谈判
应对变更	胜于	遵循计划

也就是说，右项中的项目固然有价值，但我们更重视左项中的项目。

——2001年2月，17位来自软件开发领域，敏捷各流派的领军人物共同制定

左项"胜于"右项这种说法，不是片面地认可某一方，实际工作中左项和右项两种情况都可能会出现，但是我们应该强调关注左项。接下来我们来逐一了解这4个价值观。

1. 个体以及互动胜于流程和工具——以人为本

项目中的流程和工具是必需的，也能够帮助我们解决一些问题，但是项目的执行还是由人来执行，人才是项目获得成功的关键因素。而且个体和互动是动态的，流程和工具是静态的，流程和工具做得再好，如果驾驭流程和工具的人没有达到一定的能力，那么这个时候也不可能取得最好的结果。个体和互动是强调人与人之间的沟通和协作，而不是过于依赖过程和工具。这意味着团队成员之间要建立良好的关系，尽可能地消除沟通障碍，保持高效的协作和信息交流。

但是强调个体和交互并不是完全抛弃流程和工具，合适的流程和工具能够让人工作更高效。所以流程和工具也不应该由领导决定，而应该由团队一起讨论制定。

2. 可工作的软件胜于完整的文档——以价值为导向

所谓完整的文档，指的是在执行过程中产生的一些中间文档，比如需求文档、开发文档、设计文档、测试文档等，这些文档有一个共同的特点就是都不会给用户或者客户使用。对于客户或者用户来说，他们其实并不关心中间的文档是什么，他们所关心的是最终的结果，如果是软件，则关心的就是最终可工作的软件本身。文档写得再好，如果软件无法运行，照样不会产生价值。

所以这一条是强调软件本身的实际价值。这意味着团队需要把重点放在开发出高质量、可靠、有效的软件上，而非过多地依赖文档和规范。关注的是结果而不仅是过程，也就是说可工作的软件要大于中间所产生的详尽的文档。

3. 客户合作胜于合同谈判——合作共赢

合同谈判往往是站在对立的角度，乙方承诺提供给甲方具体的需求，在提供的过程中会签署合同，如果违反了就会有什么样的后果。这种对立不利于最终结果的交付。软件项目在很大程度上无法直接探知客户的需求，客户往往也无法一次性说出不变的需求，这也就意味着无法通过固定的合同约束双方，所以在敏捷中强调的是建立合作关系，站在双方进行合作的角度，如何更好地去满足客户的需求，以便及时调整开发方向和策略。

4. 应对变更胜于遵循计划——拥抱变化

计划和变化是两个对立项，传统的项目管理往往是先制订好计划，再遵循计划去执行，但是敏捷里没办法在最开始就获得一个稳定的、不变的计划。所以在敏捷过程中应该积极响应变化，而不是过于依赖预先制订的计划。这意味着团队需要具备高度的灵活性和适应性，能够在变化的环境下快速做出调整和反应。

但是敏捷并不是不需要计划，只是敏捷的计划要有更多的适应性，不断学习和调整是敏捷计划的核心。

综上所述，敏捷宣言并不是强调只能做什么、不能做什么的规则合集，项目中需要有流程、工具、文档、合同和计划，同样也需要关注参与项目的人、开发的最终结果、互相沟通和协作以及过程中的变化。

初次接触敏捷宣言里所提出的四条核心价值观，可能会感觉它比较宏观，很难直接落地执行，很难直接和具体的实践联系到一起。为了更好地让敏捷实践者去践行敏捷的各种方法和实践，找到一个能够有效进行实践和可落地的指导，又提出了敏捷宣言背后的 12 条原则。

14.2.6　敏捷十二原则

（1）我们的最高目标是，通过尽早持续地交付有价值的软件来满足客户的需求。

对于这条原则关注三个关键词：

第一个是"尽早持续交付"，意味着我们要尽量早交付、持续交付，这样可以早一点让客户看到交付物，及时获得反馈并频繁迭代，提高产品质量。

第二个是"有价值的软件"，强调有价值能运行的软件，而不是没完成的工作产品、文档或者计划。在软件行业指的是软件，在其他行业指的是可以运行的有价值的产品或服务。关注最终的目标和结果，而不是过程中的半成品。

第三个是"满足客户的需求"，团队产出物仅满足团队自身的期望是不够的，项目的关键应该是让客户满意，满足客户的期望和需求。

（2）即使在项目开发的后期，仍欢迎对需求提出变更。敏捷过程通过拥抱变化，帮助客户创造竞争优势。

在传统的瀑布模型中，对于变更有严格的控制流程，这就导致要花费大量成本和时间去记录、争论以及管理变更。敏捷的核心理念之一就是能够快速地适应需求的变化。在快速变化的市场中，客户的需求也在不断变化，如果软件开发团队不能够及时适应这种变化，将会失去市场竞争力。而敏捷方法可以帮助开发团队更快地适应需求变化，从而创造出更有价值的软件产品，为客户带来更多的商业机会。

（3）要不断交付可工作的软件，周期从几周到几个月不等，且越短越好。

可工作的软件也就意味着可以运行的结果，强调最终的目标和结果。

交付采用相对比较短的时间周期，如几个星期或者一两个月。一个比较短的固定时间周期，称之为时间盒。在敏捷项目中这个时间周期内需要完成交付，也称为迭代。一个迭代的时间周期，就是迭代时间盒或称迭代周期。迭代周期越短越好，因为这样可以更快地获得客户的反馈，更快地检测和纠正错误，更快地适应需求变化。

通过持续交付可工作的软件，开发团队可以在整个开发过程中快速识别和解决问题，而不是在整个开发周期结束后才发现问题。这有助于提高软件开发的透明度和质量，并且可以减少整个开发周期的风险和成本。

（4）项目实施过程中，业务人员与开发人员必须始终通力合作。

在项目实施过程中，业务人员与开发人员之间的通力合作是非常重要的。业务人员了解客户的需求和业务流程，而开发人员则负责将这些需求转化为可行的软件解决方案。只有两者密切合作，才能保证软件开发的顺利进行，最终实现客户的期望。

这里理想的状况是在项目执行过程中，每一天双方都能够紧密合作。业务人员需要向开发人员清晰地传达客户的需求和期望，同时对于开发人员的技术限制也需要有一定的了解。而开发人员则需要根据业务人员提供的需求和期望提出可行的技术方案，并在开发过程中与业务人员保持沟通，确保软件的开发方向和实现方式符合客户的需求。

（5）要善于激励项目人员，给他们所需要的环境和支持，并相信他们能够完成任务。

在敏捷项目中，人是项目取得成功的重要因素，所以激励项目人员是非常重要的一个方面。具体来说，激励项目人员需要提供所需的环境和支持。这包括提供必要的工作工具和设备，提供良好的工作环境和氛围，提供培训和学习机会等。这些都可以帮助项目人员更好地完成任务，并提高他们的工作满意度和归属感。

另外，相信项目人员能够完成任务也是非常重要的。这需要管理者对项目人员的能力和素质有一定的信任，并给予他们足够的自主权和决策权。这样可以激励项目人员发挥自己的创造性和主动性，同时也可以减轻管理者的工作负担。

（6）团队内部和各个团队之间，最有效的沟通方法是面对面的沟通。

在敏捷项目中，最有效的沟通方式是面对面的沟通。面对面的沟通可以通过语言、声音、肢体语言等多种方式来传达信息，让人们更好地理解对方的意思和表达，减少信息的误解和丢失。传递的信息更多样、内容更丰富，这也称之为高带宽沟通。

敏捷项目中的沟通都是公开的，任何团队成员都可以自由参与对话，沟通应该是透明、及时、可视化的。面对面沟通可以让人们更好地了解对方，建立起信任和合作关系。这对于团队内部和各个团队之间的协作非常重要，可以提高工作效率和质量。

另外面对面也有利于渗透式沟通。渗透式沟通指的是信息可以无障碍地流动和共享。当你和你的伙伴在讨论某个信息时，旁边的人可能并没有参与讨论，但是还是会无意识地得知你们谈论的内容。渗透式沟通可以打破信息壁垒、建立开放的沟通渠道、培养良好的沟通习惯以及建立信任和合作关系。

（7）可工作软件是衡量进度的首要指标。

软件开发的目的就是要开发出满足用户需求的可工作软件，而不仅是写出一些文档或代码。所以在敏捷项目中我们不是按照代码的行数进行测量的，而是按照交付的功能进行测量的。如果这个功能不能进行测试，或者不能运行，那么它就不能视为完成。

基于传统的度量指标，其实都没有把软件的结果本身看成是最重要的，它们关注那些过程类的指标。在进行软件开发的时候，一定要把软件结果本身看成是最重要的度量指标，其他过程类指标都是辅助类指标。

（8）敏捷过程提倡可持续的开发。项目方、开发人员和用户应该能够保持稳定恒久的进展速度。

可持续的开发意味着敏捷团队不会短期内透支精力来加速项目的开发进程，保持一个稳定的、可持续的进展速度，从而使得团队成员不会在迭代周期的尾端匆忙赶工，导致出错。每个时间盒的任务都应该是在我们能完成的范畴内，敏捷不会使用明天的精力来完成更多的事情。

（9）对技术卓越和好的设计的持续关注有助于增强敏捷性。

实施敏捷开发的过程永远不是一个单纯进行管理的过程，而是要注重技术，注重工程实践和不断提升自身。通过持续关注技术的发展和创新，团队可以不断提升技术水平，从而支持可持续的开发，更好地满足用户需求，实现敏捷开发的目标。

优秀的技术和良好的设计，以及对它们的持续关注和追求，能够让团队更好地理解需求和改善产品设计。

（10）尽量做到简洁，尽最大可能减少不必要的工作。这是一门艺术。

使用最简单的方式来实现需求。以简洁为本，是极力减少不必要工作量的艺术，简洁就代表我们能够在有限的范围内给用户交付价值，不用再去做额外的事情，尽快地交付给用户，使之看到结果并收集反馈，这才是最有效的、最简洁的、最节省工作量的一门艺术。

敏捷团队不会去构建那些华而不实的系统或架构，越简单的设计维护起来也越简单，所以保持简单是最基本的原则。

（11）最佳的架构、需求和设计出自自组织团队。

自组织团队是指一个具备自我管理和自我组织能力的团队，能够独立地完成项目开发工作，即该团队自己讨论决定工作如何分配及谁去做某个特定的工作。任务不是以个人为单位被分配的，任务是分配给整个团队的，至于团队里谁具体做什么事情，是团队自行讨论决定的。自组织团队具有更加灵活、高效、创新的特点，能够更好地适应不同的项目需求和开发环境。自组织团队也是传统项目管理和敏捷项目管理最显著的区别之一。

当然这对团队的要求也会比较高，需要团队成员是通才型专家，也就是在多个领域都有涉猎并且有自己的专长。

（12）团队要定期回顾和反省如何能够做到更有效，并相应地调整团队的行为。

传统项目管理中当项目或阶段完成时进行开会总结是最常见的做法，而敏捷通过更频繁的回顾来完成这项工作。在敏捷执行的时候，建议每经过一个短周期就停下来做回顾总结，而且回顾的内容仅限这个短周期里面它所执行的工作，不要等到项目结束时才去做回顾总结。

如果一个项目执行六个月甚至一年，等到项目完成后再去回顾总结就太晚了，很多需要做调整的工作措施不能及时有效地开展，所以在敏捷执行的时候，建议及时进行回顾总结。一般是在迭代回顾会议上进行回顾和总结，这在后面讲具体的敏捷 Scrum 实践时会介绍。

第15章
过程——敏捷Scrum实践

15.1 敏捷 Scrum 实践

在了解敏捷宣言和敏捷原则之后，接下来需要学习具体的敏捷实践方法。在众多的敏捷实践方法中，应用比较广泛的有 Scrum 实践、极限编程（XP）、精益和看板等，本书重点介绍 Scrum 实践。

Scrum 是一种敏捷开发方法论，旨在提高团队的效率和生产力。它主要强调团队合作、迭代开发以及不断反馈和改进。Scrum 实践包括一系列的会议、角色和工具，如三个支柱、三个角色、三个工件、五个事件、五大价值观，简称"33355"，如表 15-1 和表 15-2 所示。

表15-1 敏捷Scrum实践中的"333"

三个支柱	三个角色	三个工件
透明性（Transparency）	产品负责人（Product Owner，PO）	产品待办事项列表（Product Backlog）
检查（Inspection）	敏捷教练（Scrum Master，SM）	迭代待办事项列表（Sprint Backlog）
适应（Adaptation）	自组织团队（Self-organizing Team，ST）	可交付产品增量（Increment）

表15-2 敏捷Scrum实践中的"55"

五个事件	五大价值观
迭代（Sprint）	承诺（Commitment）——愿意对目标做出承诺
迭代规划会议（Sprint Planning）	专注（Focus）——全身心都用到你承诺的工作上去
每日站会（Daily Scrum）	开放（Openness）——团队内所有信息对所有人开放
迭代评审会议（Sprint Review）	尊重（Respect）——每个人都有他独特的价值和经验
迭代回顾会议（Sprint Retrospective）	勇气（Courage）——勇于承诺，履行承诺，敢于说不

15.2 三个支柱

敏捷 Scrum 方法论中的三个支柱是：透明性、检查和适应。

（1）透明性：过程中的关键环节对相关人是显而易见的，同时保证干系人对这些关键环节的理解是统一的。

团队成员、干系人应该对项目中的所有事情都有清晰的认识和了解，包括项目目标、需求、进展、问题、风险等。透明是团队成员之间沟通和协作的基础，有助于团队更好地理解和协调项目中的各个方面。

（2）检查：Scrum 使用者必须经常检视 Scrum 的工件和完成 Sprint 目标的进展，检视频率应适宜，确保能够及时发现过程中的重大偏差。

在 Scrum 开发周期中，团队需要定期检查自己的工作，以确保项目进展符合预期。通过检查，团队可以及时发现问题和风险，以便及时采取措施解决。

（3）适应：如果检视发现一个或多个方面偏离可接受范围，并且将会导致产品不可接受时，就必须对过程或过程化的内容加以调整。调整工作必须尽快执行，如此才能减少进一步偏离。

团队需要根据检查的结果及时采取行动来适应变化。这包括调整项目计划、修改需求、改进开发过程等。Scrum 方法论强调灵活性和适应性，团队需要不断地学习和改进，以便更好地满足客户需求和项目目标。

三个支柱是 Scrum 实践的基础和前提，信息透明、沟通透明可以帮助团队更好地进行检验。检验之后的结果需要不断调整和适应，以更好地满足项目目标，满足客户期望。

15.3 三个角色

敏捷 Scrum 实践中有三个角色，分别是产品负责人、敏捷教练和自组织团队。传统项目管理方式中是项目经理做主导，而在敏捷 Scrum 实践中则是三者各司其职，"三足鼎立"。

15.3.1 产品负责人

产品负责人负责指导产品的开发方向。产品的开发方向需要考虑客户的需求、干系人的想法以及团队的能力和技术局限，所以产品负责人需要和干系人、客户及团队合作，定义产品的开发方向。因为须负责指引方向，产品负责人的关键词之一就是"掌舵者"。

产品负责人还需要创建产品待办事项列表，并根据商业价值对其进行排序，产品负责人对产品待办事项列表负责。待办事项列表帮助团队了解怎样在不产生浪费的情况下交付最大的价值，产品待办事项列表可以理解为需求池，所以产品负责人要对需求负责，要管理需求。需求来自客户，要获得需求并管理需求，就需要和客户紧密合作。产品负责人的关键词之二就是"客户代言人"。

产品负责人与团队开展日常合作，提供产品反馈，所以也有权利接受或拒绝开发团队的工作成果。产品负责人了解需求，定义产品的开发方向，也需要主导产品功能要求达到的标准。产品负责人的关键词之三就是"验收者"。

产品负责人需要具备相关工作背景，以便为决策提供丰富的专业知识和技能。有时，产品负责人需要请求有关人员提供帮助，如具有丰富的专业领域知识的架构师或具有丰富客户经验的产品经理。

15.3.2　敏捷教练

敏捷 Scrum 实践中常见的一个角色是敏捷教练，也称为仆人式领导、服务式领导、项目经理、Scrum 主管、项目团队领导、团队教练或团队促进者。

敏捷教练的职责一般包括：

（1）促进作用。敏捷教练的工作重点从"管理协调"转向"促进合作"。主要促进个人参与，促进团队内部和团队之间的合作与对话，促进团队的自我组织和自我管理，鼓励团队成员之间的协作和交流，提高团队的凝聚力和合作性。敏捷教练不是代替其他责任人做出决策，而是通过成为公正的搭桥者和教练来发挥作用。和传统的项目经理不同，敏捷教练不再是主导者，而是促进者，所以敏捷教练的关键词之一是"催化剂"。

（2）消除组织障碍。敏捷教练需要教育不懂敏捷、不按敏捷原则做事的干系人，当团队被要求完成详尽的文档、遵循冗长的过程时敏捷教练需要帮助团队，因为敏捷强调的是工作的软件、个体和互动。

同样，敏捷还强调团队的专注：开发人员应该专注于自己的工作，当被布置了其他无关的跨部门工作、行政任务，或者被干系人无故频繁打扰时，敏捷教练都需要出面去解决相应的问题。将团队从详尽的文档、冗长的过程、频繁的打扰、跨部门工作、行政任务等问题中解放出来。就像老母鸡保护自己的小鸡崽一样，所以敏捷教练的关键词之二是"老母鸡"。

（3）为他人贡献铺路。敏捷教练还要通过技术项目管理活动（敏捷原则及实践），为团队提供培训或者支持性工作。协助团队识别和解决问题，包括沟通问题、团队协作问题等，帮助团队找到最合适的解决方案。同时提供指导和建议，帮助团队改进开发过程和提高开发质量，包括代码质量、测试覆盖率、持续集成等方面。为他人的贡献铺路，守卫敏捷的道路，让团队能够更加敏捷，所以敏捷教练的关键词之三是"卫道者"。

15.3.3　自组织团队

自组织团队是由一群成员自愿组成的、具有高度自治和自我管理能力的团队。团队是被授权、自组织的，责任属于整个开发团队。

团队成员都拥有强烈的产品责任感，以价值为驱动，鼓励建设性对抗。作为一个独立的团队，聚焦绩效，交付价值，自主决策，自主担责。这个团队不由经理或领导者直接控制，而是通过团队内部的协作、沟通和协调来完成工作。团队成员可以自主决定如何完成任务，如何安排工作时间和如何解决问题。所以团队的关键词之一是"自组织"。

这样的团队对成员要求很高，敏捷的团队鼓励跨职能，也就是说不仅要擅长一种技能，其他领域也要有所涉猎。鼓励团队成员成为通才型专家，通才型专家不仅具备专业领域的知识和技能，还具备跨学科的综合知识和技能，能够在不同的领域中进行交叉应用，从而更好地解决问题。所以团队的关键词之二是"通才型"。

另外为了让团队能更好地工作和自我管理，团队成员的人数不会特别多，而且每个人都是专职成员。团队规模一般是 5～9 人，也可以在正负 2 范围内变动。人员过多、团队过大会带来更多沟通问题，也会产生更多复杂性，不利于自我管理。团队中每个人都是专注于当前项目的，多任务的切换会浪费不必要的精力，专注专职更有利于团队提升工作效率。

敏捷中提倡的沟通方式是面对面沟通，这在敏捷十二原则中也有体现，所以团队在工作时更提倡集中办公的方式，可以使沟通更加高效，也能更快地解决问题，提高工作效率。同时，成员之间也可以更好地交流和协作，从而更好地完成项目。当然如果是分布在不同地理位置的团队，无法实现集中办公的情况下，可以借助网络技术，搭建虚拟团队实现线上面对面。所以团队的第三个关键词是"透明沟通"。

Scrum 实践中的三个角色各自拥有不同的职能和作用，通过紧密协作和合作，不断提高软件开发的效率和质量，从而更好地满足用户需求和市场需求。

15.4 三个工件

敏捷 Scrum 实践的三个工件是指产品待办事项列表、迭代待办事项列表和可交付产品增量。对"工件"这个词，可以理解为"工具、文件"。

15.4.1 产品待办事项列表

产品待办事项列表是所有工作的有序列表，它以故事形式呈现给团队，价值越大的越排在上面。其实这个产品待办事项列表就是做某个产品需要完成的所有工作，可以理解为范围。其中要做的事情是以用户故事的形式呈现的，用户故事是用简洁的描述澄清需求的方式。这些需要做的故事会在产品待办事项列表中进行排序。排序除了考虑价值还需要考虑风险、成本等因素，具体的优先级排序会在 16.2 节介绍。

在前面提到三个角色的时候，说到产品负责人负责对接需求、管理需求。项目的需求其实也就是团队需要做的事情，会放到产品待办事项列表中，产品待办事项列表就是项目的需求和范围。因此产品待办事项列表是由产品负责人负责的，这是他手中的"工件"。产品负责人需要向团队介绍产品待办事项列表，向团队介绍需求、潜在的挑战或问题。

产品待办事项列表是由该项目要完成的所有工作组成的，这里的"所有"工作可以划分为功能性内容和非功能性内容。功能性内容就是项目的需求，而非功能性内容包括技术债务、系统重构、培训需求、根本原因、纠正措施、风险应对、运维工作。因此团队的培训工作包括对一些问题找原因，以及对问题的纠正改进措施，风险的应对措施和运营维护工作都要放到产品待办事项列表。

也许读者对技术债务和系统重构可能会比较陌生，技术债务是指团队在做一些开发工作时，为了快速上线或产出，没有完全按照最佳标准或要求进行设计、编码或测试所产生的技术问题。这些问题可能会在以后的开发过程中耗费更多的时间和资源来修复，从而导致项目进度延误、质量下降或者技术难以升级、维护。所以发现的技术"债务"也要放到产品待办事项列表，因为团队还需要花时间和精力"还债"。比如有一家书店，为了尽快开店营业，书没有分类放好，只是杂乱地堆在书柜上面，那么这些杂乱摆放的书，就是"债务"，虽然可以开店，但是顾客找书时会觉得麻烦，从而可能导致营业额流失，给书店带来损失。

系统重构是指在不改变软件系统原有功能的前提下，对系统的代码、架构和设计进行调整和优化，以提高系统的质量、可维护性和可扩展性。所以这些重构的工作也要放到产品待办事项列表。就像刚刚举例的书店，书店性质不会发生变化，但是对书店里面书的排列形式进行了优化，售卖方式也进行了升级，这就是对书店进行重构。

敏捷是拥抱变化的，环境和需求也是动荡的，所以产品待办事项列表也是动态的，是可以实时调整不断演化的。这里的动态可以从两个视角来看：

第一个视角是优先级。排在产品待办事项列表越上面的内容优先级越高，优先级高的内容完成之后，底下的内容会接着往上"涌现"。"涌现"的意思是灵活的、变动的。产品待办事项列表上层的需求完成后，下面的需求就会向上涌现。

第二个视角是颗粒度。敏捷是滚动式规划的，因为环境的动荡，离我们很远的事情只能粗略规划，所以产品待办事项列表底部的内容颗粒度会很大。随着时间和环境的演化，底部的内容向上"涌现"，颗粒度会更小，内容会更清晰、详细。所以，优先级越高的内容越要尽快完成，它的颗粒度更小更详细；优先级低的内容会在之后完成，颗粒度较大。

产品待办事项列表的变化有以下几种类型：

（1）细化待办：是指需求、要做的工作是可以不断细化的。底部的内容浮上来的时候，也需要适当细化它。

（2）上期遗留：敏捷是多次交付的，但是每次交付的内容不一定都能让客户满意，而且也不是每次规划的内容都能顺利完成，所以在这个迭代中没做完的、没有被验收的，都需要返回到产品待办事项列表。

（3）新增事项：客户提出的新需求，或者团队需要新增的培训、运维等工作，都需要放到产品待办事项列表。

（4）优先插队：在开发过程中需求会发生变化，更有价值的需求可以"插队"到列表较前的位置。

（5）删除事项：因为环境变化而没有价值或不需要做的事情，需要从产品待办事项列表中删除。

（6）办成增量：已经完成的事项可以在产品待办事项列表中标注为已完成，或者直接移交到其他已完成的清单中。

最后来了解一下产品待办事项列表的 DEEP 模型，它其实就是对产品待办事项列表的特性进行总结。

- 详略适宜的（Detailed Appropriately）：产品待办事项列表中的内容有详细的也有简略的，如果是团队需要完成的内容，那么颗粒度应该适合。
- 可估计的（Estimable）：团队能够估计产品待办事项列表中的事项，可以进行粗略估计，也可以对详细的内容做更细致的估计。关于敏捷项目管理中估计的内容会在 16.2.2 节用户故事中详细介绍。
- 涌现式的（Emergent）：产品待办事项列表是动态的，会根据环境的演化而不断演化，底部的内容会不断向上涌现。
- 排好优先级的（Prioritized）：产品待办事项列表是有序列表，需要进行优先级排序。

15.4.2　迭代待办事项列表

迭代待办事项列表和产品待办事项列表只有二字之差，很明显它们之间是有一定联系的。产品待办事项列表是开发产品需要做的所有工作，而迭代待办事项列表是部分工作，所以迭代待办事项列表是产品待办事项列表的子集。迭代待办事项列表是指在敏捷开发中，将产品待办事项列表分成若干个迭代周期，在每个迭代周期内需要完成的部分待办事项。所以迭代待办事项列表本质是本轮迭代需要完成的工作项，定义了本次开发的目标，明确了本次开发过程中具体需要完成的任务。关于迭代的具体内容在 15.5.1 节会详细解释。

在每个迭代周期的开始，也就是迭代规划会议上，团队会根据当前的需求和优先级，和 PO 一起确定本次迭代需要完成的工作，产出迭代待办事项列表。在考虑这个固定的迭代周期需要做什么事情的时候，除了考虑优先级，还需要考虑能不能完成，如何完成。所以也需要估算工作量，如果团队同意，对于一些事项，可以先做大的整体估算，在迭代进行当中再分解成任务。所以估算是持续性的动作，对于每一个任务，每天都要更新剩余任务量。由于团队自组织的特性，团队会讨论和挑选各自的任务，而不是由领导分配。敏捷强调信息公开和透明，所以迭代待办事项列表要放在大家都能看得到的地方。

迭代待办是团队需要在这个迭代完成的工作项，所以是团队的资产，一般情况下这个迭代开始后，不会随意改变迭代待办事项列表。因为在这个固定的时间盒里，做什么都是估算好、挑选好的，如果随意地变化，可能导致原本的做不完，新增的也做不完，那么本次迭代就没有内容可交付。

可以变化的情况一般有两种，第一种是现在做的事情因为环境变化失去价值了，那就应该把没价值的内容删除，去做下一个优先的有价值的内容；第二种是生死存亡的情况，比如出现不可抗力，如果不响应变更，这个迭代的任何产出都会失去意义，甚至整个项目都要被迫中止。在这两种情况下，可以考虑调整迭代待办事项列表。

15.4.3 可交付产品增量

可交付产品增量是指在敏捷开发中，在每个迭代周期结束时，根据已完成的任务和需求，所生成的可以交付给客户或者用户使用的产品部分。可交付产品增量只包含已完成的功能和需求，而未完成的功能和需求则会在下一个迭代周期中继续开发和测试。随着每个迭代周期的结束，可交付产品增量会逐渐增加，最终形成一个完整的产品。

可交付产品增量的主要目的是让客户或用户能够尽早地了解和使用产品的一部分，从而及时提供反馈和建议，帮助团队更好地理解需求和优化产品。另外，可交付产品增量也可以帮助团队及时发现和解决问题，提高产品的质量和用户满意度。

15.5 Scrum 五个事件

Scrum 的五个事件指的是在使用这一实践方法时需要的活动或事件，包括迭代、迭代规划会议、每日站会、迭代评审会议以及迭代回顾会议。

先大致介绍一下 Scrum 实践的流程，如图 15-1 所示。

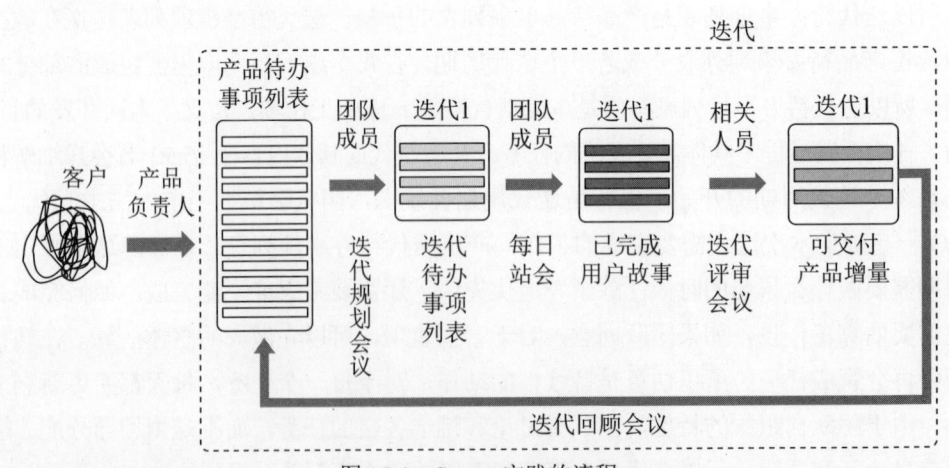

图 15-1 Scrum 实践的流程

首先产品负责人需要对接客户了解需求，产出产品待办事项列表，并按照优先级排序。产品待办事项列表由产品负责人主导，团队成员可以提供反馈意见。开发团队会根据产品待办事项列表对工作量进行大致的预估和安排，然后在迭代规划会议上讨论这次迭代需要完成的目标和故事。一个迭代的周期一般是 2～4 周，开发团队会把需要完成的故事拆分、细化成更小的任务，自行讨论认领，产出迭代待办事项列表。

然后在每个迭代开始前，团队要制订迭代计划，包括选取待办事项、制订任务计划、估算任务完成时间、确保团队成员理解任务等。在开发团队完成迭代待办事项的过程中，团队成员要按照任务计划完成代码编写、测试、文档编写等各项任务。为了确保信息的同步，迭代过程中每天需要进行每日站会，站会时间控制在 15 分钟左右，每个团队成员都依次发言，同步自己的任务进度和遇到的问题，做到每天信息共享。

在迭代周期结束时，团队需要将已完成的任务在迭代评审会议上进行演示和评审，产品负责人会鉴定是否完成，客户和用户会做最终验收。本次迭代没有做完或者没有被验收的用户故事会重新返回产品待办事项列表，重新进行排序。

最后是迭代回顾会议，跟经验教训会议、总结会议类似，一般是团队成员轮流发言，回顾反思这个迭代过程，总结并讨论需要改进的地方，优先级高的改进措施会在以后的迭代中贯彻执行。Scrum 开发是一个迭代循环的过程，团队需要不断重复以上步骤，直到完成整个产品开发。同时，团队还需要不断优化和改进自己的工作方法和流程，提高工作效率和质量。

15.5.1 迭代

迭代就是把软件开发过程分成若干个迭代周期，每个周期内完成一部分功能或需求，最终实现整个软件系统的开发。一个迭代就是一个固定的时间周期（时间盒），在这个时间盒中需要完成一些功能的开发。Scrum 实践的迭代周期一般是 2～4 周，当然实际工作中可以自行调整。

迭代的周期一般需要和团队能力、项目特征协调一致，所以需要团队、产品负责人和干系人协商一致。每个迭代都包括了迭代规划会议、每日站会、开发工作、迭代评审会议以及迭代回顾会议。每一个迭代其实都是一个小型的项目缩影。

迭代的时间盒一旦确定下来，不要随意变动，团队应该专注于迭代任务的完成。例如第一个迭代的时间盒是 3 周，下一个迭代的时间盒又变成 2 周，这种情况是不利于规划迭代目标和衡量团队速度的。迭代的时间盒如果要变化，一般是整体发生调整。比如经过几次 4 周的迭代，团队发现每次的迭代成果客户都不满意，而且需求变化非常频繁，客户要求增加迭代评审的频率，经过讨论协商决定把之后的迭代都调整为 2 周。

15.5.2 迭代规划会议

迭代规划会议上需要讨论确定本次迭代做什么，以及如何完成。在会议上，产品负责人需要展示并解说产品待办事项列表，然后整个团队一起讨论、分享各自的观点。为了决定这次迭代团队能做多少，开发团队需要考虑当前故事的规模，团队过去的工作情况以及团队当前的工作能力。

在迭代规划会议上，首先会考虑产品待办的优先级排序，同时对用户故事进行讨论和细化，对这些用户故事的工作量进行估计，基于估算预测这次迭代能做完并进行交付的内容，团队各自进行任务认领，从而产出迭代待办事项列表。所以迭代规划会议一般是产品负责人、开发团队和敏捷教练参会，敏捷教练需要对整个会议时长、效果进行把控，并且提供一些力所能及的帮助。干系人在需要了解团队规划或需求澄清、变动的情况下，可以受邀参与迭代规划会议。

Scrum 实践中的会议也是有时间盒的，这和预测中有很大区别，也就意味着在敏捷管理方式下，这个会议开多久，在开会前就会明确，而且大家应该努力遵循会议的时间盒。迭代规划会议一般是在迭代的第一天进行，如果是 4 周的迭代周期，迭代规划会议的时间盒一般是 8 小时。也就是说，1 周的迭代周期对应的规划会议时间是 2 小时。

另外，在迭代规划会议上讨论做什么以及怎么做的过程中，会识别完成这些故事的障碍和风险。同时，要保证功能开发完成，符合客户的期望，团队和产品负责人会一起确定这个功能的验收标准，这也是迭代可以在规划会议上做的。

迭代规划会议上要做的事情很多，有时候为了更好地进行规划，会提前开产品待办事项列表梳理会议（Release Planning），在梳理会议上会确定优先级和验收标准等，相当于为迭代规划会议提前做准备。

15.5.3　每日站会

迭代规划会议确定这次迭代的内容之后，在迭代过程中开发团队每天还会开每日站会。每日站会的时间盒一般是 15 分钟，在遵循敏捷价值观的前提下，时间盒和团队人数都可以根据实际情况做调整。有时候因为文化和环境的原因，可能 15 分钟开不完，可以适当延长，延长后的时间盒也要认真遵循。比如延长到 18 分钟，那么每次站会都需要遵循 18 分钟的时间盒。

团队成员都需要参与站会，站会的时间和地点是由开发团队自行确定的，所以每日站会的主角是开发团队成员。团队的任何人都可以主持每日站会，一般是轮流主持的。在每日站会中，一般会看一下团队的看板或者任务板，了解一下进度。团队成员通常会分享三方面的内容：

（1）上次站会以来我都完成了什么。
（2）从现在到下一次站会，我计划完成什么。
（3）我的障碍（风险或问题）是什么。

这样做可以确保所有人都知道团队的目标和任务。所以站会主要的目的是同步信息，发现问题，提高团队的协作效率和工作质量。

站会上可以有简要的问题澄清和回答，但是不要进行任何话题的讨论。对于问题的讨论可以在站会结束后找相关人员具体探讨。试想一下，如果每个问题都详细讨论，那么站会的时间就会无限延长，这是不利于同步信息和高效工作的。

每日站会也不是向领导汇报工作，所以不要把它理解为工作汇报会议，它是团队内部的沟通会议，让团队对现在项目的现状有一致的了解。一般来说开发团队会在站会上发言，敏捷教练、产品负责人和其他干系人可以旁听，特殊情况时可以在站会上共识信息。

每日站会是 Scrum 重要的组成部分，它可以提高透明度，促进信息共享，帮助快速发现问题，并促进团队自组织。所以每日站会是很重要的，不能随意取消。

15.5.4 迭代评审会议

当迭代结束时，本次迭代产生的成果需要进行展示和演示，所以需要开迭代评审会议。迭代评审会议用于检查和审查迭代周期内的工作成果，以确保团队按照用户需求和产品愿景进行开发。主要会议内容有：

（1）产品负责人说明哪些产品待办列表项已经"完成"和哪些没有"完成"；开发团队做完的故事需要经过产品负责人的验收，确定是否符合验收标准，鉴定已完成。不过这个动作不局限于评审会议，在迭代过程中也可以进行。

（2）开发团队演示"完成"的工作并解答关于所交付增量的问题，获得干系人验收通过；团队成员应该解释他们的工作成果，并记录任何问题或建议。干系人是进行最终验收的，所以迭代评审会议需要有重要干系人的参与。

（3）未完成或未通过评审的用户故事，重新放回产品待办事项列表，在下一次迭代规划会议评价；迭代并不是永远顺利的，所以可能存在没做完或者没有通过评审的功能，需要重新放回产品待办事项列表。在放回之前可以和干系人讨论需要做的更改和调整，放回产品待办事项列表之后需要重新进行优先级排序。

（4）参会的所有人就下一步的工作进行探讨，对未来趋势进行讨论和展望，为接下来的 Sprint 规划会议提供有价值的输入信息。

当然迭代评审会议也会有时间盒，一般 4 周的迭代周期对应 4 小时的迭代评审会议。迭代评审会议非常重要，它可以用于检查和审查当前迭代周期内的工作成果，及时发现和解决潜在的问题和风险。同时，迭代评审会议还可以收集团队成员和关键人员的反馈和建议，以便于团队更好地理解用户需求和产品愿景，并根据反馈和建议进行优化和改进。此外，迭代评审会议还可以促进团队成员之间的协作和沟通，以便于团队更好地理解和解决问题，并共同推进项目的进展。

15.5.5 迭代回顾会议

迭代评审会议开完后，团队会举行一个迭代回顾会议来反思整个迭代的过程，从而获取改进和进步，该会议一般发生在迭代评审会议结束之后，下个迭代规划会议之前。

对于长度为 1 个月的迭代来说，迭代回顾会议时间最长不超过 3 小时。对于较短的迭代来说，迭代会议时间通常会缩短。

迭代回顾会议的主要内容是检视回顾前一个迭代中关于人、关系、过程和工具的情况如何，并且需要总结出改进的措施和计划，在之后的迭代中实施改进。所以迭代回顾会议主要作用是检视自身，关注过程，回顾措施有效性，找出原因，提出改进计划，促进团队持续改进。这和预测环境中的经验教训会议是类似的。

迭代回顾会议的形式可以多种多样，例如面对面会议、在线会议等。无论采用何种形式，团队成员都需要准备好相关材料，并积极参与讨论和反馈，以确保团队在之后的迭代周期内能够更好地改进和优化工作成果，并不断提高团队协作和沟通的效率和质量。

迭代回顾会议的参会人员一般是敏捷教练、开发团队。产品负责人可以视情况参与，干系人可以受邀参与。敏捷教练要确保回顾会议正常举行，让每个参会者都明白会议的目的，确保会议是积极和富有成效的。

15.6　Scrum 会议时间盒

时间盒是指在一段固定的时间内完成指定的任务或者活动。它可以帮助人们更好地管理时间和提高工作效率，同时也可以减少拖延症和分散注意力的问题。在敏捷中，时间盒主要应用在迭代过程，我们会把迭代的周期都设置成时长一样的时间盒，比如一个迭代固定是 2 周的时间盒。表 15-3 列出了当迭代的时间盒不同时，迭代中各类会议的时长分别怎样变化。

时间盒越短，越频繁达成小的目标，越容易给外部干系人建立信心。

时间盒越短，反馈频率越频繁，越能早获得反馈，降低复杂度。

表15-3　迭代时间盒与会议时长

迭代周期	6周	4周	2周	1周
迭代规划会议（Sprint Planning）	12h	8h	4h	2h
每日站会（Daily Scrum）	15min	15min	15min	15min
迭代评审会议（Sprint Review）	6h	4h	2h	1h
迭代回顾会议（Sprint Retrospective）	6h	3h	2h	1h

15.7　Scrum 五大价值观

表 15-4 所列的五大价值观是 Scrum 框架中的核心价值观，它们体现了敏捷开发的核心理念和价值观，是 Scrum 实践成功的关键所在。

表15-4 Scrum五大价值观

五大价值观
承诺（Commitment）- 愿意对目标做出承诺
专注（Focus）– 全身心都用到你承诺的工作上去
开放（Openness）– 团队内所有信息对所有人开放
尊重（Respect）– 每个人都有他/她独特的价值和经验
勇气（Courage）– 勇于承诺，履行承诺，敢于说不

（1）承诺：团队成员应该互相承诺并积极履行自己的责任，确保团队能够按时、高质量地完成工作。所以要确保团队成员互相承诺并积极履行自己的责任，建立团队间的信任和协作。

（2）专注：团队成员应该全职，专注于本项目，并且专注于当前迭代周期内的工作，集中精力完成当前的任务，而不是分心于其他事情。而敏捷教练需要清除障碍，使得团队成员专注于项目事宜。

（3）开放：团队成员应该开放地交流和分享信息，尊重和接受不同的观点和想法，以便于团队更好地解决问题和推进工作。

（4）尊重：团队成员应该尊重彼此的能力和价值，建立良好的团队关系，共同推进项目的进展。

（5）勇气：团队成员应该勇敢尝试新的想法和方法，面对挑战和困难时保持勇气和决心，不断推进工作的进展。

第 16 章
过程——敏捷项目管理阶段框架

传统项目管理方法下，项目会有五个过程组：启动、规划、执行、监控、收尾。在敏捷项目管理方法下，其实也有对应的阶段框架，分别是构想、推测、探索、适应、结束，如图16-1所示。这些阶段都是相互关联的，可以帮助团队在快速变化的环境中灵活应对需求变化和客户反馈，提高项目管理的效率和质量。

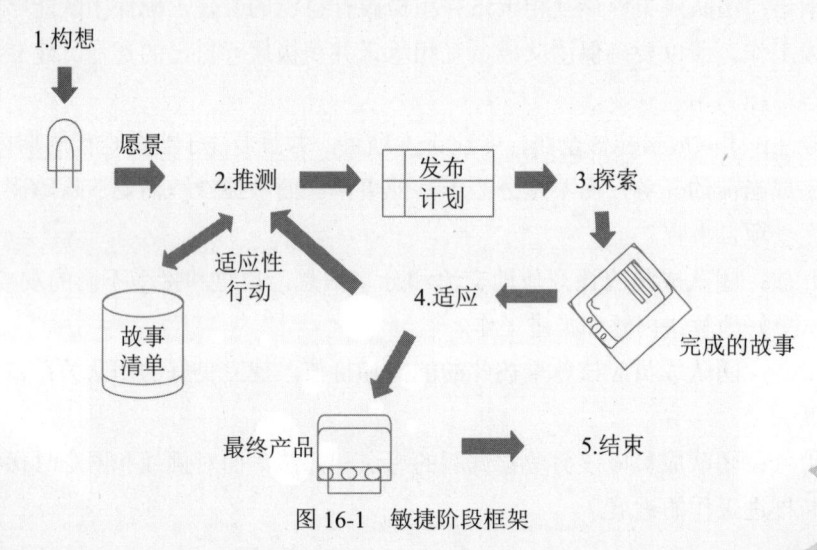

图 16-1 敏捷阶段框架

（1）构想阶段。可以把它类比为预测项目中的启动阶段，主要包括项目正式开始之前的准备工作以及启动项目等事情。正常做项目的时候，在项目正式敲定之前还要做可行性研究。可行性研究和项目启动就组成了构想阶段，它会有一个很重要的输出——产品的愿景，也就是这个项目要实现什么，希望其具备哪些价值功能特性。

（2）推测阶段。有了项目的愿景和共同的目标，我们还要思考怎样去实现这个目标。接下来就到了推测阶段。推测阶段相当于传统项目管理中的规划阶段，其实就是做计划，所以敏捷也有计划。

（3）探索阶段。确定计划以后，接下来需要在每个周期里去落实，这个落实的过程就是探索阶段。探索阶段通过具体的执行工作来产出可交付成果，也就是通过分析、开发、测试等一系列过程得到完成的功能。不过最后的可交付物不一定完全符合客户的期望，所以我们还需要一个适应阶段来调整。

（4）适应阶段。适应阶段就类似于预测中的监控，监督调整。如果发现有些内容做得不好、不合适，或者有一些新的变化需要去响应，那我们就需要去调整，把这些不满意、未完成、不合适的内容重新返回产品待办事项列表；或者是现有的计划跟实际情况不匹配，我们也需要重新调整计划，也就是在快速变化的环境中灵活应对需求变化和客户反馈，促进产品的最终交付。

（5）结束阶段。团队在结束阶段需要完成项目的交付，并进行总结和回顾。在这个阶段，团队需要对项目的成果和过程进行评估和总结，并提出改进意见和建议，以便在之后的项目中更好地应用敏捷项目管理方法。

敏捷项目管理的阶段框架强调周期而不是流程，它不像按章节流程过关的闯关游戏而像是在一个个周期中积累资源成长提升的模拟经营游戏。在整个项目中，构想周期可能多次执行。例如，每两次迭代或者几次迭代就需要重新调整计划，通过定期修正来保证计划与实际情况吻合。

16.1 构想阶段

构想阶段确定产品愿景、项目目标、项目社区以及团队如何共同工作。

构想也就是构建一个想法及一个共同的目标。在这个阶段，团队需要达成共同的愿景，以及这个愿景由哪些人来一起实现，用什么方式去实现。在构想阶段我们需要做的事情包括（但不限于）得到产品愿景、项目目标，获得正确的人，得到项目章程和团队章程，以及项目流程和实践的定制。构想阶段实践的主要内容如图 16-2 所示。

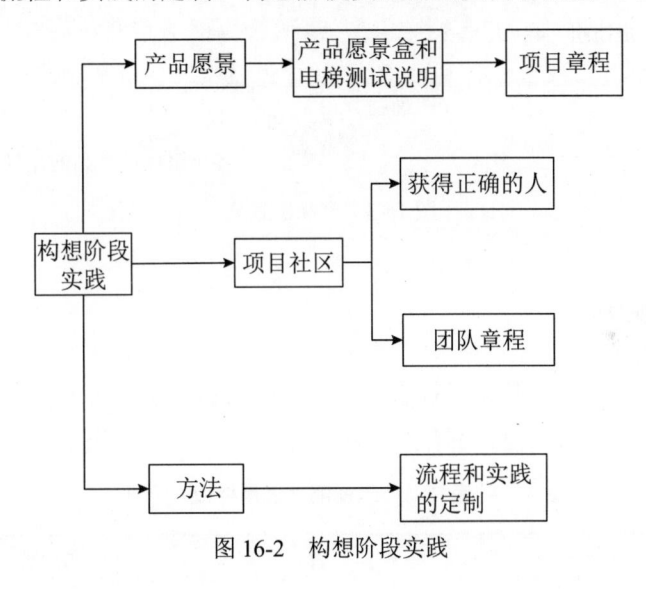

图 16-2 构想阶段实践

16.1.1 产品愿景

产品愿景是对正在开发的产品或服务的未来状态的描述，它通常是一个长期的、宏伟的、激励人心的目标，是对于产品的长期愿景和目标的表述。产品愿景需要包含对产品的核心价值、愿景和目标的描述，以及为了实现愿景和目标所需要的各种特性和要求的描述。产品愿景通常由产品负责人和整个团队共同制定，以确保整个团队在产品开发过程中能够专注于实现这个长期目标。产出产品愿景的方式一般有产品愿景盒和电梯测试。

例如，我们要开发一种智能家居产品，产品愿景可能是：一款智能家庭设备，它能够连接家中的各种设备和系统，让用户能够智能控制和管理家居环境，提高生活品质和舒适度。

16.1.2　产品愿景盒

每个产品都要有一个简单、可理解的功能描述，这样可以吸引潜在客户对产品进行进一步的了解，也有利于团队成员对产品功能的理解达成一致。产品愿景盒就是团队一起建立产品的可视化图像。

在产品愿景盒的设计活动中，团队会分成 4～6 人的小组，一起设计并讨论产品的名称、图像、目标群体、产品卖点和需求等内容，如图 16-3 所示。不同的小组对这些内容的描述可能会不一样，这通常会引发激烈的讨论，这种活动可以产生很多有用的信息，而且也有助于提升团队凝聚力，提高团队对产品的理解，具有趣味性。

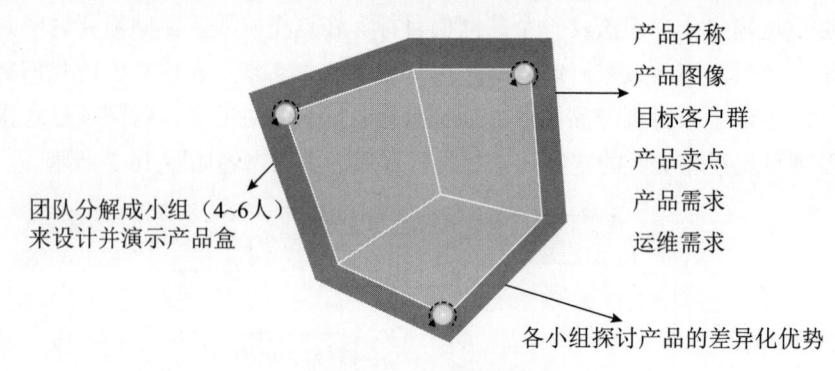

图 16-3　产品愿景盒

16.1.3　电梯测试

电梯测试是关于产品定位、目标客户、关键收益和竞争优势的简短声明，在使用时往往需要让人在 2 分钟内向他人解释项目的一些关键信息，通用的模板如表 16-1 所示。

表16-1　电梯测试通用模板

模板内容	模板内容
我有一个绝妙的想法，我觉得应该： For（目标客户） Who（需求及机会） The（产品名称）is a（产品类别） 我认为该产品一旦实现了，一定会大受市场欢迎！	That（关键价值收益，解释购买原因） Unlike（主要可选择的竞品） Our product（差异）

产品愿景盒和电梯测试都是可以很好描述产品愿景的工具，得到产品愿景之后我们还需要产出项目章程。

16.1.4　敏捷项目章程

敏捷项目中也需要有项目章程，这是项目启动的第一步。敏捷项目章程和传统项目章程总体目标一致，只是详细程度和假设条件会有一些差别。敏捷项目章程框架更粗略，内容更少，不涉及具体将要怎么做，一般来说项目章程中会包含项目愿景。敏捷项目章程一般涵盖以下内容：

- 我们为什么要做这个项目。
- 谁会从中受益，如何受益。
- 对此项目而言，达到哪些条件才意味着项目完成。（愿景及产品路线图）
- 我们将怎样合作。

敏捷项目章程可以帮助团队成员快速了解项目的整体情况，明确各自的角色和职责，加快项目进展速度。此外，敏捷项目章程还有助于管理项目的风险，确保项目按时、按质量、按预算交付。最后，敏捷项目章程还可以作为一个参考文档，帮助团队成员在项目执行过程中不断回顾和提高。因此，敏捷项目章程对于项目的成功非常重要。

16.1.5 敏捷团队章程

没有规矩不成方圆，团队做事情也需要有一个约定好的章程，这就是团队章程，如图 16-4 所示。团队章程是需团队共同遵守的行为准则，是团队社会契约，为团队提供指导原则、规则并指导团队成员行为的方针政策。大家一起协力工作，一定要有做事情的规则，这个规则经由大家一起讨论、确定，就形成了团队章程，团队需要去共同遵守这些规则，这也是团队的社会契约。它可以包括以下内容：

- 团队价值观：如可持续的步调和工作时间，比如接不接受加班。
- 工作协议：例如何时明确完成的定义，完成的定义应该如何做，时间盒的期望是什么，工作流的限制等。比如，在开始做一个需求前，需要明确这个需求是不是准备好的，或者满足哪些条件才算准备好，都要提前约定好。
- 基本准则：例如，一个人如何在会上发言，讨论 30 分钟还没有结果，后续该如何处理等。
- 团队规范：团队如何对待会议时间，迟到早退怎么处理。

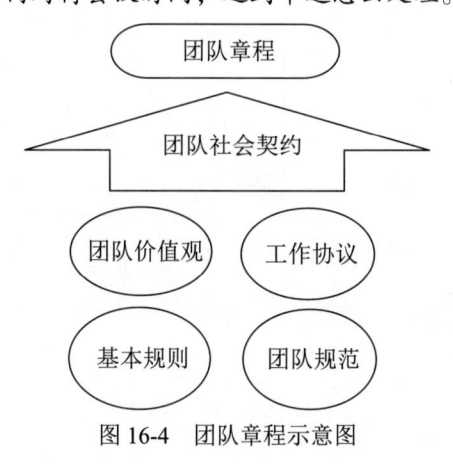

图 16-4 团队章程示意图

16.1.6 精益画布

精益画布主要用于帮助企业家和创业者以最小成本和最短时间验证和迭代商业模式，以达到快速验证产品市场适应性的目的。

精益画布包括9个部分：用户细分、需求痛点、解决方案、价值主张、市场渠道、收入来源、成本结构、关键指标和竞争壁垒（独特性卖点），如图16-5所示。这些内容都是与商业模式有关的重要元素。通过填写精益画布，企业家和创业者可以清晰地了解目标客户及其需求和痛点、自己的产品解决方案，如何将产品推向市场以及如何通过收入流和成本结构获得盈利等关键信息。

（1）用户细分：分类描述目标用户，列举使用产品可能性最大的理想顾客特征。

（2）需求痛点：讨论产品目前存在的1～3个最重要的痛点，探讨有哪些现存的替代解决方案。

（3）解决方案：讨论1～3个主要的解决方案。

（4）价值主张：讨论产品不同点以及值得购买的优势。

（5）市场渠道：探讨用户可以通过哪些途径接触、得知产品信息。

（6）收入来源：产品的收入模式、终身价值、毛利润有哪些。

（7）成本结构：产品获取用户的成本、发布成本、服务器成本、人力成本等。

（8）关键指标：衡量产品的主要行为指标。

（9）竞争壁垒：产品不能轻易被复制或购买的特性。

通过使用精益画布，企业家和创业者可以快速了解他们的商业模式的可行性，发现并解决问题，以便更好地定位市场和客户需求，并以最小成本和最短时间迭代和测试他们的商业模式。

需求痛点 2 1~3个最重要的痛点 现存的替代解决方案，该问题现在是在用哪些方式或产品解决的？存在哪些问题？	解决方案 3 1~3个主要解决方案	价值主张 4 说出产品的不同点和值得购买的地方	竞争壁垒 9 不能轻易被复制或购买	用户细分 1 可分类描述 目标用户 早期用户 列出最早会采用的理想顾客特征
	关键指标 8 衡量产品的主要行为指标		市场渠道 5 用户如何接触到产品	
成本结构 获取用户的成本 发布成本 服务器成本 人力成本等 7		收入来源 收入模式 终身价值 收入 毛利润 6		

图16-5 精益画布

在构想阶段，我们达成了共同的目标和愿景，为了实现这个目标和愿景，仅有认知一致是不够的，况且目标和愿景的颗粒度比较粗糙，不够具体。所以接下来会进入推测阶段，为了实现我们的共同目标，需要做一个计划。敏捷是拥抱变化的，但不是随意变化；敏捷也是需要计划的，只是计划不需要非常详细、完备。

16.2 推测阶段

整个推测阶段就是通过计划来确定方向，同时因为会有很多变化，所以需要不断调整计划。也就是说，对长远的事情做粗略的计划，对于眼前的事情做很详细的计划，滚动式规划，滚动着前进。

推测阶段关注产品和项目，创造和理解产品待办事项列表以及发布计划。

推测阶段其实就是在推测项目目标和愿景该怎样完成。敏捷的环境是多变的，需求也是多变的，所以不能一劳永逸地制订一个大而全、详且细的计划，只能分阶段，小、快、频地去做。所以一个大的目标，就需要被划分为多个中目标和小目标。然后我们需要明确这些中目标、小目标如何才能完成。推测阶段实践的主要内容如图 16-6 所示。

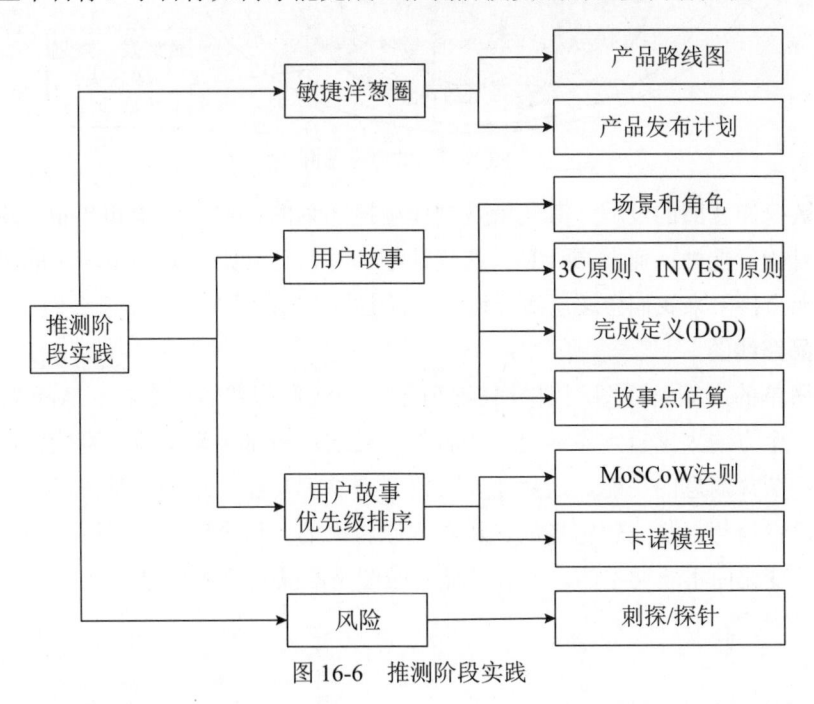

图 16-6 推测阶段实践

16.2.1 敏捷洋葱圈

敏捷洋葱圈其实就是敏捷做规划的层次，它会有不同的圈层，有大计划、小计划，如图 16-7 所示。

（1）规划从愿景开始。这是很大的颗粒度，是整个项目的目标。

（2）把愿景怎么实现一起讨论、细化，得到产品路线图，产品路线图其实就是把愿景划分成几个稍大规模的目标，然后预测大概的实现时间。总体的颗粒度也是粗略的，时间周期大概是一两年。

（3）发布计划是指可以发布的版本，它包括的内容会较为详细和具体，相当于中等目标，时间周期大概是数月，比如 6～8 个月做一个发布计划。

（4）迭代计划是指一个个的小目标，要做的事情会更加具体和详细，时间周期一般是 2～4 周。

（5）每日计划是每天要做的内容，会更详细。

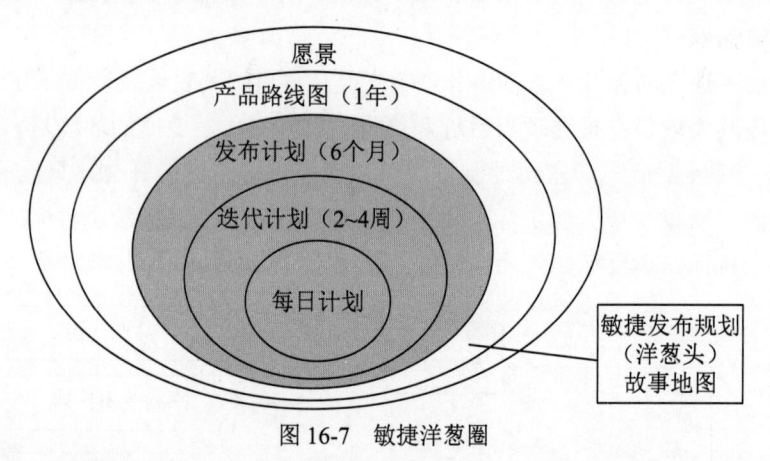

图 16-7　敏捷洋葱圈

制作敏捷洋葱圈的过程，其实就是制作敏捷计划的过程。愿景和产品路线图是探讨产品和项目的可能性；而发布计划、迭代计划和每日计划则探讨的是项目的可行性，即能不能实现。接下来我们会逐层拨开这个"洋葱"，看看每个层级是怎么做出来的。

1. 产品路线图

一种简单的产品路线图，如图 16-8 所示。当我们想要做一个社交 App 时，愿景可能是要做一个方便大家日常生活交流的软件。要实现日常生活交流，可能就需要有发送文字消息、图片消息的功能，之后还要有语音消息等功能，这些都是我们基于愿景给出的一些阶段性设想，是比较粗糙的、颗粒度比较大的。这个产品路线图也是可以随着时间、环境的变化而不断调整的。一般产品路线图是产品负责人构建的。

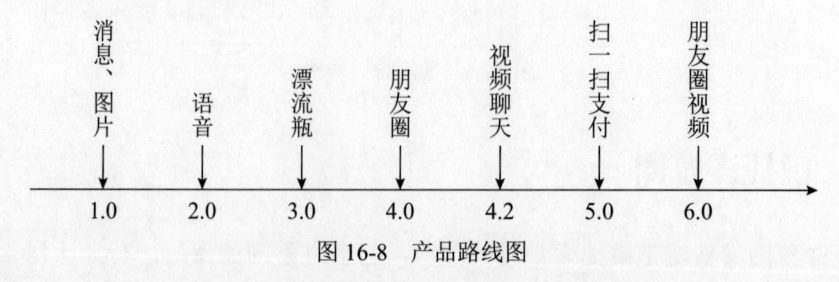

图 16-8　产品路线图

2. 用户旅程地图

用户旅程地图用于描述用户在与产品或服务互动的整个过程中的体验。在得到产品路线图之后，我们对要做的事情还是很模糊的。软件需要包含什么内容呢？这时就可以借助用户旅程地图来描述用户在使用产品时需要实现的所有动作。用户旅程地图通常以时间轴的形式展示，从用户接触到产品或服务的第一时间开始，一直到用户使用产品或服务结束的过程。

比如希赛项目管理研究院的学员要使用希赛的App，可能就会有图16-9所示的几个动作。如果是社交软件，那么用户的动作可能就是下载—安装—注册—登录—好友列表—选择好友—发消息—关闭。既然用户会有这些动作，那么支撑这些动作的功能就是需要开发的。当然，这些动作可以进一步细化，比如登录这个动作还可以细化为图16-10所示内容。梳理这些步骤一般由团队成员、产品负责人一起完成。这样做的目的其实就是为了帮助团队更进一步了解用户的情感和行为。

图 16-9　用户旅程地图 1.0 版

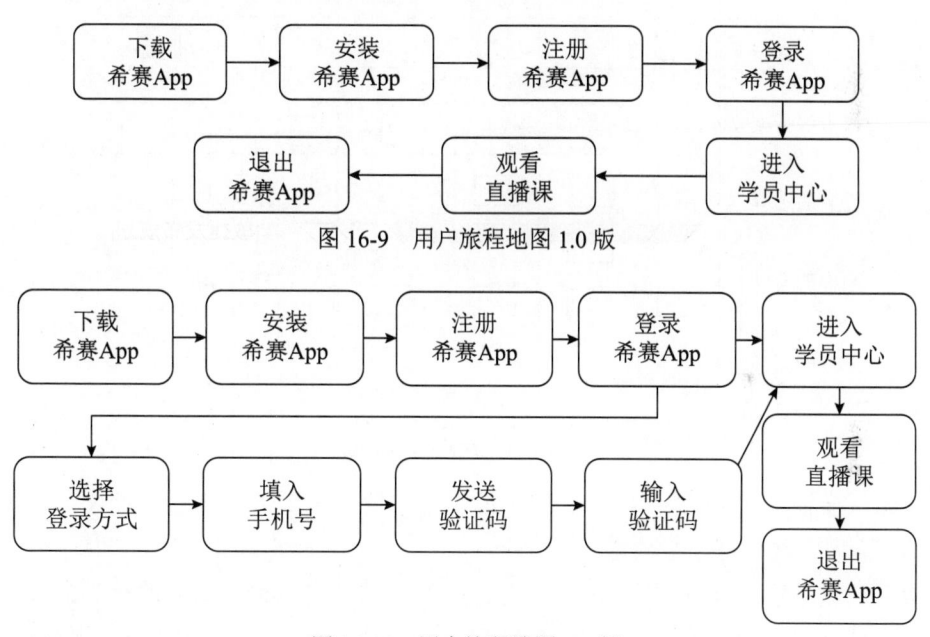

图 16-10　用户旅程地图 2.0 版

3. 用户故事地图

用户旅程地图的作用是更清晰地理解用户的行为，从而明确相关需求。但是敏捷并不是一次就能把所有内容全部做完，我们不能在3个月之内把所有登录的功能（包含验证登录、QQ登录、微信登录等各种登录的形式）做出来，这样无法尽早交付价值，客户不会去使用一个仅有登录功能的产品。所以明确客户的行为之后，还需要获取支撑相关行为的需求，然后把这些需求按照紧急、优先程度进行排列，这个步骤就需要借助用户故事地图来完成。

先来大概了解一下用户故事地图（User Story Map）的概念。用户故事地图是一种用于规划和设计产品的工具。它将用户故事组织成一张地图，以帮助团队更好地理解用户需求、产品功能和优先级。

在用户故事地图中，团队可以通过卡片和贴纸等方式对每个用户故事进行描述和分类。通过将用户故事按照优先级和业务流程排列，团队可以更好地了解产品的整体结构和功能，并确定产品的开发优先级和重点。

用户故事地图也可以帮助团队更好地了解用户需求和产品特点，从而更好地规划和设计产品开发计划。还可以帮助团队更好地协作和沟通，从而提高产品开发的效率和质量。

用户故事地图通常由两个维度组成：水平维度和垂直维度。水平维度表示用户故事的业务流程或功能流程，从左到右按照时间顺序排列，如图 16-11 所示。垂直维度表示用户故事的优先级和价值，从上到下按照重要性和价值程度排列。

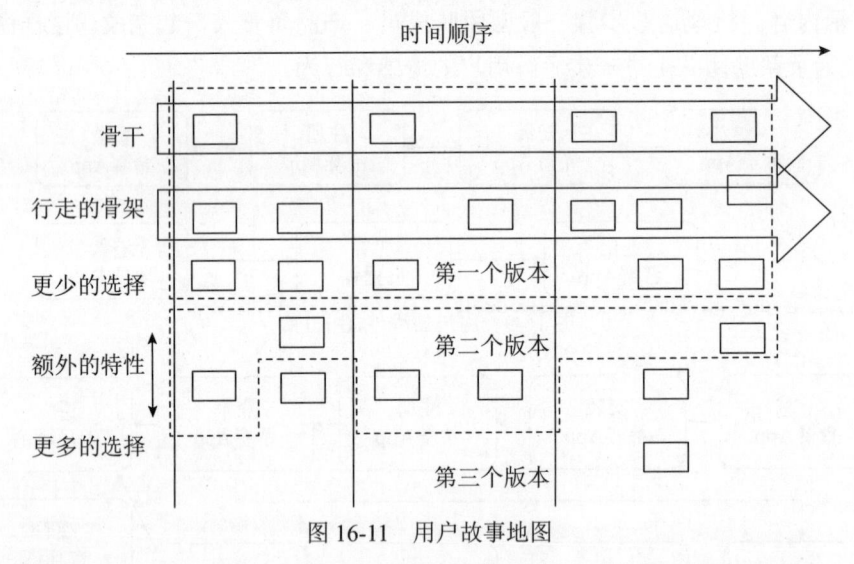

图 16-11　用户故事地图

首先从横轴看（水平维度），它展示的是用户使用这个 App 的行为顺序，比如先登录，然后浏览，再上课，最后退出。

然后从纵轴看（垂直维度），骨干是必须要有的，它是整个产品的核心内容，是最基础的支撑；行走的骨架可以理解为除核心以外的支撑部分，是次要的；更少的选择，表示是更次要的。所以纵轴是根据优先级和重要程度来罗列的。敏捷就是要频繁交付、尽早交付，但是要做的东西非常多，想要尽早、尽快交付就应该根据这个用户故事地图把最重要和最基础的先规划出来，然后再交付。其实说到底用户故事地图就是在帮助我们做需求分析。

其中，最基础的、需要最先做的内容，我们可以称之为最小可行产品。

4. 最小可行产品

很多时候，我们不知道最终开发的产品到底会不会成功，反响如何，所以可以在短时间内把能运行的最少功能做出来，构建最基础的框架，来实现尽早交付。

最小可行产品（Minimum Viable Product，MVP）是指在最短的时间内，以最小的成本和最少的功能实现，验证产品设计和商业模式的可行性的一种产品开发方法。MVP

通常包括产品的核心功能和最基本的特性，以满足用户最基本的需求和期望。

MVP 的目的在于尽快地推出产品，以便在市场上测试和验证产品的价值和市场需求。通过 MVP，团队可以在最短的时间内获得反馈，快速迭代和优化产品，从而减少失败的风险和成本。MVP 通常只包含产品的核心功能，而不包含周边功能和高级特性，以便尽快推向市场并获取用户反馈。MVP 不是一个完美的产品，但它足以满足用户的基本需求，并能够验证产品的可行性和市场需求。随着用户需求和市场需求的变化，团队可以不断地优化和完善产品，以满足用户的更高需求和期望。

例如，要开发希赛的 App，可以优先把注册、登录、看课程的基础功能先做出来，整合为最小可行产品发布，然后根据市场反馈再开发后续的功能。

5. 最小可售功能

最小可售功能（Minimum Marketable Feature，MMF）是指可以销售获得收益的最小的特性或功能，和最小可行产品类似。不同点在于最小可行产品强调最核心的功能，关注能够运行，而最小可售功能更注重产品的市场营销价值。

一个在线购物网站的最小可行产品可能只包含用户注册、商品浏览、购买和结算等基本功能，其中的购买功能也可以是最小可售功能，以后这个网站需要构建的评论、社交分享等功能也可以是最小可售功能。所以按照字面意思理解，最小可行产品是一个可以使用的最基础产品，而最小可售功能是一个可以销售的完整功能包。

使用用户故事地图分析需求的时候，可以得到最小可行产品和最小可售功能。当然，产品不会只有最小可行的内容，还会不断地进行发展和完善，所以会有多个版本或者发布，可以得到多个发布计划。

6. 发布计划

刚刚说的用户旅程地图和用户故事地图，其实都是为了得到发布计划进行需求分析的工具。通过对需求重要程度进行排序，我们可以知道这些功能的轻重缓急，第一个版本是最小可行产品，然后还会有新的版本不断被推出来，这就是一个个的发布计划。

发布计划（Release Plan）是指在一段时间内（通常是几个月或一年），将产品或服务的新版本或新特性推向市场的计划。发布计划中会有大致的功能内容和大致的时间安排。还是以希赛 App 为例，注册、登录、看课程的基础功能是最小可行产品，一般也就是第一个发布；做出来之后，加上手机号注册、看视频、看回放等功能，可以作为第二个发布；再在这些基础上加上做题的功能作为第三个发布。当然发布计划还是可以继续细化的，一个发布的内容是比较大的，可能需要多个迭代来完成，那么就会有多个迭代计划。

7. 迭代计划

迭代计划（Iteration Plan）是指在敏捷开发中，为一个迭代制订具体的开发计划和任务列表的过程。迭代是指在一段时间内（通常是 2～4 周），团队按照优先级和价值完成一组功能或特性的开发、测试和交付。迭代计划的目的是确保团队在每个迭代中按时交付高质量的产品，并不断优化产品的价值和用户体验。迭代计划也就是在这个迭代中我们要做的事情，该怎么去完成。

8. 每日计划

每日计划就是每天要完成的内容和工作。

16.2.2 用户故事

需求和功能在敏捷项目中都和用户故事有联系。用户故事其实就是敏捷项目中为了更好地理解需求、理解构建的功能所采用的一种方式。用户故事是敏捷开发方法中用来描述软件系统需求的一种技术。它通常由三个方面组成：用户角色、用户需求以及业务目标。用户故事强调的是用户需求和目标，而不是具体的软件功能和实现细节。用户故事通常采用简短的语句来描述用户对系统的期望，以方便开发团队理解和实现。用户故事是在需求分析和规划阶段中用来理解用户需求、确认业务目标、确定优先级和规划迭代的重要工具。

1. 构建场景和人物

用户故事并不是凭空想象出来的，为了更好地理解需求，我们会借助一些工具来完成。比如，让用户置身于一个具体的场景，对用户的一些特性进行总结描述，通过构建场景和人物来了解需求，获得需求。

- 什么是场景？
- 什么时间（when）？
- 什么地点（where）？
- 周围出现了什么事物时（with what）？
- 什么用户（who）萌发了某种欲望（desire）？
- 会想到什么手段（method）来满足欲望？

例如，我们构建一个服务生接收订单的场景：服务生在店里咨询到店客户需要点什么商品时，客户说了非常多的商品，这个服务生手写订单不够快，就会产生使用电子点单系统的需求。那么这就是我们需要构建的产品，把想要的内容细化就会得到详细的需求。

需求不能脱离用户，所以也可以对用户进行分类，通过建立虚拟的用户形象来更好地获取和分析需求。

什么是人物？

人物是指虚拟的人物或身份，用来模拟与系统的交互，以便收集需求。这种处理方式也称为用户画像，如图16-12所示，是一种基于用户数据和用户行为等信息，对用户进行分类和描述的方法。旨在帮助我们更好地了解用户需求、习惯和行为，以便为用户提供更好的产品和服务。

当我们通过创建场景和人物获取需求之后，可以用用户故事的形式来描述需求。和传统的需求文档相比，用户故事会更加简洁，同时也更容易讨论和理解，因为用户故事是用三句话来描述的：作为"一个角色"；我想要"潜在需求"；以便实现"商业价

性别：女

职业：掌柜

文化水平：中等

兴趣爱好：钱，嫁给老白

年龄：20~24岁

主要消费：首饰

居住地：七侠镇

性格：泼辣、吃醋、抠门

先天属性　　　社交属性　　　行为属性　　　消费属性

图 16-12　用户画像

值"。例如：

电子商务网站的用户故事：作为一个买家，我希望能够搜索到我需要的商品，并且能够直观地了解商品的价格、描述、图片和其他详细信息，以便于我可以做出购买决策。

社交媒体应用的用户故事：作为一个用户，我希望能够使用社交媒体应用发布和分享我的照片、视频、文字和链接，并且能够与我的朋友、家人和同事交流和互动，以便于扩大我的社交圈子并且保持与他人的联系。

2. 用户故事的原则

用户故事的描述需要遵循一定的原则，这些原则也意味着用户故事所具备的特征。在写用户故事的时候不是随意写的，需要遵循一定的原则，这样写出来的用户故事质量会更好。

1）3C 原则

- 卡片（Card）：用户故事应该是简洁的，一张卡片就能说清楚。
- 交谈（Conversation）：用户故事并不是"一锤定音"的，实际上，我们会频繁讨论用户故事，在讨论中让这个用户故事精准。
- 确认（Confirmation）：用户故事的完成应该有一定的标准，并可以进行确认。这就是完成的定义（Definition of Done，DoD），我们在后面会详细介绍。

2）INVEST 原则

INVEST 原则是指：

- 独立的（Independent）：每个用户故事应该是互相独立的，不要有重叠，因为重叠意味着重复的工作。
- 可协商的（Negotiable）：和交谈、讨论是同样的含义，意味着可以多次讨论和协商用户故事。
- 有价值的（Valuable）：要做的用户故事应该是有价值的，如果没价值就不需要做。
- 可估计的（Estimable）：这里的估计指的是估计用户故事规模的大小，类似于估计所需的工作量。
- 小的（Small）：这跟用户故事的颗粒度相关，颗粒度大小应该是合适的，一个过大的用户故事不大好完成，也不容易估计。
- 可测试的（Testable）：可测试和确认是同样的含义，用户故事应该能够进行测试以确定是否是符合要求的。

3. 用户故事完成的定义

前面讲的原则里强调了用户故事应该有可以测试和可以确认的标准，这个标准就是用户故事完成的定义。也就是说，在开始做这个用户故事之前，我们需要明确它做到什么程度才算完成。应从用户故事的正反面描述出发，制定其完成的定义，如图16-13所示。完成的定义就包含了验收的标准，它们是类似的。通过定义清晰的DoD，可以确保团队成员在完成用户故事时遵循同样的标准和目标，从而提高开发效率和质量。

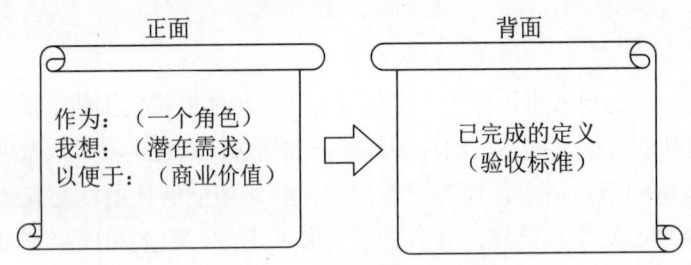

图 16-13 用户故事的正反面

DoD通常由产品负责人、开发人员和测试人员共同制定，并在开发过程中不断进行评估和更新。DoD应该能够对用户故事的功能、性能、安全等方面进行全面的评估和验证，以确保用户故事能够满足用户的需求和期望。以终为始，有利于减少缺陷，促进成功验收。

4. 用户故事的颗粒度

用户故事的颗粒度是指用户故事描述的功能点的大小或复杂度。用户故事应该具有合适的颗粒度，既不应该过于细节化，也不应该过于笼统，以便团队成员理解、协作和迭代开发。这个颗粒度具体到什么程度比较合适，是需要产品负责人和团队成员协商确定的。用户故事颗粒度的划分一般是史诗（Epic）、主题（Theme）、用户故事（User Story）、任务（Task）、子任务（Subtask）。

- 史诗：一个功能集或是一个大的用户故事，例如作为一个用户，我希望能够使用社交媒体应用管理我的照片、视频、文字和链接。
- 主题：颗粒度介于用户故事与史诗故事之间的故事，例如作为一个用户，我希望能够使用社交媒体应用编辑发布我的照片、视频、文字和链接。
- 用户故事：是简短的用户需求，足够小以适合在迭代中完成，例如作为一个用户，我希望能够使用社交媒体分享我的照片。
- 任务：是完成用户故事的过程性的工作，例如社交媒体发布界面的详情以及后端逻辑。
- 子任务：通常是故事或任务的具体拆分，由单人承接，而且通常能在短时间内完成。

史诗故事描述了一个大的功能需求，需要进一步拆分为多个主题，主题又可以拆分为多个用户故事来实现。管理是一个比较粗糙、比较大的需求，可以包括发布、查看、编辑和删除等，管理的内容也可以细分。用户故事描述了具有业务价值的功能点，可以被拆分为多个任务来实现具体的逻辑。任务描述了具体的开发任务和细节，开发人员可以在一天或几天内完成。用户故事的颗粒度被分为了多个层次，每个层次都有不同的目标和细节，以确保团队成员可以理解、协作和迭代开发。

5. 用户故事的估算

度量用户故事大小的常用方法为故事点（Story Points）和理想时间方法。敏捷主要以故事点方法估算为主，理想时间方法估算用于参考。估算实际上就是估计这个用户故事需要多少工作量。所以我们在15.4.1节产品待办事项列表的DEEP模型中强调待办事项是可估计的，正是因为用户故事本身是可以被估计的。

1）理想时间方法

理想时间方法是指在理想情况下，剔除所有外围干扰因素之后所需的时间。理想时间可以用来预测实际耗时，且更容易估算。但精确估算成本很高，对于拥抱变化的敏捷项目来说没必要，会造成浪费。

在进行理想人·天估算时的假设：

- 你所估算的故事是你将要处理的唯一工作。
- 处理这个故事所需一切外部条件在你开始工作时都已经准备好。
- 处理这个故事的过程中不会被打断。

2）故事点方法

故事点是用于表达用户故事、特性或其他工作的总体大小的度量单位，一般情况下反映了一个故事的相对大小，可简单看成工作量大小。当风险、不确定性、复杂度、未知因素以及其他相关的事会影响工作量时，也应被考虑。

故事点是一种相对估算用户故事的方法，它不是基于时间的估算，而是基于已知的相对复杂度进行估算。故事点是团队成员对用户故事的复杂度、工作量和风险的共同估计，它是一种量化的度量方式，通常用于敏捷开发中的迭代开发过程中。故事点其实就是衡量用户故事大小的度量单位，只是这个单位没有固定的代表值，它是相对值。不同的团队、不同的项目，对于1个故事点所代表的内容是不一样的，所以故事点一般不适合进行跨团队比较。

故事点一般不是1，2，3，4，5，⋯这样的自然数，在过去的敏捷实践中大多数敏捷人士发现，斐波那契数列在估算时的表现更好。斐波那契数列是数学中的一个非线性数列，0、1、1、2、3、5、8、13、21、34、⋯即从第三项开始，每一项都是前两项的和。为了更方便估算，在敏捷项目中会对斐波那契数列进行调整，常用的是1、2、3、5、8、13、21、40⋯之所以采用这种调整后的斐波那契数列来作为用户故事的故事点估算，只是因为在过去的实践中发现这些数字更加合适、好用，其实用其他的自然数列也可以。

团队成员将不同的用户故事与已知的相对复杂度进行比较，然后对不同的故事分配不同的故事点数。通常，相对较大的用户故事会被分配较高的故事点数，而相对较小的用户故事则会被分配较低的故事点数。

故事点估算可以让团队更好地理解迭代周期内的开发进度和能力，进而更好地进行迭代计划和调整。总之，故事点是敏捷开发中一种重要的相对估算方法，它能够帮助团队更好地评估用户故事的工作量和风险，更好地理解迭代周期内的开发进度和能力。

故事点估算需要事先选择一个参照故事作为其他故事估算的参照依据：

（1）选择一个系统内最小的故事，设定其为 1 个故事点。

（2）选择一个中等规模故事，给它分配一个中间点数，例如 5 个故事点。

（3）参考已估算的故事点来估算剩余故事点（类比）。

假设要装修一套房子，团队成员可以先一起讨论装修哪个房间的工作量最小，把它设定为 1 个故事点。经过讨论，团队认为装修卧室的工作量最小，那么装修卧室就是 1 个故事点。接下来就可以把装修其他房间的工作量复杂度与装修卧室来做比较，如装修卫生间的工作量是装修卧室的 2 倍，那么装修卫生间就是 2 个故事点。以此类推，得到所有装修工作的故事点估算。

6. 故事点的估算方式

故事点的估算其实是根据相对规模来进行估计，是根据任务的相对大小和复杂度来评估项目的时间和资源需求，而不是准确地预测项目的总体时间和成本。比较常用的估算方法主要有以下几种。

（1）宽带德尔菲法。宽带德尔菲法是一种基于团队共同参与的估算方法，通常由一组专家组成，他们以匿名方式独立地评估项目中的各种任务和风险，并根据一定的评估标准和方法来达成一致的估算结果，一般会进行多轮，直到达成共识。宽带德尔菲法的优点在于它可以避免个人偏见和主观因素的影响，同时也能够提高评估的准确性和一致性。它的缺点是需要投入大量的时间和资源来组织和实施，同时也需要专家团队具备足够的领域知识和经验。

（2）计划扑克法。计划扑克法通常需要一个专门的估算会议，由开发团队的成员参与，每个人都会得到一套特殊的扑克牌，每张牌上都有一个数字代表相对规模，例如 1、2、3、5、8 等。在评估过程中，每个任务或用户故事都会被描述出来，然后所有的参与者同时选出一张牌来代表对该任务的估算，直到达成一个一致的估算结果为止。如果参与者的估算结果不一致，则他们需要讨论和说明自己的估算理由，以达成共识和一致。尤其对异常值（最高的和最低的）要着重讨论。最后选择能够连续几轮保持一致的估算。

（3）亲和估算法。亲和估算法一般是快速估计任务规模的方式，如利用衬衫尺寸（小、中、大）、咖啡杯尺寸将用户故事快速分类，置于规模类似的群组中，将相对简单的任务放在一组，将相对复杂的任务放在另一组；每个组都被赋予一个相对规模的估算，如小、中、大等；每个任务都被标记上相应的估算，以便团队成员了解每个任务的相对大小和复杂度。

敏捷项目需要拆分用户故事颗粒度，团队一起用故事点进行估算。估算时，有过故事开发经验的成员意见最重要。

7. 用户故事的优先级

团队在进行计划活动时，需要认识到价值和优先级的差异。尽管价值（投资回报率）永远是决定优先级的最主要因素，但是其他诸如风险、依赖关系和政治等因素也同样决定着是否把某些能力和故事分配到计划中。不同因素的重要性在整个项目周期也有所不同，例如，风险在项目早期是极为重要的，在项目中后期，成本和进度的影响程度可能会加大，所以对用户故事进行排序是专业且复杂的。常用的优先级排序方法主要有以下几种。

（1）MoSCoW法则。MoSCoW法则是指：

- Must：必须做的，不做不行。通常就是最小可行产品。
- Should：应该做的，应该有。这些功能很重要，但不是必需的。
- Could：可以做的。这些要求是客户期望的，但优先级不高。
- Would not：不要做的。在当下是不适合的要求。

MoSCoW法则可以帮助团队更好地了解项目的优先级和需求，从而优化项目规划和开发过程。同时，MoSCoW法则也可以帮助团队适应变化，根据不同的需求和业务场景，灵活地调整项目的优先级和计划。

（2）卡诺模型。卡诺模型是对用户需求分类和优先排序的有用工具，以分析用户需求对用户满意的影响为基础，体现了产品性能和用户满意之间的非线性关系，如图16-14所示。

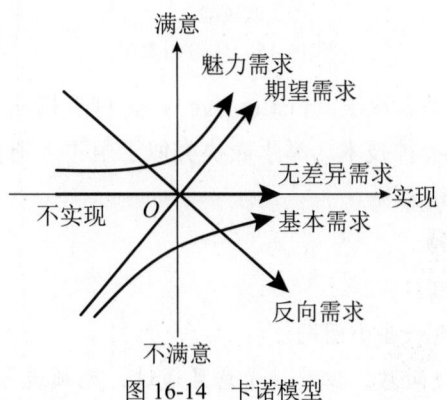

图16-14 卡诺模型

- 基本需求：用户对产品的基本要求，如果这些需求没有得到满足，用户会非常不满意。这些需求实现了，也是应该的。
- 期望需求：用户期望产品具有的特性和功能，如果这些需求得到满足，用户会比较满意。
- 魅力需求：用户没有提出但存在的需求，如果这些需求得到满足，用户会非常满意，甚至超出预期。

- 无差异需求：用户不关心的需求，这些需求无论得到满足还是未得到满足，用户都不会有太大的反应。
- 反向需求：用户不希望产品具有的特性和功能，如果这些需求得到满足，用户会非常不满意。

（3）风险四象限法。风险四象限法是在进行优先级排序时，把价值和风险综合考虑的一个工具，将价值和风险作为两个维度，形成四个象限，如图 16-15 所示。

- 高风险 - 高价值象限：这是优先级最高的情况，表示该项目或决策具有高风险和高价值，值得投入资源进行管理和实施。
- 低风险 - 高价值象限：这是优先级次高的情况，表示该项目或决策具有高价值和较低的风险，需要适当投入资源进行管理。
- 低风险 - 低价值象限：这是次劣的情况，表示该项目或决策具有较低的风险和较低的价值，需要重新评估和决策。
- 高风险 - 低价值象限：这是最劣的情况，表示该项目或决策具有高风险和低价值，不值得投入资源进行管理。

图 16-15 风险四象限

（4）举手表决法。举手表决法（Fist to five），也称五指法，主要应用于一些团队决议，帮助达成一致意见的一种技术。举手表决类似于用"大拇指朝上、大拇指朝下、大拇指倾斜"这种方式来表达意见。

- 举拳头，表示不支持。
- 1 根手指：我非常担心。
- 2 根手指：我想讨论一些小问题。
- 3 根手指：我不完全同意，但是接受意见通过，无须进一步讨论。
- 4 根手指：我认为想法不错且愿意为其工作。
- 5 根手指：想法棒极了，执行时我愿意带头。

伸出 3 根以下手指的团队成员，有机会与团队讨论其反对意见。

项目经理会不断进行举手表决，直到团队达成共识（所有人都伸出 3 根以上手指）或同意进入下一个决定。

优先级排序的方法不止这四种，这里只列举了常用的几种。对用户故事的优先级排序和我们在 Scrum 实践中提到的产品待办事项列表排序是一回事，优先级排序不是一个时间节点的动作,由于敏捷环境的多变性,在项目过程中要经常性地考虑优先级。

16.2.3　敏捷发布规划

在敏捷开发中,发布规划就是建立高层次的、覆盖超过一次迭代周期长度的计划的过程。一次典型的发布可能会覆盖 3～6 个月,而且根据迭代周期的长度,可能具有 3～12 次或者更多次迭代。对一次发布进行规划的步骤如图 16-16 所示。

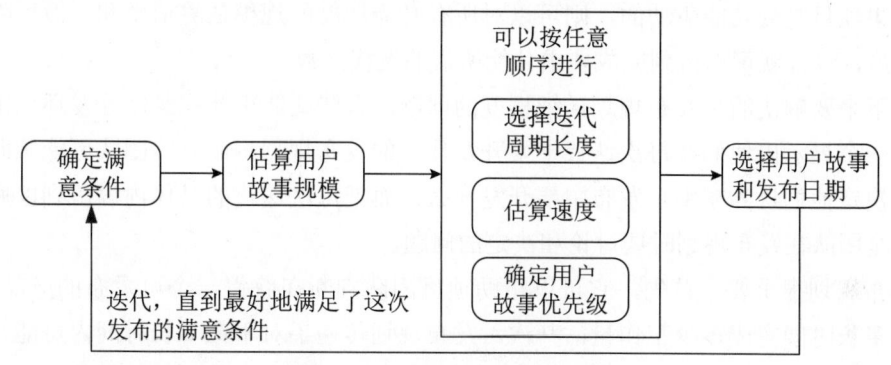

图 16-16　敏捷发布规划的步骤

对一次发布进行规划的步骤。

1. 确定满意条件

在开始规划一次发布之前,了解是根据哪些准则来判定这个项目的成败很重要,一般而言,项目的满意条件是由对进度、范围和资源目标的组合来定义的。客户或其他相关方几乎每次都会给发布规划会议带来对这些因素的期望目标。例如,客户可能希望在不增加人手的情况下,在 3 个月内开发 200 个故事点。

2. 估算用户故事规模

由于估算值代表了开发用户故事的成本,对每个故事都进行估算就非常重要。但是,客户的希望列表常常会延伸到未来的两次、三次甚至更多次的发布。项目团队没有必要对客户所需要的每件事都进行估算,只需要对那些可能会被选中包含到即将来临的发布中的新功能进行估算。

3. 选择迭代周期长度

大多数敏捷项目团队采用 2～4 周的迭代周期开展工作,但这不是固定的,需要根据实际情况进行调整,延长或缩短。规划一次发布的时候,需要选择合适的周期长度。

4. 估算速度

如果项目团队曾经共同工作过,最好的办法一般就是使用类似项目的速度。很自然地,如果采用的技术或者针对的业务领域发生了显著的变化,使用团队过去的速度可能就不合适。不过,仍然可以采用一些方法来根据过去的结果得到一个合理的速度估算。

5. 确定用户故事优先级

大多数项目要么时间太少，要么要开发的功能太多。一般不太可能在可用的时间内完成客户想要的所有功能。因此，项目经理必须确定功能的优先级，好的项目经理会承担确定优先级的最终责任，但是会考虑其他成员的建议，尤其是有关开发顺序的建议。

6. 选择用户故事和发布日期

经过上述 5 个步骤后就已经获得了对团队每次迭代开发速度的估算，并有了一个将会有多少次迭代的计划，接下来就可以选择用户故事和发布日期了。

如果项目是受功能驱动的，则可以对所有必需功能的规模估算值求和，然后除以预期的速度，这样就可以得到完成要求功能所需的迭代次数。

接下来要解决的是发布规划详细程度的问题。有些团队可能在某些开发环境中倾向于建立一个显示出他们在每次迭代中要开发什么的发布规划，而有些团队可能倾向于只简单地决定他们认为在整个发布中要开发什么，而把每次迭代的具体内容留到以后再考虑。这是团队在发布规划时要讨论和决定的问题。

发布规划很重要。首先，它可以帮助项目团队判断在获得一个可发布的产品之前，必须用多长时间完成多少工作量；其次，发布规划传递了对于在多长时间内可能开发什么内容的期望。很多组织需要这些信息，因为它可以用于其他的战略规划活动；第三，发布规划可以作为项目团队前进的路标。

7. 发布规划与迭代规划的区别

首先，发布规划只提供了产品的高层视图，没有提供可供团队用于驱动迭代中工作的短期的、更为详细的视图，如图 16-17 所示。在迭代规划中，项目团队将会更专注、详细地研究要完全实现那些为新一次迭代所选择的用户故事，哪些事情是必需的。

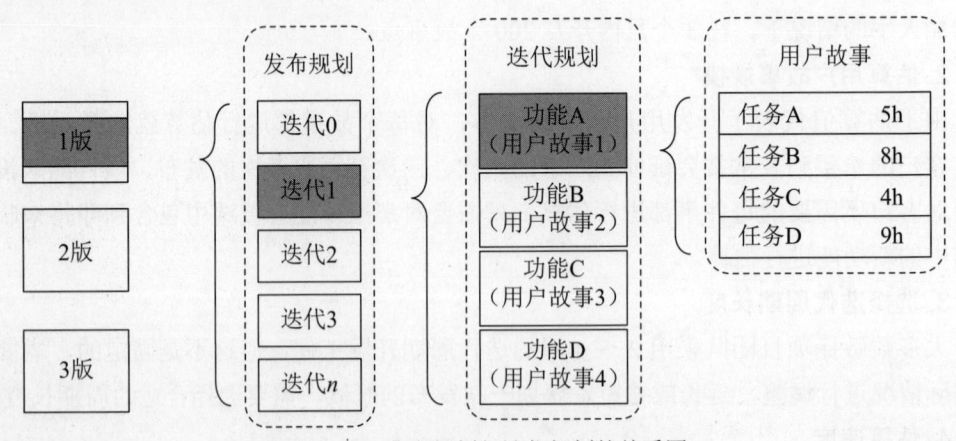

图 16-17 发布规划与迭代规划的关系图

其次，发布规划是对整个产品发布过程的展望，一次发布通常是在项目启动开始 3～6 个月时。与之相对，迭代规划只是对一次迭代的展望，而一次迭代通常是 2～4 周时。在迭代规划中，发布规划中的用户故事被分解成任务。对迭代规划中的用户故事进行估算时采用的单位是故事点或理想日，而对迭代规划中的任务进行估算采用的是理想小时。

16.2.4 风险

风险是不确定的事件，一旦发生就可能会影响到项目。在敏捷项目管理中，消极的风险等同于反价值（Anti-Value）。"价值是存钱，风险是花钱。"如果风险发生了，就需要花费时间和资源去应对，同时也会威胁到项目的利益。

敏捷项目管理是业务价值与风险驱动的组合。应尽早规划风险规避以及转移的举措。敏捷项目不断进行迭代，在前期进行高风险处理，让高风险早曝光，这样，风险的应对成本相对更低，也降低了在之后阶段无效工作投入的可能性。

基于风险的小试验是风险管理的一个技能，称为刺探（Spike），我们在下一小节会提到。

风险是需要关注和处理的，所以我们可以把应对风险的措施也放到待办事项列表中，加入了风险应对措施之后，它就是风险调整待办事项列表，如图 16-18 所示。

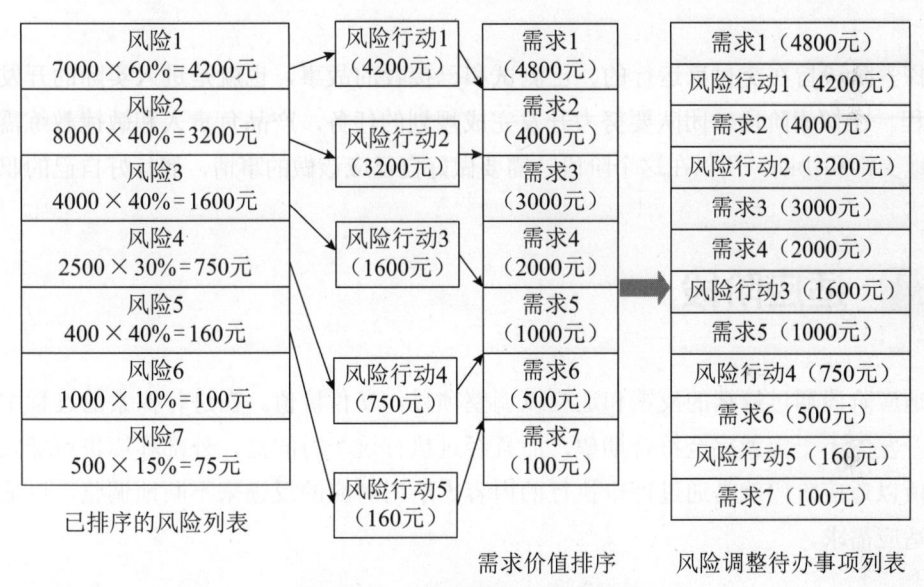

```
已排序的风险列表                  需求价值排序      风险调整待办事项列表

风险1                风险行动1     需求1           需求1（4800元）
7000×60%=4200元      (4200元)     (4800元)        风险行动1（4200元）

风险2                             需求2           需求2（4000元）
8000×40%=3200元      风险行动2     (4000元)        
                     (3200元)                     风险行动2（3200元）
风险3                             需求3           
4000×40%=1600元                   (3000元)        需求3（3000元）

风险4                风险行动3     需求4           需求4（2000元）
2500×30%=750元       (1600元)     (2000元)        
                                                  风险行动3（1600元）
风险5                             需求5           
400×40%=160元                     (1000元)        需求5（1000元）

风险6                风险行动4     需求6           风险行动4（750元）
1000×10%=100元       (750元)      (500元)         
                                                  需求6（500元）
风险7                             需求7           
500×15%=75元         风险行动5     (100元)         风险行动5（160元）
                     (160元)                      
                                                  需求7（100元）
```

图 16-18　风险调整待办事项列表

衡量风险的重要程度一般是用风险带来的影响乘以风险发生的概率。例如，风险1会导致7000元的损失，发生的概率是60%，那么风险1的价值就是7000×60%=4200元。

16.2.5 刺探 / 探针（Spike）

当团队有一个新想法，想使用一项新技术时，我们不能直接拒绝也不能直接接受，可以让他们在短时间内去尝试一下，并获得相应的实际信息。这就是对于新的计划进行一个刺探。

刺探是一种技术尝试，即分配一个很短的时间盒进行尝试性的探索，一般是几个小时，用来快速试错与快速试对，以明确新技术在新环境下的可行性，从而降低风险。

团队研究某个问题而进行的快速概念验证活动，常用来测试陌生的或全新的技术。在深入采用这种技术之前，刺探能够避免陷入太深。例如，在开发一个新的电子商务系统时，开发团队可能会使用刺探来探索新的数据库或缓存技术，以确定哪种技术最适合来实现该系统。

需要注意的是，刺探通常是一个短期的、实验性的任务，旨在探索和验证某种技术或解决方案的可行性。刺探的结果可能会被用于后续的开发工作，也可能会被放弃。因此，在进行刺探时，开发团队应该清楚地确定实验的目标和时间，以免浪费时间和资源。

16.3 探索阶段

探索阶段旨在交付可运行的、已测试和已接收的故事，也就是进入实际的开发和执行过程。在探索阶段，团队要努力开发完成规划的任务，产品负责人和敏捷教练需要全方位地支持和协助。所以在这个阶段，需要做好自己应该做的事情，履行好自己的职责。

16.4 适应阶段

适应阶段通过持续的反馈和适应以调整项目，交付价值。在进行探索的过程中，团队所开发的不一定就完全符合期望，而且经过执行这个时间盒，外部环境也可能发生变化。所以适应阶段就是通过评审执行的内容，给出对应的反馈来不断地调整，以适应环境，适应需求。

16.4.1 敏捷中的挣值

敏捷中也有挣值，敏捷挣值只能在迭代中使用，其挣值是基于已完成的功能。

例如，迭代中计划完成 30 个故事点，但只完成了 25 个，进度绩效指数（SPI）为 25/30=0.83，CPI 是已完成的功能值除以实际的成本，$2.2M/$2.8M=0.79。挣值分析的详细内容请详见第 7 章。

16.4.2 速度

速度，即本次迭代中实际完成功能的故事点大小的总和，让团队得以通过观察历史表现来更准确地规划下一阶段的能力。所以速度的衡量单位依然是故事点，只不过是已经完成的故事点。这里的已完成，意味着是通过测试通过验收的状态。只有用户故事完成了，计算速度时才能计入故事点数，就是说用户故事即使完成了 99%，也不能把它的故事点计入速度。

16.4.3　速度的展现

燃起图和燃尽图是敏捷项目中常用的两种图表，可以用来展示速度、跟踪项目的进度和工作量情况。本质上这两种图表没有区别，都可以展示速度和工作量情况，只是内容的呈现上有所不同。

燃起图展示的是已完成的故事点情况。其横坐标表示时间，颗粒度一般是天，纵坐标表示已完成的故事点数量。图表中的虚线表示计划的情况，实线表示实际的情况。在迭代过程中，如果实际完成的故事点比计划完成的少（实线在虚线下方），那么说明工作进度落后于计划，如图 16-19 所示。

燃尽图展示的是剩余的故事点情况。其横坐标和燃起图横坐标的时间颗粒度一致，纵坐标表示的是剩余故事点数量。同样是用虚线表示计划的情况，实线表示实际的情况。如果实际剩余的故事点比计划剩余的少（实线在虚线下方），那么说明进度超前，如图 16-20 所示。

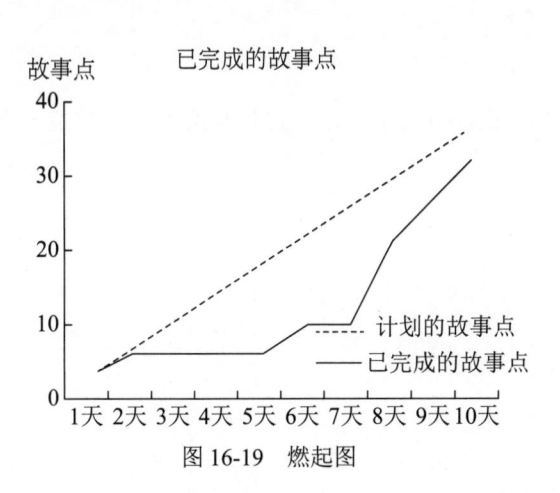

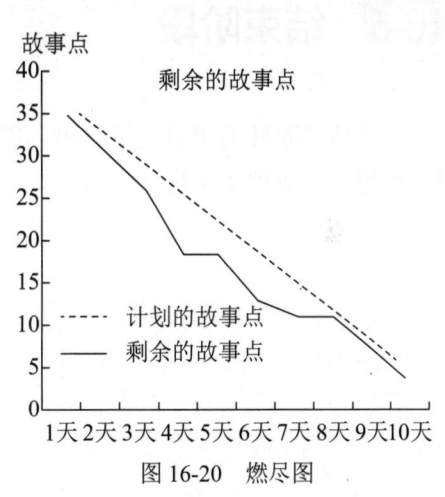

图 16-19　燃起图

图 16-20　燃尽图

一般来说，燃尽图和燃起图都表示迭代的颗粒度，但是也可以表示发布的颗粒度，发布的颗粒度意味着横坐标表示的是迭代时间的颗粒度，这样可以看出整个项目的进度情况。

16.4.4　速度的监控

故事点是不适合进行跨团队比较的，所以敏捷的速度也不适合跨团队比较。在不同的敏捷团队中横向比较速度是不明智的，因为项目内容不同，人员组成不同，面对的环境也不同。

另外，速度用来衡量团队的工作情况，并不是一个恒定的指标。我们是通过速度来了解团队的实际情况，从而对规划进行调整，以适应团队的实际能力。

在敏捷中，团队的估算最多限于未来几周。未来几周团队工作的可变性不高，团队成员专注任务，则团队的能力就会变得稳定。完成一轮迭代后，团队就可以根据这次迭代的速度进行重新规划。

敏捷方式并不能创造出更多的工作能力，当进度落后时，可以去探究根本原因，以便下次做更合适的规划，而不提倡让团队加班追赶进度。最好的结果应该是速度稳定、持续。

16.4.5 回顾

每个发布或者迭代过程的结束，我们都需要进行阶段性回顾和总结。回顾能让团队学习、改进和调整其过程。回顾不是责备，而是指向未来，让团队从以前的工作中学习并做出小的改进。

16.5 结束阶段

结束阶段意味着项目接近尾声，需要做最后的扫尾工作，进行最终产品的移交、项目复盘等，结束整个项目。

第 17 章
过程——其他敏捷实践

敏捷包含很多种实践方法，之前介绍的 Scrum 实践是主流，这里再简单介绍其他四种方法，如图 17-1 所示。这部分内容简单了解即可。

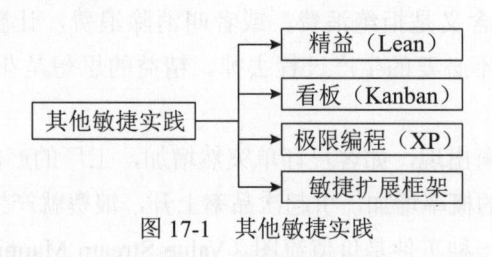

```
                    ┌─→ 精益（Lean）
                    ├─→ 看板（Kanban）
   其他敏捷实践 ─────┤
                    ├─→ 极限编程（XP）
                    └─→ 敏捷扩展框架
```

图 17-1　其他敏捷实践

17.1 精益

精益（Lean）其实是一种思想，来源于制造业，是一种思考问题与解决问题的想法。精益思想对敏捷方法的发展具有重要的启示和借鉴意义。如果把它归纳成敏捷实践的话，可以把它理解成是从制造业引入的精益思想投入到软件开发领域所产生的敏捷实践，有的时候把精益这种敏捷实践称为精益软件开发（Lean Software Development，LSD）。

精益最重要的一个含义是拒绝浪费，或者叫消除浪费，让整个工作能够有序地进行，把不必要的工序、不必要的生产过程去掉。精益的思想是花最少的钱办最好的事，核心是消除浪费。

由于异常情况不均衡出现，如客户订单突然增加，工厂的产能超负荷了，工人为了赶订单，匆忙之中出错的概率增加，引起次品率上升，浪费就产生了。

精益中识别浪费的一种工件是价值流图（Value Stream Mapping，VSM）。价值流图通过分析信息或者材料从初始到结束的流动，以识别浪费的环节。识别出的环节即为流程中需要改进的地方。价值流图的目的是辨识和减少生产过程中的浪费。

制作价值流图的步骤如下：

（1）选定需要分析的产品族，选择组织内需要分析的具体产品或者具体流程；
（2）调查现状，调查这个产品从开始到结束需要经过的流程和环节；
（3）绘制现状图，根据现有流程和环节绘制对应的流向图；
（4）检讨问题点，讨论现有流程中哪些环节需要改进；
（5）绘制未来图，把改进的部分优化完成之后绘制未来的流向图；
（6）制订改善计划，着手进行改进。

从原材料到产品生产并卖给客户全过程的价值流图，需要经历的流程如图 17-2 所示。可以把每个动作花费的时间进行统计，并对过程中的等待时间进行统计，讨论其效率，针对效率不高的步骤进行改善。

原材料 ⇒ 加工 ⇒ 组装 ⇒ 发货 ⇒ 客户

图 17-2　价值流图示意图

17.2 看板实践

看板（Kanban）是日本的一个词汇，Kanban 是日文里的拼音，这个词的含义其实是信号，所以笼统一点理解就是展示信息的板子。大家经常会看到，一些便利店、杂货店和商店会根据货架上商品不足的情况来补货，那些贴出来的招牌或者挂出来的板子，就是最初形式的看板，所以可以把看板理解成发布信息的工具。

看板包含许多列：待完成、进行中和完成等，表示工作流的状态。看板方法适用于多种场合，可以确保工作流和价值交付的持续性。不管是用 Scrum 实践还是极限编程（eXtreme Programming，XP）实践，都可以与看板方法兼容。看板不会对原有管理方式造成破坏。

从狭义上理解，看板是一块用来共享信息的板子；从广义上理解，看板是一种基于信息可视化的系统性实践方法。

如图 17-3 所示是一个看板示例，此看板中共有五列，每一列也称之为"泳道"。正常来说，一个任务需要从待完成开始，经历分析、开发、测试、部署四个"泳道"才能算完成。所以看板可以显示任务的流动和所处的状态，能够很好地可视化任务进程。

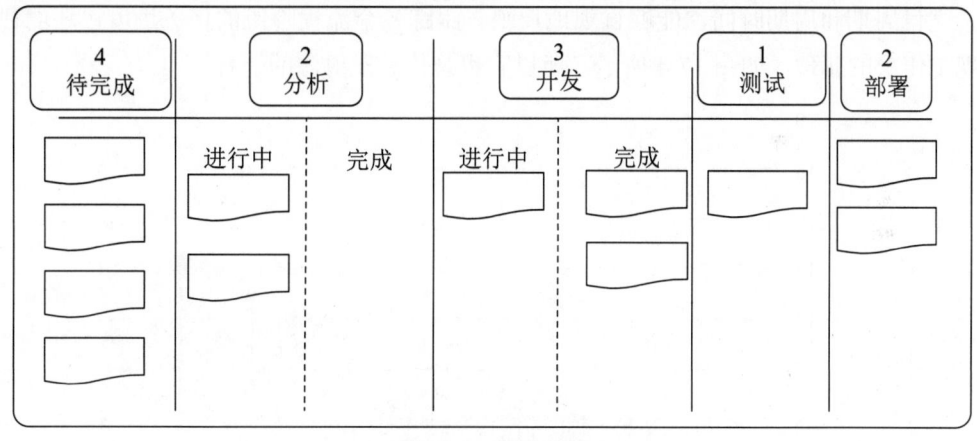

图 17-3 看板示例

17.2.1 看板六大核心实践

在使用看板时需要注意以下六种实际操作。

（1）可视化工作流：看板的本质就是可视化，需要创建一个可视化的工作流示意图，方便跟踪每个工作项的当前状态。团队成员可以从中清晰地了解任务的进展情况，做出相应的调整和决策。

（2）限制 WIP：WIP 指的是在制品，也就是正在制作中的工作项。如果每个环节的在制品过多，会导致工作无法顺利流动，因此需要合理限制每个环节步骤中的工作项目数，使工作任务能均衡流动。

（3）管理流动：管理工作流使之快速而毫无中断地流动起来，能够顺利通过各个通道成为已完成状态。

（4）显示化规则：明确定义和沟通团队所遵循的价值项流转规则，价值项从一个阶段进入下一个阶段必须达到的标准。

（5）建立反馈环路：从流程中获得反馈。

（6）协作式改进：应用可视化、限制 WIP，发现产品开发中的问题和瓶颈。回顾、分析、改进，并鼓励试验，推动整个团队持续改进。

17.2.2　信息发射源

看板本身也是一种信息发射源，是用来发射信息的板子。所以信息发射源是指能够产生和发出信息的物体、设备或系统。任何能够展示信息的载体都可以称之为信息发射源，比如之前提到过的燃尽图、燃起图，以及接下来要介绍的累积流图等。

看板里面有一个非常有效的数据收集工具，叫作累积流图。累积流图不仅展示了项目已完成的任务和剩余的任务，还可以通过不同颜色区域边界的水平距离来确定响应时间、交付周期和周期时间，能够直观地反映、跟踪各个流程阶段的任务进度，还能帮助发现工作中的瓶颈，如图 17-4 所示。所以它也是信息发射源的一种。

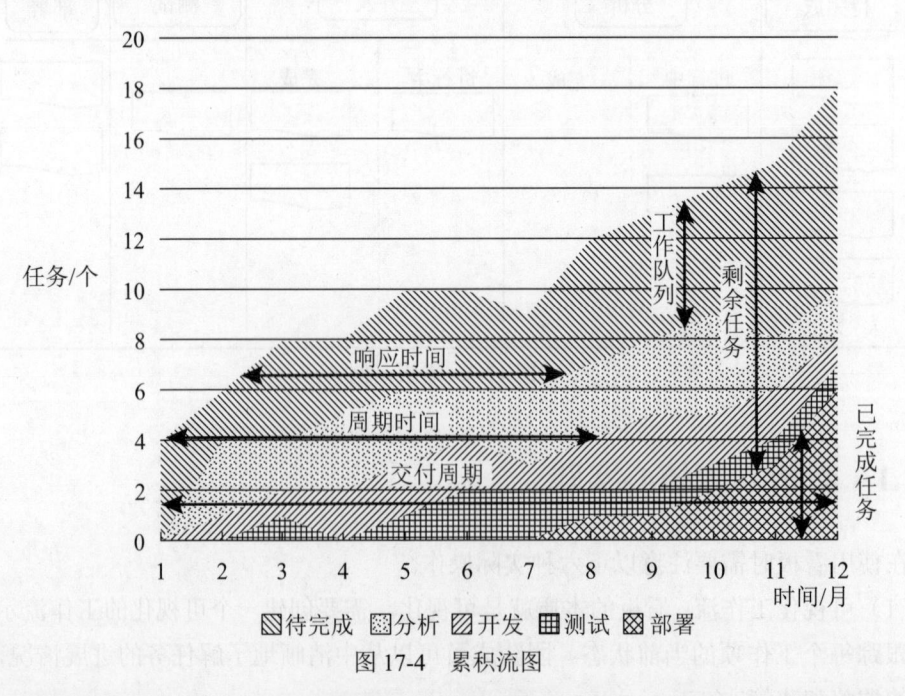

图 17-4　累积流图

通过长期数据的统计收集，累积流图能够呈现出各个泳道的数据。横轴代表的是收集的时间，要有足够长的时间去收集相应的数据，纵轴代表的是任务个数，在这里可以称之为 feature，也就是特性的数量。图 17-4 最左边深色的区域其实是待完成任务的泳道，然后再往右分别是分析中的、开发中的、测试中的，最右边的泳道是已经完成的。这个图的意思是随着时间的推移完成的任务个数不断增加，有燃起向上的趋势，和前面 Scrum 里面讲的燃起图的趋势是一致的。

17.3 极限编程

极限编程是一种基于频繁交付周期的软件开发方法，关注团队凝聚力、沟通、代码质量和编程。

相对于传统的项目开发方式，极限编程强调把它列出的每个方法和思想做到极限、做到最好。

极限编程有许多具体的敏捷实践，如图 17-5 所示。我们简单介绍一下这些实践。

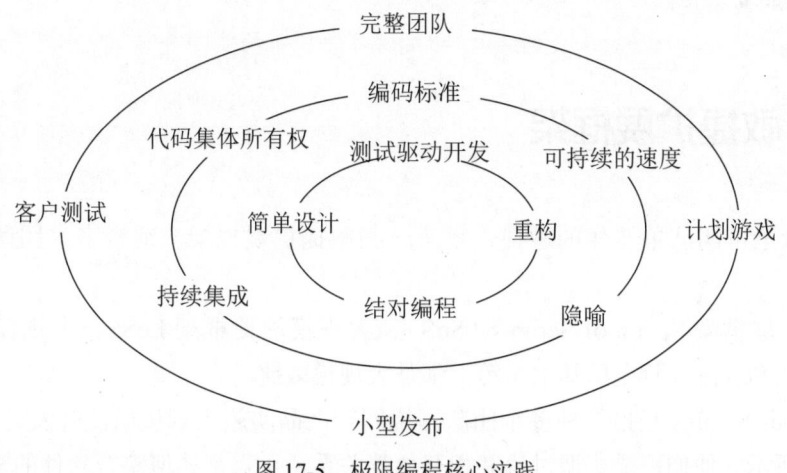

图 17-5 极限编程核心实践

- 完整团队（Whole Team）：极限编程项目的所有参与者（开发人员、客户、测试人员等）一起工作在一个开放的场所中。
- 计划游戏（The Planning Game）：计划是持续的、循序渐进的，做计划就像做游戏一样，不要把计划想象得十分全面。
- 小型发布（Small Release）：强调短周期内以递增方式发布新版本。容易估算速度，控制工作量和风险，及时处理客户的反馈。
- 结对编程（Pair programming）：两个程序员并排坐在一起，在同一台机器上构建代码。
- 测试驱动开发（Testing-Driven Development，TDD）：编码前先编写单元测试用例，这是一种验证行为，更是一种设计行为。
- 重构（Refactoring）：不影响功能的前提下对代码改进，保持代码尽可能干净，使其更具有可维护性和可扩展性。
- 简单设计（Simple Design）：团队保持设计恰好和当前的系统功能相匹配。
- 代码集体所有权（Collective Code Ownership）：所有人对全部代码负责，而非相互推诿责任。
- 持续集成（Continuous Integration）：团队总是使系统完整地被集成。尽早暴露并消除由于重构、集体代码所有制所引入的错误。
- 客户测试（Customer Tests）：作为定义功能需求的一部分，客户会描述测试以展示软件是如何工作的。
- 可持续的速度（40-hour Week）：加班最终会扼杀团队的积极性，最终导致项目失败。团队只有持久才有获胜的希望。
- 编码标准（Code Standards）：建立统一的代码标准来加强开发人员之间的沟通，减少开发过程中的文档。
- 隐喻（System Metaphor）：借用一些沟通双方都比较熟悉的事物来做类比，减轻理解的复杂度。

17.4 敏捷扩展框架

敏捷除了单团队单迭代的敏捷，还有一些敏捷扩展框架，适合多人团队实践敏捷方法。

敏捷扩展框架 Scrum of Scrums（SoS）、大规模敏捷框架 LeSS、大规模敏捷框架 SAFe、企业 Scrum 和规范敏捷 DA 等，都是大规模敏捷。

Scrum of Scrums 是指一种多个团队围绕同一产品实施大规模敏捷开发工作的技术，如图 17-6 所示。他们需要协调讨论其相互依赖关系，重点是如何整合软件的交付，在重叠的领域尤为如此。

在 Scrum 中，一个 Scrum 团队通常由 3～9 人组成，负责完成特定的产品或项目。然而，在大型项目中，可能需要多个 Scrum 团队协同工作，而每个团队又负责不同的子系统或功能。这就需要一种方法来确保各个团队之间的协调与合作。

Scrum 的可扩展性的关键因素就在于 Scrum of Scrums，也称 meta Scrum，由两个或多个 Scrum 团队所使用的技术。每个团队的代表会与其他团队代表定期召开会议，可能是每日站会。会议通常一周二次或三次，会上同步信息和抛出问题等，确保团队协调工作并清除障碍，以优化所有团队的效率。

需要注意的是，Scrum of Scrums 并不是 Scrum 的一部分，而是一种扩展和补充的方法。它需要团队代表之间的积极参与和有效沟通，以确保项目的整体成功。

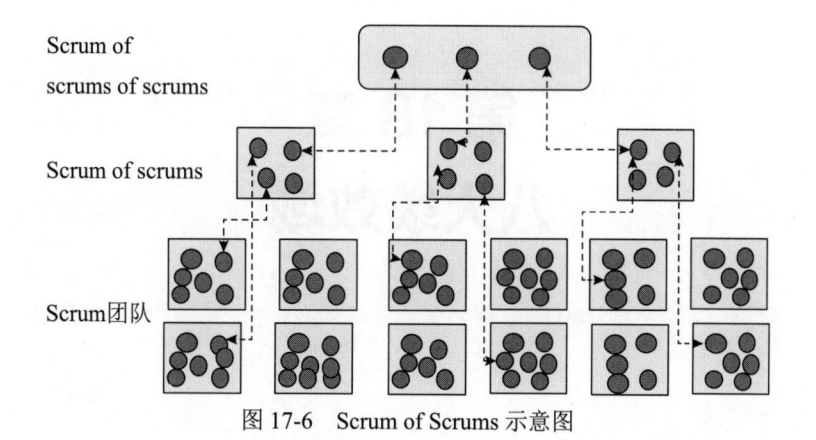

图 17-6　Scrum of Scrums 示意图

17.5　其他敏捷实践方法

敏捷的实践方法多达数百种，除了我们介绍的 Scrum、看板、极限编程、Scrum of Scrums 之外，还有以下几种可以简单了解一下，感兴趣的读者可以自行扩展学习。

- 水晶（Crystal）：一种轻量级的敏捷方法，根据项目的规模和复杂性提供不同的实践指导。Crystal 方法注重团队合作、通信和适应性，以提高项目的成功率。
- 功能驱动开发（Feature-Driven Development，FDD）：一种基于功能驱动的软件开发方法，强调迭代开发和功能驱动的设计。它将大型项目分解为更小的功能，通过迭代开发和持续集成，逐步交付高质量的软件。
- 动态系统开发方法（Dynamic Systems Development Method，DSDM）：一种基于迭代和增量开发的敏捷方法，强调业务需求和用户参与。它提供了一系列的实践原则和技术，帮助团队在时间和资源有限的情况下交付具有商业价值的软件。

第 18 章
八大绩效域

18.1 干系人绩效域

干系人绩效域是涉及与干系人相关的活动和功能的领域。这一绩效域强调项目工作中需要持续与干系人合作,以便保持目标和行动上的一致,并争取他们的有益参与,以培养积极的关系和提高他们的满意度。项目由人实施,且为人实施。干系人包括所有影响项目的个人、群体和组织,以及受项目影响的个人、群体和组织。在整个项目期间,应与项目干系人建立富有成效的工作关系,识别、理解、分析、优先级排序、参与、监督干系人,确保让干系人对项目的支持尽量提升,对项目的抵制尽量降低。

通过整个项目期间干系人参与的连续变化程度,可以看出其对项目满意的相对程度,从而观察到是否与干系人建立了富有成效的工作关系。例如,在干系人参与度评估矩阵上,一个持续保持支持状态的干系人,或一个从不知晓提升到支持并保持此状态的干系人,都可以体现出与他们建立了富有成效的工作关系。

当干系人没有参与进项目时,可能会对项目和产品需求提出大量变更或修改,因为没有在项目早期规划时收集到需求并达成一致意见。相反地,干系人提出的变更和修改越少,越可能体现出干系人对项目原本的目标表示同意。

干系人的行为可表明干系人支持或反对项目,也能通过调研、访谈和焦点小组等方法来收集干系人的态度反馈,确定作为项目受益人的干系人对项目是否表示支持并感到满意。亦可通过对项目问题日志和风险登记册的审查,识别可能存在的与单个干系人有关的挑战,可通过尽早干预,以防止对项目或其可交付物可能表示反对的干系人对项目结果产生负面影响。具体可参考第 4 章的相关内容。

18.2 团队绩效域

团队展现出的工作水平能直接影响项目的目标实现、工作效率、团队士气以及客户满意度等,打造一个高绩效的团队能够为项目的成功做出更大的贡献。团队绩效域主要关注创建一个高绩效团队负责生成项目可交付物以实现商业成果。成功践行此绩效域,有望达成以下成效:一是营造共享责任的良好氛围,二是促使团队迈向高效绩行列,三是让所有团队成员都得以展现相关领导力和其他人际关系技能。

团队绩效域还涉及团队发展的共同方面、项目团队文化和高绩效项目团队,因内容的相关性,在第 3 章中与项目团队的其他相关概念一起介绍。本节重点关注领导力。

18.2.1　集中式/分布式管理及领导力

项目的管理活动可分类为集中式管理和分布式管理。

- 集中式管理：项目经理或类似角色对项目活动开展负责以及对项目成果负责。项目章程或其他类似文件授权项目经理组建团队、动用资源以达成项目目标。
- 分布式管理：由项目管理团队所有成员共同实施管理，而项目团队成员则负责完成工作；或项目团队可能会通过自组织来完成项目。管理者是多个人或人人都是管理者。在这些情况下，不会指定项目经理，而是让项目团队中的某个人充当促进沟通、协作和参与的引导者。此角色可能会由项目团队成员轮流担任。当实施分布式管理时，权力和责任不归属于某一个人，而是由多人共同承担。项目经理不再是分配工作任务和跟进进展，更多的是充当引导者，负责推动团队沟通、协作以及成员的积极参与，并且这一引导者角色会在项目团队成员间轮流担任。

例如，在一些大型的全球化项目中，项目团队分散在各国各地，每个地区可设立一个地区管理者，再由各个地区的管理者共同组成一个项目管理团队。同时往往会分配一个引导者的角色来协调各个地区管理者之间的沟通和协作。

对于分布式管理的情况，这个引导者的角色并非通常意义下的领导者，而是要成为服务型领导，运用服务型领导力，聚焦于了解并满足团队成员的需要及其发展情况，以便尽可能促成最高的项目团队绩效。

服务型领导者又称为仆人式领导者或管家式领导者，考虑团队成员成长、身心状态与领导潜力，激发成员潜能。

为了促进团队的成长，在可行情况下，引导项目团队自组织，集体决策，增强自主性，实现自主与共同管理，走上自主管理与共同管理的道路。

服务型领导力行为包括：

- 消除障碍：通过消除进展中的障碍因素来最大化地交付商业价值。
- 避免分心：分心之事会使项目团队从原本的工作目标中脱离，将工作时间碎片化，导致降低效率。因此，服务型领导者应避免项目团队被内部和外部分心之事影响，使项目团队保持专注。
- 鼓励和发展机会：提供相关工具和鼓励，让项目团队保持满意度且工作富有成效。

18.2.2　领导力技能——批判性思维

无论项目团队是在集权式环境中工作，还是在实行分布式领导制度的环境中工作，领导力技能对于所有项目团队成员都很有用。项目管理知识体系中存在多种领导力技能，包括建立和维护愿景、激励、情商、决策、冲突管理等，另外一种常用的领导力技能是批判性思维。

批判性思维作为一种能够深入分析、评估和解决问题的思考方式，要求我们不仅仅接受表面信息，还要对信息进行挑战和质疑，从不同角度思考问题，寻找逻辑上的矛盾和漏洞。批判性思维能够帮助我们更全面地理解问题，识别偏见，找出问题的根本原因，并考虑具有挑战性的问题，例如，模糊性、复杂性等，并提供更有效的解决方案。在各个项目绩效域的活动中，批判性思维都能起到很大作用。

批判性思维是一种训练有素、完全基于理性与逻辑，并且以证据为基石的思维方式。这种思维方式要求思考者始终保持开放的心态，不固步自封，能够客观公正地分析问题。特别是在面对新的发现过程时，批判性思维还融入了创新的概念想象力，能够让人一眼看穿事物本质的洞察力，以及难以言喻却又极为准确的直觉。此外，批判性思维还包括对自身思维过程进行回顾与反思的反思性思维，以及对认知规律进行再认识的元认知，也就是我们常说的"思考之上的思考"和"认知之上的认知"。

运用批判性思维，项目团队成员可以：观察事件，识别其中的模式与关系；合适地运用归纳、演绎以及溯因推理；识别并清晰阐明错误前提、错误类比、情绪化诉求等错误逻辑；对无偏见的、均衡的信息展开研究与收集；对问题进行识别、分析与解决；找出偏见、未言明的假设；辨析语言的使用情况以及其对自己和他人的影响；分析数据和证据，以对论点和观点进行评估。

18.2.3 裁剪领导风格

与项目的各个方面一样，领导风格也需要根据项目的实际情况进行裁剪，以满足项目、环境和干系人的需要。从人的角度来看待，裁剪也可称为取舍或适应，是根据需要来转变自己进行领导活动时的风格态度，选择性使用能带来最高收益的技能。

影响领导风格裁剪的一些变量包括：特定类型项目方面的经验；项目团队成员的成熟度；组织治理结构；分布式项目团队。

当一个项目团队能够彼此信任，相互协作，适应不断变化的情况，并在面对挑战时有韧性，团队中的个体感到被赋能，同时作为一个团队整体对其成员赋能并认可，这个项目团队就表现出了高绩效团队的特点。

再进一步，更加成熟的项目团队成员能够运用批判性思维和人际关系技能，选择适合项目的背景和环境的领导风格，所有项目团队成员都展现出相关领导力和其他人际关系技能，实现团队绩效域的最有效执行成果。

18.3 开发方法和生命周期绩效域

开发方法和生命周期绩效域包括了与项目的开发方法、生命周期阶段以及节奏相关的一系列活动和功能。开发方法和生命周期类型都有预测型、适应型，其中，开发方法是站在项目研发过程的角度,而生命周期类型是站在全局角度。它们都与交付节奏直接相关。交付节奏是指在项目或产品开发过程中,以一定的频率和时间间隔进行交付可工作的、有价值的成果或功能。须找到与项目可交付物相匹配的开发方法。如果项目的可交付物是一个硬件产品,或者可预测性强的工作,如修桥、修路、建房子等,我们可能需要采用瀑布模型的开发方法。如果项目的可交付物是一个软件应用程序,我们可以选择敏捷开发方法,例如 Scrum。具体的选择应该根据项目的特点和要求来决定。

18.3.1 开发方法及影响因素

开发方法是在项目生命周期内创建和演变产品、服务或结果的方法。几种常用方法是预测型方法、混合型方法和敏捷型方法。预测型是倾向于项目特性为确定性较强的项目开发方法。敏捷型是倾向于项目特性为变动较频繁的项目开发方法。从预测型到敏捷型,开发方法的迭代性和增量性逐渐增加,而在中间的过渡阶段,则既包含了预测型的特征,又包含了敏捷型的特征,称为"混合型"。混合型方法通常具有迭代性或者增量性,或者其中一项可交付物是采用敏捷型方法开发的,另一项是采用预测型方法开发的。这几种开发方法,详见第 13 章。

许多因素会影响项目开发方法的选择,包括产品变量、既定项目变量和组织的变量。常见产品变量包括项目成果创新程度、项目需求确定性、范围稳定性、变更的难易程度、交付选项方案、项目风险水平、项目安全要求以及一些法律法规;项目变量包括项目干系人、进度制约因素、资金可用情况等;组织变量包括组织结构类型、组织文化、团队能力等。选择合适的开发方法可以根据这些因素进行综合评估,以确保项目的成功交付。

1. 产品变量

- **创新程度**。创新程度高的项目通常面临更多的不确定性和风险,因此更适合采用更多适应性的方法。相反,创新程度较低的项目可能更适合稳定的开发方法,如预测型方法。
- **需求确定性**。当需求已经明确且相对稳定,采用预测型方法非常适合。反之则更适合敏捷型的方法。
- **范围稳定性**。如果项目的范围已经明确并且相对稳定,那么传统的预测型方法可能是一个合适的选择。
- **变更的难易程度**。如果可交付物的特性导致管理和变更变得复杂,那么预测型方法将是最佳选择。而对于能够灵活适应变更的可交付物,则可以采用更具适应性的方法。
- **交付选项方案**。可交付物的特性及其能否以模块化形式进行交付,会决定所采用的开发方法。传统的瀑布模型倾向于一次性完成所有交付,而敏捷型开发方法则更适合通过迭代和持续交付的方式进行。在一些大型项目中,尽管整体规划可能采用预测型方法，但其中的部分模块可以采用增量型方法开发和交付。
- 风险。在决定开发方法之前，对那些风险较高的产品进行分析是必要的。预测型开发方法通过细致的规划和严格的控制来减少项目的复杂性和规模带来的风险。对于其他产品，可以通过模块化构建和灵活调整设计与开发过程来降低风险。
- 安全要求。对于那些有严格安全要求的产品，通常会采用预测型方法。而敏捷型方法中，通常会采用迭代的安全规划方法，允许在项目过程中不断调整安全策略。
- 法规。在受到严格法规监管的环境中，可能会采用预测型方法，因为需要遵循特定的流程、准备必要的文档并进行演示。

2. 项目变量
- 干系人。在整个项目过程中，采用敏捷型方法需要干系人更频繁的参与。例如，产品负责人在确定项目工作及其优先级方面发挥着重要作用。而在预测型方法中，与干系人的交互更多的是在规划阶段和收尾阶段，在执行过程中做事的人主要是项目团队。
- 进度制约因素。如果需要尽快交付某种产品，在这种情形下，更适合用迭代型或敏捷型方法。
- 资金可用情况。如果资金不确定，那么项目更适合用敏捷型方法或迭代型方法。因为与成品相比，发布最小可行产品的投资较少。

3. 组织变量
- 组织结构。在具有多个层级和严格汇报结构的组织中，预测型方法通常被采用。相比之下，敏捷型方法更适用于具有扁平式结构的项目团队，在这些团队中，决策权往往下放到团队成员手中，鼓励创新和快速响应变化，自组织的项目团队就是采用敏捷型方法的一个典型例子。
- 文化。如果组织强调创新、快速响应和团队自主性，那么敏捷型开发方法可能更适合。而如果组织更注重规范、稳定和可预测性，那么预测型方法可能更适合。
- 组织能力。如果想要转变为具有适应性的组织，不仅要求组织在技术层面上进行改变，还需要从整个组织的高管层开始转变思维模式。而且组织文化、政策流程、工作方式、汇报结构和态度，也要随之变化。需要注意的是，从预测型开发方法转变为敏捷型开发方法，不是一蹴而就的，而是要循序渐进，一步步来，先从预测型方法过渡到混合型方法，然后再到敏捷型方法。
- 项目团队的规模和所处位置。如果项目团队是集中办公的，在同一地理位置工作，敏捷型方法会更有效。如果是虚拟团队，分散在不同地方，预测型方法会更好。如果团队成员数量比较少，比如只有 7 ± 2 名成员，那么采用敏捷型方法会更好。如果是大型团队，团队成员数量比较多，那么更适合预测型方法。但是有些成员分布于不同地点的大型项目团队，也在寻求扩展敏捷型方法。

综上所述，每种开发方法都有其适用的场景和优势，选择合适的开发方法需要根据项目的需求、风险和资源等因素进行综合考虑。

18.3.2 生命周期

项目从开始到结束，会经历一系列的阶段，这一系列的阶段就称为"生命周期"。

项目生命周期中包含的阶段类型和数量并不是固定不变的，而是受到多种因素的影响，其中最关键的两个因素是交付节奏和所采用的开发方法。生命周期中阶段的示例包括：

- 可行性阶段。通过对项目的全面评估，以确定其实施的可行性和合理性，为项目立项决策提供依据。
- 设计阶段。将项目的概念和需求转化为具体的设计方案。
- 构建阶段。将设计阶段的方案转化为实际的可交付成果。
- 测试阶段。对可交付成果进行多方面的检查和验证，以确保产品满足预定的需求和质量标准。
- 部署阶段。项目可交付物投入使用，而且持续稳定、实现收益和组织变革管理所需的移交活动均已完成。
- 收尾阶段。也被称为项目关闭阶段或项目结束阶段。在收尾阶段，要总结经验教训，分享知识，更新项目文件并存档，关闭合同协议并解散项目团队成员。

项目阶段关口（也称为阶段门或决策点）是项目阶段之间的重要里程碑或决策点，如图18-1所示。在每个阶段关口，项目团队和干系人会评估当前阶段的工作和成果，然后根据评估结果决定是否继续进行下一个阶段。阶段关口的目的是确保项目在每个阶段之间进行充分的评估和决策，以确保项目在整个生命周期中的可行性和成功。

开始 ◇ 组织与准备 ◇ 执行 ◇ 结束

图18-1 阶段关口

在每个阶段关口，项目团队和干系人通常会进行以下活动：

- 评估当前阶段的工作和成果，包括交付物、进度、质量和风险等方面。
- 确定项目是否达到了当前阶段的目标和预期的结果。
- 评估项目的可行性和风险，包括项目的商业可行性、技术可行性、资源可行性和风险可行性等方面。
- 根据评估结果决定是否继续进行下一个阶段，或者是否需要进行调整、修改或终止项目。

阶段关口的决策通常由项目的干系人、项目经理和项目团队共同参与和决策。阶段关口是项目管理的关键环节，能够帮助项目团队和干系人做出明智的决策，确保项目的成功。

项目生命周期常见的有预测型生命周期、迭代型生命周期、增量型生命周期和敏捷型生命周期。这部分内容详见第 13 章。

18.4 规划绩效域

凡事预则立，不预则废。做项目，一定要提前做好规划。规划绩效域是指为了交付项目可交付物和项目成果所需要进行的一系列规划性活动，包括项目的初始规划、持续进行和不断演变。

例如，有一个建筑项目，目标是按时完成一座大楼的建设。在规划绩效域中，涉及的活动和功能可能包括以下几个方面：

- 初始规划：确定项目的目标和范围，制订项目计划，包括时间表、资源分配等。
- 持续进行：监督和管理项目进展，确保各项工作按照计划进行，及时解决遇到的问题和风险。
- 演变：根据实际情况和需求的变化，对项目进行调整和优化，以确保最终交付的可交付物和成果符合预期。

在这个例子中，规划绩效域的相关活动和功能将有助于确保项目按时交付一座完整的建筑，同时也能够适应变化和解决问题。

规划的目的是提前明确项目需要什么可交付物，进而识别出应该使用什么方法来完成交付物。

在项目批准授权之前，可以先进行高层级规划，如图 18-2 所示。高层级的意思是颗粒度比较粗，不够细致。一开始先做一个高层级的计划，大致列出可能要做什么东西。随着获取的信息越来越多，慢慢去细化。比如，首先列出一个愿景，然后去做商业论证、项目章程、发布计划，以及更细致的迭代计划。这有助于识别能够更好地满足项目预期成果的方法。

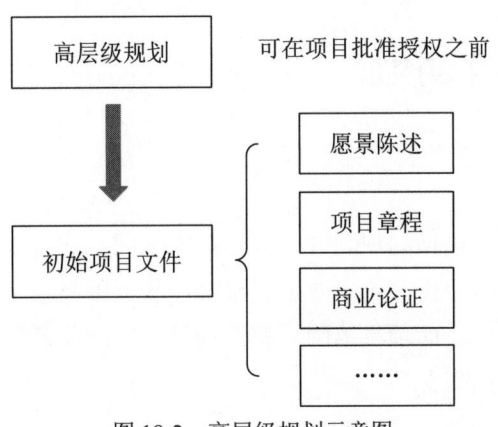

图 18-2　高层级规划示意图

在初步规划时，还需要考虑财务影响、社会影响和环境影响这三重约束，也叫三重底线。也就是说，除了财务方面能获得收益外，还要确保项目对于社会和环境不会产生不好的影响。

另外，要确保规划所花费的时间是合适的。在规划时花费太多或者太少时间，都不利于项目的有效开展。

18.4.1 影响规划的变量概述

项目具有独特性，因此，不同项目在规划时，规划的数量、时间安排和频率都各不相同。在进行项目规划时，需要考虑以下因素（包括但不限于）：

- 开发方法。开发方法的选择会影响规划的内容，比如如何规划、规划多少及何时实施规划。例如，使用预测型开发方法，在项目早期会预先进行规划，在项目过程中，最初的计划会渐进明细地制订，但是规划的范围不会有大的变化。而在敏捷型方法中，会先进行一些颗粒度比较粗的规划，比如发布计划，而在每个迭代开始时会进行更详细的规划。
- 项目可交付物。项目可交付物的特点会影响规划的安排。比如建筑项目需要进行大量的前期规划，而软件类产品可以采用持续性和适应性的规划，并根据干系人的反馈进行调整。
- 组织需求。不同的组织，对于项目的规划可能会有不同的要求。在进行规划时，也要结合组织特点，比如组织治理、政策、程序、流程和文化等，选择特定的规划方法。
- 市场条件。在竞争激烈的环境中，项目团队可以进行最低限度的前期规划，以便快速投入市场。
- 法律或法规限制。有些特写的可交付物，可能还会有特殊的合规要求。在项目实施前，需要先获得监管机构或法规对于项目规划文件的授权或批准。

18.4.2 规划重点考虑因素

对项目进行规划时，要重点考虑范围、估算、进度和预算。

1. 范围

交付物的范围不同，选择的规划方式也会有所不同。交付物的范围需要结合商业论证以及干系人的需求进行分析。这里的范围包含产品范围和项目范围。产品范围是指可交付物的具体特性和功能。而项目范围，就是为了交付产品范围，需要完成的一系列工作。范围的相关内容详见第 5 章。

2. 估算

规划需要估算项目的一系列信息，包括工作投入、持续时间、成本、人员和实物资源等。估算就是对这些内容进行一个量化的评估。

项目生命周期中的阶段会影响与估算相关的四个方面：

（1）区间：在项目初期，由于很多信息都不确定，这时的估算结果是比较粗略的，有较大的区间。随着项目进展，获取到更多的信息，项目的估算也会变得更加准确，估算区间会逐渐变小。

（2）准确度：指测量结果与真实值之间的接近程度，即测量结果的准确程度。如果测量结果与真实值非常接近，则该测量具有高准确度。例如，我们使用一个称重器来测量一块物体的质量，如果称重器显示的数值与该物体真实的质量非常接近，那么我们可以说这个称重器具有高准确度。

（3）精确度：指测量结果之间的一致性和重复性，即测量结果的精确程度。如果多次测量得到的结果非常接近，则该测量具有高精确度。例如，我们使用一个长度测量工具来测量一根线的长度，如果多次测量得到的结果非常接近，那么我们可以说这个测量工具具有高精确度。

（4）信心：对于以前有过类似经验的项目，估算的信心会比较高。而对于新的领域或技术，由于缺乏信息，估算信心会降低。

估算多种不同的分类方式，如以下几种。

1）确定性估算和概率估算

确定性估算，也称为点估算，估算结果是一个具体的数字，比如 240 万或者 16 个月。

概率估算的估算结果是一个区间，并且区间内的值可能涉及不同的概率。

2）绝对和相对估算

绝对估算是基于具体信息得出的估算值，比如一个员工每天工作 8 小时，如果这项工作一共需要 80 小时，那么这项工作的持续时间就是 10 天。

相对估算是与其他估算相对比的结果，只在特定情况下有意义。比如，当前工作与其他工作差不多，其他工作需要 3 天完成，那么当前工作也差不多需要 3 天完成。计划扑克就是一种相对估算的形式。

3）基于工作流的估算

基于工作流的估算需要明确工作的周期时间和工作产量。周期时间是一个产品经过一个完整过程的总消耗时间。产量是指可以在给定时间内完成一个完整过程的产品数。这两个数字可以提供完成指定工作量所需的估算。

4）调整对不确定性的估算

估算本身具有不确定性，不确定性会带来风险。根据定义，不确定性与风险有关。所以在进行估算时，可以适当考虑不确定性，来调整估算值的区间。

3. 进度

对项目活动进行估算后，会得到活动持续时间，结合活动之间的依赖关系和其他信息，会产出进度计划，以指导项目进展的节奏。进度规划时可以使用两种方法：预测型方法和敏捷型方法。

预测型方法中的进度管理详见第 6 章。

如果制订的进度计划与期望的交付日期不一致，可以采用进度压缩方法。进度压缩是指在不改变项目范围的前提下缩短项目的进度时间，以满足进度制约因素、强制日期或其他进度目标。进度压缩包括赶工和快速跟进。

敏捷型方法中的进度规划会采用增量规划的方式，也就是滚动式规划。先创建一个粗略的发布计划，然后在每个迭代中创建更详细的迭代计划。具体可参考图 18-3 所示示例（详见 18.3 节）。

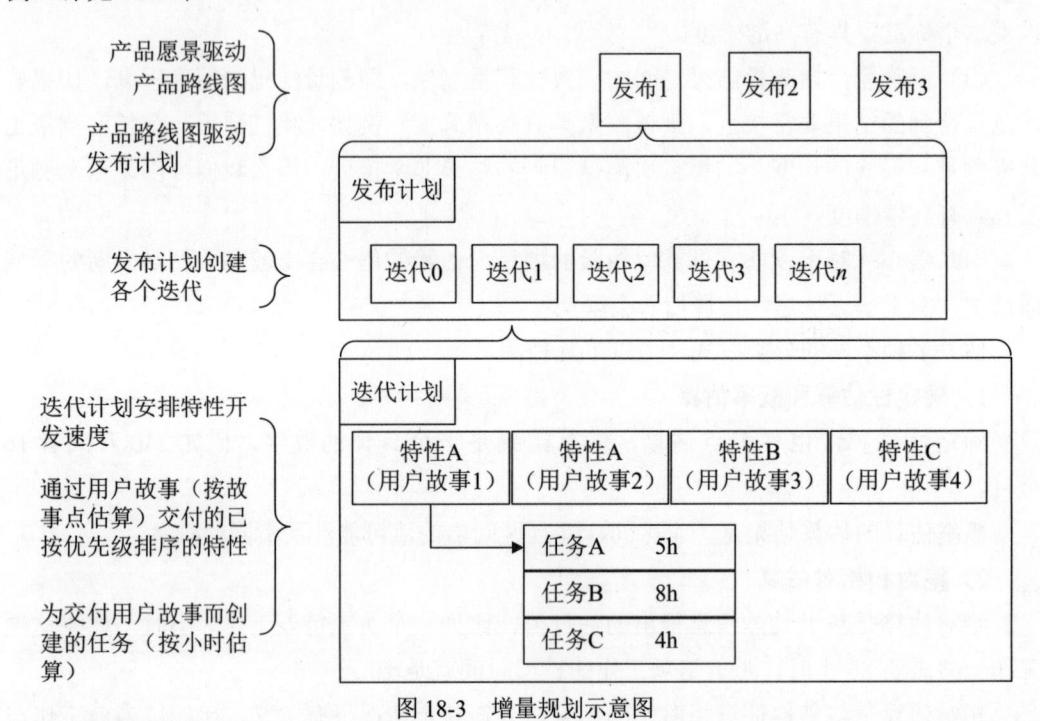

图 18-3　增量规划示意图

4. 预算

项目预算是从商定的项目估算演变而来的。执行活动时，要估算一下需要花多少成本。将算出的成本进行汇总就会得到成本基准。在进行估算时，除了活动本身的成本，还要算出一些储备，所谓储备就是多留一点时间、金钱、资源等，以应对突发情况。储备分为应急储备和管理储备。应急储备是为了应对已经预料到的可能会发生的情况，这部分储备包含在成本基准中。管理储备是为了应对完全出乎意料的突发情况，管理储备不包含在成本基准中，但是应当包含在项目预算中。

18.5 项目工作绩效域

项目工作绩效域主要涉及如何有效开展项目工作，包括优化项目过程、平衡竞争性制约因素、使团队保持专注、项目沟通和参与、管理实物资源、处理采购事宜和营造学习环境等相关的活动和功能。有效执行本绩效域，将有助于项目顺利推进，更好地产生可交付成果。

18.5.1 优化项目过程

项目经理和项目团队应共同确立一套工作程序，并定期进行审查。此过程可以通过组建任务委员会来完成。该委员会负责对程序进行检视，以确定工作是否以预期速度进行、是否存在流程瓶颈，以及是否存在阻碍进展的障碍因素。同时，亦可使用过程裁剪这一技术来优化过程，以满足项目的实际需求。

优化项目过程的方法如图 18-4 所示。

```
                            ┌── 精益生产方法
         优化项目过程的方法 ──┼── 迭代回顾会议或经验教训
                            └── 下一笔资金最适合使用在何处
```

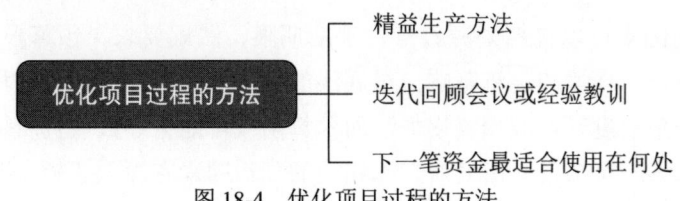

图 18-4 优化项目过程的方法

1. 精益生产

精益生产方法旨在通过消除浪费来提高生产系统的效率和效益。为了实现这一目标，精益生产使用了一系列工具和技术，其中之一是价值流图。

在精益生产中，关注的是增值活动，即那些为产品或服务创造价值的活动。非增值活动则被视为浪费，因为它们没有直接贡献到最终产品或服务的价值中。通过使用价值流图，可以对增值活动和非增值活动之间的比率进行测量和分析。测量出的度量指标成为识别和消除生产系统中浪费的依据。通过分析价值流图和度量指标，可以确定哪些环节存在浪费，如过度生产、等待时间、运输、库存积压等，并采取相应的改进措施来消除浪费，提高生产效率和质量。

2. 迭代回顾会议和经验教训

（1）迭代回顾会议。迭代回顾会议是敏捷项目管理中的一种会议形式，用于团队在每个迭代周期结束时对已完成的工作进行评估和反思。该会议旨在回顾过去的迭代周期，总结经验教训，发现改进的机会，并确定下一个迭代周期的调整方向。

（2）经验教训。经验教训登记册是项目管理中用于记录和跟踪项目执行过程中的经验教训的工具。其目的是促进知识分享和持续学习，以改善项目管理实践和提高未来项目的成功率。它可以包含项目执行过程中的成功实践、问题和挑战、解决方案、经验教训以及可以应用于类似项目的建议。

经验教训登记册通常由项目经理或专门的知识管理团队维护和更新。在项目执行过程中，团队成员可以提供经验教训并将其记录到登记册中。

通过积极记录和应用经验教训，项目团队可以避免重复错误，提高工作效率，增强团队学习和知识分享的文化，并为未来的项目成功提供有价值的指导。

3. 下一笔资金最适合使用在何处

在项目中，当项目团队需要决定如何分配有限的资金时，提出这个问题可以帮助他们确定最佳的资金使用方式。这个问题的目的是优化项目的价值交付，在决策过程中将重点放在价值交付上，即选择能够为项目带来最大收益或最大效益的活动。

通过提出这个问题，项目团队可以对当前任务的价值进行评估，并考虑是否继续执行该任务或将资金投入到下一个活动中。这有助于确保项目团队在资源有限的情况下做出明智的决策，以最大程度地实现项目的目标和利益。

18.5.2　平衡竞争性制约因素

项目的制约因素可以包括资源数量、工期期限、法规要求、预算限制、质量政策，以及对项目的社会、环境和经济影响三重底线的考量等。在项目进行过程中，新的干系人需求可能会导致进度延期或预算增加，而预算削减可能会导致放宽质量要求或缩小项目范围。成功领导一个项目，需要对工作相关的制约因素有深入了解，并且认识到这些制约因素在整个项目期间可能发生变化。

项目管理者要平衡这些不断变化的制约因素，同时确保干系人的满意度。这可能需要召集不同利益干系人召开会议，以提出备选方案并阐释其影响。在某些情况下，这些决策和潜在的偏差可能在项目团队的职权范围内，他们可以权衡利弊，并交付最终结果。不管是哪种情况，这种平衡竞争性制约因素的活动都会在整个项目期间持续进行。

18.5.3　使项目团队保持专注

在项目执行过程中，团队成员几乎不可避免地会被其他事宜干扰，包括但不限于一些例行会议、行政工作、其他同事的问题打扰等。项目经理需为项目团队提供一个良好的工作环境，使其专注点和注意力放在创造价值上。

在领导项目团队的过程中，项目经理需依据交付目标对项目进度进行短期和长期的预测评估，需兼顾工作量的均衡分配以及对团队成员工作满意度的评估，以确保团队成员保持积极的工作状态。为了实现整个项目期间交付商业价值最大化，项目团队的注意力需要保持健康平衡。领导层的工作应聚焦于促进产出交付价值和维护项目团队的生产力上，使项目团队能够专注于创造价值，并能及时识别项目可能出现的潜在问题、延误和成本超支，进而有效应对。

18.5.4 项目沟通和参与

在项目执行过程中，绝大多数任务均与沟通及参与活动紧密相关，尤其是与项目团队成员及其他利益相关者的互动。通过沟通传递信息，达成共识。沟通有多种分类方式，可以分为口头沟通与书面沟通，亦可分为正式沟通与非正式沟通，还可分为官方沟通与非官方沟通等。

以收集项目信息为例，可以有多种沟通方法和工具，可借助访谈、头脑风暴、专题会议、数据调查以及从电子资料库中提取信息等方式获取所需资料。信息一经搜集，需进行梳理、整理，并依照项目管理沟通计划的指导原则进行恰当的分发。

沟通管理计划应覆盖大部分的沟通需求。在日常业务活动中，可能会有人提出特别的沟通需求，请求提供特定信息、演示文稿、报告或其他形式的资料。若特殊沟通需求出现较多，可能表示项目沟通计划做得不够充分，未能较好地满足利益相关者的需求。在此情形下，可能需进一步与利益相关方协作，以确保其信息需求得到满足。

18.5.5 管理实物资源

部分项目涉及第三方供应商提供所需材料与物资。对于这些物资的规划、采购，以及后续的运输、储存、追踪与管理，往往需耗费大量时间和精力。管理实物资源，目标是减少或消除现场材料搬运与储存，减少材料等待时间，最小化材料报废与浪费，以及营造安全的工作环境。这些细节通常会被详尽记录于公司政策之中，并在项目执行过程中得到贯彻。但要良好落实，一个集成化的物流系统显得尤为关键。

在物流系统中，物流计划具体阐述了如何在项目中落实这些公司政策。同时，还需准备相应的支持性文件，这些文件应包含材料种类的详尽估算、估算依据、预期使用量、质量标准以及交付时间与地点等关键信息。这些细节对于项目的顺利执行至关重要。务必确保这些工作与主项目进度计划相协调，以便为所有利益相关方提供明确的期望和有效的沟通。

18.5.6 处理采购事宜

在众多项目实施过程中，涉及大量采购活动。采购内容广泛，可能涵盖材料、设备、用品，乃至解决方案、劳动力和服务等多方面。项目经理一般不具备直接签署合同的权限，而是与拥有合同签署权或相关专业知识的合同官员或其他专业人员协作完成任务。

组织通常会设立严格的采购政策和程序，明确授权签署合同的人员、职责限制以及必须遵循的流程和规范。在采购活动正式开展前，项目经理与具备相应技术资质的项目团队成员需与合同签署方面的专业人员携手合作，共同制定建议邀请书（RFP）、工作说明书（SOW）、条款和条件以及其他必需的招标文件。后续开展招投标工作，选择合适的卖方，签署合同，实施采购，还需要跟进合同约定，监控采购。详情见第10章。

18.5.7 监督新工作和变更

在预测型项目中，为了确保范围基准的一致性需要对工作变更进行积极管理。项目团队的目标是确保范围基准只包含经过批准的变更，以保持项目的可控性和可预测性。

变更控制流程：相关方提出变更请求，如果变更不涉及基准，则项目经理负责审批；如果涉及基准，则由变更控制委员会对变更进行审批。审批会综合考虑变更对项目所带来的各方面影响。如果审批通过，则更新项目计划文件，并与相关方同步信息，然后落实变更。

在预测型项目中，通过严格的变更控制流程，项目团队可以保持项目的可控性。

在敏捷型项目中，工作的变化是频繁和难以预测的，其演变和调整几乎是确定会有。敏捷型项目允许根据需要增加新的工作，并将其添加到产品待办事项列表中。

管理工作增加：项目经理与产品负责人协同工作，管理新增工作对项目范围、预算和团队成员可用性的影响。即使新增的工作量超过正在进行中的工作量，团队可能会采取置换的策略，项目将维持进行状态，不会提前结束。在敏捷型项目中，项目团队需要意识到工作的不断演变和调整，并与产品负责人合作管理新增工作的影响。

优先级排序和项目完成：产品负责人持续对产品待办事项列表进行优先级排序，确保高优先级的事项首先完成。如果项目进度或预算有限，当完成了优先级最高的事项时，产品负责人可以认为项目已经达成既定目标。

18.6 交付绩效域

交付绩效域所涉及的活动和功能，均围绕着项目交付时需达成的范围目标与质量要求展开。有效执行此绩效域，预期可实现成果为：助力业务目标和战略，完成项目既定交付，按计划实现收益，团队清晰掌握需求，干系人认可交付成果。

项目的目的是帮助组织实现其战略目标和商业目标。项目在组织中扮演着推动力量的角色，通过实施特定的项目来支持组织的整体战略规划，推动组织朝着预期的目标迈进。

交付绩效域聚焦的内容如图18-5所示。

图 18-5 交付绩效域聚焦内容

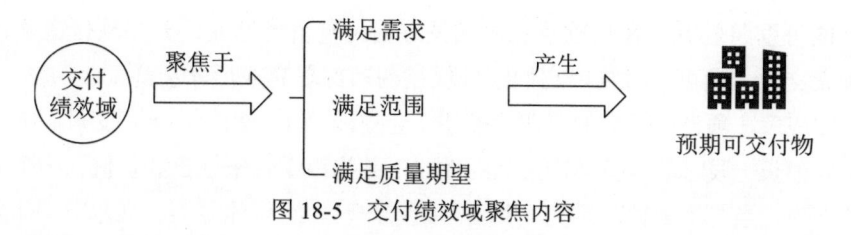

项目的交付阶段着重于满足干系人的需求和期望。这包括确保项目交付的成果、产品或服务符合干系人的要求,并在质量上达到预期水平。

不同的干系人对项目交付的成果可能有不同的关注点和重视程度。有人关注可交付物的易用性,有人关注节省时间,有人关注可交付物的经济回报,也有人关注产品的市场差异。

项目交付价值如图 18-6 所示。

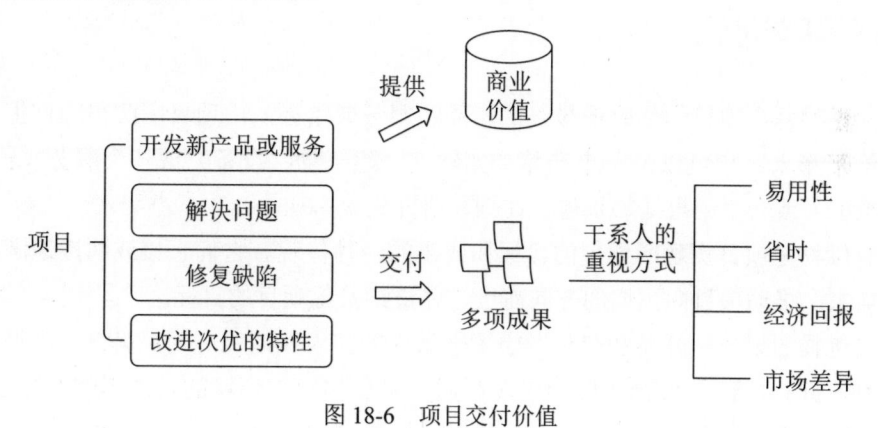

图 18-6 项目交付价值

18.6.1 价值的交付

项目在不同生命周期阶段交付价值的示意图如图 18-7 所示。

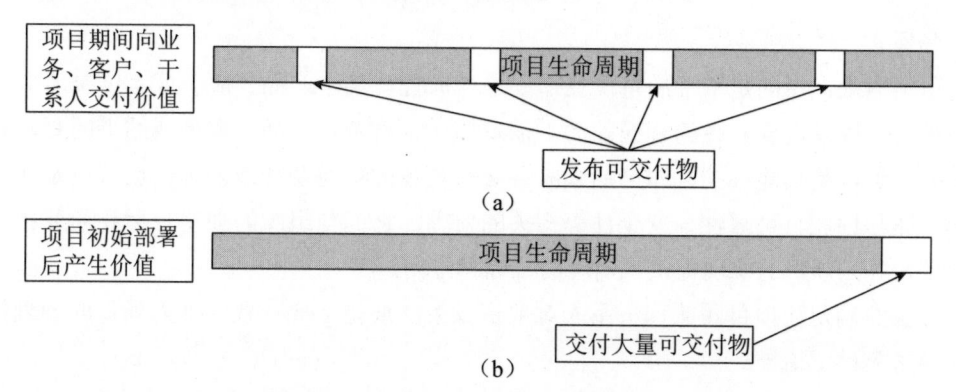

图 18-7 项目在不同生命周期阶段交付价值示意图

当项目所采用的开发方法可在项目全流程中实现可交付成果的发布,那么在项目开展期间，便可以向业务、客户以及其他相关方交付价值。然而，一些项目在项目生命周期结束阶段交付大量可交付物，它们的价值在初次部署完成后才会产生。

项目完成后，项目所带来的商业价值并不会立即停止。相反，项目交付的成果可能在项目结束后很长一段时间内持续产生商业效益，并为组织带来回报和价值。一个典型的例子是软件产品。当一个软件项目完成并交付给客户时，它可能并不会立即带来显著的商业价值。然而，随着时间的推移，软件产品的用户数量和活跃度可能会不断增长，从而为组织带来持续的收入流。此外，软件产品还可以通过更新和升级来维持其商业价值。

产品和项目集在其较长生命周期中会经历不同的阶段，而在这些阶段中可以衡量和评估早期项目所带来的收益和价值。通过较长的生命周期，可以充分观察和评估项目交付的成果对业务的影响和商业价值。

18.6.2 可交付物

可交付物是指项目的临时或最终的产品、服务或结果，由项目团队在项目生命周期内交付给干系人。它可以是一个产品（如软件、建筑物、设备）或一个服务（如咨询、培训、维护）或一个结果（如报告、计划、研究成果）。

可交付物是项目实现所期望的目标和成果的一种体现。它们直接或间接地满足了干系人的需求，推动项目向预期的方向前进，并最终实现项目的目标。

可交付物的设计、开发和交付考虑了干系人的需求和期望，确保其符合项目范围和质量标准。此外，可交付物还应考虑对利润、人员和地球环境的长期影响，即在经济、社会和环境方面的可持续性。可交付物的组成如图 18-8 所示。

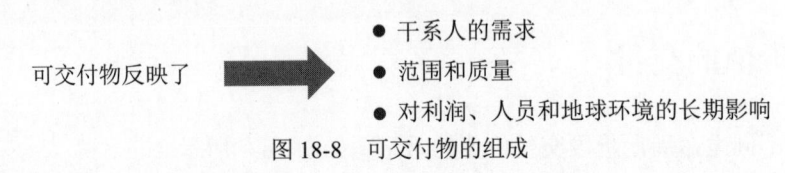

可交付物反映了 ➡
- 干系人的需求
- 范围和质量
- 对利润、人员和地球环境的长期影响

图 18-8 可交付物的组成

1. 需求

所谓需求，指的是基于满足商业需要这一前提，某个产品、服务或者结果所务必达到的条件，以及需要具备的相应能力。需求描述了对特定产品、服务或结果的要求和期望。它们可以是功能性的，即产品或服务必须具备的特定功能或能力；也可以是非功能性的，即与性能、可靠性、安全性等相关的要求。它们与组织的战略目标和商业愿景密切相关，并为项目的实现提供了明确的目标和方向。

需求的确定让项目团队和干系人对项目成果的期望达成一致，并为项目的规划、设计和实施提供了指导。

对于需求的收集，不局限于某一阶段。当项目的范围清晰且处于相对稳定状态时，一般会在预先规划阶段与项目干系人协同合作，挖掘并记录需求。对于那些在项目启动之初就对需求有宏观层面认知的项目，其需求会随时间推移而动态变化。还有部分项目，在项目推进过程中才逐渐发现新需求。

在项目中，需求的演变和变化强调了项目团队与干系人的合作和沟通的重要性，要能够及时识别、处理和适应需求的变化，以确保项目的成功交付。

1）需求启发

需求启发是指通过不同的方法和技巧来引导人们表达、产生或唤起需求。这意味着在需求收集过程中，项目团队使用各种技术和工具来激发干系人思考、表达和共享他们的需求。

收集需求的工作，远不止进行访谈或者开展焦点小组会议这么简单，它还涉及许多别的方式。在某些情况下，需求是通过对数据加以分析、对现有的业务流程进行观察、对过去的缺陷日志予以审查等不同方式推导出来的。

2）不断演变和发现的需求

在某些项目中，需求可能无法事先完全定义和确定，而是在项目进行过程中演变和发现的。

使用原型、演示、故事板和模型等方法，可以帮助项目团队与干系人一起演变需求。通过这些可视化工具和技术，干系人可以更直观地看到系统或产品的外观、功能和交互方式，从而更好地理解和表达他们的需求。团队可以根据干系人的反馈和观察，对原型和演示进行修改和改进，以逐步满足干系人的需求。

需要注意的是，需求的演变和发现需要团队和干系人之间的密切合作和沟通。团队需要灵活应对需求的变化，并在演变过程中及时调整项目计划和资源分配，以确保项目能够成功地满足干系人的期望和商业目标。

3）需求管理

无论需求是初始便已明确，处于动态演变状态，还是之后才被发现，均须予以妥善管理，以避免潜在的问题和风险。

一旦需求管理失效，很容易诱发返工问题、项目范围不受控制地扩大、客户对项目成果不满意、预算超支、进度拖后，严重时甚至导致项目彻底失败。正因如此，不少项目都会安排一位需求管理的负责人。这个人可能承担着商业分析师、产品负责人、价值工程师等角色。需求管理人员可以利用专用软件、待办事项列表、索引卡、跟踪矩阵等办法，保证需求在灵活性与稳定性上达到恰当的程度，并且确保新的和不断变化的需求能被所有相关干系人所接受。

2. 范围定义

从需求转换到范围是项目管理中的关键步骤，它确保将干系人的需求转化为项目的具体范围和可交付物。具体的转化流程如下：

（1）理解需求：仔细阅读和分析收集到的需求，确保对其含义和目标有清晰的理解。与干系人进一步讨论和澄清，以确保对需求的解释一致。

（2）拆解需求：将高层次的需求分解为更具体、可操作的子需求。使用分解技术如分解结构图或工作分解结构（WBS）来细化需求，并将其组织成逻辑的层级结构。

（3）定义范围：根据分解后的需求，定义项目的具体范围。这包括确定项目的主要可交付物、关键功能和特性，以及所涉及的限制和排除。

（4）确定优先级：对需求进行优先排序，以确定哪些需求对项目成功至关重要，哪些可以在后续阶段或迭代中实现。

（5）确定可交付物：将需求映射到相应的可交付物，即项目的产出物。确保每个需求都有对应的可交付物，并明确其所需的功能和性能。

（6）制定验收标准：为每个可交付物制定明确的验收标准，以确保它们符合干系人的期望和质量标准。这些标准应该是可度量和可验证的。

（7）完善范围文档：将上述信息整理为范围文档，包括范围说明书、需求规格说明书、WBS等。这些文档将成为项目团队和干系人共享的参考资料。

需要注意的是，从需求到范围的转换是一个迭代的过程。在项目的不同阶段或迭代中，可能会出现新的需求、变更或进一步的细化。因此，需求管理和范围管理应该是持续进行和相互补充的活动，以确保项目始终对干系人的需求保持敏感和响应。

通过从需求文件中确定项目范围说明书，可以明确项目的目标和边界，确保项目团队和干系人对项目范围的共识。这有助于避免范围蔓延和需求不明确的问题，提高项目的成功率和交付质量。

3. 完成的目标不断偏离

目标偏离是指随着项目的推进，项目实际情况与最初计划的项目目标之间的距离逐渐增大。伴随着项目的延期或需求变更，项目目标可能会与最初定义的完成标准发生偏离。这可能导致项目目标的滞后或不完全符合预期。例如，一个软件开发项目最初的目标是在6个月内完成所有功能的开发和测试，然而，由于各种原因（如技术难题、人员流失等），项目用时12个月才完成。这意味着项目的目标已经滞后了6个月。此外，如果在项目进行过程中还出现了需求变更，例如客户要求增加一些新功能或修改现有功能，那么项目的进度可能会进一步延迟。

在这样的环境中，项目团队需要保持敏捷和灵活，不断调整项目目标，确保项目交付的结果能够适应变化的市场需求和新的技术趋势。同时，团队需要及时识别并纠正任何目标偏离，以确保项目能够成功交付并达到商业目标。

不受控制的范围扩大叫范围蔓延。通过使用变更控制系统和严格的变更管理流程，项目团队可以避免无序的范围蔓延，并确保任何范围的增加都经过充分的审查和批准，以保持项目的可控性和成功交付。这样可以最大程度地降低项目风险，并确保项目能够按计划完成。

4. 质量

质量聚焦于确保交付物达到一定的绩效水平，是交付绩效域重点关注的对象。

质量需求通常会在完成标准、完成的定义、工作说明书或需求文件中得到反映。这些文件中会明确规定交付物应该具备的质量要求，例如产品的可靠性、可用性、安全性等。这些质量需求是确保交付物符合预期标准和要求的关键指标。

在项目中，必须在满足质量需求的同时平衡相关成本。这意味着需要在过程和产品的质量需求之间取得平衡，确保交付物符合预期质量标准，同时也要考虑相关的成本因素。

通过关注质量需求并遵循组织的质量政策和程序，项目团队可以确保项目交付的质量符合预期，并满足干系人的需求和期望。这有助于降低项目风险，提升项目的成功交付率。

对于缺陷问题，可以用四个字概括："越早越好。"早发现，好修改。晚发现，纠正成本高。如果从源头发现问题，修改起来容易，如果木已成舟，再推倒重来，代价就很昂贵。变更的代价如图18-9所示。因此，项目团队在设计项目时，将质量纳入进来，使质量成为项目的关注点，可以帮助避免高昂的变更成本，这些成本通常与在项目生命周期后期发现的质量问题相关。

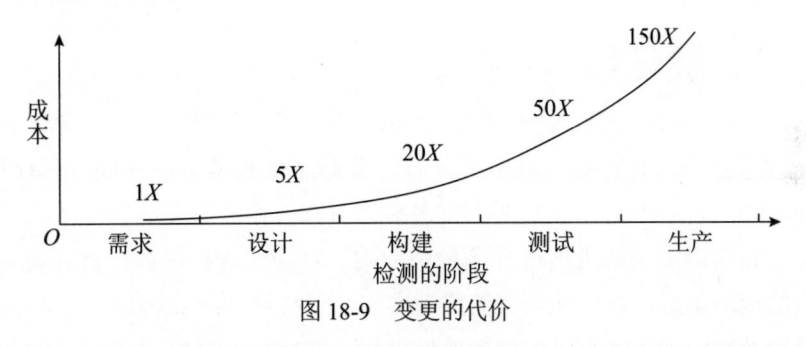

图 18-9　变更的代价

一种方法是让质量分析师与设计师和工程师合作，以了解并确定如何在项目的每个阶段以最佳方式满足质量要求。通过在项目早期就与相关团队合作，可以预先考虑和解决质量问题，避免将质量问题留到后期才发现并导致较高的变更成本。

小洞不补，大洞吃苦。通过提前处理和解决设计和工程问题，可以避免在项目的后期阶段出现大规模的质量问题。

通过将质量纳入项目过程，并积极主动地进行质量工作，项目团队可以在整个项目生命周期中提高质量标准，减少变更成本，并确保项目的顺利进行。这有助于避免后期质量问题的发生，并提高项目的成功交付率。

18.6.3　次优的成果

项目交付成果的目标是追求最佳或最有效的解决方案，以满足客户需求或实现组织目标。然而，对于各个项目而言，产生的成果不够优秀，或者无法完成目标，这种可能性始终存在。

在某些项目中，尤其是试验性的项目，组织可能会尝试实现突破性的目标，例如开发全新的技术或寻求创新性的解决方案。这些项目通常涉及对不确定性的投资，并接受可能出现的失败。例如，医药健康行业，制药企业或化学公司在探寻到成功的药物配方以前，极有可能历经一连串的失败；科技研发行业，企业可能因数据质量不佳、算法设计缺陷或算力不足，导致开发出的人工智能模型准确率和泛化能力达不到预期，无法实现最优成果。

也有部分项目之所以无法交付成果，或可能会产生次优成果，根源在于市场机会的错失，或者竞争对手已率先推出类似产品。在这种局面下，由于无法实现原先设定的交付目标，该项目极有可能被看作失败。

即便是有效管理，能有助于最小化负面结果，亦须认识到，不确定性与项目相伴而生，很难完全避免。在某些情况下，项目管理团队可能需要灵活应对，重新评估目标和策略，以适应变化的环境和市场需求。这可能涉及调整项目范围、重新分配资源或寻找新的市场机会。

18.7 测量绩效域

测量绩效域是在项目执行过程中对项目的实际进展和结果进行度量和评估的过程。在测量绩效域中，项目管理团队需要采用各种工具和技术来收集、分析和报告项目绩效数据和信息，以便对项目的进展进行监督和控制，对绩效进行评估，及时调整项目计划和实施适当的应对策略，以确保项目的成功实施，保持最佳绩效。

与测量绩效域相关的常见概念包括度量指标、基准和仪表盘。

- 度量指标：是对项目或产品特定属性的描述，以及用于测量这些属性的方法或方式。度量指标用于评估和监控项目或产品的性能、质量或进展情况，比如成本绩效指数（CPI）、进度绩效指数（SPI）、团队离职率、PMP证书持有者比例等。
- 基准：是经过批准的工作产品的版本，用作与实际结果进行比较的依据，比如范围基准、进度基准、成本基准。基准可以作为衡量项目执行情况或产品质量的依据，通过与基准进行对比，可以评估项目或产品的实际结果是否符合预期。
- 仪表盘：是一组图表和图形，显示相对于项目的重要指标所取得的进展或绩效。仪表盘提供了一种直观的方式来监测和评估项目的状态和表现。

测量的价值不仅在于收集和传播数据，更在于对数据的分析和解读，以及对项目绩效的持续改进，从而提高项目的成功实施率和管理效能。

18.7.1 制定有效的测量指标

制定有效的测量指标可以确保对正确的事情进行测量，并向干系人报告准确、可靠、有实际意义的信息。

测量本身并不会改变项目的状态，而是通过测量来指导我们如何及时做出决策并采取适当的行动。例如有人想要减肥，他天天去称重量，并不能达到减肥的效果，重点是需要采取对应的减肥措施。

制定有效的测量指标包括关键绩效指标（KPI）和有效度量指标。

- 关键绩效指标是对项目成功实施所必需的关键要素进行的量化和可衡量的度量，它们反映了项目的目标、范围、质量、进度和成本等方面的表现和结果。通过确定关键绩效指标，可以确保对正确的事情进行测量，不会遗漏重要的绩效要素，这有助于确保测量的准确性和可靠性。
- 有效度量指标是指衡量关键绩效指标的具体指标或度量方式，它们必须是可靠的、准确的、可衡量的和可操作的。通过制定有效的度量指标，可以建立基准线和目标值，以便评估绩效，比较实际绩效和预期绩效，发现偏差，并及时制定纠正措施。

项目团队应当只测量与项目相关且具有相关性的内容，避免将时间和精力浪费在其他无法提升的工作上。有效的度量指标需要具备SMART特征，SMART特征是指具体的（Specific）、有意义的（Meaningful）、可实现的（Achievable）、具有相关性（Relevant）、具有及时性（Timely）。

有些人更喜欢其他词汇，但大体意思相近。

18.7.2 测量内容

测量内容、参数和测量方法取决于项目目标、预期成果及项目环境。例如，对于一个IT项目，可以考虑测量开发进度、代码质量、用户满意度等参数；而对于一个市政基建项目，则需要考虑测量工期、成本控制、工程质量等参数。

常见的度量指标类别包括：

- 可交付物度量指标（测量可交付物）；
- 交付（敏捷型项目，跟在制品有关）；
- 基准绩效（进度与成本控制情况）；
- 资源（使用情况）；
- 商业价值（是否值得投资）；
- 干系人（满意度）；
- 预测（未来可能情况）。

一组平衡的测量标准有助于让人了解项目及其绩效和成果的整体情况。

1. 可交付物度量指标

有用的测量指标是根据具体项目的需求、所交付的产品、服务或结果决定的。

常用的测量指标包括有关错误或缺陷的信息、绩效测量指标和技术绩效测量指标。这些指标可以帮助项目团队了解项目的实际情况，识别问题和风险，并采取相应的措施和行动来提高项目的绩效。

（1）有关错误或缺陷的信息。这些测量指标可以提供关于缺陷的来源、已识别的缺陷数量和已解决的缺陷数量等信息。

（2）绩效测量指标。这些指标可以描述与系统运行相关的物理或功能属性。例如，尺寸、重量、容量、准确度、可靠性和效率等指标可以帮助评估系统的绩效状况。

（3）技术绩效测量指标。这些指标使用量化的方法来评估系统组件是否符合技术要求。它们可以提供关于技术解决方案实现进展的洞察。每个行业中技术测量指标会不一样。

2. 交付（敏捷型）

交付过程测量指标与在制品的状态和进展相关联。通过测量在制品，可以评估项目的进展和质量状况。交付测量指标一般包括在制品、提前期、周期时间、队列大小、批量大小、过程效率。

（1）在制品：可以用来表示正在处理的工作事项的数量。这个指标有助于项目团队将正在进行的工作事项的数量限制在可管理的范围内。

（2）提前期：可以用来衡量从故事或工作块进入待办事项列表到迭代或发布结束所消耗的实际时间。提前期越短，就意味着项目团队的工作过程越有效，团队的工作效率越高。

（3）周期时间：也叫前置时间，指的是一个任务或一个迭代从开始等待到完成所需的实际时间。周期时间越短，意味着项目团队能够越快地完成任务，表明团队更加高效和有成效。

（4）队列大小：一个衡量队列中待处理事项数量的指标，即在制品数量。通过将队列大小与在制品限值进行比较，可以评估队列的状况和工作负载。利特尔法则（Little's Law）可以帮助大家了解队列大小的概念。例如，一条生产线上，待生产的原材料数量/每一个原材料生产所需的时间 = 这条生产线的生产效率。

生产效率（产能、吞吐量）= 队列大小（在制品数量）/ 周期时间（前置时间）。

前置时间包含等待时间加执行时间。前置时间 = 在制品数量 / 吞吐量。

例如，小丑折 1 个纸飞机要 2 分钟，持续有 10 个小朋友的队伍排队等着小丑折纸飞机。那前置时间为 2×10=20 分钟。即：½ 个 / 分钟 =10 人 /20 分钟。

利特尔法则告诉我们，要让小朋友等待时间变短（前置时间），就得让排队人数减少（在制品），或者让小丑折飞机的效率提高（吞吐量）。

（5）批量大小：在一个迭代或工作周期内，团队计划完成的任务或工作项的数量，可以通过不同的度量单位来表示，比如人力投入量、故事点等。

（6）过程效率：用来优化工作流程的比率指标，其计算基于增值时间和非增值活动的比率。增值时间指的是正在开发或核实的任务所花费的时间；而非增值活动则是指等待任务所花费的时间。过程效率越高，说明工作流程的优化程度越高。

3. 基准绩效

项目管理中常用的基准和测量指标包括成本和进度方面的指标。常见的测量指标包括开始日期和完成日期、人力投入和持续时间、特性完成率，以及进度偏差（SV）、进度绩效指数（SPI）、实际成本、成本偏差（CV）和成本绩效指数（CPI）等。

（1）开始日期和完成日期：通过将实际开始日期与计划开始日期进行比较，可以评估工作是否按计划进行。同样，将实际完成日期与计划完成日期进行比较，可以判断工作是否按时完成。

（2）人力投入和持续时间：通过比较实际人力投入和持续时间与计划人力投入和持续时间，来评估工作量估算和工作所需时间估算的有效性。如果比值过高，可能意味着工作量被低估或者工作能力被高估。

（3）特性完成率：通过检查已完成的特性验收比率来估算项目的完成日期和成本。特性是指项目中所需实现的功能或特点。

进度偏差、进度绩效指数、实际成本、成本偏差和成本绩效指数等测量指标详见7.5节。

4. 资源

资源测量指标可以被看作成本测量指标的子集，因为资源偏差经常导致成本偏差。通常使用价格偏差和利用率偏差作为评估指标。

（1）价格偏差：实际资源成本与计划资源成本之间的差异，可以评估项目在资源成本方面的表现。如果实际成本超出了估算成本，就会产生正的价格偏差，意味着项目的成本超出了预期。

（2）利用率偏差：实际资源利用率与计划资源利用率之间的差异。如果实际利用率高于计划利用率，就会产生正的利用率偏差，意味着项目的资源利用率高于预期。

5. 商业价值

商业价值测量指标是用来评估项目的可交付物与商业论证和收益实现计划之间的一致性的指标。商业价值可以从财务和非财务的角度来进行评估。

从财务角度来看，商业价值可以包括成本效益比、计划收益交付、投资回报率和净现值。

从非财务角度来看，商业价值可以包括市场份额增长、客户满意度、品牌价值提升。

6. 干系人

测量干系人满意度的方法包括调查、推断和查看相关的度量指标。在缺乏满意度数据的情况下，可以通过净推荐值（NPS）、情绪图、士气和离职率等方法来评估干系人的满意度水平。

（1）净推荐值（NPS）：一种用于衡量干系人愿意向他人推荐产品或服务的程度的指标。它的测量区间为[-100, 100]。较高的净推荐值通常意味着干系人更愿意推荐产品或服务给他人，表明较高的满意度和忠诚度。

（2）情绪图：一种用于跟踪一组重要干系人情绪或反应的工具。在每天结束时，项目团队成员可以使用颜色、数字或表情符号来表示他们的心情。通过这种方式，可以清晰地了解团队成员的情绪状态，发现潜在问题和需要改进的领域。

（3）士气：个体或团队对工作的积极程度和信心。测量项目团队的士气可以通过问卷调查来完成，以了解团队成员对自己工作的价值感、被认同感和对团队合作方式的满意度。评分越高，表明团队成员对这些方面的认同感和满意度越高，士气也就越高。

（4）离职率：一个可以间接反映项目团队士气的指标。如果一个项目团队的离职率较高，可能意味着团队成员的士气低落。

7. 预测

项目团队通过预测来考虑未来可能发生的情况，以便能够及时做出调整和决策。可以基于专家判断或经验来预测未来可能发生的情况，也可以利用过去的信息和数据来估算未来可能发生的情况。预测结果应该被视为一种参考，而不是绝对的预测，可以定期评估预测的准确性并进行调整。

定量预测方法通常包括完工尚需估算（ETC）、完工估算（EAC）、完工偏差（VAC）、完工尚需绩效指数（TCPI）、回归分析和产量分析。

- 回归分析：一种通过考察一系列输入变量及其对应的输出结果来建立数学或统计关系的分析方法。它用于探究变量之间的相关性，并通过这种相关性来预测或推断未来的绩效。
- 产量分析：可评估在固定时间范围内已完成事项的数量。采用敏捷型实践的项目团队使用产量度量指标（例如对比已完成特性与剩余特性、速度和故事点）来评估项目的进展情况，并估算可能的完成日期。

其他指标详见本书 7.5 节。

18.7.3　展示信息

测量指标的收集和使用非常重要，因为它们提供了评估和监控项目进展的关键信息。然而，收集到的信息只有在及时、容易获取、易于吸收和领会的情况下才能发挥作用。为了更好地传达信息的不确定性程度，需要展示数据并使用图形化的可视化工具，以便干系人更容易理解和吸收信息。常用的信息展示方法包括仪表盘、信息发射源（BVC）、目视管理。

1. 仪表盘

仪表盘是一种用于显示与度量指标相关的大量信息的常见方法。仪表盘通常以电子方式收集数据，并以图表的形式呈现状态。仪表盘通常提供了高层级的数据概要，并允许对具体数据进行深入分析。

仪表盘通常使用信号灯图、横道图、饼状图和控制图来显示相关的信息。仪表盘上可能会显示有关超出临界值的指标的具体信息和解释，以帮助项目团队理解和采取相应的行动。

2. 信息发射源

信息发射源是一种可见的实物展示工具，用于向干系人提供信息，以实现及时的知识共享。BVC 将信息发布在人们可以轻松看到的地方，并且应该经常更新。BVC 通常是"低科技高触感"的，即方便手动维护的。常见的信息发射源包括燃尽图、燃起图、看板、任务板等。

3. 目视管理

在精益环境中，信息发射源被称为目视管理。目视管理是一种基于可视化的管理方法，旨在通过直观的展示方式帮助人们更容易地比较实际绩效和预期绩效。它可以应用于不同层级的信息，从整体的商业价值到具体的任务进展。目视管理的重点是让信息对所有人都是显而易见的，以便更好地理解和共享。通过目视管理，团队成员可以更加清晰地了解工作的状态和进展，从而能够更好地做出决策和采取行动。

18.7.4 测量陷阱

项目测量指标是帮助项目团队实现项目目标的重要工具。然而，在使用测量指标时，可能会遇到一些陷阱，这些陷阱可能会对项目产生负面影响，比如霍桑效应、虚荣指标、士气低落、误用度量指标、确认偏见和相关性与因果关系对比。

（1）霍桑效应是指在被观察者知晓自己受到观察时，其行为会改变的现象。在项目管理中，这意味着团队知道他们的工作被评估，可能会调整行为以符合预期结果，而不是真实表现。因此，在制定度量指标时需要谨慎。过于关注产出数量可能导致忽视高质量成果和客户需求。解决方法是采用综合指标，结合数量、质量和客户满意度评估团队绩效，确保平衡项目目标和价值。

（2）虚荣指标（Vanity metric）是指那些看起来很好，但实际上没有实质性决策价值的测量指标。这些指标关注表面结果，忽视对业务目标的实际影响。比如，网站页面访问量是虚荣指标。高访问量看起来不错，但无法提供用户行为、转化率或满意度等重要信息。

（3）士气低落常出现在当项目团队被设定了无法实现的测量指标和目标时。如果一直未能达到设定的目标，团队成员可能会感到沮丧、失望和没有动力。

（4）误用度量指标是指在绩效评估中，人们选择、强调或执行度量指标时出现错误。这可能导致对绩效的误解，例如，关注不太重要的指标，忽视最重要的；专注于短期而忽视长期；为改善指标而进行不相关的活动。

（5）确认偏见是指我们偏向于接受与已有观点一致的信息，而忽视相抵观点，可能导致错误判断。

（6）相关性与因果关系在数据分析中经常被混淆。相关性是统计上的关联，而因果关系是一个变量的变化直接引起另一个变量的变化。例如，如果一个项目进度延迟并且预算超支，仅凭相关性可能错误地认为预算超支导致了进度延迟，或者进度延迟导致了预算超支。然而，实际情况可能更复杂，其他因素如技能、管理变更能力和风险管理也会影响两者。

18.7.5 对绩效问题进行故障诊断

项目团队需要与相关干系人就各种度量指标（如进度、预算、速度和项目特有的其他测量指标）制定临界值，并达成一致。临界值是确定绩效是否超出预期范围的上下限。不同的干系人对项目绩效的要求和期望可能不同，因此对于同一个度量指标可能会有不同的临界值。确保与干系人达成一致是非常重要的，这样可以在测量绩效过程中建立一个共同的标准，并避免不必要的争议。

项目团队在测量绩效过程中不仅应该关注是否超出临界值，还应该主动预测是否可能超出临界值，并采取相应的预防措施。如果能够通过趋势分析或新信息预测到可能出现的偏差，项目团队应该及时采取行动来解决问题，而不必等到实际超出临界值才采取行动。

例外计划是在超过临界值或预测时采取的一组商定行动。通过实施例外计划，项目团队能够更加及时地应对潜在的偏差和问题，提前预防和解决可能的风险，确保项目能够按计划顺利进行。

18.7.6 成长和改进

测量和展示数据是为了学习和改进。通过测量和报告信息，可以帮助项目团队实现以下目标：

（1）学习。测量指标可以给项目团队提供了解项目进展和绩效的机会。通过分析和解读这些数据，团队可以从中学习，并及时调整和改进项目管理策略和方法。

（2）推动决策。测量指标提供了可靠的数据支持，可以为项目决策提供依据。

（3）改进绩效。测量指标可以帮助识别项目绩效的强项和需要改进的领域。团队可以据此找到提高绩效的机会，并制订相应的改进计划。

（4）避免问题。测量指标可以帮助团队及早发现潜在的问题和风险。通过监测和报告指标，团队可以及时采取措施来避免问题的发生，降低项目风险。

（5）防止绩效下降。测量指标可以帮助团队监督项目绩效的变化趋势。如果发现绩效有下降的趋势，团队可以及时采取措施来纠正和改善，确保项目继续保持高水平的绩效。

18.8 不确定性绩效域

项目管理的成功是通过预测、应对和优化不确定性实现的。在项目管理中，不确定性是指各种内外因素的影响而导致项目在实施过程中可能出现的各种变故，例如市场需求、技术发展、法律法规、风险事件等，这些因素具有不确定性。项目管理的目标是通过有效的计划和执行,及时识别和管理不确定性,从而实现项目目标并提高项目成功的概率。通过对不确定性绩效域的深入认识,从而更好地管理项目风险,促进项目成功。

这是一个 VUCA 的时代,充满了不确定性、模糊性、复杂性和易变性。VUCA 的定义如表 18-1 所示。

表18-1 VUCA的定义

定义	解释
不确定性	缺乏对问题、事件、要遵循的路径或要追求的解决方案的理解和认识
模糊性	不清晰的状态,难以识别事件的起因,或者有多个从中选择的选项
复杂性	由于人类行为、系统行为和模糊性而难以管理的项目集、项目或其环境的特征
易变性	快速且不可预测的变化的可能性

(1)不确定性:一种充满困扰和潜在风险的奇特状态,常常让我们在面临问题、事件、需要遵循的路径或追求的解决方案时感到迷茫和困惑,难以获取全面和真实的信息,进而可能导致决策的失误或策略的偏差。

(2)模糊性:一种令人无所适从的状态,往往让我们陷入困境,无法准确识别出事件的起因,可能是多个相互矛盾的因素交织的结果。当我们处于这种模糊的状态时,往往会感到束手无策,不知道从何入手。

(3)复杂性:一种令人畏惧和敬畏的特性,表现为由于人类行为、系统行为和模糊性而难以管理的项目集、项目或其环境的特征。这些复杂的任务可能包含许多难以理解的细节和未知的挑战,要求我们具备高超的技能和丰富的经验,才能够有效地应对这些复杂性。

(4)易变性:一种充满变数的属性,快速且不可预测的变化的可能性。在一个快速变化的时代,我们无法预测未来的发展趋势,而必须时刻准备面对新的挑战。面对易变性,我们需要具备敏捷的思维方式和快速适应的能力,以便在不断变化的环境中取得成功。

项目管理中的不确定性是客观存在的,要想成功驾驭不确定性,就需要充分了解项目运行的大环境,找出可能产生不确定性的因素,并针对不同的不确定性因素采取相应的应对策略,确保项目能够顺利实施。

造成项目不确定性的环境因素有很多,比如经济因素、技术因素、法律约束、地理条件、气候条件、舆论环境、政治环境等。这些不确定性因素可以产生各种不同的影响,导致项目实施出现问题,从而影响项目的进程和结果。因此,我们需要用一个全面的视角去审视项目,找出可能出现的不确定性因素,并采取适当的策略来处理这些不确定性。例如,如果项目涉及政治因素,我们可以在项目规划阶段就加入相关的内容,确保项目的合法性,减少项目实施过程中可能遇到的政治风险。

18.8.1　不确定性

项目具有独特性，独特性会带来不确定性。管理项目时，无法准确预测项目中所有活动的影响。这些不确定的影响，可能会给项目带来一系列后果。如果对项目会有积极影响，就属于机会；如果对项目会有消极影响，就属于威胁。

通过采取以下方法，项目团队能够更好地应对不确定性，并提高项目的成功率。

（1）收集信息：为了降低不确定性，项目团队可以通过积极收集更多的信息来获得更全面的了解。这可以包括进行研究、咨询专家、进行市场分析等方法。

（2）为多种结果做好准备：当存在多种可能的结果时，项目团队可以为每个结果制定备选方案。这意味着他们需要准备主要解决方案，并在必要时有备份或应急计划。如果识别到大量可能的结果，就需要进行根本原因分析，来评估这些潜在结果发生的概率，从而找出最需要处理的情况。这样可以应对不同情况下可能出现的结果。

（3）基于集合的设计：在项目早期，可以探索多种设计或备选方案，以降低不确定性。这使得项目团队能够权衡各种因素，并选择最适合项目的方案。这样可以避免采用无效或次优的替代方案。

（4）增加韧性：韧性是指项目团队和组织适应及应对意外变化的能力。当初始方法或解决方案无效时，团队和组织需要能够快速学习、适应和做出调整，以应对变化的情况。

18.8.2　模糊性

模糊性在项目中分为两种，分别是概念模糊性和情景模糊性。

（1）概念模糊性：指在进行同一事物的描述时，由于理解上的差异而产生不同的观点或误差。例如，对于句子"今天的汇报只完成了一半"，可能会产生不同的理解：是工作只汇报了一半？还是汇报文件只写完了一半？为了避免概念模糊，我们需要首先确定一个统一的规则或定义来描述常用术语。

（2）情景模糊性：在面临多个可能的结果时存在的不确定性。例如，在选择解决问题的方案时，可能存在多个选项，这会导致情景的模糊性。可以通过渐进明细、实验和使用原型法等方法来解决情景模糊性，以逐步明确和选择最佳的解决方案。

- 渐进明细：通过逐步细化项目管理计划，来获取更多信息，提高估算的准确性，从而逐渐减少模糊性。这意味着在项目进行过程中逐步明确和细化项目细节。
- 实验：通过设计一系列精心规划的实验，识别因果关系，从而更好地了解问题，并减少模糊性。
- 原型法：使用原型来测试不同解决方案所产生的不同结果。通过制作原型，可以模拟和评估各种可能的解决方案，以更好地了解它们的效果和可能的结果。

18.8.3 复杂性

复杂性是项目集、项目或环境的一个特征，由于人类行为、系统行为和模糊性，复杂性很难管理。复杂性是许多相互关联的影响以不同的方式表现并相互作用导致的。在复杂的环境中，单个要素的变化和相互作用最终会导致难以预料的结果。复杂性的存在，使人们难以准确预测风险可能发生的概率，也无法确定风险发生以后的结果。

解决复杂性问题的方法主要有三种：基于系统、重新构建和基于过程。

1. 基于系统

基于系统这种方法强调系统思维和系统观点，将复杂的项目或环境视为相互关联和相互影响的系统。通过分析和理解系统的各个部分之间的关系和相互作用，可以更好地应对复杂性。

处理基于系统的复杂性常用两个工具：

（1）解耦（Decoupling）：简化系统并减少相互关联的变量的数量。通过将复杂的系统分解为更小的、相对独立的部分来减少系统之间的相互作用，以此降低单个问题的规模，使每个部分更容易理解和管理。

（2）模拟（Simulation）：通过使用类似但不相关的情景来模拟系统的不同组件，以获得关于系统行为和性能的洞察。通过观察和分析类似的情景，可以推断出系统的特征和可能的结果。

2. 重新构建

在面对复杂性时，有时需要重新构建项目或系统的结构和组织。这可能涉及重新设计流程、重新分配资源、改变沟通方式等，以适应复杂环境的需求。

重新构建需要考虑的两个因素：多样性和平衡。

（1）多样性（Diversity）：处理复杂性时，需要从不同的角度来看待系统。多样性是指从多个不同的视角、角度或观点来审视问题或系统。通过引入多样性，可以开启看待系统的不同方式，并获得更全面的认识。通常，项目团队可以进行头脑风暴会议，鼓励团队成员从各自的专业背景、经验和知识领域出发，提出各种不同的观点和想法。这样做可以促进创新和多样性思维，帮助团队更好地理解和解决复杂的问题。

（2）平衡（Balance）：涉及使用不同类型的数据和观察来获得更宽广的视角，而不只是考虑预测数据和历史信息。通过平衡不同类型的数据，可以更好地理解系统的动态和潜在影响，并避免片面或偏颇的决策。例如，考虑一个金融市场的投资决策，投资者需要平衡使用各种数据类型，如基本面分析、技术分析和市场情绪分析。基本面分析关注公司的财务状况和业绩，技术分析关注价格图表和趋势，而市场情绪分析关注投资者情绪和市场预期。通过平衡使用这些不同类型的数据，投资者可以获得更全面的市场认知，并做出更明智的投资决策。

3. 基于过程

基于过程这种方法关注管理和控制项目过程中的复杂性。通过建立适当的过程和方法，可以帮助团队应对复杂性并提供指导。例如，采用迭代和增量的开发方法，可以在项目进行中逐步处理复杂性。

处理基于过程的复杂性有三个工具：迭代、参与和故障保护。

（1）迭代（Iterate）：将项目或系统的开发过程分为多个迭代周期，每个周期逐步增加特性或功能。在每个迭代结束后，评估已实施的特性的有效性、客户反馈以及团队所学到的东西。这种迭代的方法可以减少对未知因素的假设，通过持续反馈和学习来不断改进和优化系统。

举例来说，一个软件开发项目可以采用敏捷开发方法，如 Scrum。在每个迭代周期（也称冲刺）中，团队会选择一些功能或用户故事进行实现。在冲刺结束时，团队与利益相关方进行回顾，评估已实施功能的效果，并根据反馈进行调整和优化。通过迭代的方式，团队可以逐步构建系统，同时不断反馈和学习，以适应变化和处理复杂性。

（2）参与（Engagement）：通过引入干系人参与，捕获干系人的需求和期望，可以减少假设的数量，并能在过程中促进学习和参与，从而降低过程的复杂性。

举例来说，一个组织正在进行业务流程优化的项目。项目团队主动邀请业务部门的代表参与项目的决策和讨论。这样做可以减少团队对业务需求的假设，并获得业务专家的实际知识和经验。通过干系人的参与，可以共同解决复杂的问题，并确保项目的成果与业务的期望相一致。

（3）故障保护（Fail Safe）：处理基于过程的复杂性时，对系统中的关键要素进行故障保护是一种策略。通过增加冗余或其他要素。以便在关键组件发生故障时，可以提供适当的功能降级。

举例来说，一个电力供应系统需要处理供电的复杂性，因为故障可能导致停电。为了增加系统的故障容忍度，可以在关键组件上增加冗余，例如备用发电机和电池储备。当主要发电机发生故障时，备用发电机会自动启动，以确保电力供应的连续性。这种故障保护机制可以减轻潜在的故障影响，并提高系统的可靠性和稳定性。

18.8.4　易变性

易变性（Volatility）指的是环境中可能会快速且不可预测地发生变化的情况。当资源可用性出现持续波动时，可能会出现易变性。这种不稳定的环境可能对项目的成本和进度产生影响。

处理易变性的方法有两种：备选方案分析和储备。

（1）备选方案分析：一种处理易变性的方法。通过分析和评估多个方案，找到能够实现目标的其他方法。例如，当资源可用性不稳定时，可以考虑使用不同技能的资源共同完成工作、重新排序工作任务或将一部分工作外包，以应对资源可用性的波动。备选方案分析具体包含确定在评估备选方案时要考虑哪些变量，并确定每个变量的相对重要性或权重。

（2）储备：储备包含成本储备和进度储备，是用来应对可能发生的预算超支或进度延迟。例如，如果某种材料的价格快速上涨，成本储备可以用来应对这种情况，以确保项目能够继续进行。如果某个关键资源不可用，可以使用进度储备来调整项目计划，以避免进度延迟。

通过有效管理不确定性、模糊性、复杂性和易变性，可以提高对形势的预测能力，做出明智的决策和规划，以及提高解决问题的能力。